Dr. Rebecca Brown
Rüste Dich zum Kampf

Dr. Rebecca Brown

Rüste Dich zum Kampf

Vertrieb Christlicher Literatur
Postfach 12, D–8070 Ingolstadt 2

Titel der Originalausgabe:
Prepare for War
ISBN 0–937958–26–3
Chick Publications
P.O. Box 662, Chino, CA 91710, USA

Übersetzt und herausgegeben von:
Vertrieb Christlicher Literatur
Postfach 12, D–8070 Ingolstadt 2

Zu beziehen durch:
Vertrieb Christlicher Literatur
Postfach 12, D–8070 Ingolstadt 2
und:
Comic–Traktate–Versand
Postfach 30 09, D–5632 Wermelskirchen 3

ISBN: 3–9802219–1–1

1. Auflage 1990

Druck und Verarbeitung: Ebner Ulm
Printed in Germany

Alle Bibelstellen sind, soweit nicht anders angegeben, der Elber-
felder Übersetzung entnommen.

Inhaltsverzeichnis

"Ruft dies unter den Nationen aus,
heiligt einen Krieg,
erweckt die Helden!
Herankommen und heraufziehen sollen alle Kriegsleute!

Schmiedet eure Pflugscharen zu Schwertern
und eure Winzermesser zu Lanzen!
Der Schwache sage: Ich bin ein Held!

Eilt und kommt her, all ihr Nationen ringsumher,
und versammelt euch!
Dahin, HERR, sende deine Helden hinab!

Die Nationen sollen sich aufmachen
und hinaufziehen ins Tal Joschafat!
Denn dort werde ich sitzen,
um alle Nationen ringsumher zu richten.

Legt die Sichel an!
Denn die Ernte ist reif.
Kommt, stampft!
Denn die Kelter ist voll,
die Kelterkufen fließen über.
Denn groß ist ihre Bosheit.

Scharen <über> Scharen im Tal der Entscheidung;
denn nahe ist der Tag des HERRN
im Tal der Entscheidung."

Joel 4:9-14

Einleitung

Mit großem Ernst und schweren Herzens schreibe ich dieses Buch, wie Gott es mir aufgetragen hat. Der "Tag des HERRN im Tal der Entscheidung" ist angebrochen.

Das Böse zeigt sich ganz offen in unserem Land und auf der ganzen Welt in einem Ausmaß, das den Durchschnittschristen zutiefst erstaunen und erschrecken würde, würde er nur seine Augen aufmachen und es erkennen. Wir sind so beschäftigt damit, uns hinter unseren netten, behaglichen, kleinen Wohnungen, hinter unseren behaglichen, kleinen Gemeinden oder einer Vielzahl von Projekten zu verstecken; aber wir können gar nicht schnell genug davonlaufen, um nicht zu sehen und zu hören, was in unserem Land vor sich geht. In allen verfügbaren Medien und durch die Aktivitäten von Millionen von Menschen dringt Satans Erklärung laut und deutlich zu uns hindurch: "Diene mir, oder stirb!"

Wer wird die Menschen im Tal der Entscheidung warnen? Wer wird um ihre Seelen kämpfen? Wer wird ihnen mitteilen, daß sie Satan nicht dienen müssen? Wer hat soviel Glauben, das Schwert des HERRN zu ergreifen und in den Kampf zu ziehen?

Wir befinden uns mitten im Krieg, meine Lieben, ob es uns paßt oder nicht, wir können ihm nicht entrinnen. Die Tage sind böse, und die Zeit ist kurz. Wir selbst sind vor die Entscheidung gestellt. Entweder dienen wir Satan oder wir ergreifen das Schwert und kämpfen. Viele von uns werden als Folge davon ihr Leben lassen.

So werden wir mit der Frage konfrontiert: Wie sieht UNSERE Beziehung zu Gott aus? Kennst du Ihn persönlich? Spricht ER zu dir? Wandelst du mit Ihm? Bist du Ihm nahe genug, um blanker dämonischer Macht, wenn du mit ihr konfrontiert wirst, in der Macht und Autorität Jesu Christi zu widerstehen? Oder hat Sünde in deinem Leben Satan legales Anrecht gegeben, dich anzugreifen? Wenn ja, dann hoffst du vergeblich, ihm entgegentreten zu können. Was wirst du tun, wenn du vor die Entscheidung gestellt wirst, entweder deine eigenen Kinder oder dich selbst opfern lassen zu müssen? Bist du in der Lage, auch dieser Form des Bösen entgegenzutreten? Wie wird der Glanz der sogenannten "christlichen" Fernsehstars damit fertig werden, wenn er mit diesem Bösen konfrontiert wird? Er wird dem nichts entgegenzusetzen haben.

Dieses Buch wurde geschrieben, um dich dazu auszurüsten, solcher Bosheit die Stirn zu bieten. Jesus hat alles für uns am Kreuz vollbracht, als er litt und starb.

> "… als er die Gewalten und die Mächte völlig entwaffnet hatte, stellte er sie öffentlich bloß. In ihm hielt er über sie einen Triumph."
>
> Kolosser 2:15

Jetzt ist es an uns, solch eine Beziehung zum HERRN zu haben, in der auch wir in dem kostbaren Namen und der wunderbaren Macht Jesu Christi über die Gewalten und Mächte triumphieren können. Aber ich sage dir die Wahrheit, wenn Sünde in deinem Leben ist, wenn du keine persönliche Beziehung zum HERRN hast, dann wirst du **nicht** bestehen, dann wird **deine** Entscheidung im "Tal der Entscheidung" die falsche sein.

Dieses Buch ist die Fortsetzung von *Er kam, um die Gefangenen zu befreien*, in dem die Geschichte von Elaine und mir erzählt wird. Elaine, die Satan 17 Jahre lang diente und eine der obersten Hexen der Vereinigten Staaten war, stieß mit mir im ersten Jahr, nachdem ich mein Medizinstudium beendet hatte, zusammen. Unser Zusammenstoß endete beinahe mit meinem Tod, doch Elaine fand eine Macht und eine Liebe, die weit größer war als alles, was ihr ihr Meister Satan bieten konnte; sie wandte sich von Satan ab und machte Jesus Christus zu ihrem HERRN, Erlöser und Meister. Sieben lange Jahre ist es nun her, seit jenem wunderbaren Tag, an dem Elaine endgültig und vollständig von allen dämonischen Geistern befreit wurde, die in ihr waren. Was für Abenteuer haben wir seither erlebt!

Unser Lauf ist fast vollendet; wir wissen, daß der HERR uns bald heimholen wird. Es ist unser Wunsch, dir, dem Leser, etwas von dem Wissen zurückzulassen, das Gott uns während unseres Kampfes gegeben hat. Unser Herz ist so betrübt über die vielen Menschen, die in die Hölle eilen.

Es ist mein Gebet, daß der HERR dieses Buch gebraucht, dir zu helfen, Sein Schwert zu ergreifen und in den Kampf zu ziehen. Bist du bereit dein Leben hinzugeben, damit eine Seele Jesus Christus kennenlernen kann?

"Größere Liebe hat niemand als die, daß er sein Leben hingibt für seine Freunde."   Johannes 15:13

Zum Schluß möchte ich dich herausfordern:

WO STEHST *DU*
IM TAL DER ENTSCHEIDUNG?

KAPITEL 1

"Verlaß die Stadt!"

In der dunklen Halle war es ruhig. Man hörte nur das sanfte Abrollen der gummibesohlten Schuhe von zwei weißgekleideten Gestalten, die müde in Richtung Bereitschaftsraum gingen. Eine von ihnen, Rebecca, befiel ein Druck und eine Art Vorahnung. Plötzlich wandte sich ihr Gefährte um, packte sie mit eisernem Griff an den Schultern und brachte sie beide abrupt zum Stehen. Die Luft war spannungsgeladen, als sich die beiden gegenüberstanden. Rebecca bemerkte mit Erstaunen Angst im Gesicht des anderen Arztes.

"Rebecca", sagte er mit einem rauhen, eindringlichen Flüsterton, "du mußt noch diese Woche die Stadt verlassen! Sag meinetwegen, daß deine Mutter plötzlich krank geworden oder gestorben ist – egal was, aber du mußt die Stadt verlassen, dein Leben hängt davon ab!"

"Aber Tim, du weißt doch, daß ich in dieser Woche jede dritte Nacht Bereitschaftsdienst habe, ich kann unmöglich die Stadt verlassen. Warum sollte ich auch?"

"Du **mußt** mir glauben, sie werden dich umbringen, wenn du bleibst. Du mußt über das Osterwochenende verschwinden. Ich kann nicht mehr sagen."

"Ach, ich dachte es mir schon, daß du im Vorstand der "Bruderschaft" bist. Ich soll in diesem Jahr eines der Opfer bei der Schwarzen Messe sein, nicht wahr? Du weißt, ich kann nicht weg, Elaine ist zu krank, als daß sie aus diesem Krankenhaus verlegt werden könnte. Egal was passiert, ich werde sie nicht alleine lassen."

"Ja, ich weiß, man wird auch sie töten, hier im Krankenhaus. Ihr Tod wird relativ einfach sein, aber deiner …"

"Hör zu Tim, ich danke dir, daß du dein Leben aufs Spiel setzt, um mich zu warnen, aber ich kann nicht weg …"

"Rebecca, sei kein Narr! Nichts kann dich retten, wenn du bleibst!"

"Oh doch, mein Meister kann mich bewahren! Tim, begreifst du nicht? Du dienst dem falschen Meister. Satan wird dich vernichten! Jesus hat dich so geliebt, daß er für dich gestorben ist! Willst du es dir nicht überlegen und dich zu Ihm wenden?"

"Unmöglich. Keiner kommt da lebend raus!"

"Aber Elaine ist es gelungen."

Tims Gesichtsausdruck verhärtete sich, er richtete sich auf, und Kälte überzog sein Gesicht. "Ja, schau Elaine nur an. Sie hat nichts davon! Sie hat alles verloren, und wahrscheinlich wird sie nicht einmal am Leben bleiben. Ich habe zuviel investiert, meine Karriere, meine Familie, alles. Ich will das alles nicht verlieren! Wenn du so weitermachst, Rebecca, wirst du deine Karriere zerstören und alles verlieren, was du hast. Warum bist du so töricht. Du wirfst alles weg, wofür du so hart gearbeitet hast. Welch eine Dummheit!"

"Gottes Weisheit ist für die Menschen Torheit, Tim. Was nützt es dir, wenn du die ganze Welt gewinnst und schließlich für alle Ewigkeit in der Hölle brennen mußt? Du **mußt** doch begreifen, daß Satan dich in Wirklichkeit haßt und plant, dich zu vernichten!"

"Nun, man kann nicht gerade behaupten, daß dein Jesus so furchtbar viel für Elaine getan hat. Seit sie Satan verlassen hat, hat sie nicht nur alles verloren, sondern ist nun seit fast sechs Monaten im Krankenhaus, und dich wird man hier rausschmeißen, wenn du weiter um ihr Leben kämpfst! Gebrauch doch mal deinen gesunden Menschenverstand, Rebecca. Du weißt, daß du hier die besten Chancen hast, du könntest Karriere machen und sogar berühmt werden. Ich kann dich einfach nicht verstehen!"

"Schade, ich weiß, daß du es nicht kannst. Aber ich werde weiter beten, damit du es eines Tages doch verstehst und dich dann an unser Gespräch von heute nacht zurückerinnerst. Wenn du am Ende bist, Tim, dann denk daran, Jesus liebt dich, Satan haßt dich, er lügt immer!"

Tims Gesichtsausdruck wurde eisig und seine Stimme ärgerlich. "Gut, lassen wir es dabei bewenden. An deinem Tod bist du ganz alleine schuld. Du kannst nicht mehr sagen, du wärst nicht gewarnt worden!"

11

Mit diesen Worten ließ er sie stehen und wandte sich schnell seinem Bereitschaftszimmer zu und schloß die Tür mit endgültiger Bestimmtheit. Rebecca schaute auf ihre Armbanduhr. Es war vier Uhr morgens. Sie seufzte. Noch zwei Stunden, dann würde sie sich für den nächsten Tag bereit machen müssen, es sei denn, sie würde vorher noch einmal gerufen werden.

Das Gespräch mit Tim hatte sie stärker erschüttert, als sie es sich hatte anmerken lassen. Sie wußte, was er gesagt hatte, war todernst gemeint. Sie schwebte in Lebensgefahr. Tim, ein Arbeitskollege in dem Krankenhaus, wo Rebecca ihren Assistenzarzt machte, war ein hoher Satanist. Heute nacht hatte sich das bestätigt. Er hätte nicht wissen können, daß Rebecca eines der Opfer sein sollte, wenn er nicht der Ratsversammlung, dem regierenden Ausschuß des großen und mächtigen örtlichen Hexenzirkels, angehört hätte. Sie wußte aus Erfahrung, daß ihr Leben keinen Pfifferling mehr wert war. **Und** seine Bemerkungen über Elaine hatten einen wunden Punkt berührt, um den ihre besorgten Gedanken schon seit Tagen kreisten. Warum hatten sie bezüglich Elaine keinen Sieg? Seit ihrer endgültigen Befreiung vor fast einem Jahr war sie so gut wie ständig im Krankenhaus, und im Moment befand sie sich in einem kritischen Zustand. Der Kampf war gnadenlos, und sie waren beide erschöpft und entmutigt. Ließ sie sich zum Narren halten?

Sie ging in ihren eigenen Bereitschaftsraum und fiel unter Tränen auf die Knie mitten auf den kalten, harten Boden neben dem schmalen Bett. "Oh, Gott", weinte sie, "bin ich in Deinem Willen?" Als Rebecca ihre Zweifel und Ängste vor dem HERRN ausbreitete, wanderten ihre Gedanken zu den jüngsten Ereignissen in ihrem Leben zurück: Elaines Bekehrung aus einer der höchsten Positionen des Satanismus in den USA und dem acht Wochen andauernden schrecklichen Kampf mit den Dämonen in ihr, bis sie schließlich ganz frei war. Sowohl sie als auch Elaine hatten gedacht, mit der endgültigen Befreiung von Elaine hätten ihre Schwierigkeiten ein Ende. Wie sehr hatten sie sich doch geirrt. Es schien, als ob der Kampf jetzt erst richtig anfangen würde. Sie wurden ständig von Dämonen, Menschengeistern und Personen belästigt, die sie von allen Seiten angriffen. Elaine ging es dauernd körperlich schlecht, und sie war sogar während der letzten sechs Monate in einem äußerst kritischen Zustand im Krankenhaus gelegen.

"Soll nun alles so zu Ende gehen?" fragte Rebecca. "Vater, ist es Dein Wille für uns, daß wir jetzt unser Leben hingeben?"

Plötzlich sprach der Heilige Geist ganz klar zu ihr: "Kind, denke an den Bund."

Der Bund! Wie konnte sie ihn nur vergessen? Der Vater hatte all das schon vor Monaten miteingeplant. Kein Wunder, daß der Kampf so hart gewesen war. Rebecca erhob sich und setzte sich auf die Bettkante, lächelnd wischte sie die Tränen fort; Friede durchflutete sie, ein Friede, den nur Jesus Christus geben kann.

Ihre Gedanken wanderten zurück zu jener verhängnisvollen Nacht vor fast sechs Monaten. An jenem Wochenende schien Elaine ihren Eigensinn auf die Spitze zu treiben. Der HERR hatte an einem Freitag abend zu Rebecca gesprochen und ihr erzählt, Er hätte Elaine befohlen, einen Bund mit Ihm zu schließen, um sie vor einem bevorstehenden Angriff der ortsansässigen Satanisten zu schützen. Elaine hatte sich geweigert und eigensinnig darauf beharrt, selbst zu kämpfen, um sie beide zu beschützen. Ihr Stolz und Eigensinn, der sich während der 17 Jahre, in denen sie Satan gedient hatte, entwickelt hatte, war noch nicht völlig gebrochen.

Rebecca sprach Elaine nach dem Abendessen auf dieses Thema an. Sie saßen im Wohnzimmer auf der Couch und besprachen das Problem.

"Elaine, der Vater hat mir heute gesagt, daß Er dir aufgetragen hat, mit mir zusammen einen Bund mit Ihm zu schließen, um uns vor einem bevorstehenden Angriff der hiesigen Satanisten zu schützen. Er hat mir gesagt, daß du dich geweigert hast. Stimmt das?"

"Ja, für mich ist das eine Beleidigung. Ich kann kämpfen und uns beschützen. Ich kenne unseren Feind gut. Nachdem ich ihm schließlich 17 Jahre lang gedient habe, werde ich ihn wohl kennen. Ich bin doch kein Schwächling, warum sollte ich zu Gott rennen und um Schutz bitten?"

"Elaine, du darfst dem HERRN **nicht** ungehorsam sein!"

"Warum nicht? Wenn Satan mir etwas befohlen hat, was ich nicht tun wollte, dann habe ich es einfach nicht getan. Gott beleidigt mich. Warum sollte ich Ihn bitten, uns zu beschützen, wenn ich doch selber genauso gut kämpfen kann?"

"Aber Elaine, Satan ist nicht Gott. Satan ist nur ein Geschöpf, Gott ist Gott. Du darfst Gott nicht ungehorsam sein!"

Im Laufe der Auseinandersetzung wurde Rebecca immer frustrierter und Elaine immer eigensinniger. Plötzlich wurde das Zimmer mit einem hellen Licht erfüllt, als eine strahlende, mit einem weißen Gewand bekleidete Gestalt mit gezücktem Schwert in der Hand im Wohnzimmer erschien. Der Engel war groß, sehr groß. Sein Kopf berührte beinahe die Zimmerdecke. Er strahlte Macht aus, und sein Aussehen war grimmig. Seine Haut war bronzefarben, und das Schwert in seiner Hand leuchtete in einem reinen, weißen Licht. Als Rebecca das Wort ergreifen wollte, unterbrach er sie und sagte:

"Friede sei mit dir, Frau, ich bin ein Diener Gottes, des Allerhöchsten, Jesus Christus von Nazareth, der von einer Jungfrau geboren wurde, 33 Jahre im Fleisch auf dieser Erde war und am Kreuz für deine Sünden starb. Dieser Jesus, der jetzt in der Höhe zur Rechten des Vaters sitzt, ist mein Meister. Gott, der Vater, hat mich gesandt, um diese hier, die so rebellisch und ungehorsam ist, zu töten. Sie hat Gott erzürnt."[*]

Rebecca saß mit offenem Mund da, als Elaine aufsprang. Mit ihren 1.60 m wirkte sie zwergenhaft neben dem riesigen Engel, aber das konnte Elaine nicht aufhalten. Sie drohte ihm mit der Faust und sagte: "O.k., du Riese von einem Kerl, wir wollen doch mal sehen, was hinter deinem Mundwerk steckt!"

Entsetzt sprang Rebecca von der Couch auf Elaine zu. Sie packte sie am Nacken und zog sie auf die Couch zurück. "Elaine, halt deinen Mund! Du bleibst jetzt gefälligst sitzen und hältst endlich mal deinen Mund!"

---

[*] Mit dieser Erklärung über die Identität von Jesus Christus als seinen Meister, hat sich der Engel rechtsgültig ausgewiesen. Auf Grund dieser Erklärung akzeptierte ihn Rebecca als Engel des HERRN. Dies stimmt mit der Schrift überein, die sagt:

> "Geliebte, glaubt nicht jedem Geist, sondern prüft die Geister, ob sie aus Gott sind ... Jeder Geist, der Jesus Christus, im Fleisch gekommen, bekennt, ist aus Gott." 1. Johannes 4:1.2

Dämonen versuchen als "Engel des Lichts" zu erscheinen (2. Korinther 11:14). Es ist sehr wichtig, diesen von Gott gegebenen Test, bei **jedem** Geist anzuwenden.

Dann wandte sich Rebecca von Elaine und dem Engel ab und warf sich mit dem Gesicht auf den Boden, während die überraschte Elaine sie mit offenem Mund beobachtete. "O Vater," schrie Rebecca, "Du bist ein Gott der Gerechtigkeit und Gnade. Ich bitte Dich, im Namen Deines Sohnes Jesus Christus, laß Deinen Zorn bitte auf mich kommen, statt auf Elaine. Du bist absolut gerecht, es ist Dein gutes Recht, Gericht über Deine Dienerin Elaine zu bringen, doch Vater, ich bitte Dich, dies eine zu bedenken. Wenn du Elaine tötest, werden Satan und seine Diener sagen, Dein Arm sei zu kurz, um jemanden aus Satans Königreich zu befreien. Bitte, Vater, schau auf die Bitte Deiner Dienerin und laß Deinen gerechten Zorn auf mich kommen, bitte töte Elaine nicht."

Der Engel steckte sein Schwert in die Scheide. "Erhebe dich, Frau", sagte er, "deine Bitte ist gehört und gewährt worden." Dann verschwand er.

Als Rebecca sich langsam erhob, fragte Elaine: "Was war denn eigentlich los, warum ist der Engel so plötzlich verschwunden? Und was bedeutet das, daß Gott Seinen Zorn auf dich kommen lassen soll, statt auf mich?"

Rebecca ging und holte ihre Bibel. "Ich möchte dir etwas zeigen, Elaine."

> "Denn Widerspenstigkeit (Rebellion) ist eine Sünde wie Wahrsagerei, und Widerstreben ist wie Abgötterei und Götzendienst."
> 1. Samuel 15:23

"Schau dir den Vers vorher an, Elaine."

> "Siehe, gehorchen ist besser als Schlachtopfer ..."
> 1. Samuel 15:22

"Rebellion ist **Sünde**, Elaine. Gott duldet bei Seinen Dienern **keine** Rebellion. Jedesmal, wenn du gegen Gott rebellierst, ist das genauso Sünde, wie es Sünde wäre, wenn du wieder Hexerei betreiben würdest."

"O.k., o.k., aber warum soll der Zorn des Vaters auf dich kommen statt auf mich?"

"Nun, ich folgte nur dem Beispiel Moses. Während der Zeit als er die Israeliten durch die Wüste führte, rebellierten sie oft gegen

15

Gott. Jedesmal war Gott entschlossen, alle zu vernichten und an ihrer Stelle durch Mose eine andere Nation zu erwählen. Doch Mose trat für sie ein und bat den HERRN, sie nicht zu vernichten. In 2. Mose 32 bat Mose den HERRN sogar, seinen eigenen Namen aus Seinem Buch auszulöschen, wenn Er dem Volk nicht vergeben würde. Ich glaube, 4. Mose 14 faßt die Argumentation von Mose am besten zusammen:

> "Und der HERR sprach zu Mose: Wie lange will mich dieses Volk verachten, und wie lange wollen sie mir nicht glauben bei all den Zeichen, die ich in ihrer Mitte getan habe? Ich will es mit der Pest schlagen und es austilgen; und ich will dich zu einer Nation machen, größer und stärker als sie. Und Mose sagte zu dem HERRN, ... Und wenn du dieses Volk wie einen Mann tötest, werden die Nationen, die die Kunde von dir gehört haben, sagen: Weil der HERR dieses Volk nicht in das Land bringen konnte, das er ihnen zugeschworen hatte, darum hat er sie in der Wüste hingeschlachtet."   4. Mose 14:11-16

"Du begreifst ja gar nicht, wie wichtig dein Gehorsam ist, Elaine. Du **mußt** dich für den HERRN hinstellen, damit viele andere deinem Beispiel folgen und aus Satans Königreich herausgerettet werden können. Deine Widerspenstigkeit muß gebrochen werden. Anders kannst du dem HERRN nicht dienen. Dieser Engel hätte dich wirklich getötet, er hat keinen Spaß gemacht. Der HERR hat jedes Recht, dich umzubringen. Ich weiß, daß du gewöhnt bist, mit Dämonen zu kämpfen, aber die Engel des HERRN sind ganz anders als Dämonen. Du kannst nicht gegen einen Engel kämpfen. Sie kämpfen mit der Macht des HERRN und gehorchen nur **Seinem Willen!**"

"Und was geschieht jetzt?"

"Ich weiß es nicht. Du lebst, und der Engel hat gesagt, daß meine Bitte gewährt worden ist. Wir können nur auf den HERRN warten und zusehen, was geschieht."

"Genau diese dauernde Warterei auf den HERRN ist es, was mir auf die Nerven geht", murrte Elaine, als sie sich abwandte, um ins Bett zu gehen.

Elaine war es gewöhnt, einem Meister zu dienen, den sie sehen und mit dem sie direkt Verbindung aufnehmen konnte. Sie war auch daran gewöhnt, Dämonen zu sehen und mit ihnen zu reden. Sie war ebenfalls gewöhnt, so ziemlich alles zu tun, was sie wollte.

Im Glauben zu wandeln, Befehle eines Gottes anzunehmen, den sie nicht sehen konnte, war etwas ganz anderes. Wie so viele andere hatte sie Satan gedient, um Macht zu erlangen, damit sie tun konnte, was **sie** wollte. Gott zu dienen und nur **Seinen** Willen zu tun war ein völlig anderer Lebensstil, den sie nur sehr schwer akzeptieren konnte.

Den nächsten Tag sollte Rebecca nie mehr vergessen. Sie hatte frei und war in der Küche, um das Frühstücksgeschirr zu spülen. Plötzlich überfiel sie die unglaublichste Krankheit, die sie je erlebt hatte. "HERR," fragte sie, "kommt das von Satan?"

"Nein, das ist meine Antwort auf deine Bitte", war die unmittelbare Antwort des Heiligen Geistes.

Innerhalb weniger Minuten wurde Rebecca so krank, daß sie sich nicht mehr aufrecht halten konnte. Sie bekam plötzlich extrem hohes Fieber und litt größte Qualen. Jeder Knochen, jedes Gelenk und jeder Muskel ihres Körpers krümmte sich unter brennenden Schmerzen. Jeder Atemzug war eine Anstrengung. Alles, was sie noch tun konnte, war, sich wie ein stilles Häufchen Elend auf ihrem Bett zusammenzukringeln.

Kurz darauf kam Elaine herein, um nach ihr zu sehen. Sofort erhielt sie vom HERRN völlige Klarheit darüber, was mit Rebecca geschehen war. Vier Stunden später erholte sich Rebecca so weit von ihren Schmerzen, daß sie Elaine erkennen konnte, die neben ihrem Bett kniete und still vor sich hin weinte. Sie konnte gerade noch ihr leises Gebet verstehen: "O Vater, bitte vergib mir. Ich sehe, wie abscheulich meine Sünden sind. Jedesmal, wenn ich Dir ungehorsam bin, hat mein Verhalten eine Auswirkung auf jemand anders, vor allem auf Jesus. O Gott, ich verdiene es nicht, aber bitte vergib mir und bewahre Rebecca vor dem Tod!"

Endlich war Elaines Widerspenstigkeit gebrochen! Nie mehr hat sie gegen einen Befehl Gottes aufbegehrt. Als Antwort auf ihr Gebet nahm der HERR Seine Hand von Rebecca, und sie erholte sich im Laufe des restlichen Tages. Am nächsten Tag, einem Sonntag, schrieb Elaine in ihr Notizbuch:

"Himmlischer Vater, im Gehorsam gegenüber Deinem Befehl schließen Deine Dienerinnen Rebecca und Elaine einen Bund mit Dir, damit Du sie bei den bevorstehenden Angriffen durch die Diener Satans beschützt. Wir bitten Dich um diesen Schutz und danken Dir dafür im Namen Deines Sohnes, Jesus Christus."

Dann schrieb Elaine das Datum dazu. Nach dem Gottesdienst an diesem Morgen gingen beide zum Altar und breiteten das Notizbuch vor dem HERRN aus. Beide unterzeichneten es und legten es dem HERRN mit Gebet und im Gehorsam gegenüber Seinem Befehl hin.

Als Rebecca fast sechs Monate später in dem dunklen Bereitschaftszimmer saß, erkannte sie, daß nun der Augenblick gekommen war, für den der HERR ihr und Elaine befohlen hatte, diesen Bund mit Ihm zu schließen. Ein Schaudern überkam sie, als sie an die Konsequenzen dachte, falls sich Elaine damals geweigert hätte, dem HERRN zu gehorchen. Nun wußte Rebecca, was sie zu tun hatte.

Früh am Morgen machte sie ihre Runde, und es gelang ihr, das Krankenhaus noch rechtzeitig zu verlassen, so daß sie zu der Gemeinde fahren konnte, in der Elaine befreit worden war. Sie kam während der zweiten Hälfte des Sonntagmorgen-Gottesdienstes an. Nach dem Gottesdienst lud Pastor Pat wie gewöhnlich einen jeden, der mit sich beten lassen wollte, ein, nach vorn zum Altar zu kommen. Rebecca hatte Elaines Notizbuch in ihrer Hand. Sie ging nach vorne, kniete nieder und legte das Notizbuch vor sich auf den Altar. Tränen strömten über ihr Gesicht, als sie leise zum HERRN betete:

"O HERR, bitte schau auf Deine Dienerinnen. Du weißt, daß Satan uns töten möchte ..." Ehe sie weiterreden konnte, wurde ihr gestattet, in die geistliche Welt zu sehen. Sie wurde in einem Augenblick in den Thronsaal Gottes versetzt. Dort stand Satan vor dem HERRN und forderte von Ihm Elaine und ihr Leben.

"Ich fordere das Leben Deiner Dienerinnen von Dir. Die eine hat Verrat an mir begangen, und beide sind übereingekommen, Dir sogar bis zum Tod zu dienen. Ich glaube ihnen nicht. Sie lügen. Ich werde das beweisen. Erlaube mir, daß meine Diener sie an dieser Schwarzen Messe opfern, dann wirst Du sehen, wie oberflächlich ihre Hingabe ist."[*]

Dann wandte sich der HERR Rebecca zu. "Frau, was hast du zu dieser Forderung Satans zu sagen?"

---

[*] "Und ich hörte eine laute Stimme im Himmel sagen: Nun ist das Heil und die Kraft und das Reich unseres Gottes und die Macht seines Christus gekommen, denn hinabgeworfen ist der Verkläger unserer Brüder, der sie Tag und Nacht vor unserem Gott verklagte." Offenbarung 12:10

Rebecca hielt Ihm das Notizbuch hin. "Vater, Du kennst unsere Herzen. Ich möchte Dir den Bund vorlegen, den Du mit uns gemacht hast. Elaine und ich gehorchten Deinem Befehl, indem wir diesen Bund mit Dir schlossen, den ich Dir nun ehrfurchtsvoll vorlege, im Namen Jesu Christi, Deines Sohnes."

Rebecca hielt für einen langen Augenblick des Schweigens, wie ihr schien, den Atem an. Dann hörte sie, wie sich der Vater an Satan wandte und sagte: "Du weißt, Satan, daß ich meine Bündnisse **immer** einhalte. Ich habe mit diesen, meinen Dienerinnen, einen Bund geschlossen, um sie vor diesem Angriff deiner Diener zu beschützen. Du darfst ihr Leben nicht haben, und deine Diener dürfen sie nicht angreifen. Ich werde mein Wort halten. Weiche von mir."

Augenblicklich war sich Rebecca ihrer Umgebung wieder bewußt. Voller Freude erinnerte sie sich an die kostbare Schriftstelle im Hebräerbrief:

> "Laßt uns nun mit Freimütigkeit hinzutreten zum Thron der Gnade, damit wir Barmherzigkeit empfangen und Gnade finden zur rechtzeitigen Hilfe."   Hebräer 4:16

Gott hielt Sein Wort, sie würden bewahrt werden. Auf dem ganzen Heimweg pries sie den HERRN für Seine Güte.

KAPITEL 2

Mit Gott im Bund

Wir haben einen wunderbaren Gott, dem es Freude macht, mit Seinem Volk Bündnisse zu schließen. Die ganze Bibel erzählt von den Bündnissen, die Gott mit Seinem Volk geschlossen hat. Das vorherige Kapitel beschrieb nur eine der Gelegenheiten, bei denen Gott mit Elaine und mir ein Bündnis schloß. Wir haben einen Gott, der das Ende von Anfang an kennt. Er wußte, daß Satan sowohl Elaines als auch mein Leben fordern würde, deshalb bat Er uns schon sechs Monate zuvor, ein Bündnis mit Ihm zu schließen. Satan erfuhr von diesem Bündnis, erst an dem Tag, an dem er unser Leben forderte. Ich bin absolut sicher, daß wir von den Satanisten als Opfer in ihrer Schwarzen Messe getötet worden wären, wenn wir Gott ungehorsam gewesen wären und diesen besonderen Bund nicht mit Ihm geschlossen hätten. Oh, welche unerforschliche Weisheit doch unser wunderbarer und großer Gott besitzt!

Ich möchte hier näher auf dieses wichtige Prinzip eingehen. Viele Christen wissen gar nichts von der Sehnsucht Gottes, mit Seinem Volk Bündnisse einzugehen, und so sind sie auch nicht darauf gefaßt, die Führung des Heiligen Geistes wahrzunehmen, wenn Gott mit ihnen einen Bund schließen möchte. Betrachten wir einmal, was uns Gottes Wort zu diesem Thema zu sagen hat.

Als die eigentliche Gabe Jesu Christi wird der "neue" Bund Gottes mit den Menschen angesehen.

> "Die Hauptsache dessen aber, was wir sagen, ist: Wir haben einen solchen Hohenpriester, der sich gesetzt hat zur Rechten des Thrones der Majestät, als Diener des Heiligtums und des wahrhaftigen Zeltes, das der HERR errichtet hat, nicht ein Mensch. ... Jetzt aber hat er [Jesus] einen vortrefflicheren Dienst erlangt, wie er auch Mittler eines besseren Bundes ist, der auf Grund besserer Verheißungen gestiftet worden ist." Hebräer 8:1.2.6

Dieser "bessere Bund" bezieht sich auf Gottes Verheißungen, die erfüllt wurden, als Jesus den Preis für unsere Sünden am Kreuz bezahlte, um uns in eine Beziehung von Söhnen und Töchtern Gottes und von Miterben mit Christus in Ewigkeit zu bringen.

> "Es wird aus Zion der Erretter kommen, er wird die Gottlosigkeiten von Jakob abwenden; und dies ist für sie der Bund von mir, wenn ich ihre Sünden wegnehmen werde." Römer 11:26.27

Gott schließt mit jedem von uns einen Bund, wenn wir Jesus um die Vergebung unserer Sünden bitten und Ihn zum HERRN, Heiland und Meister machen. Die meisten Christen bleiben an diesem Punkt stehen, doch das ist nicht die Sehnsucht, die auf Gottes Herzen liegt. Wir haben solche Vorrechte! Gott hat für das Leben jedes einzelnen einen ganz bestimmten Plan und eine ganz bestimmte Aufgabe, die wir zu erfüllen haben. Wenn wir nur für **Seinen** Weg bereit wären, den Er für unser Leben bestimmt hat! Dann würde Gott oft durch Seinen Heiligen Geist zu uns reden und uns wissen lassen, daß Er so gerne mit uns einen Bund schließen würde, so wie Er es mit Noah, Abraham, Moses, Josua usw. durch die ganze Schrift hindurch getan hatte.

Bündnisse mit Gott zu schließen, ist ein sehr wichtiger Bestandteil meines Lebens, und das Allerwichtigste, das mir während der letzten sieben Jahre intensivsten Kampfes gegen Satan Stabilität verschaffte. Ich möchte euch von einigen dieser Bündnisse erzählen, in der Hoffnung, euch zu helfen, dieses wichtige Prinzip zu verstehen.

Ich bin ein Kind, das aus einem Bündnis hervorgegangen ist. Meine Eltern waren beide 36 Jahre alt, als sie heirateten. Es war für beide die erste Ehe, und sie waren beide Christen. Mein Bruder kam zur Welt, als meine Mutter 40 Jahre alt war, und der Arzt teilte ihr mit, daß sie keine weiteren Kinder haben könnte. Doch mein Vater und meine Mutter waren nicht sehr glücklich über diesen Beschluß. So gingen meine Eltern etwa ein Jahr später gemeinsam auf die Knie und machten ein Bündnis mit Gott. Sie versprachen Ihm, es so zu verstehen, wenn Er ihnen ein weiteres Kind schenken würde, daß dieses Kind dann nur aus einem einzigen Grund auf die Welt kommen würde, nämlich dem HERRN sein ganzes Leben lang zu dienen. Sie erklärten dem HERRN, daß das Kind dann nicht ihnen, sondern dem HERRN gehören sollte, und daß sie es in den Bedingungen des Bündnisses unterweisen würden.

Sie hielten ihr Wort, und der HERR hielt Sein Wort. Ich war das Kind, das Er ihnen gab. Satan versuchte, mich von Anfang an zu töten. Meinen Eltern wurde gesagt, daß ich meinen ersten Geburtstag nicht erleben würde, doch Gott hielt Seinen Bund. Ich kann mich nicht daran erinnern, daß es mir auch nur einmal in meinem ganzen Leben gesundheitlich gut gegangen wäre. Der Kampf begann gleich zu Beginn, weil Satan entschlossen war, mich zu töten. Den größten Teil meiner Kindheit verbrachte ich in Krankenhäusern. Ich weiß nicht, wie meine Mutter damit fertig wurde, ständig ein krankes Kind zu haben, aber meine Eltern vertrauten dem HERRN ganz einfach, daß Er Seinen Teil des Bündnisses halten würde, und Er tat es auch. Ich blieb am Leben.

Einige meiner frühesten Erinnerungen sind die, wie meine Mutter mir ganz nüchtern von dem Bündnis erzählte, das sie mit dem HERRN wegen mir geschlossen hatten. Viele, viele Male hielt sie mich an der Schulter fest, sah mir geradewegs in die Augen und sagte: "Meine Tochter, du gehörst nicht uns, sondern Gott. Du bist aus einem einzigen Grund auf diese Welt gekommen, nämlich um dem HERRN, unserem Gott dein ganzes Leben lang zu dienen. Vergiß das niemals."

Seit ich denken kann, erzählten sie mir vom Evangelium. Ich erinnere mich, wie ich bereits im Alter von vier Jahren dermaßen unter meinen Sünden litt, daß mich der Heilige Geist überführte, wie sehr ich einen Heiland bräuchte. Ganz deutlich erinnere ich mich, in meinem Schlafzimmer Abende auf den Knien und unter Tränen über meine Sünden verbracht zu haben, bis schließlich der HERR mir eines Tages bestätigte, daß es Ihn und Jesus Christus wirklich gäbe und daß Er am Kreuz für mich gestorben wäre, um meine Sünden abzuwaschen. Welch ein Freuden- und Jubeltag war das für mich und meine Eltern, als der HERR mir Frieden darüber gab, daß Jesus mein Heiland geworden war. Das war kurz vor meinem fünften Geburtstag.

Die Jahre vergingen und Probleme entstanden. Die religiöse Gruppe, in der meine Eltern waren, wendete sich dem Bösen zu und wurde von Dämonen beherrscht. Sie behaupteten, die einzigen Leute in der ganzen Welt zu sein, die die **Wahrheit** kennen und in den Himmel kommen würden. Trunkenheit und Ehebruch wucherten in der Gruppe. Ich war eine Ausgestoßene in und außerhalb der Gruppe, was mir viele Tränen bereitete, aber der HERR hielt Seinen Bund und bewahrte mich vor sündigen Beziehungen.

In dieser Gruppe wurden die Gedanken derart von Dämonen beherrscht, daß jeder voller Angst war, meine Eltern eingeschlossen. In diesem Kult wurde man immer mehr überwacht. Den Mitgliedern wurde gelehrt, daß sie ihre Errettung verlieren würden, wenn sie die Gruppe verlassen oder den Leitern nicht gehorchen würden. Meine Mutter hatte mich jedoch schon in jungen Jahren gelehrt, daß ich **immer** vor Gott für alles, was ich tun oder sagen würde, verantwortlich wäre. Ich dürfte nicht einfach einer Gruppe zustimmen, sondern ich müßte immer Gottes Wort (die Bibel) studieren und selbst entscheiden, was gemäß Gottes Wort richtig oder falsch wäre. Sie ahnte nicht, daß sie mich durch ihre Belehrung regelrecht aus der Gruppe herausführte, die ja ihr ganzes Leben beinhaltete.

Es ist interessant, wenn ich so im Nachhinein auf die Jahre zurückblicke, so erkenne ich jetzt, daß mir der HERR in dem jungen Alter, als ich Ihn annahm, bereits die Gabe der Geisterunterscheidung gegeben hatte. Ich verstand es damals nur noch nicht, weil wir gelehrt wurden, daß es in unserer Zeit die Gaben des Heiligen Geistes nicht mehr geben würde. Ich erinnere mich, wie ich viele Male von den Gruppenversammlungen nach Hause kam, mir die Augen ausweinte und schluchzte, "Papa, Papa, es war etwas Böses dort, ich hab' es gespürt!" Ich wurde jedes Mal buchstäblich körperlich krank, wenn wir in eine Versammlung gingen. Aber meine Eltern verstanden nicht, was da vor sich ging.

Während der Schwierigkeiten, die ich als Teenager hatte, vergaßen meine Eltern und ich den Bund, nicht aber Gott. Gott hielt den Bund!

Als ich 26 Jahre alt war, brach ich meine Verbindung zu der Gruppe, in der ich groß geworden war, ab, ging zum ersten Mal von zu Hause fort und begann mit meinem Medizinstudium. Ich wohnte auf einem großen Universitätsgelände und war natürlich sehr begeistert über all die Möglichkeiten, die sich mir da boten. Ich hatte vor, sie alle zu erforschen. **Aber** Gott hatte den Bund, den Er mit meinen Eltern geschlossen hatte, nicht vergessen. Bereits in der ersten Woche meines Studiums legte der HERR Seine Hand so schwer auf mich, daß ich mich ganz elend fühlte. Ich wußte, daß ich nicht richtig vor dem HERRN stand, doch wußte ich nicht, was ich dagegen tun konnte. Ich hatte Todesängste, in eine andere Gemeinde zu gehen, weil die Gruppe, in der ich aufgewachsen war, lehrte, daß herkömmliche Gemeinden, die Pastoren hätten, gegen den Heiligen Geist sündigen würden. Wenn nun irgendjemand von uns in so eine Gemeinde gehen würde, würde der HERR uns auf der Stelle töten oder der Folter (durch Satan) übergeben. Die Lehre war eine totale Irrlehre, doch ich war mir dessen nicht so sicher, und so hatte ich Angst, in eine andere Gemeinde zu gehen. Nach zwei qualvollen Wochen fragte ich schließlich meine zwei Zimmerkolleginnen, ob sie mit mir in eine Gemeinde gehen würden. Sie hatten keine Angst mitzugehen. Sie waren beide in einer Gemeinde aufgewachsen, doch war keine von beiden eine Christin.

Wir gingen schließlich zu einer kleinen Zeltmission, und ich war erleichtert, daß der HERR mich nicht auf der Stelle tötete, obwohl ich sogar mit dem dortigen Prediger redete! Zum ersten Mal in meinem Leben wurde mir von diesem Prediger erzählt, daß es möglich sei, eine persönliche Beziehung zum HERRN zu haben, und zwar in der Art, daß Er mit mir spreche und Gemeinschaft habe, genauso wie Er es zu den biblischen Personen gehabt hatte. Er betonte jedoch, daß wir so eine Beziehung nur unter der Bedingung einer völligen Hingabe an den HERRN haben könnten. Noch nie hatte ich so eine Lehre gehört. Zum ersten Mal in meinem Leben sah und erlebte ich die Liebe Gottes durch diese Gruppe christlicher Studenten. Ich sah, wie der Pastor und andere einen engen Wandel mit dem HERRN hatten, und mein Herz schrie nach so einer Beziehung zu Gott.

Es war die völlige Hingabe, die mich zögern ließ. Ich fand das sehr erschreckend, doch ich hatte keine andere Wahl. Nach dem ersten Semester hielt ich es schließlich nicht länger aus. Vor meiner Abschlußprüfung in Histologie verbrachte ich die ganze Nacht unter Qualen und in Tränen aufgelöst, anstatt für meine Prüfung zu lernen. Als der Morgen schließlich anbrach, nahm ich ein Stück Papier und schrieb jeden Bereich meines Lebens nieder. Meine Karriere, meine Familie, Menschen, die mir lieb waren, die Frage, wo ich leben und arbeiten sollte, ob ich je Freunde haben würde, meinen Körper, meinen Ruf und der für mich schwierigste Bereich, meinen Wunsch zu heiraten. Das gab ich alles dem HERRN hin. Ich versah das Papier mit dem Datum und unterschrieb es. Ich war der festen Überzeugung, daß, wenn ich so eine weitreichende und völlige Übergabe machte, mich der Blitz treffen und ich auf mein Angesicht fallen und in Zungen sprechen würde – jedenfalls hatte es sich so in all den Büchern ereignet, die ich gelesen hatte. Zu meinem Schrecken geschah nichts! Ich fühlte mich nicht einmal anders! Ich hatte eine schrecklich große Hingabe an den HERRN vollzogen in der Erwartung, daß Er als Gegenzug etwas Übernatürliches geschehen lassen würde; es war sein Wille, es nicht zu tun.

Das nahm mich sehr mit. Irgendwie gelang es mir, durch meine Prüfungen zu kommen, und ich fuhr während der zweiwöchigen Weihnachtspause nach Hause. Die gesamten zwei Wochen verbrachte ich unter Tränen und Fasten in meinem Schlafzimmer. Ich war verzweifelt. Ich war an dem Punkt angelangt, an dem ich vollständig von der Sehnsucht nach einer persönlichen Beziehung mit dem HERRN verzehrt war. Ich konnte einfach nicht ohne sie weiterleben! Meine armen Eltern waren außer sich. Sie dachten, ich wäre durch den schulischen Druck verrückt geworden. Sie konnten einfach nicht verstehen, was in mir vorging.

Zwei Tage vor Ferienende packte ich schließlich meine Sachen und kehrte zur Universität zurück. Den nächsten Tag werde ich nie vergessen. Ich ging zu dem Prediger der Gruppe, setzte mich weinend in sein Büro und erzählte ihm von meiner Hingabe und daß daraufhin überhaupt nichts passiert wäre. Der HERR hätte nicht ein einziges Mal zu mir gesprochen, und ich fühlte mich kein bißchen anders! Er schmunzelte.

"Du hast bestimmt gedacht, daß du von einem starken Blitz getroffen und anfangen würdest, in Zungen zu sprechen, stimmt's?"

"Ja, warum, geschieht es etwa nicht so?"

"Nein, Gott ist Gott, und Er handelt, wie **Er** will, Er geht mit jeder Person anders um. Die Schrift befiehlt uns "... werdet erfüllt mit dem Heiligen Geist!" (Epheser 5:18). Du hast den HERRN gebeten, dich mit Seinem Heiligen Geist zu füllen, und du hast eine völlige Übergabe an Ihn vollzogen. Nun mußt du auf deine Knie gehen und Ihm im Glauben danken, daß Er Seine Versprechen hält und Ihn bitten, daß Er in deinem Leben wirkt, so wie **Er** will. Dann mach' weiter, und du wirst sehen, wie der HERR dein Leben verändert."

Ich danke Gott für die Weisheit dieses Pastors. Ich befolgte seinen Rat, und nach drei Wochen war ich ein anderer Mensch. Die erste Verwandlung, die ich bemerkte, war ein unglaublicher Hunger danach, Gottes Wort zu lesen und zu durchforschen. Zum ersten Mal in meinem Leben las ich die Bibel ganz durch. Sehr schnell machte der HERR mich auf zahlreiche Gebiete in meinem Leben aufmerksam, die Ihm nicht gefielen. Und etwa einen Monat nachdem ich diese völlige Übergabe an Ihn vollzogen hatte, sprach Er zum ersten Mal zu mir. (Kapitel 7 geht auf dieses Thema "Hören auf Gott" tiefer und gründlicher ein). Danach wuchs meine Beziehung zum HERRN schnell.

Meine Erwartungen auf ein intensives, gefühlsmäßiges Erlebnis, begleitet vom Sprechen in Zungen, bringt mich an einen wichtigen Punkt. Satan hat den Bereich der Gaben des Heiligen Geistes, oder, wie einige es nennen, der "Taufe im Heiligen Geist", härter als jeden anderen angegriffen, besonders in diesen letzten Tagen. Die meisten Charismatiker wollen **die Kraft ohne das Kreuz**.

Sie spezialisieren sich leider auf gefühlsmäßige Erlebnisse. Die Fundamentalisten lehnen das Kreuz auch ab, indem sie sagen, die Kraft gelte nicht mehr für unsere Tage. Beide Positionen sind verkehrt. Das Problem, das wir Menschen haben, immer hatten und auch in Zukunft haben werden, ist, daß **Gott Gott ist**. Er ist uns **nicht** zu einer Antwort verpflichtet, und wir können Ihn in **keiner Weise** herumkommandieren. Er braucht nichts so zu tun, wie wir es für richtig halten. Die Gaben des Heiligen Geistes sind das, was sie sind, nämlich Geschenke, die gegeben werden, und sie wirken wann und wie der Heilige Geist es will, **nicht** wie wir wollen. Wir können nicht einfach eine Gabe abrufen oder erzwingen, daß sie dann in unserem Leben wirkt, wenn **wir** wollen. Sie wirken **nur**, wenn Gott es will. Wir müssen im Gehorsam und Glauben wandeln. Ein Teil dieses Glaubens ist das Verständnis und das Anerkennen, daß die Gaben nur dann tätig sind, wenn der HERR das will. Christen scheinen den Hauptteil ihrer Zeit damit zu verbringen, Lehren aufzustellen, um die Souveränität Gottes zu umgehen. Das geht einfach nicht! Je eher wir das akzeptieren, umso eher werden wir in eine engere persönliche Beziehung zu unserem HERRN treten.

Mein erster Bund mit dem HERRN war zu der Zeit meiner Errettung. Mein zweiter Bund fand statt, als ich durch diese völlige Übergabe Jesus zum alleinigen Meister meines Lebens machte. Ich war der Initiator dieser zwei Bündnisse. All die übrigen Bündnisse, die sich in den Jahren danach anschlossen, waren von Gott initiiert.

Ich glaube, Gott will, daß jede Person diese ersten zwei Bündnisse selbst abschließt. Alles weitere wird dann Gott übernehmen. Meine Eltern baten den HERRN um ein Bündnis, zu dem Er Seine Zustimmung gab, indem Er dieses Wunder der zweiten Schwangerschaft bei meiner Mutter vollbrachte (sie hatten nur zwei Kinder).

Den dritten wichtigen Bund mit dem HERRN schloß ich zu der Zeit, als ich Seinen Ruf in den geistlichen Kampf erwiderte. Ich habe darüber in meinem ersten Buch, *Er kam, um die Gefangenen zu befreien*, geschrieben. Dieser dritte Bund war fünf Jahre nach dem zweiten.

Auf Befehl des HERRN ließ ich Elaine in meine Wohnung ziehen, um sie vor den Angriffen der Satanisten abzuschirmen. Nachdem der HERR uns bewahrt hatte, gab es eine kurze Verschnaufpause, bevor der Kampf mit den Dämonen in Elaine weiterging. Während ich auf diese Zeit zurückblickte, wurde mir klar, daß ich einen weiteren Bund mit dem HERRN nötig hatte, bevor ich in diesem Kampf weitermachen konnte; genauso wie Josua mit Gott einen Bund geschlossen hatte, bevor er den Jordan überquerte, um Jericho einzunehmen. Gott hielt die Dämonen für etwa zwei Wochen zurück, bis ich mich für diesen neuen Bund entscheiden konnte.

Während dieser Zeit sprach der HERR sehr deutlich zu mir und sagte mir, daß Er gerne einen Bund mit mir machen wollte. Die Bedingungen für diesen Bund waren folgende: Erstens sollte ich Gott mein Leben übergeben, um von Ihm in jeder Hinsicht, wie **Er** es für richtig hielt, gebraucht zu werden, damit ich direkt gegen Satan und seine Dämonen kämpfen konnte. Zweitens sollte mir bewußt sein, daß solch eine Hingabe einen sehr hohen Preis kosten würde. Ich würde am Ende meine Karriere, meine Familie, alle meine Freunde und beinahe alles, was mir lieb war, verlieren. Ich würde auch außerordentlich viel körperliches und seelisches Leid durchzumachen haben. Aber Gott versprach, durch all das hindurch an meiner Seite zu stehen und sich mir dadurch auf eine tiefe und persönliche Art zu offenbaren, wie es durch keinen anderen Weg sonst in meinem Leben möglich wäre. Viele Seelen würden gerettet werden und aus der Gefangenschaft Satans herausfinden. Gott zeigte mir auch ganz deutlich, daß dies **Seine** erste Wahl für mein Leben war. Falls ich jedoch nicht folgen wollte, den Bund mit ihm zu schließen, würde Er mich dennoch in meiner Karriere – ich wollte mich auf Onkologie spezialisieren – segnen. Ohne den Bund könnte ich Gott nicht so nah und persönlich kennenlernen, wie durch all die Verfolgung auf dem Weg des geistlichen Kampfes. Es war eine schwere Entscheidung!

Eine Woche lang rang ich um die Entscheidung und versuchte, so gut ich konnte, die Kosten zu überschlagen. Ich wußte ohne jeden Zweifel, wenn ich erst mal so einen Bund geschlossen hätte, gäbe es kein Zurück. Wenn Probleme kommen würden, könnte ich mich nicht auf einmal eines anderen besinnen. Wenn ich das trotzdem tun würde, würde ich meine Beziehung zum HERRN verlieren, und das hätte ich nicht ertragen können. Am Ende der Woche ging ich schließlich auf die Knie und schloß diesen Bund mit dem HERRN. Das veränderte mein Leben für immer.

Danach trat der HERR häufiger mit verschiedenen Bündnissen an mich heran. Kurz nach Elaines endgültiger Befreiung sprach Er zu mir wegen meiner "stillen Zeit". Er bat mich wiederum, einen Bund mit Ihm zu schließen. Er sagte, Er wüßte, wieviel Zeit ich mit Ihm jeden Tag zum Gebet und Bibellesen bräuchte und forderte mich auf, meinen Wecker zu entfernen und mich von Ihm aufwecken zu lassen. Ich sollte jedes Mal, wenn Er mich wecken würde, aufstehen und die mir verbleibende Zeit, bis ich mich für die Arbeit fertigmachen müßte, mit Ihm verbringen. Ich stimmte dem Bund zu und habe seitdem keinen Wecker mehr gebraucht.

Während der nächsten zwei Jahre geschah es öfters, daß der HERR mich um zwei oder drei Uhr morgens rief. Oft hat Er mir nur erlaubt ein oder zwei Stunden zu schlafen, um den Rest der Nacht im Gebet, im Lesen oder Lernen seines Wortes zu verbringen. Er bildete mich aus, jederzeit auf Seinen Ruf hin, augenblicklich aufzuwachen. Das hat unser Leben bei mehr als einer Gelegenheit gerettet, da wir häufig körperlich von Satanisten angegriffen wurden und der HERR mich weckte, um vor der Gefahr zu warnen. (Ich bin sicher, daß es zu Beginn dieser Ausbildungsperiode auch Zeiten gegeben hat, an denen ich aufwachte, ohne daß der HERR mich wirklich gerufen hatte. Während ich jedoch im Glauben wandelte und immer aufblieb, wenn ich aufwachte, lehrte mich der HERR mehr und mehr, für Seinen Ruf sensibel zu werden.)

Ich bin nicht die einzige Person, die Gott in dieser Weise ausgebildet hat. Laßt mich euch dafür noch ein Beispiel geben. Vor ungefähr einem Jahr wurde ich sehr lungenkrank. Ich war so kurzatmig, daß ich zwei Wochen lang aufrecht in einem Stuhl sitzen mußte. In der ersten Nacht, in der es mir schließlich besser ging, konnte ich mich wieder hinlegen. Ich war total erschöpft und fiel in einen tiefen Schlaf. Ich schlief auf einer Couch im Wohnzimmer, als der HERR mich gegen zwei Uhr morgens rief und mir sagte, ich sollte aufstehen und die Eingangstür überprüfen. Ich hörte, wie unser Hund knurrte und knurrte, aber mir schien, als könnte ich meinen Körper nicht dazu bringen, mir zu gehorchen. Der HERR verstand mich wie immer.

Während ich noch damit kämpfte, genügend wach zu werden und meinen Körper zu zwingen, von der Couch aufzustehen, weckte der HERR einen Bruder in Christus, der Rechtsanwalt war. Er bat diesen Bruder, aufzustehen und uns anzurufen. Glücklicherweise war Bud gehorsam. Obwohl er sich komisch vorkam, rief er uns an. Das Telefon war in Elaines Schlafzimmer und sie hat einen tiefen Schlaf und ist dann so gut wie taub. Elaine hätte das Telefon normalerweise nicht gehört, aber der HERR verstärkte das Klingeln, so daß sie aufwachte. Bud sagte, er käme sich komisch vor, anzurufen, aber der HERR hätte es ihm befohlen, um uns zu sagen, daß wir in Gefahr wären. Elaine kam zu mir, und es gelang ihr, mich aufzurichten. Sie erzählte mir von Buds Anruf. Ich trug ihr auf, die Eingangstür zu überprüfen, wie der HERR mir gesagt hatte. Tatsächlich war es gerade jemandem gelungen, das Schloß aufzubrechen, und die Eindringlinge waren gerade dabei, die Tür zu öffnen, als Elaine kam. Sie befahl ihnen mit lauter Stimme im Namen Jesu zu gehen, und sie flohen.

Kurz nach dem Bund, den ich im ersten Kapitel beschrieben habe, lag Elaine immer noch sehr krank im Krankenhaus. Eines Sonntags, als ich vom Morgengottesdienst nach Hause fuhr, sprach der HERR zu mir und teilte mir mit, daß ich in Kürze einem der obersten Dämonen im Dienst Satans gegenüberzutreten hätte, und daß dieser versuchen würde, mich umzubringen. Ich sagte: "Oh, HERR, ich fühle mich geistlich nicht vorbereitet für eine solche Konfrontation."

Der HERR erwiderte: "Überlege Dir, welche Dinge du von mir willst, um Dich für diese Konfrontation vorzubereiten. Geh dann heute Abend nach dem Gottesdienst nach vorne, und ich werde einen Bund mit Dir schließen, um Dir diese Dinge zu geben."

An diesem Nachmittag brütete ich betend über meiner Bibel. Am Ende hatte ich eine Liste von zwölf Dingen; jedes davon war durch einen Bibelvers gestützt. Ich bat um Dinge wie die Fähigkeit, "Leiden als ein guter Soldat Christi Jesu zu erdulden" (2. Timotheus 2:3). Ich bat um den "Geist der Kraft, der Liebe und der Besonnenheit" (2. Timotheus 1:7). Ich bat auch von den Psalmen ganze Abschnitte, wie aus Psalm 144:1 "Gepriesen sei der HERR mein Fels, der meine Hände unterweist zum Kampf, meine Finger zum Krieg." Vor allem bat ich den HERRN, mir Seine Führung ganz klar zu zeigen und mich besonders sensibel für Seine Stimme zu machen.

Das war der zweite Bund, den ich mit dem HERRN in einer Gemeinde geschlossen hatte. Diesen Abend werde ich niemals vergessen. Nach dem Gottesdienst ging ich still vor zum Altar in der Absicht, für mich selbst zu beten, nachdem kein offizieller Altarruf nach dem Abendgottesdienst gegeben worden war. Der Heilige Geist hatte jedoch Pastor Pat auf mich aufmerksam gemacht, der schnell zu mir herüberkam und fragte, wie er mir helfen könnte. Ich schilderte ihm kurz die Situation. Meine Bitten hatte ich in ein Heft aufgeschrieben, das ich aber nicht öffnete. Ich spürte, daß es für den Pastor nicht wichtig war, meine Bitten zu kennen. Er war einverstanden, mit mir zu beten und einfach Zeuge des Bundes zu sein. Ich betete zuerst. Dann betete der Pastor eines der unglublichsten Gebete, das ich je gehört hatte. In der Kraft des Heiligen Geistes zählte er jede einzelne Bitte auf, die ich in meinem geschlossenen Heft niedergeschrieben hatte und bat den HERRN, sie in meinem Leben zu erfüllen! Wie immer stand der HERR treu zu Seinem Bund. Ich überlebte nicht nur die Konfrontation mit diesem obersten Dämon (die einige Wochen später stattfand), sondern die Verheißungen, die mir der HERR in diesem Bund gegeben hatte, sind noch heute, nach mehreren Jahren, in meinem Leben wirksam.

Die einfache Erkenntnis, daß Gott Sein Wort **immer** hält, hat mir die Sicherheit und Kraft gegeben, den schrecklichen Kampf mit Satan zu kämpfen, der ohne eine Pause die vergangenen sieben Jahre meines Lebens angedauert hat.

Eines der jüngsten Bündnisse, die ich mit dem HERRN schloß, war zu der Zeit, als Er mich aufforderte, nach Kalifornien zu ziehen. (Kalifornien ist einer der **letzten** Orte auf dieser Erde, wo ich je hingehen wollte, muß ich hinzufügen.)

Ich habe nicht die Freiheit, alle Bedingungen dieses Bundes aufzuführen, aber hier sind einige von ihnen. Ich sollte nach Kalifornien ziehen und hier in vollem Gehorsam dem HERRN gegenüber wandeln. Ich sollte mir auch im klaren darüber sein, daß ich hier am Ende mein Leben für den HERRN niederlegen würde. Er würde dafür für unsere Nöte (**nicht** unsere Wünsche) aufkommen, uns beschützen (bis unsere Zeit kommt, wo wir unser Leben für Ihn hingeben werden) und die Türen für unseren Dienst auftun, die Er öffnen wollte und die schließen, die Er verschließen wollte.

Denkt daran, Gott handelt niemals an zwei Personen in gleicher Weise. Jeder von uns ist Ihm so wertvoll als Individuum, daß Er uns auch als ein solches behandelt. Wenn ihr jedoch dieses Prinzip, mit Gott ein Bündnis einzugehen, versteht, wird Er frei sein, euch auf Seine Sehnsucht nach speziellen Bündnissen aufmerksam zu machen.

Das Problem ist nur folgendes: Die meisten Leute wollen mit Gott einen Bund nach **ihren** und nicht nach Gottes Bedingungen schließen! Sie wollen Gesundheit, Wohlstand, Bequemlichkeit und Befriedigung für ihre fleischlichen Lüste. Jakobus drückt das sehr gut aus:

> "Ihr bittet und empfangt nichts, weil ihr übel bittet, um es in euren Lüsten zu vergeuden."　　　　　　　　　　Jakobus 4:3

Es gibt zwei Bündnisse, die jeder Christ mit dem HERRN machen muß. Gottes Wort befiehlt das ganz klar. Der erste ist der Bund der Errettung, der zweite beinhaltet die völlige Herrschaft Jesu. Niemand kann in eine tiefere Beziehung zum HERRN kommen, wenn er diese zwei Bündnisse nicht geschlossen hat. Danach ist der HERR normalerweise der Initiator der Bündnisse. Seid wachsam für die Führung des Heiligen Geistes. Sucht den HERRN mit eurem ganzen Herzen, und Er **wird** sich von euch finden lassen. Er **wird** zu euch kommen, und Er **wird** sich freuen, Bündnisse mit euch zu schließen.

KAPITEL 3

Ein Jahr des Ringens

Mit einem erschöpften Seufzer öffnete Rebecca ihre Wohnungstür, stieß sie hinter sich zu und sank auf die Couch. Chico, ihr siamesischer Kater, sprang sofort neben sie und begann zu schnurren. "Was gibt's denn da zu schnurren, alter Junge", murmelte sie und streichelte sein seidiges Fell, "es ist schon nach 22 Uhr, und ich habe noch nicht einmal zu Abend gegessen." Chico miaute zustimmend.

"Nun gut, es wird auch nicht besser, wenn ich hier sitzen bleibe," sagte Rebecca gähnend und erhob sich von der Couch. Sie knipste eine Lampe an und wollte gerade ihr Stereogerät einschalten.

"**Nein!**" Der Befehl des Heiligen Geistes schoß wie ein Blitz durch ihre Gedanken. Ihre Hand hielt am Schalter inne. "Nein?" fragte sie. "Was meinst Du damit, HERR?"

"Schalte die Stereoanlage nicht ein," war die prompte Antwort, dann war Stille.

"Was nun?" murrte Rebecca. "Geben die denn nie auf? Wie lange soll das alles noch so weitergehen?" Sie schaltete noch ein weiteres Licht an, zog das Stereogerät vorsichtig hervor und schaute prüfend auf die Kabel hinter dem Verstärker. Dann sah sie es: Eine kleine Brandbombe, die aussah wie eine halbe Stange Dynamit, war in ihrem Stereogerät verdrahtet. Hätte sie das Gerät eingeschaltet, wäre es um sie geschehen gewesen. Energisch zog sie den Stecker aus der Steckdose und durchtrennte mit ruhiger Hand die Drähte. Glücklicherweise hatte Elaine ihr beigebracht, wie man Bomben entschärft, da sie selbst früher welche hergestellt hatte, als sie noch Satanistin gewesen war.

Mit einem Seufzer der Erleichterung legte Rebecca die Bombe vorsichtig in einen Behälter, um sie später an einen sicheren Ort zu schaffen und steckte die Kabel an ihrem Stereogerät wieder ein. Sie legte eine Lobpreisplatte auf und ging in die Küche, um sich etwas zum Abendessen zu machen. Als sie mit einem müden Blick in den Kühlschrank schaute, sprach der HERR abermals zu ihr.

"Geh und schlage das Gegenmittel für Pantolax nach, du hast es vergessen!"

"Gleich, HERR? Ich habe Hunger!" Rebecca hatte seit sieben Uhr morgens fast ohne Unterbrechung im Krankenhaus gearbeitet. Sie hatte seit mehreren Wochen durchgehend Dienst ohne einen freien Tag und hatte wenig geschlafen. Die lange und schwere Krankheit von Elaine mit den gnadenlosen Angriffen der Satanisten hatten ihren Tribut gefordert. Sie war total erschöpft, sowohl körperlich als auch seelisch.

"Gleich!" lautete der Befehl des HERRN. Durch den intensiven Kampf der letzten zwei Jahre war es Rebecca in Fleisch und Blut übergegangen, den Anweisungen des HERRN sofort Folge zu leisten. Sie ließ die Kühlschranktür zufallen und ging zum Bücherregal.

Pantolax ist ein Medikament, das bei Operationen in allen Krankenhäusern täglich gebraucht wird. Es wird den Patienten direkt in die Vene gespritzt. Es verursacht innerhalb von Sekunden eine vollständige Lähmung der gesamten Skelettmuskulatur, die etwa eine Stunde andauert, wenn die Dosis nicht wiederholt wird. Es wird bei Operationen zur Muskellähmung angewendet, um einem Muskelkrampf vorzubeugen und so den Muskelschaden durch die Operation möglichst gering zu halten. Während Operationen verwendet der Narkosearzt jedoch ein besonderes Gerät, um den Patienten zu beatmen. Wenn er das nicht täte, würde der Patient sterben, denn die Muskellähmung, verursacht durch das Pantolax, macht das Atmen unmöglich. Das Gegenmittel ist Pyridostigmin, ein Medikament, das ebenfalls intravenös verabreicht wird und die Wirkung von Pantolax fast sofort aufhebt. Als Rebecca das Arzneimittelbuch zuschlug, sprach der HERR noch einmal zu ihr, diesmal drängend.

"Fahr zum Krankenhaus zurück, denn in diesem Moment bekommt Elaine gerade eine Injektion mit Pantolax."

Rebecca schnappte ihre Schlüssel und rannte zur Tür hinaus. Sie wohnte etwa zwei Minuten vom Krankenhaus entfernt. Sie rannte den ganzen Weg von ihrem Auto die Treppen hinauf bis zu Elaines Zimmer. Tatsächlich war Elaine auf Grund des Sauerstoffmangels bereits blau und atmete bereits nicht mehr als sie ankam. Sie löste den Notruf aus, worauf die Schwestern mit dem Notfallwagen angerannt kamen. Zufällig war Elaines Hausarzt Jerry (sein Name wurde geändert) gerade in der Notaufnahme und behandelte einen Patienten. Als Jerry über die Notrufanlage die Durchsage hörte und erkannte, daß in Elaines Zimmer Alarm ausgelöst worden war, kam er eilends herbei.

Als Jerry ankam, hatten Rebecca und die anderen Notärzte einen Tubus in Elaines Luftröhre zur Lunge gelegt und beatmeten sie mit einem sogenannten Ambu-Beutel.

"Was um alles in der Welt ist denn hier los?" fragte Jerry.

"Ich weiß es nicht," antwortete Rebecca, "ich fand Elaine blau mit Atemstillstand vor. Sie atmet immer noch nicht."

"Das sehe ich! Aber warum?" Jerry fuhr sich mit einer verzweifelten Handbewegung durch die Haare. "So etwas habe ich noch nie erlebt! Ständig passiert ihr etwas, ohne daß es eine Erklärung dafür gibt!"

Rebecca zögerte, sie überlegte, wieviel sie sagen konnte. Schließlich entschloß sie sich, das auszusprechen, was sie dachte.

"Schau, Jerry, ich weiß, es klingt verrückt, aber diese Symptome von Elaines Atemstillstand sehen genauso aus, wie bei einem Patienten, der Pantolax oder etwas ähnliches erhalten hat. Warum versuchen wir es nicht mit Pyridostigmin?"

"Pantolax! Wie zum Teufel sollte Pantolax in Elaines Venen gelangen?"

"Genau das ist der Grund," dachte Rebecca, "du weißt ja gar nicht, wie sehr der Teufel wirklich mit dem allem zu tun hat!" Ruhig sagte sie: "Ich weiß es nicht, Jerry, aber was haben wir zu verlieren? Das Pyridostigmin wird ihr nichts schaden; und wenn es hilft, haben wir eine Menge Fragen beantwortet."

"Oh, ja, und obendrein eine Menge Fragen zusätzlich! O.k., was haben wir zu verlieren, laßt es uns mit Pyridostigmin versuchen," sagte Jerry mit einem Achselzucken. Alle im Raum hielten den Atem an, als Jerry das Medikament langsam in Elaines Vene spritzte. Innerhalb weniger Minuten begann sie sich zu bewegen und selbst zu atmen. Tränen liefen ihr über die Wangen – sie konnte nicht sprechen, weil der endotracheale Tubus in ihrer Luftröhre (bis vor die Lunge) noch nicht entfernt war. Es war ein schreckliches Erlebnis gewesen, so plötzlich gelähmt zu sein und dann allmählich das Bewußtsein zu verlieren, weil ihr das Atmen unmöglich gewesen war. Auf den Gesichtern aller Ärzte und

Schwestern spiegelte sich Erschütterung. Sie schienen es auf einmal eilig zu haben, das Zimmer zu verlassen, weil sie nicht in die Sache verwickelt werden wollten. Würde man sie später nach dem Vorfall fragen, würde jeder leugnen, daß er jemals stattgefunden hatte. So ist es eben in der Welt der Medizin.

Jerry schaute Rebecca an: "Du hast recht gehabt! Ich weiß, hinter dieser Situation steckt viel mehr, als vor Augen ist, und außerdem **will** ich gar nicht wissen, was hier los ist! Ich möchte nur Elaine hier herausbekommen. Wie um alles in der Welt bist du überhaupt gerade im richtigen Moment hier gewesen?"

"Der HERR hat es mir gesagt," antwortete Rebecca einfach.

"Irgendwie habe ich gewußt, daß du so antworten würdest," sagte Jerry, "ich möchte dir aber einen Rat geben, sag dieses Zeug "der-HERR-hat-es-mir-gesagt" zu niemandem anderen hier. Sie werden dich sonst einsperren und den Schlüssel wegwerfen. Du weißt selbst, wie verrückt das klingt, Rebecca. Glaubst du **im Ernst**, daß der HERR zu dir spricht?"

"Du weißt, daß ich es glaube, Jerry. Er würde auch zu dir sprechen, wenn du nur Jesus Christus zu deinem HERRN und Erlöser machen würdest."

"Nun fang nicht wieder damit an, Rebecca. Ich bin heute Abend zu müde dafür. Nun, wer immer dieses Ding gedreht hat, wird sich nun den Kopf zerbrechen, wieso es nicht funktioniert hat. Ich werde Elaine für diese Nacht auf die Intensivstation verlegen lassen und morgen früh den Tubus herausnehmen. Ich möchte nur zu gerne wissen, was ich auf ihr Krankenblatt schreiben soll, damit es nicht allzu verrückt klingt." Indem er etwas vor sich hin murmelte, verließ Jerry kopfschüttelnd den Raum.

Rebecca beugte sich herab und strich Elaine die Haare aus der Stirn. "Es ist alles in Ordnung, Liebes," sagte sie "der HERR ist wie immer bei der Arbeit. Es tut mir leid, daß du so etwas Schreckliches durchmachen mußtest. Konntest du sehen, wer das Zeug in deine Venen gespritzt hat?"

Elaine schüttelte verneinend den Kopf. Rebecca seufzte. **Wann** würde das alles nur endlich aufhören? Sie schaute auf ihre Uhr. Mitternacht war vorbei. Sie würde bei Elaine bleiben, bis sie auf die Intensivstation verlegt worden war und erst dann heimgehen.

Der Vorfall mit der Pantolax-i.v.-Injektion war nur einer von vielen Versuchen, Elaine zu töten. Der Kampf war endlos, und es schien keine Heilung für Elaines Krankheiten in Sicht zu sein. Es waren nicht nur die Mordversuche, Elaine wurde zudem ständig von verheerenden Krankheiten befallen. Zuerst hatte sie eine fürchterliche Niereninfektion, die mit einer Blutvergiftung endete (einer Infektion des gesamten Blutkreislaufes). Dann kam das Blutgerinnsel in ihrem Bein, das zur Lunge gewandert war, und sie beinahe getötet hätte, weil es einen großen Teil der Lunge fast zerstört hatte. Dann folgte eine weitere Infektion durch ein anderes Blutgerinnsel. In letzter Zeit kam es häufig vor, daß Elaine einfach ohne erkennbaren Grund aufhörte zu atmen und an ein Beatmungsgerät angeschlossen werden mußte, das sie beatmete. Heute nacht hatte der HERR die Erklärung für die Apnoe (Zustand der Atemlosigkeit) gegeben.

Rebecca und Elaine wurden immer mutloser. Seit der endgültigen Befreiung von Elaine vor einem Jahr hatte Rebecca keine Nacht mehr ohne Unterbrechung geschlafen. Da waren nicht nur die Angriffe auf Elaine, auch Rebecca bekam ihren Teil der Angriffe ab. Dauernd wurde in ihrer Wohnung eingebrochen, und solche Vorfälle wie mit der Brandbombe geschahen öfters. Solche Bomben waren schon im Anlasser ihres Autos, im Telefon und in der Stereoanlage installiert worden.

Es gab auch etliche Versuche, ihr Essen zu vergiften, besonders ihren Kaffee. Wieder und wieder hatte sie der Heilige Geist daran gehindert, ihren ersten Schluck aus ihrer Kaffeetasse zu nehmen. Oft befahl ihr der HERR, wenn sie in einem Selbstbedienungsrestaurant war, das volle Tablett auf das Laufband für gebrauchtes Geschirr zu stellen und nichts davon zu essen. Rebecca hatte mit Sicherheit die wörtliche Bedeutung der Schriftstelle begriffen, in der es heißt:

> "Denn jedes Geschöpf Gottes ist gut und nichts verwerflich, wenn es mit Danksagung genommen wird; denn es wird geheiligt durch Gottes Wort und durch Gebet." 1. Timotheus 4:4.5

> [Jesus sagt:] "Diese Zeichen aber werden denen folgen, die glauben: ... wenn sie etwas Tödliches trinken, wird es ihnen nicht schaden." Markus 16:17.18

Rebecca nahm nie auch nur einen Schluck Wasser, ohne zuerst dem HERRN dafür zu danken und Ihn zu bitten, es zu heiligen und zu reinigen. Mehr als einmal hatte sie bemerkt, wie einige vom medizinischen Personal sie komisch angeschaut hatten, nachdem sie mit dem Essen fertig war, und manche fragten sogar, ob sie sich wohl fühle. Sie zweifelte nicht daran, daß der HERR ihr Gebet beantwortet und ihr Essen von jedem Gift gereinigt hatte, das dort hineingemischt worden war. Eines Tages kam eine Krankenschwester zu ihr und nahm Jesus als ihren Heiland an. Sie erzählte Rebecca, wie erstaunt sie war, daß Rebecca überlebt hatte, obwohl Gift in ihr Essen gemischt worden war, und nun wollte sie Rebeccas HERRN und nicht mehr Satan dienen.

David (Kultdeckname für einen Arzt in Rebeccas Krankenhaus, der gleichzeitig der örtliche Hohepriester war) wurde ganz offensichtlich immer ärgerlicher. Er hatte sie eines abends im Flur angehalten und ihr gedroht, sie umzubringen. Die Schlafräume für die Ärzte, die Bereitschaft hatten, waren ziemlich abgelegen. Die Räume konnten von innen abgesperrt werden, sie konnten aber nicht abgesperrt werden, während der Arzt draußen war. Der Heilige Geist gab Rebecca Anweisung, winzige Stückchen Papier oder Fäden entweder oben auf die Tür oder darunter zu legen, so daß sie sehen konnte, ob jemand während ihrer Abwesenheit die Tür geöffnet hatte. Während vieler Nächte konnte sie nicht in ihre Bereitschaftszimmer gehen, weil David oder jemand anders in ihrem Zimmer auf sie wartete. In solchen Nächten verbrachte sie die restliche Zeit im Aufenthaltsraum der Ärzte.

Manchmal mußte Rebecca ein Lächeln unterdrücken, wenn sie sah, daß die Satanisten fast ebenso frustriert waren wie sie selbst. Sie konnten es einfach nicht verstehen, warum sie so erfolglos waren. Ein paar wenige waren gekommen und hatten sie ganz offen gefragt, was das für eine Macht wäre, die sie hätte. Diese nahmen Jesus Christus als ihren Erlöser an und verließen den Satanismus. Rebecca freute sich in dem Wissen, daß nicht nur ihr Leben von ihrem ständigen Gehorsam dem HERRN gegenüber abhing, sondern daß Er auch andere an den Punkt brachte, daß sie Jesus als ihren Erlöser annahmen, indem Er sie sicher durch alle Angriffe führte.

Oft flehte Rebecca zum HERRN um Erleichterung, aber sie kam nicht. Immer wieder brachte ihr der Heilige Geist die Schriftstelle in Epheser 6 ins Gedächtnis:

> "Denn unser Kampf ist nicht gegen Fleisch und Blut, sondern gegen die Gewalten, gegen die Mächte, gegen die Weltbeherrscher dieser Finsternis, gegen die Geister der Bosheit in der Himmelswelt. Deshalb ergreift die ganze Waffenrüstung Gottes, damit ihr an dem bösen Tag widerstehen und, wenn ihr alles ausgerichtet habt, stehen könnt." Epheser 6:12.13

Das war die einzige Antwort, die der HERR Rebecca in dieser Lage gab. Er hatte sie vor der Schwarzen Messe an Ostern bewahrt, aber ansonsten schien der Kampf nicht nachzulassen.

Ein paar Wochen nach dem Vorfall mit dem Pantolax, fuhr Rebecca eines Abends weinend nach Hause. "HERR", rief sie, "warum können wir in dieser Situation keinen Sieg haben? Könntest du uns nicht damit segnen, daß Elaine endlich aus dem Krankenhaus entlassen wird?"

"Wieviel ist dir denn ein Segen von mir wert?" war die prompte Antwort. Dann brachte der Heilige Geist Rebecca die Schriftstelle aus 1. Mose in Erinnerung, wo die Geschichte von Jakob erzählt wird.

> "Und Jakob blieb allein zurück. Da rang ein Mann mit ihm, bis die Morgenröte heraufkam … Da sagte er: Laß mich los, denn die Morgenröte ist aufgegangen! Er (Jakob) aber sagte: Ich lasse dich nicht los, es sei denn, du hast mich vorher gesegnet. Da sprach er zu ihm: Was ist dein Name? Er sagte: Jakob. Da sprach er: Nicht mehr Jakob soll dein Name heißen, sondern Israel; denn du hast mit Gott und mit Menschen gekämpft und hast überwältigt. Und Jakob fragte und sagte: Teile mir doch deinen Namen mit! Er aber sagte: Warum fragst du denn nach meinem Namen? Und er segnete ihn dort. Und Jakob gab der Stätte den Namen Pnuel: denn ich habe Gott von Angesicht zu Angesicht gesehen, und meine Seele ist gerettet worden!" 1. Mose 32:25-31

Als Rebecca über diese Schriftstelle nachdachte, sprach der HERR abermals zu ihr: "Sag mir, Kind, ist dir ein Segen von mir soviel wert, daß du dafür eine ganze Nacht lang mit mir ringst?" Rebecca überlegte sich diese Frage. Es war schon 21 Uhr vorbei und sie war erschöpft. Ihr ganzer Körper lechzte nach Schlaf. Als sie in die Einfahrt einbog, fällte sie die Entscheidung: "Ja."

Diese Nacht war eine der ersten von vielen Nächten, an denen Rebecca die ganze Nacht wach auf ihren Knien verbrachte. Sie betete, las die Bibel und dachte über die Angelegenheiten Gottes nach. Sie bat Gott, ihr jede Sünde in ihrem Leben aufzudecken, und eine lange Zeit weinte sie, so weh tat ihr das Herz, weil Elaine so viel Leid durchzustehen hatte. Als der Morgen dämmerte, erfüllte Friede ihr Herz. Sie stand auf, um sich für die Arbeit des neuen Tages vorzubereiten.

Gott beantwortete Rebeccas Gebetsnacht, und innerhalb einer Woche hatte sich Elaine soweit erholt, daß sie aus dem Krankenhaus entlassen werden konnte. Auch Rebecca verließ das Krankenhaus zum letzten Mal und traf Vorbereitungen, um in eine andere Stadt zu ziehen, wo sie eine Arztpraxis eröffnen wollte. Die Lektionen, die sie während dieses Jahres intensiven Kämpfens um Elaines Leben gelernt hatte, waren notwendig gewesen. So waren Rebecca und Elaine darauf vorbereitet worden, in den folgenden Jahren, in denen sie für den HERRN arbeiten sollten, noch vielen anderen Menschen aus den Bindungen Satans herauszuhelfen und in das wunderbare Licht des Reiches Jesu Christi hineinführen zu können.

Kapitel 4

Bleib stehen!

"Deshalb ergreift die ganze Waffenrüstung Gottes, damit ihr an dem bösen Tag widerstehen und, **wenn ihr alles ausgerichtet habt, stehen könnt.**"
Epheser 6:13

Auf einem Fleck stehen zu bleiben, ohne vor- oder rückwärts zu gehen, ist die schwierigste aller Aufgaben. Wir Menschen meinen, wir müßten uns immer bewegen, wir müßten immer Fortschritte machen. Es fällt uns so schwer, Gottes Gedanken zu verstehen. So oft ist das bloße Stehenbleiben und das Behalten eines Feldes, das wir bereits gewonnen haben, das Allerwichtigste, was wir tun können. Elaine und ich mußten diese Lektion in unserem Dienst schon früh lernen.

Ich habe das 3. Kapitel mit der Absicht geschrieben, euch ein Beispiel dafür zu geben, was es für uns bedeutet hat, stehen zu bleiben. Ich war andauernd frustriert, weil ich bemerkte, daß ich keinen Sieg erlangte. Es war an mir zu lernen, daß in Gottes Augen das bereits ein Sieg in sich selbst **war**, nämlich stehen zu bleiben und mein Land zu behalten. Eine Anzahl von Satanisten kam einfach deshalb aus dem Satanismus heraus, weil sie sahen, wie wir stehen blieben. Alles, was sie ausprobierten, um Elaine und mich zu töten, mißlang.

Satan wandte jede ihm mögliche Taktik an, um uns zu entmutigen. Tims Herausforderung an mich (siehe 1. Kapitel), Elaines andauernde Krankheitssituation zu beachten, kam geradewegs von den Dämonen in ihm. Satan und seine Dämonen verstehen sich darauf, gerade dort hineinzuschlagen, wo es am meisten weh tut! Sie haben beinahe 6000 Jahre praktische Erfahrung mit uns Menschen gemacht. So kennen sie unser Wesen inzwischen recht gut, und sie wissen ganz bestimmt, wie leicht wir entmutigt werden, wenn wir uns scheinbar nicht vorwärts bewegen.

Ich möchte an dieser Stelle einige schwierige Fragen ansprechen, über die nur wenige Christen wirklich zu reden bereit sind.

Als Erstes die Frage, warum Gott Elaine nicht nach ihrer Befreiung geheilt hat? In der Tat hat sie seit ihrer endgültigen Befreiung vor sieben Jahren eine Krankheit nach der anderen gehabt. Leider zucken die meisten Christen in so einer Situation einfach nur mit der Schulter und sagen: "Oh, du hast nicht genug Glauben!", oder, "Da muß Sünde in deinem Leben sein!". Diese Antworten sind für sie sehr bequem, aber für die Person, die nicht geheilt wird, sind sie schrecklich, besonders dann, wenn keine der Anschuldigungen der Wahrheit entspricht. Andauernde Qualen und Krankheiten dämonischen Ursprungs sind normal für Leute, die aus dem Okkultismus oder irgendeiner anderen tiefen Sünde kommen. Warum ist das so? Wir wollen Gottes Wort dazu betrachten.

> "Irrt euch nicht, Gott läßt sich nicht verspotten! Denn was ein Mensch sät, das wird er auch ernten. Denn wer auf sein Fleisch sät, wird vom Fleisch Verderben ernten; wer aber auf den Geist sät, wird vom Geist ewiges Leben ernten. Laßt uns aber im Gutestun nicht müde werden, denn zur bestimmten Zeit werden wir ernten, wenn wir nicht ermatten." Galater 6:7-9

Elaine hat geerntet, was sie säte. Genauso wird es jedem anderen ergehen, der aus ähnlichen Umständen herauskommt. Bevor du nun ärgerlich wirst und sagst: "Aber Jesus starb am Kreuz, damit wir die Folgen unserer Sünden nicht tragen müssen!", möchte ich dir noch eine weitere Schriftstelle zeigen.

> "Einer der gehenkten Übeltäter aber lästerte ihn: Bist du nicht der Christus? Rette dich selbst und uns! Der andere aber antwortete und strafte ihn und sprach: Auch du fürchtest Gott nicht, da du in demselben Gericht bist? **Und wir zwar mit Recht, denn wir empfangen, was unsere Taten wert sind;** dieser aber hat nichts Ungeziemendes getan. Und er sprach: Jesus, gedenke meiner, wenn du in dein Reich kommst! Und Jesus sprach zu ihm: Wahrlich, ich sage dir: Heute wirst du mit mir im Paradies sein." Lukas 23:39-43

Der Übeltäter verstand sehr wohl, daß er ernten mußte, was er gesät hatte. Nach römischem Gesetz verdiente er es, gekreuzigt zu werden. Nun, bevor Jesus starb, rief Er aus: "Es ist vollbracht!". Als Christus starb, war also für die Sünden des einen Übeltäters bezahlt worden, stimmt's? Ja, das war der Fall. **Aber** starb der Übeltäter dann ohne jedes weitere Leiden? Laßt uns dazu das Johannesevangelium betrachten.

"Die Juden nun baten den Pilatus, damit die Leiber nicht am Sabbat am Kreuz blieben, weil es Rüsttag war – denn der Tag jenes Sabbats war groß –, daß ihre Beine gebrochen und sie abgenommen werden möchten. Da kamen die Soldaten und brachen die Beine des ersten und des anderen, der mit ihm gekreuzigt war. Als sie aber zu Jesus kamen und sahen, daß er schon gestorben war, brachen sie ihm die Beine nicht, ..."

Johannes 19:31-33

Offensichtlich waren die Übeltäter einige Stunden, nachdem Jesus gestorben war, immer noch am Leben, und dazu kamen die zusätzlichen Qualen, daß ihnen von den Soldaten die Beine gebrochen wurden. So konnten sie sich selbst nicht mehr abstützen und starben um so schneller den Erstickungstod. Wenn der Übeltäter auch von dem erlöst worden wäre, das zu ernten, was er gesät hatte, warum nahm ihn Jesus dann nicht sofort bei Seinem eigenen Tod mit ins Paradies? Die Antwort ist einfach. Jesus zahlte den Preis für die ewige Errettung, aber Er machte dadurch **nicht** das Prinzip zunichte, daß wir ernten müssen, was wir gesät haben.

Dies ist ein sehr nüchternes Prinzip, das Gottes Volk gerne vergißt. Ich spreche mit so vielen Leuten, die sich in schrecklichen Situationen befinden, weil sie selbst ein so sündiges Leben führen. Häufig sagen sie zu mir: "Ich werde Gott den Rest meines Lebens dienen, **wenn** Er nur ... tun wird." Ist es nicht schon genug, daß Jesus so schrecklich für unsere Errettung leiden mußte? Welches Recht haben wir überhaupt, Gott Bedingungen zu stellen? Es darf kein **"wenn und aber"** in unserer Hingabe an den HERRN geben. Wir müssen bereit sein, dem HERRN zu dienen, **ohne** dabei unsere Umstände zu betrachten, unabhängig davon, ob der HERR sie verbessert oder nicht. Viele werden nun die folgende Bibelstelle als Gegenargument vorbringen:

"Wir wissen aber, daß denen, die Gott lieben, alle Dinge zum Guten mitwirken, denen, die nach seinem Vorsatz berufen sind."

Römer 8:28

Bitte laß mich dich daran erinnern, daß "das Gute" bei Gott oft etwas anderes ist, als bei uns. Betrachtet zum Beispiel die folgende Bibelstelle:

> "Darin frohlockt ihr, die ihr jetzt eine kleine Zeit, wenn es nötig
> ist, in mancherlei Versuchungen betrübt worden seid, damit die
> Bewährung eures Glaubens viel kostbarer erfunden wird als die
> des vergänglichen Goldes, das aber durch Feuer erprobt wird, zu
> Lob und Herrlichkeit und Ehre in der Offenbarung Jesu Christi,
> … so erlangt ihr das Ziel des Glaubens: die Errettung der See-
> len."   1. Petrus 1:6.7.9

Klingt das in deinen Ohren, als ob alle Dinge für dich zum "Guten" wirken? Nun, in Gottes Ohren schon, und das zählt letztlich.

> "Irrt euch nicht, Gott läßt sich nicht verspotten! Denn was ein
> Mensch sät, das wird er auch ernten. Denn wer auf sein Fleisch
> sät, wird vom Fleisch Verderben ernten; wer aber auf den Geist
> sät, wird vom Geist ewiges Leben ernten. Laßt uns aber im
> Gutestun nicht müde werden, denn zur bestimmten Zeit werden
> wir ernten, wenn wir nicht ermatten."   Galater 6:7-9

Bitte beachte, hier werden **keine Ausnahmen** für Christen gemacht!
Wenn du beispielsweise in sexueller Sünde gelebt hast, dann **wirst**
du Verderben (Krankheit) in deinem Fleisch ernten. Gottes Gesetz
ist absolut, du kannst ihm nicht entrinnen. Aber zur bestimmten
Zeit, wenn wir uns Gottes Hand unterordnen und bereit sind, Ihm
ohne Rücksicht auf unsere Umstände zu dienen, werden wir,
"wenn wir nicht ermatten", eine ewige Belohnung ernten. Wie oft
wollen wir doch "matt" werden. Aber statt aufzugeben sollten wir
folgendes tun:

> "Laßt uns nun mit Freimütigkeit hinzutreten zum Thron der Gna-
> de, damit wir Barmherzigkeit empfangen und Gnade finden zur
> rechtzeitigen Hilfe."   Hebräer 4:16

Statt zum HERRN zu schreien, Er möge doch all unsere Schwierigkeiten wegnehmen, sollten wir Ihn bitten, nur die wegzunehmen,
die ER will und uns zum Ertragen des Restes ein extra Maß an
Gnade zu geben. So oft mußte ich schon zum Thron der Gnade
hinzutreten und um ein extra Maß Gnade bitten, seit ich dieses
Prinzip gelernt habe! Der HERR hat meine Gebete jedes Mal treu
beantwortet und mir die Gnade gegeben, die ich benötigte.

Ich möchte ein weiteres, wichtiges Prinzip ansprechen, das hier gut
dazu paßt. Der HERR trug mir auf, Elaine mit meinem eigenen
Leben zu bewachen und zu verteidigen, wenn es nötig werden wür-

de. Er setzte mich als Elaines Helfer und Partner ein, nicht nur um Elaine zu helfen, die Angriffe der Satanisten zu überleben, sondern auch um ihr durch die Ernteperiode ihres Lebens hindurch zu helfen. Dabei lernte ich die wirkliche Bedeutung von:

> "Einer trage des anderen Lasten, und so werdet ihr das Gesetz des Christus erfüllen."   Galater 6:2

Seht ihr, der HERR liebt Elaine, trotz der Tatsache, daß sie 17 Jahre damit verbracht hat, Ihm in Sein Angesicht zu spucken! Darum hat Er mich eingesetzt, ihr zu helfen und hat uns als Paar ausgesandt, so wie Jesus es bei Seinen Jüngern tat. Da Elaine bereit war, Gottes Willen für ihr Leben zu akzeptieren, und ich bereit war, ihr dabei zu helfen, ihre Lasten zu tragen, nämlich zu ernten, was sie gesät hatte, wuchsen wir beide im Glauben und in der Liebe und in unserer Beziehung zum HERRN. Es gibt nichts besseres als das. So hat Gott wie immer Sein Versprechen gehalten, und alle Dinge haben uns zum "Guten" mitgewirkt.

In diesem Kampf ist es oft nötig **stehenzubleiben**. Wenn wir dann nicht bereit sind, einander die Lasten zu tragen, werden wir nicht sehr lange stehenbleiben. Oft verbrachte ich eine ganze Nacht auf den Knien und in Tränen, um für Elaine vor dem HERRN Fürbitte zu tun. Oft hat Er sie auf wunderbare Weise vor den Pforten des Todes zurückgeholt, sie geheilt und aus Krankheiten wieder genesen lassen, die normalerweise mit dem sicheren Tod geendet hätten.

Ich bin überzeugt, daß der Grund für die wenigen, wunderbaren Heilungen in christlichen Gemeinden heutzutage darauf zurückzuführen ist, daß Gottes Volk sich selbstsüchtig weigert, einander die Lasten zu tragen. Gott sprach auch schon mit Jesaja über diesen Punkt:

> "Ist nicht vielmehr das ein Fasten, an dem ich Gefallen habe: Ungerechte Fesseln zu lösen, die Knoten des Joches zu öffnen, gewalttätig Behandelte als Freie zu entlassen und daß ihr jedes Joch zerbrecht? Besteht es nicht darin, dein Brot dem Hungrigen zu brechen und daß du heimatlose Elende ins Haus führst? Wenn du einen Nackten siehst, daß du ihn bedeckst und daß du dich deinem Nächsten nicht entziehst? Dann wird dein Licht hervorbrechen wie die Morgenröte und **deine Heilung wird schnell**

sprossen. Deine Gerechtigkeit wird vor dir herziehen, die Herrlichkeit des HERRN wird deine Nachhut [engl. Belohnung] sein." Jesaja 58:6-8

Hast du schon mal darüber nachgedacht, wie du dein Leben für einen Bruder oder eine Schwester hingeben kannst, ohne dich vor ein Maschinengewehr zu stellen und dich erschießen zu lassen?

"Dies ist mein Gebot, daß ihr einander liebt, wie ich euch geliebt habe. Größere Liebe hat niemand als die, daß er sein Leben hingibt für seine Freunde." Johannes 15:12.13

Weißt du, für jemand anderen sein Leben hinzugeben, tut weh! In diesem Krieg werden wir mit Leuten zusammenarbeiten, die Schreckliches zu ernten haben, wir werden uns mitten im Kampfgetümmel befinden, wenn wir den Kampf gegen Satan aufnehmen. Verfolgung tut weh! Du wirst sowohl seelisch als auch körperlich verletzt. Meine eigene Gesundheit hat großen Schaden genommen aufgrund der vielen schlaflosen Nächte, die ich damit verbracht habe, Elaine und anderen zu helfen.

Ich mußte sehr schmunzeln, als ich neulich mit einem jungen Pastor sprach. Er rief mich ganz verzweifelt an. Er und die Mitglieder seiner Gemeinde hatten erst vor kurzem damit begonnen, Satan in konkreten Fällen den Krieg zu erklären. Ich hatte ihn kurz zuvor gewarnt und ihm mitgeteilt, daß es da einen Preis zu zahlen gäbe, doch er hatte mir nicht richtig zugehört. Unser Gespräch verlief ungefähr so:

"Rebecca, wir sind kurz davor, geschlagen zu werden! Satan schlägt von allen Seiten zu. Gerade erst gestern habe ich erfahren, daß die Pastoren von sieben anderen Gemeinden hier in unserer Stadt sich einmal in der Woche treffen, um gegen uns zu beten! Wie kann so etwas sein?"

"Habe ich dir nicht gesagt, daß es sich um einen wirklichen Kampf handelt? Was erwartest du? Sollte Gott Satan veranlassen, nur Platzpatronen statt scharfe Munition abzufeuern?"

"Nein, aber ich dachte, die Kugeln würden uns einfach vor die Füße fallen, ohne uns zu schaden!"

Ich denke, dieser eine Satz drückt ganz gut das Ausmaß dieser falschen Lehre aus, wie sie sich in unseren Gemeinden heute finden läßt. Jesus hat uns so etwas nie verheißen. Im Gegenteil, Er hätte es gar nicht deutlicher ausdrücken können:

"Gedenkt des Wortes, das ich euch gesagt habe. Ein Sklave ist nicht größer als sein Herr. Wenn sie mich verfolgt haben, werden sie auch euch verfolgen ..."   Johannes 15:20

Jesus hatte kein Zuhause, Er wurde verspottet, bespuckt, verraten, geschlagen und schließlich auf die allerqualvollste Art, die damals bekannt war, nämlich am Kreuz, getötet. Warum sollten wir dann jammern und klagen, wenn es uns nicht gut geht, wenn wir etwas Schlaf verlieren, wenn wir finanzielle Verluste haben oder es erleben, wie sich andere von uns abwenden?

Vor einem Jahr hatte ich Kontakt zu einigen Christen, die im Befreiungsdienst tätig waren. Dieser Fall ist sehr traurig, weil sie nicht bereit waren, einander die Lasten zu tragen. Ein Psychologe, der eine junge Frau behandelte, nahm den ersten Kontakt zu mir auf. Ich werde sie Jean nennen (ihr Name wurde geändert). Jean wuchs in einem katholischen Waisenhaus auf. Das gesamte Waisenhaus war ein Hexenzirkel. Schon als kleines Mädchen wurde Jean gezwungen, an satanischen Ritualen im Waisenhaus teilzunehmen. Sie wurde häufig sexuell mißbraucht und gezwungen, an Menschenopferungen teilzunehmen. Während ihrer Jahre als Teenager wurde sie dreimal in der Absicht geschwängert, ein Baby für ein Opfer zu gebären. Dreimal mußte sie zusehen, wie ihre Babies geopfert wurden. Mit 18 Jahren gelang es ihr schließlich, das Heim zu verlassen. Sie ging in eine andere Stadt und versuchte, ein neues Leben anzufangen.

Die Sache ging nicht gut, da sie schon sehr schnell von den Satanisten ausfindig gemacht wurde und unter ständigen, dämonischen Folterungen stand. Sie versuchten, sie zum Beitritt ihres Hexenzirkels zu zwingen. Mit 20 Jahren wurde sie für schizophren erklärt und zu einem Psychologen geschickt, der sie in eine christliche Gemeinde brachte.

Sobald Jean ihr Leben Jesus Christus übergab, machten sich die Dämonen in ihr auf, sie zu vernichten, und der Kampf nahm an Heftigkeit zu. Fast ein Jahr nach ihrer Bekehrung hatte sie schon mindestens drei langandauernde Austreibungen hinter sich, von denen ich weiß. Jedesmal waren die Dämonen innerhalb weniger Wochen zurück, und es ging ihr schlechter als vorher. Im Fall von Jean kamen die Dämonen nicht deshalb zurück, weil sie nicht vollständig ausgetrieben worden waren, sondern weil sie einfach nicht stark genug war, um ihnen allein zu widerstehen. Ich habe mit mehreren Christen gesprochen, die mit Jeans Fall zu tun hatten und habe ihnen gesagt, daß sie jemand in ihr Haus aufnehmen müßte, um ihr eine Zeitlang zu helfen. Ihre Antwort war immer: "Keiner von uns fühlt sich berufen, so etwas zu tun." Wie traurig! Weißt du, an diesem Punkt, da überführt uns Gottes Wort wirklich. Nicht ein einziger von diesen Leuten war bereit, sein Leben für seine Schwester, Jean, hinzugeben. Die Leute wollen ihr Privatleben behalten. Unsere Häuser sollten Gott gehören und Ihm zur Verfügung stehen. Das heißt, daß wir kein Recht auf ein **Privatleben** haben, weil da draußen Menschen sind, die in unser Haus gebracht werden müssen. Nur sehr wenige Christen hören die Bitte des HERRN, jemand in ihr Haus aufzunehmen, weil sie auf diesem Gebiet so egoistisch sind. Sicherlich, wir müssen sehr weise sein, besonders wenn kleine Kinder im Haus wohnen. Eltern mit kleinen Kindern sollten sehr vorsichtig sein, wen sie in ihre Häuser nehmen. Es gibt aber viele, die keine kleinen Kinder haben. Diese sollten bereit sein, ihr Heim so zu gebrauchen, wie Gott sie führt.

Laßt uns in diesem Kampf fest stehen, und vor allem, laßt uns zusammen stehen und einander die Lasten tragen.

Bleib stehen, trotz dämonischer Folterung!

Vor kurzem rief mich eine Frau, namens Bonnie (ihr Name wurde geändert) an. Bonnie ist zwischen dreißig und vierzig. Für ein paar Jahre war sie in der New Age-Bewegung verstrickt gewesen. Sie hatte sich mit psychischer Heilung, Astralprojektion (auch Seelenreise oder Astralreise genannt), mit Wahrsagerei, Meditation, Yoga usw. eingelassen. Als Teenager besuchte sie einen Wahrsager, der ihr sagte, sie würde einen Sohn haben, der schwer hirngeschädigt sein würde. Bonnie bekam tatsächlich einen Sohn, der zu Beginn seiner Teenagerjahre beinahe ertrunken wäre und dabei einen schweren Hirnschaden zurückbehielt. Ein Jahr nach dem Unfall ihres Sohnes nahm sie Jesus Christus als ihren Herrn und Erlöser an, widerrief all ihre Praktiken aus dem Okkultismus und der New Age-Bewegung und wurde von allen Dämonen, die in ihr waren, befreit.

Ungefähr sechs Monate lang ging alles gut. Bonnie schloß sich einer örtlichen, christlichen Gemeinde an, studierte täglich ihre Bibel und erlebte die Freude des HERRN in ihrem Leben. Dann brach plötzlich das Chaos in ihrem Leben aus. Sie wurde von einer ganzen Serie schwerer Krankheiten geschlagen, erlitt finanzielle Verluste und was das Schlimmste war, sie litt fast ständig unter dämonischen Folterungen, die ihr viele schlaflose Nächte verursachten. In dieser Situation rief sie mich an. Sie hatte den Dämonen nicht erlaubt, wieder zu ihr zurückzukommen, und doch war sie von all dem, was geschehen war, erschöpft und entmutigt, weil sie meinte, ganz sicher etwas falsch zu machen.

Der Fall von Bonnie ist sehr typisch für so viele, die aus okkulten Verstrickungen herauskommen. Gewöhnlich hält der HERR die Angriffe der Dämonen eine kurze Zeit zurück, damit die Person Gelegenheit bekommt, sich in Seinem Wort zu gründen. Dann erleben sie die Wut Satans, weil sie sich davon abgewandt haben, ihm zu dienen, und sie ernten, was sie gesät haben.

Ich muß die Wahrheit sagen, und die ungeschminkte Wahrheit ist, daß **jeder**, der aus okkulten Bindungen herauskommt, für eine gewisse Zeit dämonischer Folterung ausgesetzt sein **wird**. Jesus stellte das in Seinen Gleichnissen sehr klar heraus:

> "Wenn aber der unreine Geist von dem Menschen ausgefahren ist, so durchwandert er dürre Orte, sucht Ruhe und findet sie nicht. Dann spricht er: Ich will in mein Haus zurückkehren, von dem ich ausgegangen bin; und wenn er kommt, findet er es leer, gekehrt und geschmückt. Dann geht er hin und nimmt sieben andere Geister mit sich, schlimmer als er selbst, und sie gehen hinein und wohnen dort; und das Ende jenes Menschen wird schlimmer als der Anfang."
> Matthäus 12:43-45

Es ist klar, daß die Dämonen, wenn sie aus einer Person herausgeworfen werden, versuchen, wieder zurückzukehren, und wenn ihnen das nicht gelingt, gehen sie und holen sieben andere, die stärker sind als sie selbst und versuchen es noch einmal. Aber Jesus sagt auch:

> "Oder wie kann jemand in das Haus des Starken eindringen und seinen Hausrat rauben, wenn er nicht zuvor den Starken bindet? Und dann wird er sein Haus berauben."
> Matthäus 12:29

Wir Christen haben die stärkste Person überhaupt, die uns hilft, unser Haus abzusichern – den Heiligen Geist. Leider glauben die meisten Christen, daß der Kampf vorbei ist, wenn sie alle Dämonen aus ihrem Leben entfernt haben. Jetzt beginnt er aber erst! Der Kampf, die Dämonen draußen zu behalten, wird siebenmal schlimmer sein als der, sie zu Beginn auszutreiben. Der Kampf des **Stehenbleibens** um das Land zu behalten, das du durch die Austreibung der Dämonen gewonnen hast, wird nicht leicht sein. Zusätzlich zu dem Kampf, die Dämonen draußen zu halten, mußt du dich auch noch gegen die Angriffe von Satans Dienern wehren, die dich zu vernichten suchen, weil du Satan "verraten" hast. Obendrein wirst du auch noch das ernten, was du gesät hast. Klingt das alles so, als ob es unmöglich ist?

> "Er [Jesus] aber sprach: Was bei Menschen unmöglich ist, ist möglich bei Gott." Lukas 18:27

Hier sind ein paar Dinge, die dir helfen können, inmitten der Stürme stehenzubleiben. Vergeßt nicht, Christen, daß **wir** verpflichtet sind, diesen Menschen zu helfen, ihre Lasten zu tragen!

1. Salbe dein Haus.

Der HERR lehrte mich dieses Prinzip schon früh in unserem Dienst. Elaine und ich hatten monatelang unter den unbarmherzigen Qualen von Dämonen und auch von Menschen in ihrem Astralleib zu leiden. Nacht um Nacht wurden wir aus unseren Betten gezerrt, wenn wir gerade eingeschlafen waren, und von unsichtbaren Geistern auf den Boden geworfen. In meiner Wohnung erschienen und verschwanden Gegenstände. Möbel und andere Gegenstände wurden von unsichtbaren Mächten durch die Luft geworfen und so weiter. Eines Nachts, als ich völlig erschöpft war, rief ich verzweifelt zum HERRN: "Bitte Vater, was können wir tun? Ich habe das Gefühl, daß mein Haus eine offene Durchgangsstraße für jeden bösen Geist ist, der hier durchkommen will. Du weißt, wie sehr uns diese Geister quälen. Ich halte das einfach nicht mehr aus!"

An diesem Punkt gab mir der Heilige Geist die Geschichte vom Passahlamm aus 2. Mose 12 in meine Gedanken. Dann sagte Er: "Seit Jesu Tod gibt es keine Blutopfer mehr. Was ist deiner Meinung nach heute das Gegenstück zum Blut?"

"Das Öl?" fragte ich.

"Das stimmt." Dann erinnerte mich der HERR auch an die Schriftstelle aus 2. Mose 40, wo Er Mose anwies, Salböl zu gebrauchen.

> "Darauf nimm das Salböl und salbe die Wohnung und alles, was
> darin ist, und heilige dadurch sie und all ihre Geräte, damit sie
> heilig wird!"
>
> 2. Mose 40:9

Als ich über diese Schriftstelle nachdachte, zeigte mir der
HERR, daß ich Öl nehmen müßte, um mein Haus damit zu salben und es für Ihn zu heiligen. So nahm ich von dem Öl, das
ich gerade zur Hand hatte (Speiseöl) und strich etwas auf die
Türpfosten, auf jeden Türsturz, auf die Türen selbst und auf alle Fenster, auf den Kamin und auf jede Öffnung in meinem
Haus. Dabei bat ich den HERRN, mein Heim für Ihn zu heiligen und es mit einem Schild aus Seinem kostbaren Blut zu versiegeln. Hernach ließ ich alle Türen offen, ging ins Haus zurück,
stellte mich in die Mitte und bat den HERRN, es zu reinigen
und alle Menschengeister hinauszutreiben. Dann befahl ich allen
Dämonen im Namen Jesu Christi mein Haus für immer zu verlassen. Sofort fand eine dramatische Veränderung statt. Mein
Haus war versiegelt, von nun an konnten keine Dämonen oder
Menschengeister hereinkommen. (Beachte: ich bat den HERRN
die Menschengeister aus meinem Haus zu vertreiben, da wir
über Menschengeister nicht dieselbe Autorität haben wie über
Dämonen.)

Wenn wir in besonders schwere Kämpfe verwickelt sind, und
wie üblich viele Menschen bei uns ein- und ausgehen, halten
wir es für notwendig, unser Heim gelegentlich neu zu salben
und zu reinigen. Manchmal fragen mich die Leute, was für ein
Öl ich verwende. Denk daran: das Öl ist nur ein Symbol. An
dem Öl selbst ist nichts Magisches. Öl ist Öl. Wenn nichts
Anderes da war, habe ich sogar schon Motoröl genommen. Die
Verwendung von Öl ist nur ein Zeichen von Gehorsam, und das
Öl selbst ist nur ein Symbol. Die Reinigung und Versiegelung
geschieht in der Kraft Jesu Christi durch Sein vollbrachtes Werk
am Kreuz von Golgatha.

2. Beanspruche dein Eigentum für den HERRN.

Der HERR hat uns auch gelehrt, daß wir jedesmal, wenn wir
umziehen, rund um das Grundstück gehen sollen, um dieses

Grundstück für den HERRN zu beanspruchen und den HERRN zu bitten, es für sich selbst zu heiligen, es zu versiegeln und zu beschützen. Wenn du in deinem Heim okkulte Praktiken ausgeübt hast, dann hält Satan den Besitz für sein Eigentum und zwar mit Recht. Du mußt dann nicht nur deine Wohnung reinigen und versiegeln, sondern du mußt auch das Grundstück, auf dem sie sich befindet, reinigen und versiegeln.

3. **Vergewissere dich, daß sich in deiner Wohnung keine "den Dämonen vertraute" Gegenstände befinden.**

"Den Dämonen vertraute Gegenstände" sind Gegenstände, denen Dämonen anhaften. Alles was bei der Verehrung Satans oder im Dienst Satans Verwendung findet, ist rechtmäßiger Boden für Dämonen. Mit anderen Worten, Dämonen haben das Recht, solchen Gegenständen anzuhaften, oder sie zu benutzen. Wir wollen nun ein paar Schriftstellen betrachten, die sich damit befassen.

> "Die Bilder ihrer Götter sollt ihr mit Feuer verbrennen. Du sollst nicht das Silber und das Gold, das an ihnen ist, begehren und es dir nehmen, damit du dadurch nicht verstrickt wirst; denn ein Greuel für den HERRN, deinen Gott, ist es. Und du sollst keinen Greuel in dein Haus bringen, damit du nicht gleich ihm dem Bann verfällst. Du sollst es als abscheulich verabscheuen und es für einen greulichen Greuel halten, denn Gebanntes ist es."
>
> 5. Mose 7:25-26

> "Was sage ich nun? Daß das einem Götzen geopferte etwas sei? Oder daß ein Götzenbild etwas sei? Nein, sondern daß das, was sie opfern, sie den Dämonen opfern und nicht Gott. Ich will aber nicht, daß ihr Gemeinschaft habt mit den Dämonen."
>
> 1. Korinther 10:19-20

Diese beiden Schriftstellen zeigen, daß Götzen Dämonen darstellen. Die Stelle in 5. Mose zeigt ganz klar, daß alle Gegenstände, die im Dienst Satans verwendet werden, für den HERRN ein Greuel sind und vernichtet werden müssen. Gott hat sich bei jedem Gebot etwas gedacht. Er wollte nicht, daß die Israeliten solche "dämonisch verunreinigten" Gegenstände in ihr Haus brachten, wegen der Folgen, die ihnen daraus entstanden wären. Gott warnte sie davor, selbst dem Bann zu verfallen. Warum? Weil der mächtige Einfluß, den die Dämonen ausüben, sie veranlaßt hätte, selbst dem Götzendienst zu verfallen.

Die Ernsthaftigkeit, mit der sich Gott mit diesen Gegenständen, die im Dienst Satans verwendet werden, befaßt, wird in der Heiligen Schrift immer und immer wieder aufgezeigt. Lies die Geschichte von Achan in Josua, im 7. Kapitel. Gott befahl den Israeliten, aus der Stadt Jericho keinerlei Beute mitzunehmen. Die ganze Stadt Jericho war in die Anbetung und in den Dienst Satans verstrickt. Achan jedoch nahm einige Dinge aus dieser Stadt mit.

"Gott sprach zu Josua: Israel hat sich versündigt, sie haben meinen Bund übertreten, den ich ihnen geboten habe. Und sie haben sogar von dem **Gebannten** genommen und haben es gestohlen und haben es verheimlicht und es zu ihren Geräten gelegt." Josua 7:11

Das Ergebnis von Achans Tat war, daß bei ihrer nächsten Schlacht das ganze Heer von Israel geschlagen wurde. Das ist eine sehr ernste Warnung für uns. Wenn wir nicht sowohl unser Heim als auch unser Leben gereinigt haben, werden wir jedesmal besiegt werden, wenn wir versuchen, gegen Satan zu kämpfen.

Zu den gebräuchlichsten "okkulten Gegenständen" gehören:

Rock & Roll-Platten, -Kassetten, -Posters, -T-Shirts usw. Gegenstände von okkulten Phantasie-Rollenspielen, alle Kunstgegenstände östlicher Religionen, wie z.B. kleine Götterstatuen, wie sie die Leute als Reiseandenken kaufen, alle Rosenkränze oder Kreuze oder Statuen katholischer Heiliger oder andere Gegenstände, die bei katholischen Riten Verwendung finden. Alle Dinge, die bei den Riten der Freimaurer benützt werden, jegliche Literatur oder Kassetten über okkulte oder heidnische Religionen, Kassetten, die das Unterbewußtsein ansprechen und in der New Age-Bewegung weit verbreitet sind usw. Die Liste ist fast endlos. Alle diese Gegenstände müssen vernichtet werden. Ich glaube, daß die Epheser aus der Apostelgeschichte ein hervorragendes, neutestamentliches Beispiel für uns sind:

"Dies aber wurde allen bekannt, sowohl Juden als Griechen, die zu Ephesus wohnten; und Furcht fiel auf sie alle, und der Name des Herrn Jesus wurde erhoben. Viele aber von denen, die gläubig geworden waren, kamen und bekannten und gestanden ihre Taten. Viele aber von denen, die vorwitzige Künste (okkulte Künste) getrieben hatten, trugen die Bücher zusammen und verbrannten sie vor allen; und sie berechneten ihren Wert und kamen auf fünfzigtausend Silberdrachmen." Apostelgeschichte 19:17-19

Es gibt noch eine andere Art von okkulten Gegenständen. Diener Satans können Dämonen herbeirufen und sie bestimmten, nicht okkulten Gegenständen anheften und dann diese Gegenstände jemand schenken. Damit bringen sie die Dämonen direkt in ihre Wohnung, ohne daß derjenige merkt, was geschehen ist. Die Absicht dieser Dämonen ist es, einen starken dämonischen Einfluß auszuüben, um Dinge wie eheliche Zwistigkeiten, Streit zwischen Familienmitgliedern, Krankheit, Depression, Schwierigkeiten beim Gebet, Schwierigkeiten beim Lesen der Bibel usw. zu erzeugen. Diese Gegenstände müssen meistens nicht vernichtet werden. Es genügt, sie einfach mit Öl zu salben (wie in 2. Mose 40:9) und im Gebet den HERRN zu bitten, sie zu heiligen und zu reinigen. Salomo bezieht sich auf solche Geschenke:

> "Aufziehende Wolken mit Wind, doch kein Regen, so ist ein Mann, der mit trügerischem Geschenk prahlt."   Sprüche 25:14

Christen müssen sehr wachsam und sehr vorsichtig sein, wenn sie von jemandem ein Geschenk bekommen, den sie nicht gut genug kennen, um zu wissen, wie er mit dem HERRN steht. Dies ist ein Gebiet, in dem wir für die Führung des HERRN sehr sensibel sein müssen.

4. Gedankenkontrolle.

Unser Verstand ist das Hauptkampffeld, wenn es darum geht, Dämonen am Zurückkommen zu hindern. Die Dämonen benützen ihn auch, um diejenigen von uns anzugreifen, die sich Satan entgegenstellen. Im 15. Kapitel habe ich darüber ausführlich geschrieben und möchte den Leser an dieser Stelle darauf hinweisen.

5. Entferne jede Sünde aus deinem Leben.

Als Christen sind wir immer verwundbar; normalerweise sollte ein Christ jedoch nur sehr selten sündigen. Die Vorstellung, daß wir alle jeden Tag ein paar Mal sündigen, ohne es zu merken, ist eine reine Lüge und kommt hauptsächlich aus dem Katholizismus. Sobald der Heilige Geist in uns wohnt, wird Er uns sehr schnell auf die Sünde aufmerksam machen. Falls wir Ihm ständig ungehorsam sind und uns weigern, die Sünde aus unserem Leben zu entfernen, wenn Er sie uns bewußt gemacht hat, dämpfen wir Ihn, und Er wird aufhören, zu uns zu reden. Wir müssen alle die Feuertaufe empfangen, wie sie im 6. Kapitel beschrieben wird, wenn wir erfolgreich gegen Satan Krieg führen wollen.

6. Unser eigenes Haus muß in Ordnung sein.

Wenn bei uns Menschen wohnen, die Ehepartner ausgenommen, die erwachsen sind und gegen den HERRN rebellieren, müssen wir sie entweder dazu führen, daß sie sich für Christus entscheiden, oder wir müssen sie aus unserem Haus verweisen. Ich weiß, das klingt hart, aber es entspricht dem Wort Gottes.

> "... der dem eigenen Haus gut vorsteht und die Kinder mit aller Ehrbarkeit in Unterordnung hält – wenn aber jemand dem eigenen Haus nicht vorzustehen weiß, wie wird er für die Gemeinde Gottes sorgen?" 1. Timotheus 3:4-5

> "... und in jeder Stadt Älteste anstellen solltest, wie ich dir geboten hatte, wenn jemand untadelig ist, Mann einer Frau, gläubige Kinder hat, die nicht eines ausschweifenden Lebens beschuldigt oder aufsässig sind." Titus 1:5-6

> "Denn die Zeit ist gekommen, daß das Gericht anfange beim Haus Gottes; wenn aber zuerst bei uns, was wird das Ende derer sein, die dem Evangelium Gottes nicht gehorchen?" 1. Petrus 4:17

Rebellierende Kinder, Ehefrauen, oder andere Leute in unserem Haus sind für Satan legaler Grund, um anzugreifen. Menschen mit ungläubigen Ehepartnern sind wegen dieses Prinzips in einer außerordentlich schwierigen Lage.

Ich möchte dazu ein Beispiel anführen. Eine Familie, die plötzlich unter heftige dämonische Angriffe geriet, nahm mit mir Kontakt auf. Sie hatten mehrere Jahre einen sehr erfolgreichen Dienst ausgeübt, indem sie Menschen auf der Straße Zeugnis gaben. Sie brachten viele zum HERRN und befreiten sie aus der Gefangenschaft Satans. Aus diesem Grund gerieten sie zunehmend unter starke dämonische Angriffe.

Als ich von ihnen hörte, wurden sie in ihrem Haus regelrecht belagert. Der Mann hatte eine fast immer tödlich ausgehende Krankheit, die für einen jungen Mann seines Alters höchst ungewöhnlich war. Ihr drei Monate altes Baby kämpfte gegen alle möglichen Krankheiten und hatte unerklärliche Schrei- und Weinphasen. Dann begannen Gegenstände durch das ganze Haus zu fliegen. In den Räumen, in denen sich die Familie aufhielt, passierte es, daß innerhalb weniger Minuten die Temperatur so sehr fiel, daß sich mitten im Sommer Eis an den Fensterscheiben bildete. Laute, knurrende Geräusche aus allen Ecken des Hauses rissen sie aus dem Schlaf. Manchmal zeigte sich Blut, das an den Wänden herunterzulaufen begann.

Sie hatten das Haus wiederholt gesalbt und versiegelt, um es von allen bösen Geistern zu reinigen. Sie hatten das Haus von oben bis unten nach okkulten Gegenständen abgesucht. Nichts half und die ganze Familie war voller Furcht.

Ich telefonierte ein paar Mal mit ihnen und verbrachte einige Zeit mit Fasten und Beten, um vom HERRN eine Antwort auf ihre Situation zu bekommen. Schließlich offenbarte mir der HERR, daß sie einen "Achan im Lager" hatten. Mit anderen Worten, jemand aus der Familie schuf ein legales Einfallstor, durch das die Dämonen wirken konnten. Deswegen konnten sie das Haus auch nicht versiegeln und auch nicht wirksam reinigen.

Ich rief sie an und sagte ihnen, was der HERR mir gezeigt hatte. Als wir über die Angelegenheit sprachen, erzählten sie mir zögernd von ihrer 18jährigen Tochter Lisa (ihr Name wurde geändert). Lisa war das Kind aus der ersten Ehe ihrer Mutter. Ihre Mutter ließ sich von Lisas Vater scheiden, als sie entdeckte, daß er das Kind sexuell belästigte.

Ein paar Jahre später wurde Lisas Mutter Christin und heiratete ihren jetzigen Mann. Unglücklicherweise wußten beide nicht, daß Lisa von Dämonen besessen war. Aber sie bemerkten, daß sie die einzige von vier Kindern war, die den HERRN beharrlich ablehnte und immer rebellisch war. Lisa war der "Achan" in ihrem Heim.

Mehrere Wochen lang kämpften Lisas Eltern unter viel Gebet und Fasten und besprachen sich mit ihrer Tochter. Lisa gefielen diese dämonischen Kräfte, und sie hatte gelernt, sie zu gebrau-

chen, und weigerte sich, ihre Rebellion und Bitterkeit aufzugeben, so daß die Eltern nicht in der Lage waren, die Dämonen
auszutreiben. Nach mehreren Wochen forderte sie der HERR
schließlich auf, ihr Haus in Ordnung zu bringen. Unter vielen
Tränen sagten sie Lisa, daß sie ausziehen müßte. Sie unterstütz-
ten sie finanziell bis sie Arbeit fand, aber sie erlaubten ihr nicht,
nach Hause zu kommen, bevor sie nicht ihr Leben vollkommen
dem HERRN ausgeliefert und allen Dämonen befohlen hätte, aus
ihrem Leben zu verschwinden. Sofort hörten alle dämonischen
Umtriebe in ihrem Haus auf. Sie waren alle sehr mitgenommen
und krank, doch der HERR heilte und stärkte sie nach und
nach, und nun haben sie ihren Dienst wieder aufgenommen. Das
ist ein Beispiel dafür, wie wichtig es ist, daß wir unser Haus in
Ordnung halten.

Ich kenne keine Prüfung, die einem so das Herz brechen kann,
als die, erwachsene Kinder, die in der Rebellion verharren, weg-
schicken zu müssen. Elaine und ich sind diesem Problem ebenfalls gegenüber gestanden, deshalb fällt es uns nicht leicht,
darüber zu schreiben. Wir kennen das Herzeleid, das dadurch
entsteht. Aber wir können nichts gegen Satan ausrichten, wenn
wir einen "Achan" im Lager haben.

Schließlich müssen wir auch verstehen, daß geistlicher Kampf
immer einen Verschleiß mit sich bringt. Wir müssen für die
Führung des HERRN offen sein, besonders was unsere Freizeit
angeht. Wir werden viele schlaflose Nächte und viele Kämpfe
durchstehen müssen. Wenn uns der HERR jedoch aufträgt, uns
zusätzlich auszuruhen, dann sollten wir Ihm besser gehorchen.

Wir müssen erkennen, daß wir viele Siege, die in der geistlichen
Welt errungen werden, niemals sehen werden. Hast du alles getan,
was du zu tun erkannt hast, dann nimm ganz einfach Gottes Waffenrüstung und **bleibe stehen.**

KAPITEL 5

Der Weisheit Anfang

"Die Furcht des HERRN ist der Weisheit Anfang; und Erkenntnis des allein Heiligen ist Einsicht." Sprüche 9:10

Wenn es etwas gibt, das heutzutage in den christlichen Gemeinden fehlt, dann ist es vor allem "die Furcht des HERRN". Ich bin sicher, daß die Engel und sogar die Dämonen erstaunt sind über unseren Mangel an Furcht und Ehrfurcht vor Gott. Die Schrift sagt:

"Du glaubst, daß nur einer Gott ist? Du tust recht; auch die Dämonen glauben und zittern." Jakobus 2:19

Von all den Verführungen, die sich Satan durch die Jahrhunderte hindurch seit dem Garten Eden ausgedacht hat, war die allerwirkungsvollste wohl die, die Menschen glauben zu machen, daß sie Gott nicht fürchten müssen. Als Satan zu Eva sagte: "Keineswegs werdet ihr sterben!" (1. Mose 3:4), sagte er ihr damit: "Du brauchst Gott nicht zu fürchten, er wird seine Drohungen nicht wahrmachen, er meint es nicht so ernst, wenn er sagt, daß du sterben mußt." Wie sind wir doch heute in die gleiche Falle geraten!

Irgendwie haben wir die Vorstellung von Gott als einem großen Papa, der im Himmel droben sitzt und Seinen Kindern keine Bitte abschlagen kann. Uns werden ständig neue Wege beigebracht, wie wir alle möglichen Dinge von Gott fordern und beanspruchen können. Zahllose Prediger erklären uns, wenn wir auf eine bestimmte Art und Weise beten oder sprechen, dann hat Gott keine andere Wahl, als uns das zu geben, was wir wollen. Was ist mit der bangen Ehrfurcht großer Gottesmänner geschehen, die durch die Seiten der Heiligen Schrift hindurch im Neuen wie im Alten Testament die Furcht Gottes mit donnernder Stimme verkündigten?

Als ich neulich für eine bestimmte Person zum Vater betete, machte Er eine bemerkenswerte Aussage. Er sagte mir: "Mach nicht den Fehler, zu denken, ich hätte die gleichen schwachen Gefühle wie ihr Menschen. Ich habe keine Schwächen, ich habe auch nicht die Gefühle, die ihr Menschen mir so gerne zuschreibt. Beachte meine Worte in Jesaja":

> "Denn meine Gedanken sind nicht eure Gedanken, und eure Wege sind nicht meine Wege, spricht der HERR. Denn soviel der Himmel höher ist als die Erde, so sind meine Wege höher als eure Wege und meine Gedanken als eure Gedanken." Jesaja 55:8-9

Der HERR fuhr fort mit mir zu reden: "Du bist immer so sehr um die Gefühle der anderen besorgt. Du zögerst, über mein Wort zu reden, weil du Angst hast, jemanden zu verletzen. Ich sage dir in Wahrheit, ich kümmere mich nicht darum, wieviele Tränen vergossen werden oder wie herzzerreißend um Gnade gefleht wird; **keine einzige Person wird in den Himmel kommen, außer allein durch meinen Sohn Jesus!** Ihr Menschen versucht Frieden untereinander zu halten, während mein Sohn erklärt hat":

> "Meint nicht, daß ich gekommen sei, Frieden auf die Erde zu bringen; ich bin nicht gekommen, Frieden zu bringen, sondern das Schwert. Denn ich bin gekommen, den Menschen zu entzweien mit seinem Vater und die Tochter mit ihrer Mutter und die Schwiegertochter mit ihrer Schwiegermutter; und des Menschen Feinde werden seine eigenen Hausgenossen sein." Matthäus 10:34-36

Der Vater fuhr fort, mir zu erklären, daß wir deshalb fähig sind, eine solche Vielfalt an Gefühlen zu erleben, weil wir nach Seinem Bild geschaffen sind. Es war jedoch nie Seine Absicht gewesen, daß wir etwas anderes für Ihn (und daher auch für andere) empfinden sollten als Liebe und Freude über Seine Gegenwart. Alle anderen Gefühle sind durch unseren Sündenfall entstanden und daher von der Sünde verunreinigt und verändert. Selbst unser Mitgefühl ist durch die Sünde verzerrt worden. Wir bemühen uns, die Menschen vor Verletzungen zu bewahren, wenn sie doch nur so zum HERRN kommen und erkennen könnten, daß sie einen Erlöser brauchen. Wir weigern uns, unsere Kinder zu züchtigen, weil wir sie nicht verärgern wollen und handeln uns damit nur noch mehr Schwierigkeiten ein. Wir meinen, ein Leben führen zu können, in dem wir unsere eigenen sündhaften Begierden befriedigen und meinen dann dennoch einen Lohn im Himmel zu bekommen. Wir haben diese Denkweise, weil wir annehmen, daß Gott die gleichen Gefühle hat, die wir an uns erleben. Wir **fürchten** den HERRN nicht, weil wir keine Ahnung von Seiner Macht und Seiner Größe haben.

Wie oft warnt uns die Bibel!

> "Indem wir unser Zusammenkommen nicht versäumen … sondern einander ermuntern, und das umso mehr, je mehr ihr den Tag herannahen seht. Denn wenn wir mutwillig sündigen, nachdem wir die Erkenntnis der Wahrheit empfangen haben, bleibt kein Schlachtopfer für Sünden mehr übrig, sondern ein furchtbares Erwarten des Gerichts und der Eifer eines Feuers, das die Widersacher verzehren wird. Hat jemand das Gesetz Moses verworfen, stirbt er ohne Barmherzigkeit auf zwei oder drei Zeugen hin. **Wieviel ärgere Strafe, meint ihr, wird der verdienen, der den Sohn Gottes mit Füßen getreten und das Blut des Bundes, durch das er geheiligt wurde, für gemein geachtet und den Geist der Gnade geschmäht hat?** Denn wir kennen den, der gesagt hat: 'Mein ist die Rache, ich will vergelten'; und wiederum: 'Der HERR wird sein Volk richten.' Es ist furchtbar, in die Hände des lebendigen Gottes zu fallen!"
>
> Hebräer 10:25-31

Wie können wir es **wagen**, "das Gebet des Sünders" zu sprechen, dann aber weiterhin zu sündigen? Wie können wir es **wagen**, den Anspruch zu erheben, "in den Himmel zu kommen", aber weiterhin in Sünde zu leben? Wieviele sogenannte "Christen" begehen Ehebruch, lügen, stehlen, betrügen, beschäftigen sich nebenbei mit dem Okkultismus und einer endlosen Liste anderer Sünden und **meinen** dabei die ganze Zeit, daß sie in den Himmel kommen. Wie kann man solche Taten mit der obigen Schriftstelle vereinbaren? **"Der HERR wird sein Volk richten. Es ist furchtbar, in die Hände des lebendigen Gottes zu fallen."** Das wurde an Christen geschrieben! Glauben wir, daß unser himmlischer Vater so schwach ist, daß Er froh ist, uns in den Himmel zu bringen, egal was wir tun?

> "So ist auch der Glaube, wenn er keine Werke hat, in sich selbst tot." Jakobus 2:17

Jedesmal wenn wir "mutwillig sündigen" nachdem wir Jesus als unseren Erlöser angenommen haben, verwerfen wir das schreckliche Opfer, das Jesus auf Golgatha vollbrachte! Wagen wir es wirklich zu denken, der Vater würde solche Dinge übersehen? Das wird Er **niemals tun!**

"Was sollen wir nun sagen? Sollten wir in der Sünde verharren, damit die Gnade überströme? Das sei ferne!"   Römer 6:1

"Wer nun weiß, Gutes zu tun, und tut es nicht, dem ist es Sünde."   Jakobus 4:17

Das gilt auch für dich, der du dieses Buch liest. Du weißt, daß du Gottes Wort täglich lesen und studieren sollst. Wenn du das nicht tust, **sündigst** du! Du **weißt**, daß dir Gott befohlen hat, in alle Welt zu gehen und allen von der wunderbaren Erlösung durch Jesus Christus zu erzählen. Wenn du das nicht tust, **sündigst** du! Du weißt, daß dir Gott befohlen hat, deinen Nächsten zu lieben und die Macht und die Autorität, die dir von Jesus Christus gegeben ist, zu gebrauchen, um Dämonen auszutreiben. Wenn es dir der HERR befiehlt und du es nicht tust, **sündigst** du! Gottes Wort befiehlt dir, **jeden** Gedanken gefangen zu nehmen unter den Gehorsam Jesu Christi. Wenn du das nicht tust, **sündigst** du! Und wenn du sündigst, verachtest du das Opfer, das Jesus Christus vollbracht hat. Glaubst du, daß Gott, der Vater, deine fortgesetzten Sünden, die du nicht bereut hast, übersieht, nur weil du ein "Christ" bist?

"'Der HERR wird sein Volk richten.' Es ist furchtbar, in die Hände des lebendigen Gottes zu fallen."   Hebräer 10:30-31

"Irrt euch nicht, Gott läßt sich nicht verspotten! Denn was ein Mensch sät, das wird er auch ernten."   Galater 6:7

Beachte bitte, daß hier für Christen keine Ausnahmen gemacht werden!

"Denn es ist unmöglich, diejenigen, die einmal erleuchtet worden sind und die himmlische Gabe geschmeckt haben und des Heiligen Geistes teilhaftig geworden sind und das gute Wort Gottes und die Kräfte des zukünftigen Zeitalters geschmeckt haben und doch abgefallen sind, wieder zur Buße zu erneuern, da sie für sich den Sohn Gottes wieder kreuzigen und dem Spott aussetzen. Denn ein Land, das den häufig darauf kommenden Regen trinkt und nützliches Kraut hervorbringt für diejenigen, um derentwillen es auch bebaut wird, empfängt Segen von Gott; **wenn es aber Dornen und Disteln hervorbringt, so ist es unbrauchbar und dem Fluch nahe, der am Ende zur Verbrennung führt.**"
Hebräer 6:4-8

Du, der du ein Pastor bist, begehst du heimlich Ehebruch? Wenn ja, dann stehst du in der Gefahr, von Gott verflucht zu werden! Und du, der du dich ein Christ nennst, weigerst du dich, die Sünde aus deinem Leben zu entfernen, von der dich der Heilige Geist schon überführt hat? Wenn ja, dann stehst du in der Gefahr verflucht zu werden! Du, der du aus dem Okkultismus herausgekommen bist, spielst du mit dem Gedanken, "nur noch eine einzige Zauberformel" zu gebrauchen, um aus einer Situation herauszukommen, in der Gott deine Bitten nicht beantwortet? Wenn ja, dann hast du Jesus wieder gekreuzigt und dem Spott ausgesetzt. Du stehst in der Gefahr, verflucht zu werden!

> "Daher, meine Geliebten, wie ihr allezeit gehorsam gewesen seid, nicht nur in meiner Gegenwart, sondern jetzt noch viel mehr in meiner Abwesenheit, bewirkt euer Heil mit Furcht und Zittern! Denn Gott ist es, der in euch wirkt sowohl das Wollen als auch das Wirken zu seinem Wohlgefallen." Philipper 2:12-13

Unser wunderbarer Gott freut sich, wenn Er mit Seinem Volk Gemeinschaft haben kann, doch unser Mangel an Ehrfurcht vor Ihm hindert Ihn die meiste Zeit daran. Der Heilige Geist ist eifrig bestrebt, in uns zu wirken und uns zu helfen, den Willen Gottes gerne zu erfüllen. Aber wir betrüben und behindern Ihn, indem wir unsere sündigen Lüste hegen und an ihnen festhalten. Wir machen es uns leicht, wenn wir uns entschuldigen und sagen, daß es für jeden doch ganz normal ist, gelegentlich mal "rückfällig zu werden" und daß es eben seine Zeit braucht, um von der Sünde loszukommen. Wir halten an unserem Stolz fest und weigern uns, uns von Gott demütigen zu lassen. Aber die ganze Zeit über belügen wir uns und auch alle anderen! Nirgendwo duldet Gott in Seinem Wort Sünde oder ein "Rückfälligwerden". Entweder ist es uns ernst, todernst, mit unserer Hingabe an den HERRN, oder wir sind auf dem Weg zur Hölle. So einfach ist das.

Laßt uns ernsthaft darum beten und den HERRN bitten, uns etwas von Seiner Größe zu offenbaren und uns jene heilige Furcht ins Herz zu pflanzen, die Er so sehr verdient.

KAPITEL 6

Feuer

Je länger ich mit dem HERRN gehe, um so mehr erkenne ich meine völlige Hilflosigkeit. Ich bin **nichts**! Ich kann **nichts**! Alles was ausgeführt wird, macht der HERR und nur Er allein. Ich kann Gott keine Befehle erteilen, ich bin Seine Dienerin. Ich bin nur ein Kanal für Ihn, den Er nach Seinem Belieben gebrauchen kann. Es ist mein Vorrecht, gebraucht zu werden, aber ich kann nicht entscheiden, wann, wie oder wo Gott mich gebrauchen wird. Ich kann nicht in den Kampf ziehen, wenn mein Feldherr (Jesus Christus) es mir nicht befiehlt. Wenn ich ohne den ausdrücklichen Befehl meines Feldherrn in den Kampf ziehe, weiß ich gewiß, ich werde verlieren! Gott ist Gott! Wenn etwas für die christlichen Gemeinden für heute bezeichnend ist, dann ist es die Rebellion gegen diese eine einfache Tatsache.

Die Leute rasen von einem geistlichen Amt zum anderen, von Prediger zu Prediger, versuchen Gebetstechniken, Glaubensrezepte, Glaubensforderungen, positive Bekenntnisse usw. zu finden, um Gott zu **zwingen,** das zu tun, was **sie wann** getan haben wollen. Ich bin immer wieder von neuem erstaunt, daß überall, wo wir zum Predigen hinkommen, die häufigste Frage, die uns gestellt wird, lautet: "Wie bekomme ich Sieg über Satan, damit sich meine finanzielle Lage (oder Gesundheit) bessert?" Diese Brüder und Schwestern sind absolut nicht bereit die Möglichkeit zu akzeptieren, daß sie, vielleicht gerade weil sie für den HERRN eintreten, leiden. Sie sind **überhaupt** nicht bereit zu leiden, weder finanziell noch sonstwie.

Ich denke, die wahrhaftigste Bewährung für einen Diener Gottes besteht darin, ruhig zu bleiben und es bereitwillig anzunehmen, wenn der HERR sie in einer bestimmten Situation nicht gebrauchen will. Wie viele sind bereit, zurückzutreten, um einen anderen Bruder oder eine andere Schwester in ihrem Dienst zu unterstützen, statt es selbst zu tun?

Wie viele Diener Gottes stürmen einfach vorwärts mit ihren eigenen Vorstellungen und in eigener Kraft und nehmen an, daß der HERR sie selbstverständlich in jeder Situation, in der sie sich gerade befinden, gebrauchen will? Wir können **nichts** auf eigene Faust oder getrennt vom HERRN tun. Wir müssen warten, bis unser Feldherr das Zeichen zum Handeln gibt. Die meisten Arbeiter marschieren einfach drauflos und glauben, sie könnten Christi Autorität nach ihrem eigenen Belieben einsetzen. Wie sehr sie sich doch irren. Wir müssen mit dem Gebet des HERRN übereinstimmen, das doch so einfach ist:

> "Unser Vater, der du bist in den Himmeln, geheiligt werde dein Name; dein Reich komme; dein Wille geschehe, wie im Himmel so auch auf Erden ..." Matthäus 6:9-10

Dies ist der Stolperstein aller Zeiten! **Vater, dein Wille geschehe.** Nicht mein Wille, sondern der Wille Gottes. Es klingt so einfach, aber wie schwierig ist es doch für unser sündiges Fleisch, dies auch auszuführen! Wir beten um Vollmacht, doch mangelt es uns an Gehorsam. Wir wollen **Vollmacht** ohne **Feuer.** Es wird viel über die "Taufe im Heiligen Geist" gelehrt und diskutiert, doch die gleichen Brüder und Schwestern sind nicht bereit, sich mit ihrem "Ich" und der Sünde in ihrem Leben auseinanderzusetzen. Viele üben ihren Dienst mit dem Verlangen aus, die Aufmerksamkeit auf sich selbst, statt auf den HERRN zu lenken. Für einen Diener Gottes gibt es **keinen** Ersatz für Heiligkeit und völlige Hingabe.

Wer sind wir, daß wir uns einbilden, an Gottes Ehre Anteil haben zu können oder Beifall dafür zu erwarten, Gottes Werk zu tun?

> "Ich bin Jahwe, das ist mein Name. Und meine Ehre gebe ich keinem anderen ..." Jesaja 42:8

Mit den folgenden Fragen möchte ich jeden herausfordern, der sich selbst für einen Diener Gottes hält. Wenn du zu Predigtterminen eingeladen bist, erwartest oder verlangst du dann, in einem Privatjet oder mit einem Flug erster Klasse zu reisen? Erwartest oder verlangst du, in einem erstklassigen Hotel oder Motel untergebracht zu werden? Verlangst du über die Kosten von Essen und Unterbringung hinaus Bezahlung für deinen Dienst? Wenn die Antwort auf eine oder alle diese Fragen "ja" lautet, dann erlaube ich mir, dir zu sagen, daß du **kein** wahrer Diener Gottes bist!

Was waren die Bedingungen, unter welchen Jesus Seine Jünger aussandte, um die gute Nachricht von Gottes Reich zu verbreiten?

> "Und er ruft die Zwölf herzu; und er fing an, sie zu zwei und zwei auszusenden und gab ihnen Vollmacht über die unreinen Geister. Und er gebot ihnen, daß sie nichts mit auf den Weg nehmen sollten als nur einen Stab; kein Brot, keine Tasche, keine Münze im Gürtel, sondern Sandalen untergebunden. Und zieht nicht zwei Unterkleider an! Und er sprach zu ihnen: Wo ihr in ein Haus eintretet, dort bleibt, bis ihr von dort weggeht."
>
> Markus 6:7-10

> "Nach diesem aber bestellte der HERR auch siebzig andere und sandte sie zu je zwei vor seinem Angesicht her in jede Stadt und jeden Ort, wohin er selbst kommen wollte. Er sprach aber zu ihnen: ... Tragt weder Börse noch Tasche noch Sandalen, und grüßt niemand auf dem Weg. In welches Haus ihr aber eintretet, sprecht zuerst: Friede diesem Haus! Und wenn dort ein Sohn des Friedens ist, so wird euer Friede auf ihm ruhen; wenn aber nicht, so wird er zu euch zurückkehren. In diesem Haus aber bleibt, und eßt und trinkt, was sie haben; denn der Arbeiter ist seines Lohnes wert. Geht nicht aus einem Haus in ein anderes. Und in welche Stadt ihr kommt, und sie nehmen euch auf, da eßt, was euch vorgesetzt wird."
>
> Lukas 10:1-8

Ganz offensichtlich sah der HERR nur Essen und Unterbringung als einzige Vergütung für die Arbeit des Arbeiters an. Er war auch darauf bedacht, zu betonen, daß niemand besondere Pflege oder besondere Behandlung verlangen sollte. Das, was ihnen angeboten wurde, sollten sie annehmen. Du, der du behauptest ein Diener Gottes zu sein, bist **du** bereit, in dem bescheidenen Heim eines Christen zu bleiben, während du in einer Stadt einen Dienst tust, und alles zu essen, was man dir vorsetzt? Wenn nicht, dann widersetzt du dich direkt dem Wort Gottes! Jesus sandte niemanden auf Tournee! Er sandte demütige Diener aus, zwei und zwei, um Sein Wort zu predigen. Diese demütigen Diener stellten in ein paar Jahren die ganze Welt auf den Kopf, und ich möchte hinzufügen, daß sie dazu keine aufwendigen Fernsehshows benötigten.

> "Und er setzte sich, rief die Zwölf, und er spricht zu ihnen: Wenn jemand der Erste sein will, soll er der Letzte von allen und aller Diener sein."
>
> Markus 9:35

Warum schaut die Mehrzahl der Christen in diesem Land auf Führer, die absolut nicht bereit sind, die Letzten von allen oder die Diener aller zu sein? Warum geben sie Tausende von Dollars aus, nur um einen vermeintlichen Diener Gottes bei ihnen zu haben, der teure Unterbringung und Bezahlung für seine Dienste verlangt, weit über die normale Verpflegung hinaus? Warum lassen sie sich von toller Kleidung, blumiger Redeweise und Weltlichkeit so beeindrucken? Warum? Weil in ihrem Leben das Feuer des Heiligen Geistes fehlt.

Jeder Diener Gottes muß mehr Zeit auf seinen Knien vor Gott verbringen, als er je für die Arbeit, die Gott ihm aufgetragen hat, benötigt. Ein Mangel an Heiligkeit in unserem Leben blockiert den Fluß des Heiligen Geistes und verwandelt unsere Arbeit aus Gottes Sicht in wertlose Asche.

Wir täten gut daran, über die Aussage von Charles G. Finney nachzudenken:

> "Es mag sein, daß Sünder den dringenden Wunsch und das Verlangen haben, all ihre Sünden loszuwerden, sie mögen dafür sogar unter Qualen beten. Sie meinen vielleicht, daß sie bereit sind, vollkommen zu sein, doch sie betrügen sich selbst. Sie sind vielleicht bereit, ihre Sünden pauschal oder als abstrakte Vorstellung zu widerrufen, doch wenn man es genau nimmt und sich eine nach der anderen vornimmt, findet man viele Sünden, die sie nicht aufgeben wollen. Sie kämpfen allgemein gegen Sünde, doch an den einzelnen Sünden halten sie fest."

> "Wenn sie wirklich bereit sind, jede Sünde zu lassen, wenn sie keinen eigenen Willen mehr haben, sondern ihr eigener Wille völlig im Willen Gottes aufgeht, dann sind ihre Bindungen zerbrochen. Wenn sie sich Gottes Willen ganz unterwerfen, dann werden sie erfüllt werden mit der Fülle Gottes." (Charles G. Finney, *Principles of Holiness*, Seiten 22-23)

Das ist die buchstäbliche Bedeutung von der "Kreuzigung des eigenen Ichs". Wir können dieses Werk in unserem Leben nicht selbst vollbringen. Jeremia sagt das ganz klar aus:

> "Trügerisch ist das Herz, mehr als alles, und unheilbar ist es. Wer kennt sich mit ihm aus? Ich, der HERR, bin es, der das Herz erforscht und die Nieren prüft, und zwar um einem jeden zu geben nach seinen Wegen, nach der Frucht seiner Taten."
>
> Jeremia 17:9-10

Jesus gab uns den deutlichen Befehl:

"Ihr nun sollt vollkommen sein, wie euer himmlischer Vater vollkommen ist." Matthäus 5:48

Warum fällt es uns so leicht, Sünde in unserem Leben zu dulden? Ja, wir werden immer zum Sündigen neigen, solange wir hier in unserem irdischen Körper sind, aber wenn wir es im Lichte dieses deutlichen Befehls Jesu, nämlich vollkommen zu sein, betrachten, warum fühlen wir uns dann noch mit einem gewissen Maß an Sünde in unserem Leben so wohl? Warum sind wir bereit, alles andere, nur nicht die vollständige Erfüllung dieses Befehls zu akzeptieren? Ich sage dir warum, weil wir von Christus nur mit dem Heiligen Geist aber nicht mit **Feuer** getauft werden wollen!

Jeder der wahrhaftig ein Diener Gottes werden will, **muß** sich nach der Taufe Gottes mit Feuer ausstrecken. Gottes Wort sagt uns in Jeremia, daß unser Herz so trügerisch ist, daß wir nicht einmal alle Sünden in unserem Leben erkennen können. Nur Gott kann das. Darum hat Johannes der Täufer diesen bemerkenswerten Ausspruch getan:

"[Da] antwortete Johannes allen und sprach: Ich zwar taufe euch mit Wasser; es kommt aber ein Stärkerer als ich, und ich bin nicht würdig, ihm den Riemen seiner Sandalen zu lösen; er wird euch mit Heiligem Geist **und Feuer taufen.**" Lukas 3:16

Wir hören viel darüber, daß Jesus mit dem Heiligen Geist tauft, aber wir hören fast nichts darüber, daß Jesus mit Feuer tauft. Doch Jesus selbst sagte:

"Jedem aber, dem viel gegeben ist - viel wird von ihm verlangt werden ... Ich bin gekommen, Feuer auf die Erde zu werfen, und wie wünschte ich, es wäre schon angezündet." Lukas 12:48-49

Was ist Feuer? Nun, im Hebräerbrief wird es uns erklärt:

"Deshalb laßt uns ... dankbar sein, wodurch wir Gott wohlgefällig dienen mit Scheu und Furcht. Denn auch unser Gott ist ein verzehrendes Feuer." Hebräer 12:28-29

Feuer verzehrt alles, was für Gott nicht annehmbar ist. Gott ist ein verzehrendes Feuer. Gottes Feuer verzehrt Sünde. Das Feuer wurde in der Tat schon angezündet, als Jesus hier auf der Erde war. Wohin Er auch kam, Er wurde überall gehaßt, weil Seine Gegenwart allein schon jeden von seiner eigenen Sünde überführte. Die religiösen Führer haben Jesus am meisten gehaßt, obwohl sie Ihn hätten am meisten lieben und willkommen heißen müssen. Warum? Wegen der Sünde in ihrem Leben. Dasselbe gilt auch noch heute. Diejenigen, denen das Feuer am willkommensten sein müßte, um die Sünde in ihrem Leben zu verzehren, begrüßen es am allerwenigsten. Sie dienen Gott in ihrer eigenen Kraft und zu ihrem eigenen Gewinn.

> "Die Sünder in Zion sind erschrocken, Zittern hat die Gottlosen gepackt. 'Wer von uns kann sich bei verzehrendem Feuer aufhalten?'"
> Jesaja 33:14

Wir müssen Jesus bitten, uns mit Feuer zu taufen. Wir müssen vor dem HERRN auf die Knie gehen und Ihn bitten, alles zu verbrennen, was Ihm nicht gefällt. Glaube mir, das ist eine sehr schmerzliche Erfahrung, aber ohne diese Erfahrung können wir dem HERRN nicht dienen. Die Taufe mit Feuer sollte in unserem Leben genauso sichtbar sein wie die Taufe mit dem Heiligen Geist. Ansonsten wird jede vermeintliche Offenbarung der Vollmacht Gottes durch unseren Dienst **ein Betrug sein**. Wir können nicht die Vollmacht des Heiligen Geistes in unserem Leben erhalten, ohne zuerst das Feuer des Heiligen Geistes empfangen zu haben.

Schnell naht der Tag des Gerichts. Die Werke aller Gotteskinder werden einer Prüfung unterzogen.

> "So wird das Werk eines jeden offenbar werden, denn der Tag wird es klarmachen, weil er in Feuer geoffenbart wird. Und wie das Werk eines jeden beschaffen ist, wird das Feuer erweisen. Wenn jemandes Werk bleiben wird, das er darauf gebaut hat, so wird er Lohn empfangen; wenn jemandes Werk verbrennen wird, so wird er Schaden leiden, er selbst aber wird gerettet werden, doch so wie durchs Feuer."
> 1. Korinther 3:13-15

> "Denn wir müssen alle vor dem Richterstuhl Christi offenbar werden, damit jeder empfange, was er durch den Leib vollbracht, dementsprechend, was er getan hat, **es sei Gutes oder Böses**."
> 2. Korinther 5:10

Es ist doch viel besser für uns, mit Feuer getauft zu werden, solange wir hier auf der Erde sind, als zu warten bis wir vor dem Richterstuhl Christi erscheinen müssen! Welche Tragödie, wenn wir in den Himmel kommen und feststellen, daß alle unsere Werke in den Augen Gottes wertlos sind! Egal wie wunderschön unsere Werke ausschauen, wenn sie auch nur mit einem Funken von Gewinnsucht in unserem Herzen vollbracht wurden, werden sie vor dem HERRN zu Asche werden.

Wir als Diener Gottes sollen wie "Salz" sein.

> "Ihr seid das Salz der Erde; wenn aber das Salz kraftlos geworden ist, womit soll es gesalzen werden? Es taugt zu nichts mehr, als hinausgeworfen und von den Menschen zertreten zu werden."
>
> Matthäus 5:13

Wie kann das "Salz" am besten verhindern, daß es seine Würzkraft verliert? Ich glaube, die Antwort finden wir in Markus.

> "Denn jeder wird mit Feuer gesalzen werden. Das Salz ist gut; wenn aber das Salz salzlos geworden ist, womit wollt ihr es würzen?"
>
> Markus 9:49-50

Wir werden das "Salz" der Erde, wenn wir zuvor mit dem Feuer des Heiligen Geistes getauft werden.

Laßt uns ganz praktisch werden. Wie können wir diese Taufe mit Feuer erlangen? Wir müssen darum bitten und es auch ernst meinen. Ich habe erfahren, daß ich zu verschiedenen Zeiten in meinem Leben um diese Taufe bitten mußte. Meistens strecke ich mich buchstäblich vor dem HERRN der Länge nach auf dem Boden aus. Das heißt, daß man richtig auf dem Gesicht liegt, mit der Nase auf dem Boden. Das ist sehr demütigend. Mach' es alleine in deiner persönlichen "Gebetskammer", wie Jesus sie nannte. Das ist eine Sache zwischen dir und Gott und sonst niemandem. Wenn du dazu wirklich bereit bist, wird dich der Heilige Geist schmerzlich der Sünden in deinem Leben überführen. Unsere Herzen sind so trügerisch, daß nur Gott dieses Werk tun kann, nicht wir. Wir können diesem unserem Gott nicht wahrhaft dienen, solange irgendeine Sünde in unserem Herzen zurückbleibt. Wenn wir der Sünde erlauben, in unserem Leben zu bleiben, dann können wir sicher sein, daß Satan früher oder später einen großen Sieg über uns davontragen wird.

Vollmacht vom HERRN kommt durch ein gereinigtes Herz. Laßt uns nach diesem besonderen Werk des HERRN trachten, liebe Brüder und Schwestern. Laßt uns Jesus bitten, daß Er uns mit **Feuer** tauft.

KAPITEL 7

Die Stimme Gottes hören

"Sammelt euch nicht Schätze auf Erden, wo Motte und Rost zerstören und wo Diebe durchgraben und stehlen; sammelt euch aber Schätze im Himmel, wo weder Motte noch Rost zerstören und wo Diebe nicht durchgraben noch stehlen; denn wo dein Schatz ist, da wird auch dein Herz sein." Matthäus 6:19-21

Während des letzten Jahres meines Medizinstudiums arbeitete ich mehrere Monate in der Onkologie, das ist der medizinische Fachbereich, in dem Krebspatienten behandelt werden. Eines der Dinge, die mich wirklich bekümmerten, war die fast völlig übereinstimmende Reaktion von bekennenden Christen, wenn man ihnen die Diagnose mitteilte, sie hätten Krebs. Sie brachen einfach zusammen! Ich konnte nicht verstehen, warum das so war. Als ich den HERRN im Gebet suchte, um den Grund dafür zu erfahren, gab Er mir die obige Bibelstelle zur Antwort. Die meisten Christen sammeln sich keine Schätze im Himmel. Ihre Schätze sind hier auf der Erde und von daher auch ihre Herzen. Deshalb sind sie so entsetzt über die Aussicht, in verhältnismäßig naher Zukunft ihrem Tod entgegenzugehen.

Das führte mich zu meiner nächsten Frage. Was war denn mit den "Schätzen im Himmel" gemeint? Die paar Predigten, die ich über dieses Thema gehört hatte, deuteten die Schätze im Himmel als gute Werke, die Christen in ihrem Leben für den HERRN getan hatten. Das schien jedoch nicht die richtige Antwort zu sein, da viele der Christen, die ich behandelte, und denen es solche Schwierigkeiten bereitete, den nahen Tod anzunehmen, viele "gute Werke" für den HERRN in ihrem Leben getan hatten. "Gute Werke" schien nicht die Antwort zu sein. Deshalb ging ich wieder zum HERRN und bat Ihn, mir diesmal genau zu zeigen, was diese "Schätze im Himmel" wären. Er gab mir Seine Antwort nach mehreren Wochen des Suchens und Forschens in der Bibel. **Der größte Schatz, den wir je haben können, ist Gott selbst in einem ganz persönlichen Verhältnis, kennenzulernen.** A. W. Tozer faßte es folgendermaßen zusammen:

"Heutzutage fehlt es uns nicht an Bibellehrern, die die Prinzipien der Lehren Christi korrekt wiedergeben. Doch die meisten von ihnen scheinen damit zufrieden zu sein, Jahr für Jahr die Grundsätze des Glaubens zu lehren; seltsamerweise ohne sich bewußt zu sein, daß ihr Dienst nicht von der Gegenwart Gottes zeugt, und in ihrem persönlichen Leben nichts Ungewöhnliches geschieht ... Gesunde Bibelauslegung ist ein absolutes "Muß" in der Gemeinde des lebendigen Gottes. Es sind jedoch nicht nur Worte, die die Seele nähren, sondern Gott selbst, und solange die Hörer Gott nicht persönlich erfahren, sind sie noch nicht besser dran, nur weil sie die Wahrheit gehört haben. Die Bibel ist kein Selbstzweck, sondern ein Mittel, um den Menschen zu einer tiefen und befriedigenden Gotteserkenntnis zu bringen, damit er in Ihm erfunden wird, er sich Seiner Gegenwart erfreut und er die tiefe Freundlichkeit dieses einzigartigen Gottes im Innersten seines Herzens schmeckt und erfährt." (A. W. Tozer, *The Persuit of God*, Christian Publications, Camp Hill, S. 9-10)

Was ist diese "Gegenwart Gottes" und diese "tiefe Gotteserkenntnis" von der Tozer schreibt? Es ist nichts anderes als ein persönliches Erkennen Gottes, das nur erreicht werden kann, wenn Gott zu dir als Individuum redet und Er selbst sich dir offenbart, so wie nur Er es kann. Wir wollen nun sehen, was die Schrift darüber zu sagen hat.

[Jesus sagt:] "Denn ich sage euch: Unter den von Frauen geborenen ist kein größerer Prophet als Johannes der Täufer; aber der kleinste in dem Reich Gottes ist größer als er."   Lukas 7:28

Jesus nennt hier diejenigen von uns größer als Johannes den Täufer, die das Vorrecht haben, den Heiligen Geist in sich zu haben. Johannes der Täufer aber war der größte aller alttestamentlichen Propheten. Was war nun das besondere an diesen alttestamentlichen Propheten? Ihre persönliche Beziehung zu Gott und die Deutlichkeit mit der Gott zu ihnen sprach. Sollten wir dann also die gleiche Beziehung haben und den HERRN genauso deutlich zu uns reden hören? **Ja!** Laßt uns ein paar dieser Propheten betrachten:

"Und der HERR fuhr fort, in Silo zu erscheinen; denn der HERR offenbarte sich dem Samuel in Silo ..." 1. Samuel 3:21

"Und er sprach zu mir: Menschensohn, stelle dich auf deine Füße, und ich will mit dir reden!"   Hesekiel 2:1

Die Berichte von Jesaja, Jeremia, Hesekiel, Abraham, Mose, Joseph, Jakob usw., die sich durch die Seiten der Schrift ziehen, zeigen, daß der HERR klar und deutlich zu jedem Seiner Diener und Propheten gesprochen hat. Jesus sagt uns nun, daß **wir**, die wir dazu ausersehen sind, den Heiligen Geist **in** uns zu haben, größer sein werden als diese Männer. Warum sollten wir uns daher mit weniger zufrieden geben als mit einer Gotteserfahrung, wie sie auch diese großen Männer gehabt hatten?

"Der Geist aber sagt ausdrücklich, daß in späteren Zeiten ..."
1. Timotheus 4:1

Im ganzen Neuen Testament wie hier in dieser Bibelstelle im Timotheusbrief finden wir viele Zeugnisse von Dienern Gottes die zeigen, daß man es für ganz normal hielt, wenn Gott zu einer einzelnen Person sprach. Doch was für ein Armutszeugnis, nur wenige Gemeinden lehren diesen wichtigen Grundsatz heute noch. Die meisten Christen geben sich damit zufrieden, daß sie **überhaupt keine** persönliche Beziehung zum HERRN haben. Wenn dann die Stürme in ihrem Leben kommen, brechen sie zusammen. Sie fangen an, ihre Errettung anzuzweifeln, ja sie zweifeln sogar die Existenz Gottes bzw. die von Jesus Christus an.

Das liegt daran, daß sie nie mit Gott persönlich gesprochen und Ihn nie persönlich kennengelernt haben.

Wenn ich über "das Hören der Stimme Gottes" rede, meine ich damit keine hörbare Stimme, die du mit deinem natürlichen Ohr wahrnehmen kannst. Der HERR spricht zu uns auf sehr unterschiedliche Art und Weise. Er macht uns Schriftstellen lebendig, so daß wir plötzlich ganz einfach **wissen**, daß bestimmte Verse uns betreffen. Oft legt Er in einer bestimmten Sache eine Last auf unser Herz. Wir müssen jedoch aufpassen, daß wir uns nicht eine Last auf unser Herz und auf unseren Geist legen lassen, die von Satan kommt, statt von Gott. Watchman Nee zeigt uns, wie wir die beiden voneinander unterscheiden können:

"Die Lasten des Geistes unterscheiden sich von den Gewichten auf dem Geist oder den Belastungen des Geistes. Die Belastungen kommen von Satan mit der Absicht, den Gläubigen niederzudrücken und ihn leiden zu lassen. Die Lasten hingegen kommen von Gott. Durch sie will er den Gläubigen seinen Willen kundtun, damit sie mit ihm zusammenarbeiten können. Ein Gewicht hat nur die Aufgabe, niederzudrücken, bringt also keine Frucht. Eine Last des Geistes will das Kind Gottes aber zur Arbeit aufrufen, zum Gebet und zur Verkündigung. Es ist eine Last mit einem Ziel, mit einem Grund und einer geistlichen Absicht. Deshalb müssen wir lernen, zwischen einer Last des Geistes und einer Belastung des Geistes zu unterscheiden.

Satan gibt den Christen nie eine Last auf, er belastet seinen Geist nur mit schweren Gewichten. Solch ein Gewicht fesselt den Geist und hemmt den Verstand. Eine Last, die den Gläubigen von Gott gegeben wird, gilt es lediglich zu tragen, wer aber den Belastungen Satans ausgesetzt ist, wird durch sie gebunden. Wenn die Macht der Finsternis über einen Gläubigen kommt, verliert er sofort seinen Frieden. Mit der Gott gegebenen Last verhält es sich genau umgekehrt. Wie schwer eine solche Last auch immer sein mag, sie hindert den Gläubigen nie am Gebet. Die Freiheit des Gebetes wird unter einer Last Gottes nie verloren gehen. Aber das Gewicht des Feindes, das sich auf den Geist des Gläubigen legt, läßt das Gebet versiegen. Die Last Gottes wird durch das Gebet genommen, aber die Belastungen des Feindes können nur durch Kampf und Widerstand im Gebet überwunden werden. Das Gewicht des Feindes schleicht sich ein, aber die Last, die sich auf unseren Geist legt, erwächst aus dem Wirken des Geistes Gottes in unserem Geist. Die niederdrückende Belastung Satans nimmt uns alle Kraft und Freude, aber die Last des Geistes kann mit Freuden getragen werden (wenn es auch dem Fleisch nicht gefällt), denn sie führt uns in die Gemeinschaft mit Gott (siehe Matthäus 11:30). Die Last Gottes bringt uns nur dann in Not, wenn wir ihr widerstehen und sie uns nicht in den Dienst für Gott führt." (Watchman Nee, *Der geistliche Christ*, Schwengeler Verlag, Berneck, S. 323-324)

Belastungen, die Satan und seine Dämonen auf unseren Geist legen, enden gewöhnlich mit Depression und Erschöpfung. Lasten, die vom HERRN kommen, führen uns in irgendeine Art von Aktivität, wie zum Beispiel Gebet, also etwas Produktives. Wenn du jedoch einer Last widerstehst, die dir der HERR auf dein Herz und deinen Geist gelegt hat, wirst du dich elend fühlen und schließlich den Heiligen Geist betrüben und ein Einfallstor für satanische Bedrückung öffnen. Wie oft geschieht das, wenn Christen beharrlich dem sanften Drängen des Heiligen Geistes widerstehen, der sie auffordert, früh am Morgen aufzustehen, die Bibel zu lesen und zu beten!

Oft wird sich der HERR direkt in Form von Gedanken mitteilen. Der HERR sagt etwas zu deinem Geist, und plötzlich erscheint es in deinem Verstand in Form eines Gedankens. Das ist ein Grund, warum es so wichtig ist, unsere Gedanken genau zu prüfen und den HERRN zu bitten, unseren Verstand und unser Herz rein zu erhalten.

> "Noch vieles habe ich [Jesus] euch zu **sagen**, aber ihr könnt es jetzt nicht tragen. Wenn aber jener, der Geist der Wahrheit, gekommen ist, wird er euch in die ganze Wahrheit leiten; denn er wird nicht aus sich selbst **reden**, sondern was er hören wird, wird er **reden**, und das Kommende wird er euch verkündigen. Er wird mich verherrlichen, denn von dem Meinen wird er nehmen und euch verkündigen."
>
> Johannes 16:12-14

> "Das bezeugt uns aber auch der Heilige Geist; denn nachdem er gesagt hat: Dies ist der Bund, den ich ihnen nach jenen Tagen errichten werde, spricht der HERR, ich werde meine Gesetze in ihre Herzen geben und sie auch **in ihre Sinne** schreiben."
>
> Hebräer 10:15-16

Der Heilige Geist wird uns Gedanken in den Sinn geben und so zu uns sprechen und sich uns bezeugen. Manchmal wird uns der HERR ein ganzes Gedankenkonzept auf einmal in den Sinn geben. Ich kann es nur so beschreiben, wie wenn der Heilige Geist uns einen ganzen Abschnitt oder eine Seite voll Informationen auf einmal in den Verstand gibt. Manchmal muß ich Ihn bitten, etwas langsamer zu sein, weil ich nicht so schnell denken kann. Manchmal ist es nur ein Satz wie aus einem Gespräch heraus. **Selten** ist es ein Gefühl, weil wir von Gefühlen so leicht getäuscht und abhängig werden können. Wie oft habe ich nicht schon Leute sagen hören, sie wissen, daß der HERR von ihnen eine bestimmte Sache erwartet, nur weil es das "Verlangen ihres Herzens" ist. Hätten sie sich Zeit genommen und ihr Verlangen anhand der Bibel überprüft, dann hätten sie bemerkt, daß sie im Widerspruch zu Gottes Geboten stehen. Wir dürfen uns **nicht** auf Gefühle verlassen, geschweige denn uns von ihnen führen lassen, weil sie allzu leicht von Satan und seinen Dämonen manipuliert werden können und fast immer von unserer sündigen Natur verunreinigt sind.

Satan und seine Dämonen können uns ebenfalls Gedanken eingeben. Hier ist die Bibel unser Schutz. Der HERR wird dir **nie** etwas sagen, das nicht mit Seinem Wort, der Bibel, übereinstimmt. Außerdem kann Satan nicht deine Gedanken lesen; wenn du also lautlos betest und mit dem HERRN redest, kann er dir keine Gedanken eingeben, die einen Zusammenhang mit dem haben, was in deinem Verstand vor sich geht, während du betest. Das ist ein weiterer wichtiger Grund, warum du lernen mußt, deine Gedanken zu kontrollieren, damit sie nicht umherwandern während du betest und Gemeinschaft mit dem HERRN hast.

> "Ich liebe, die mich lieben; und die mich früh suchen, werden mich finden." Sprüche 8:17 (nicht revid. Elberfelder)

Die wörtliche Übersetzung des hebräischen Wortes "früh" bedeutet "eifrig, was Ernsthaftigkeit miteinschließt" wie die *Strong's Exhaustive Concordance of the Bible* schreibt. Du mußt eifrig nach einer solchen Beziehung mit dem HERRN suchen.

Nur der Heilige Geist kann dich lehren, Seine Stimme zu hören. Es kann sein, daß du diese Beziehung mit viel Fasten, Tränen und Gebet suchen mußt. Denke daran, daß der HERR nichts übereilt tut und daß Er dich wahrscheinlich prüfen wird, um zu sehen, wie ernst du es meinst. Wenn du den HERRN nicht gebeten hast, das Werk des Kreuzes völlig in dir zu wirken (wie es im 6. Kapitel bei der Taufe mit Feuer beschrieben wird) wirst du nicht imstande sein, eine solche Beziehung zu Ihm zu entfalten. Auch wenn du dich Ihm nicht ganz hingegeben hast, wirst du nicht fähig sein, eine solche Beziehung zu entwickeln.

Wenn du den HERRN suchst, mußt du dich in Selbstdisziplin üben. Ich kann nicht oft genug betonen, daß es absolut notwendig ist, **TÄGLICH**, und zwar als erstes am Morgen, sich für das Bibelstudium und für das Gebet Zeit zu nehmen. Das ist wirklich ein "Schlüssel", um den HERRN zu finden. David und Jesaja schrieben über dieses Prinzip.

> "Gott, du bist mein Gott; **frühe** suche ich dich. Es dürstet nach dir meine Seele, nach dir schmachtet mein Fleisch in einem dürren und lechzenden Lande ohne Wasser." Psalm 63:1 (nicht revid. Elberfelder)

> "Mit meiner Seele verlangte ich nach dir in der Nacht; ja, mit meinem Geist in meinem Innern suchte ich dich früh." Jesaja 26:9 (nicht revid. Elberfelder)

Eines der Dinge, die uns am Schwersten fallen, ist die Trennung von unserem Bett am frühen Morgen. Wie sehr verlangt unser sündiges Fleisch nach einer weiteren Stunde Schlaf! Welch schmerzhafter Kampf ist es, sich dazu durchzuringen, das schöne warme Bett zu verlassen! Wenn du es aber recht bedenkst, wirst du feststellen, daß eine Stunde Schlaf an deinem Wohlbefinden nicht viel ändert. Wenn ich besonders müde oder krank bin, bitte ich den HERRN, mir beim Aufwachen zu helfen; Er ist treu und läßt mich nie im Stich. Wenn ich aber nicht auf Seinen ersten Ruf reagiere, hat das zur Folge, daß ich verschlafe und der ganze Tag läuft schief.

> "Wenn ihr nun mit dem Christus auferweckt worden seid, so sucht, was droben ist, wo der Christus ist, sitzend zur Rechten Gottes. Sinnt auf das, was droben ist, nicht auf das, was auf der Erde ist."
> Kolosser 3:1-2

Diese Verse zeigen uns, daß es ein Willensakt ist, Gott zu suchen. Wir müssen bewußt auf das "sinnen, was droben ist". Manche Leute beklagen sich, daß sie gar keine **Sehnsucht** nach so einer Beziehung zum HERRN haben, oder daß sie gar kein rechtes **Verlangen** haben, die Bibel wirklich lesen zu wollen. Natürlich wollen sie nicht! Vergiß es nie, dein Fleisch oder dein natürliches Ich stehen den göttlichen Dingen feindlich gegenüber. Außerdem kann ich dir versichern, daß da immer ein Dämon in deiner Nähe ist, der dir Gedanken eingibt, die einen Widerstand in dir erzeugen, um dich vom Bibellesen abzuhalten. Oft ist es notwendig, daß ich diese Dämonen direkt zurückweise, ehe ich anfangen kann, meine Bibel zu lesen. Wir müssen uns **selbst** soweit **beherrschen** können, daß wir das tun, was Gott von uns verlangt, egal ob es uns danach zumute ist oder nicht. Die Bibel zu lesen und Gott zu suchen ist ein **Befehl** und einem Christen **nicht freigestellt**.

> "Mein Herz erinnert dich: Suchet mein Angesicht! - Dein Angesicht, HERR, suche ich."
> Psalm 27:8

Das Leben in unserer heutigen Welt setzt uns ständig der Versuchung aus, dem Druck der Realität in eine unausgefüllte Leere der Gedankenlosigkeit zu entfliehen. Es gibt ja so viele Fluchtmöglichkeiten! Wir können uns vor den Fernseher setzen und fliehen, in-

dem wir unseren Verstand ausschalten und irgendein Fernsehprogramm, was eben gerade läuft, einschalten. Viele Leute entfliehen
der Wirklichkeit durch Drogen. Noch mehr tun das, indem sie ge-
dankenlos dem sich ständig wiederholenden Singsang der Rockmusik (einschließlich der christlichen Rockmusik) zuhören, der ihnen
hilft, ihren Verstand leerzumachen und nur noch körperliche Gefühle zuzulassen. Eine weitere große Versuchung ist die Flucht in eine
Phantasiewelt, in der wir endlose, nichtige Vorstellungen in unseren
Gedanken spinnen und in einer Scheinwelt leben, durch die wir immer weiter von Gott, der Quelle unseres Lebens und unseres Seins,
weggezogen werden. Vielfältige New Age Techniken über Meditation, Yoga, TM, Kassetten, die Botschaften an das Unterbewußtsein enthalten (sublimierte Kassetten) und Entspannungstechniken helfen dem Teilnehmer, seinen Verstand zu entleeren und so
der Realität zu entfliehen. Es ist wirklich ein Opfer, sich freiwillig
zu weigern, diese Fluchtwege zu gebrauchen und:

> "... nicht das Sichtbare an[zu]schauen, sondern das Unsichtbare;
> denn das Sichtbare ist zeitlich, das Unsichtbare aber ewig."
>
> 2. Korinther 4:18

Statt der Wirklichkeit zu entfliehen, müssen wir uns in Selbstdisziplin üben und über Gott und die Heilige Schrift nachdenken und
mit dem HERRN reden. Wir müssen ständig alles, was uns und
um uns herum geschieht, im Licht von Gottes Wort abwägen, welches unsere Richtschnur und die Quelle der Weisheit ist. Wenn wir
dies im Gehorsam gegen Gottes Wort tun, werden wir erfahren,
daß der Heilige Geist immer öfter zu uns spricht. Egal was dann
um uns herum geschieht, sogar wenn unser irdischer Körper stirbt,
so

> "... ermatten wir nicht, sondern wenn auch unser äußerer Mensch
> aufgerieben wird, so wird doch der innere Tag für Tag erneuert."
>
> 2. Korinther 4:16

Jesaja warnt uns ernsthaft:

> "Sucht den HERRN, während er sich finden läßt! Ruft ihn an,
> während er nahe ist."
>
> Jesaja 55:6

Wir müssen den HERRN **jetzt** suchen; denn wenn wir erst mal
Schwierigkeiten in unserem Leben haben, wird es zu spät sein. Wir
werden dann nicht die Beziehung zum HERRN haben, die wir

brauchen, um durch Zeiten der Not getragen zu werden. Laß dich nicht durch dein natürliches Verlangen davon abhalten, diesen kostbaren Schatz zu erlangen, den HERRN in den frühen Morgenstunden mehr und mehr kennenzulernen. Der HERR sehnt sich danach, diese ruhigen persönlichen Momente am Anfang des Tages mit uns zu verbringen.

Jahrelang hatte ich die Gewohnheit, im Sommer den Sonnenaufgang und im Winter den Sonnenuntergang mit dem HERRN zu betrachten. Ich werde nie diesen einen Morgen vor etlichen Jahren vergessen. Ich hatte eine Stunde in der Bibel gelesen und gebetet, doch der HERR sprach nicht zu mir, noch spürte ich irgendwie in besonderer Weise Seine Gegenwart. Als ich ins Haus zurückkehrte, um mich für die Arbeit fertig zu machen, war ich überrascht als der HERR plötzlich zu mir sprach und sagte: "Mein Kind, dieser kurze Augenblick mit dir hat mir solche Freude bereitet." Obwohl Er nicht zu mir gesprochen hatte, und obwohl ich Seine Gegenwart nicht gespürt hatte, war Er dennoch genauso bei mir gewesen. Wir bedenken gar nicht, wie sehr sich das Herz unseres HERRN nach unserer Liebe und nach unserer Gemeinschaft sehnt.

> "Dann werdet ihr von dort aus den HERRN, deinen Gott, suchen. Und du wirst ihn finden, **wenn** du mit deinem ganzen Herzen und mit deiner ganzen Seele nach ihm fragen wirst."   5. Mose 4:29

> "Ohne Glauben aber ist es unmöglich, ihm wohlzugefallen; denn wer Gott naht, muß glauben, daß er ist und denen, die ihn eifrig (im Engl.) suchen, ein Belohner sein wird."   Hebräer 11:6

Der HERR sehnt sich danach, Gemeinschaft mit uns zu haben. Er befielt uns, Ihn zu suchen. Ein echter Schlüssel jedoch, um diese persönliche Gemeinschaft mit dem HERRN aufzubauen, besteht in einem Glaubensschritt. Wir müssen das Versprechen des HERRN als Tatsache annehmen, "daß er denen, die ihn eifrig (im Engl.) suchen, ein Belohner sein wird." Es erfordert Zeit, eine solche Beziehung zu entwickeln: Sei ausdauernd, sei eifrig. Zu viele Menschen geben nach ein paar Tagen oder auch nach ein paar Wochen wieder auf. Übe dich in Selbstdisziplin, und suche den HERRN, und Er **wird** sich von dir finden lassen.

Studiere die Heilige Schrift eifrig und suche nach "Schlüsseln" die dir einen Einblick in Gottes Persönlichkeit geben. Bitte den

HERRN, daß Er sich dir durch Sein Wort offenbart. Eines meiner Lieblingsbücher in der Bibel ist Jesaja. In diesem Buch offenbart der HERR Sein Wesen auf so vielfältige Weise! Studiere es selbst. Überall in der Heiligen Schrift sind kostbare Edelsteine versteckt. Weißt du, welches diese Edelsteine sind? Es sind kurze Einblicke in das Wesen Gottes selbst!

Wenn der HERR zu dir spricht, und du geprüft hast, daß das Gesagte mit der Bibel übereinstimmt, und wenn dir der Heilige Geist in deinem Herzen bestätigt hat, daß du wirklich Seine Stimme gehört hast, dann mußt du im Glauben daran festhalten, daß es so ist. Ansonsten wird Satan versuchen, dich zu überreden, daß du gar nicht wirklich den HERRN gehört hast, sondern daß du es dir nur eingebildet hast.

> "Der Geist selbst zeugt mit unserem Geist, daß wir Kinder Gottes sind." Römer 8:16

> "Deshalb, wie der Heilige Geist spricht: Heute, **wenn ihr seine Stimme hört,** verhärtet eure Herzen nicht, wie in der Erbitterung an dem Tage der Versuchung in der Wüste, ..." Hebräer 3:7-8

Der Heilige Geist wird zu uns sprechen, **wenn** wir Seine Stimme hören. Wenn wir sie dann hören, dürfen wir unsere Herzen nicht verhärten, sondern sollten vorwärts gehen im Glauben und im Gehorsam, in Übereinstimmung mit dem, was der Heilige Geist zu uns gesagt hat. Normalerweise beginnt der Heilige Geist so zu einem Gläubigen zu sprechen, daß Er ihm etwas bewußt macht, was dem HERRN nicht gefällt. Die Versuchung besteht darin, dieses Reden zu ignorieren und weiterhin das zu tun, was dem HERRN nicht gefällt. Wenn du das tust "verhärtest du dein Herz" und verhinderst ein weiteres Reden des HERRN.

Viele Leute haben Angst davor, mit dem HERRN zu sprechen und Seine Stimme zu hören, weil sie befürchten, getäuscht zu werden. Sie fürchten, etwas als das Reden vom HERRN anzunehmen, das in Wirklichkeit ihrer eigenen Phantasie entspringt oder von Satan und seinen Dämonen kommt.

Ich habe das selbst alles durchgemacht. Kurz nach Elaines vollständiger Befreiung hatte ich diesbezüglich eine schreckliche Erfahrung gemacht. Ich dachte, der HERR hätte mir in zwei verschiedenen Begebenheiten, die nur wenige Tage auseinander lagen, einen

Auftrag gegeben. Bei den Dingen handelte es sich um alltägliche Angelegenheiten, für die es keine Überprüfungsmöglichkeit in der Bibel gab. So erledigte ich diese Angelegenheiten in der Meinung, daß der HERR den Befehl dazu gegeben hätte. Als Folge davon hätten Elaine und ich beinahe unser Leben eingebüßt, und außerdem gab es noch einige weitreichende und katastrophale Konsequenzen.

Ich war außer mir. Ich eilte zum HERRN und verbrachte viel Zeit auf meinen Knien. Ich weinte mir die Augen aus und sagte: "HERR, Du mußt mir Deine Anweisungen auf eine Weise geben, daß selbst ein Dummkopf wie ich sie versteht! Ich muß in der Lage sein, immer sofort und klar zu erkennen, ob ich Deine Stimme höre oder die von Satan und seinen Dämonen. Ich darf für Satan einfach nicht in dieser Weise verwundbar sein."

Die Antwort vom Vater war streng und kam sofort, und sie schokkierte mich zutiefst. Er sagte: "Dann kannst du mir nicht dienen!"

"Warum nicht?" war meine entsetzte Antwort.

"Weil du für die Angriffe Satans verwundbar bleiben wirst, solange du in deinem sündigen menschlichen Zustand bist. Du mußt Mir vertrauen, daß Ich die Absicht deines Herzens, Mir zu dienen, achte. Es wird Zeiten geben, in denen Ich es zulassen werde, daß du getäuscht wirst, und Ich werde es zulassen, daß du Fehler machst und fällst. **Aber** Ich werde immer da sein und dich wieder aufrichten und **du** wirst aus dem Erlebnis immer eine wertvolle Lehre ziehen. Ich verfolge immer eine Absicht, mit allem was Ich tue. Du wirst die Absicht hinter allem nicht immer erkennen, denn **ICH BIN GOTT**."

Mir wurde bewußt, daß ich dem HERRN doch allen Ernstes gesagt hatte, zwar schon bereit zu sein hinzugehen und in diesem sehr realen Kampf gegen Satan zu kämpfen, doch gleichzeitig verlangte ich von Ihm, Er dürfe Satan und seinem Reich nur gestatten, mit Platzpatronen statt mit scharfer Munition zu schießen. Das geht einfach nicht. Seht ihr, nun hatte ich die Wahl. Entweder mußte ich akzeptieren, daß ich verletzlich bin und mich vollständig auf den HERRN verlassen muß, oder ich mußte Ihn bitten, nicht mehr zu mir zu sprechen. Der Gedanke, den HERRN nicht mehr zu hören, war einfach unerträglich. Die Beziehung zum HERRN **ist** für mich der Inhalt meines ganzen Lebens. Sie bedeutet mir mehr als alles andere. So bat ich Ihn einfach, mir zu helfen, die Dinge schnell zu lernen, die ich wissen mußte, um nicht so leicht von Satan getäuscht zu werden. Ich möchte euch einiges davon weitergeben.

Ich bete täglich und bitte den HERRN, mir die Täuschungsmanöver Satans zu offenbaren. Ich bin nicht schlau genug, um selbst dahinter zu kommen. Ich muß ganz einfach dem HERRN vertrauen, daß Er sie mir zeigt. Nun wandle ich jeden Tag im Glauben und vertraue darauf, daß der HERR die Absichten meines Herzens achtet. Es ist mein Herzenswunsch, Ihm zu dienen, und das wird Er achten.

Seitdem habe ich gelernt, viel sensibler zu werden, wenn der Heilige Geist mir in meinen Geist die Empfindung gibt, eine Sache nochmals zu überprüfen oder abzuwarten. Ich habe gelernt, daß ich **niemals** impulsiv handeln darf. Beim geringsten Zweifel, oder wenn ich keinen vollkommenen Frieden fühle, warte ich, bevor ich handle. Ich habe es auch gelernt, mit anderen zusammenzuarbeiten. Der HERR sandte seine Jünger zu zweit aus. Auf diese Weise wirkt Er immer noch. Elaine und ich sind Partner in diesem Dienst für den HERRN. Nun haben wir auch einen christlichen Bruder, der ein geistlicher Schutz für unseren Dienst ist. Wir nehmen keinen Predigttermin an und treffen keine wichtigen Entscheidungen, ehe wir drei uns nicht völlig einig sind. Wenn auch nur einer von uns keinen vollkommenen Frieden über ein geplantes Vorhaben hat, warten wir ab, bis wir alle völlig eins sind und Frieden über den Verlauf unseres Vorhabens haben. Es ist viel schwieriger für Satan, zwei oder drei zu täuschen als einen.

Ich will ein Beispiel erzählen. Vor etwa einem Jahr wurden wir gebeten, anläßlich eines besonderen Dienstes an der Ostküste zu sprechen. Elaine und ich hatten Frieden zu gehen, aber der christliche Bruder, der unseren Dienst geistlich unterstützt, hatte keinen Frieden über unsere Reise. Wir gingen alle nochmals ins Gebet, und während der nächsten zwei Wochen erhielten Elaine und ich die Anweisung vom HERRN, nicht zu gehen. Deshalb erteilten wir eine Absage und erklärten den Grund dafür. Einen Monat später wurden wir von denselben Leuten noch einmal eingeladen; diesmal hatten wir alle drei sofort Frieden, so gingen wir hin, und der HERR gab Seinen mächtigen Segen dazu. Ungefähr drei Monate später kam noch einmal eine Einladung von ihnen. Dieses Mal war ich diejenige von uns dreien, die keinen Frieden hatte. Wieder gingen wir ins Gebet, und die beiden anderen stimmten mit mir überein, daß wir nicht gehen sollten. Es stellte sich heraus, daß beide Male die Konsequenzen verheerend gewesen wären, wären wir gegangen. Später waren wir noch ein zweites Mal dort, und wieder segnete uns der HERR mächtig wie beim ersten Mal.

Bei kleineren Entscheidungen, wenn wir empfinden, daß es nicht nötig ist, unseren christlichen Bruder mit einzubeziehen, arbeiten Elaine und ich nach dem gleichen Prinzip der Einheit. Wenn wir beide keinen vollkommenen Frieden über den Verlauf einer Sache haben, unternehmen wir nichts, bis wir ihn haben. Zum Beispiel wurden wir einmal gebeten, bei einer bestimmten Befreiung zu helfen. Wir kannten die Leute gut und wußten, daß sie treue Diener des HERRN waren. Allerdings wurden wir erst 24 Stunden vorher benachrichtigt. Ich empfand, daß wir gehen sollten, doch Elaine hatte keinen Frieden darüber. Da wir nun keine Zeit mehr hatten, den Willen des HERRN weiter zu erforschen, sagte ich ihnen, daß wir nicht kommen würden, da wir in dieser Situation keine Einheit hatten. Wie sich herausstellte, wären die Konsequenzen verheerend gewesen, wenn wir zugesagt hätten. Diese Leute riefen uns später an und erzählten uns, wie froh sie wären, daß wir nicht gekommen waren. Das Ganze war lediglich von Satan inszeniert worden, um uns zu vernichten. Weil wir dem Prinzip der Einheit treu geblieben waren, wurden wir aus einer Falle Satans errettet.

Wie viele schlimme Fehler werden gemacht, weil Eheleute nicht in dieser Weise zusammenarbeiten. Brüder und Schwestern, wenn ihr mit einem christlichen Ehepartner verheiratet seid, **müßt** ihr begreifen, daß dieser Ehegatte euch als Partner gegeben wurde. Es mag vielleicht euer "Ego" ankratzen, wenn ihr bei Entscheidungen auf euren Ehegatten warten müßt; aber es ist ein Schutz gegen die Täuschungsmanöver Satans. Die Frau sollte dem Mann eine Gehilfin sein und kein Fußabstreifer. Ihr Frauen, ihr müßt Gottes Ordnung für die Ehe anerkennen und dürft euch über eure Ehemänner nicht hinwegsetzen. Eine der schwerwiegendsten Ursachen für den Abfall christlicher Pastoren heutzutage besteht darin, daß sie in ihrer Arbeit für den HERRN diese Arbeitsgemeinschaft mit ihren Frauen nicht pflegen. Dadurch sind sie ständig versucht, außerhalb ihrer Ehe einen Partner für die Arbeit des HERRN zu suchen. Wie viele Türen öffnen sich da, und wie viele Pastoren verfallen dem Ehebruch, weil sie diesem Prinzip nicht gehorchen. Wenn du meinst, deine Frau sei für diese Art geistlicher Betätigung nicht fähig, dann ist dein Haushalt nicht in Ordnung, und es wäre besser, mehr Zeit im Gebet und mit deiner Frau zu verbringen, damit diese Beziehung wachsen kann. Es ist ein klares Gebot Gottes, **niemanden** deiner Frau vorzuziehen, mit Ausnahme des HERRN. Dieses Problem existiert hauptsächlich in charismatischen Gemeinden. Pastoren haben die unglückselige Neigung, einen weiblichen "Gebetspartner" ihren Frauen vorzuziehen. Gott wird sich **nicht** dazustellen!

Wenn ich das Empfinden habe, daß der HERR mir etwas sagt, worüber die Bibel nicht ausdrücklich redet, ich aber ein inneres Zaudern darüber verspüre, bete ich einfach in meinem Herzen (damit Satan nicht weiß, was ich bete) und bitte Gott, mir auf die eine oder andere Weise eine Bestätigung zukommen zu lassen. Dann lasse ich die Sache ruhen. Ich weiß, daß der HERR ein **sehr** gutes Gedächtnis hat. Für diese Sache braucht keine Zeit mehr vergeudet zu werden. Ich spreche auch mit Elaine nicht darüber, weil ich weiß, daß es am besten ist, den HERRN das Notwendige tun zu lassen. Manchmal kommt die Antwort schnell, manchmal dauert es mehrere Monate, manchmal kommt sie nie. Oft kommt es jedoch vor, daß Elaine plötzlich sagt: "Weißt du, der HERR hat mir das und das kürzlich auf's Herz gelegt." Meistens ist das dann genau die Bestätigung, auf die ich gewartet habe.

Die meiste Zeit spreche ich leise mit dem HERRN. Satan kann unsere Gedanken nicht lesen. Wenn du also deinen Geschäften nachgehst, deinen Haushalt erledigst, oder was auch immer, und dabei lautlos in Gedanken mit dem HERRN redest, kann Satan nicht wissen, was du denkst. Das einzige was Satan oder seine Dämonen tun können, ist, dir negative Gedanken einzugeben. Gedanken, die dich über deine Situation unzufrieden werden lassen oder die dich auf Leute in deiner Umgebung ärgerlich machen usw. Der Heilige Geist kennt jedoch alle deine Gedanken und kann dir so in dein laufendes Gedankenleben hinein Antwort geben.

Viele Leute stellen die Frage, ob sie sich still verhalten und warten sollen, bis der HERR zu ihnen spricht. Nein, denn der Heilige Geist ist so mächtig, Er kann sich über deine Gedanken hinwegsetzen. Bei mir tut Er es, und ich weiß es auch von anderen. Die Neigung, seinen Verstand von allen Gedanken frei zu machen und zu warten, bis der HERR spricht, ist sehr gefährlich. Denk daran, **wenn du deinen Verstand nicht kontrollierst, wird es Satan tun!** Entleere deinen Verstand **NIEMALS**. Ein entleerter Verstand ist ein offenes Einfallstor für Dämonen.

Es gibt jedoch Zeiten, wo wir verzweifelt darauf warten, vom HERRN zu hören, und Er scheinbar völlig aufgehört hat, zu uns zu reden. Das passiert mir häufig gerade dann, wenn ich mitten in einer Krise stecke. Ich habe den HERRN gesucht und Ihn gefragt, warum Er sich gerade in solchen Zeiten ruhig verhält. Es gibt zwei Hauptgründe dafür. Oft verhält sich der HERR ruhig, um uns herauszufordern, Ihn noch eifriger zu suchen. Die Psalmen sind dafür ein gutes Beispiel.

Voller Verzweiflung ruft David immer und immer wieder zum HERRN, aber er muß auf eine Antwort warten. Beredt schildert er diese Situation in folgendem Psalm:

> "Zu dir, HERR, rufe ich; mein Fels, wende dich nicht schweigend von mir ab, daß du nicht gegen mich verstummst und ich nicht denen gleich werde, die in die Grube hinabfahren!"   Psalm 28:1

Das ist nur eines von vielen, vielen Beispielen in den Psalmen. Der HERR möchte uns laufend in eine noch innigere Beziehung zu Ihm ziehen. Oft hält Er eine Antwort zurück, damit wir Ihn noch ernsthafter suchen.

Es gibt noch einen anderen Grund, warum ich den HERRN nicht höre, wenn ich mich in Not befinde. Vor kurzem befand ich mich in einer Situation, die mir viel Kummer bereitete. Ich suchte den HERRN ernsthaft, doch Er sprach erst wieder zu mir, nachdem das Problem gelöst worden war. Ich hatte nicht gegen Ihn rebelliert, mein Gebet war vielmehr gewesen: "Vater, Dein Wille geschehe, wie immer er auch aussieht." Später erklärte mir der HERR, daß meine Gefühle zu intensiv gewesen wären, um Ihn zu hören. Ich fragte: "Was kann ich tun, damit mir das nicht noch einmal passiert?" Seine Antwort war: "Du kannst gar nichts dagegen tun, du kannst deine Gefühle nicht beherrschen. Ich möchte nur, daß du Mich darum bittest, dann werde Ich es für dich tun." Was für eine einfache Antwort! Vielleicht spielt einer dieser beiden Gründe eine Rolle dabei, wenn du in einer gefühlsgeladenen Situation bist und es dir unmöglich erscheint, den HERRN zu hören.

Je mehr du mit dem HERRN sprichst, um so mehr wird Er natürlich auch zu dir sprechen. Es ist wie in den meisten anderen Beziehungen auch, der HERR hat es gern, wenn du mit Ihm sprichst! Vor einigen Jahren fragte ich den HERRN einmal, was so ein unbedeutender Wurm, wie ich, tun könnte, um Seinem Herzen wenigstens eine kleine Freude zu bereiten. Ich sagte: "Vater, du trägst so schreckliche Lasten. Du mußt Dich um die ganze Welt mit all ihren Sorgen kümmern. Gibt es da irgend etwas, womit ich Dir eine Freude machen und Deinem Herzen dienen kann?"

Seine Antwort lautete: "Ja, sprich mit Mir, Mein Kind. Sprich mit Mir. Die meisten Menschen bitten Mich nur um etwas. Sie wollen nicht mit Mir reden und Mich Anteil nehmen lassen an ihrem Alltagsleben." Das ist es, was Gott möchte, Gott sehnt sich danach, mit uns Gemeinschaft zu haben!

Wenn du deinen Alltagsbeschäftigungen nachgehst, denkst du normalerweise ständig vor dich hin. Fang statt dessen an, an Gott zu denken und mit Ihm zu reden. Der HERR ist an den kleinsten Kleinigkeiten unseres Lebens und an allem, was wir tun, interessiert. Ist das nicht wunderbar! Ihm wird niemals langweilig bei alledem, was wir tun. Es ist nie so, daß das, was wir tun, zu unbedeutend wäre, als daß Er es nicht beachten würde. Das ist sogar noch wunderbarer! Den HERRN interessiert alles, was eine Hausfrau näht. Er ist daran interessiert, daß sie einen Saum gerade hinbringt, und wenn sie Schwierigkeiten dabei hat, möchte Er ihr helfen, daß er gerade wird. Gott langweilt sich nie, und nichts ist Ihm zu gering, als daß Er ihm nicht Seine ungeteilte Aufmerksamkeit widmen würde!

Die ganze Natur und die Schöpfung lehrt uns, daß der HERR am Detail interessiert ist. Wenn du nur die unglaublich feinen Details eines Grashalms betrachtest, kannst du erkennen, daß der HERR Kleinigkeiten wichtig nimmt. Er ist nicht wie die meisten Menschen, die überdrüssig und ungeduldig werden, wenn sie sich mit vielen Kleinigkeiten abgeben müssen. Wenn du deine tägliche Hausarbeit machst, langweilt Ihn das nicht. Das erstaunt mich immer wieder. Einmal fragte ich Jesus: "War es dir nicht langweilig, als du hier auf der Erde warst? Da warst du nun, der Gott des Universums, eingespannt in einer Zimmerei, mußtest Dinge mit der Hand anfertigen, obwohl Du doch nur ein Wort hättest sprechen können, und es wäre sofort aus dem Nichts geschaffen worden." Er antwortete: "Warum hätte Ich Mich langweilen sollen? Ich habe Mich nie gelangweilt, wenn Ich etwas erschaffen habe. In der Tat, Ich habe mich noch nie gelangweilt."

Wir sind nicht fähig, den kreativen Aspekt in unserem Alltagsleben zu sehen. Hausfrauen tun sich da vor allem schwer. Bei der Hausarbeit bist du aber kreativ tätig. Du schaffst ein Heim und eine Atmosphäre, wo du Diener für **den König** erziehen und deinen Mann auferbauen kannst, damit er ein besserer Diener für **den König** wird. Das ist dem HERRN wichtig. Egal wie unwichtig unsere Aufgaben auch erscheinen mögen, sie können doch so getan werden, daß unser König dadurch geehrt wird.

Noch ein weiterer Bereich wird von Gottes Volk oft übersehen. Aufgrund einer körperlichen Erkrankung, unter der ich erst seit kurzem leide, funktioniert mein Gehirn nicht wie sonst. Es fällt mir schwer, etwas im Gedächtnis zu behalten. Ich bin fast immer in Eile, bin fast immer müde und habe immer mehr Arbeit, als ich bewältigen kann. Deshalb habe ich es gelernt, mich mehr und mehr auf den Heiligen Geist zu verlassen. Wenn ich während des Tages Dinge sehe, die ich mir merken muß, bitte ich einfach den Heiligen Geist, daß Er sie mir wieder ins Gedächtnis ruft, sobald ich sie brauche. Er ist so gnädig und tut es immer. Wenn ich jetzt etwas vergesse, ist es meine eigene Schuld, weil ich den HERRN nicht gebeten habe, mich daran zu erinnern.

Haben wir nicht einen erstaunlichen HERRN? Weißt du, es gibt kein anderes "Wesen" im ganzen Universum, das sich so völlig für jede Einzelheit in deinem Leben interessiert. Kein anderer Mensch interessiert sich für die Einzelheiten in deinem Leben, jeder interessiert sich am allermeisten für die Dinge seines eigenen Lebens und ganz gewiß nicht für die deinen. Aber der HERR tut es! Satans Interesse an unserem Leben ist ganz anderer Art. Er sieht nur darauf, wie er uns zerstören und verletzen kann.

Jeder hat ein Gedankenleben. Du denkst jeden Moment, wenn du wach bist. Statt für dich selbst zu denken, fange an, an den HERRN zu denken. Gewöhne dir an, alles mit Ihm zu besprechen. Wenn du tagsüber mit dem HERRN sprichst, kommen dir Gedanken in den Sinn, die eine Beziehung zum HERRN aufbauen. Es sind Gedanken, die eine größere Liebe für Ihn entfachen und eine tiefere Hingabe an Ihn bewirken und die dadurch in dir ein stärkeres Verlangen erwecken, Sein Wort zu lesen und Seinen Willen zu tun. - Diese Gedanken kommen nicht von dir. Dein "Fleisch" gibt dir solche Gedanken **nicht** ein. Ebenso wenig tun das die Dämonen. Nur der Heilige Geist wird dir solche Gedanken eingeben.

> "... weil die Gesinnung des Fleisches Feindschaft gegen Gott ist, denn sie ist dem Gesetz Gottes nicht untertan, sie kann das auch nicht. Die aber, die im Fleisch sind, können Gott nicht gefallen. Ihr aber seid nicht im Fleisch, sondern im Geist, wenn wirklich Gottes Geist in euch wohnt. ... Wenn aber der Geist dessen, der Jesus aus den Toten auferweckt hat, in euch wohnt, so wird er, der Christus Jesus aus den Toten auferweckt hat, auch eure sterblichen Leiber lebendig machen wegen seines in euch wohnenden Geistes."
>
> Römer 8:7-11

Wenn der HERR in den kleinsten Dingen zu dir spricht, wirst du immer näher zu Ihm hingezogen werden. Jesus sagte:

> "Wenn ihr mich liebt, so werdet ihr meine Gebote halten."
>
> Johannes 14:15

Und wiederum sagte er:

> "[Der Heilige Geist] wird mich verherrlichen, denn von dem Meinen wird er nehmen und euch verkündigen." Johannes 16:14

Weder Satans Reich noch dein natürlicher Mensch wird eines dieser Dinge tun. Das gibt uns die Gewißheit, daß diese Art von Kommunikation wirklich vom HERRN kommt, denn sie bewirkt, daß wir Ihn mehr und mehr lieben.

Laßt uns den HERRN mit unserem ganzen Herzen suchen. Er ist unser Fels, doch wenn wir Ihn nicht kennen und nicht fähig sind, Seine Stimme zu hören, die uns Wegweisung gibt, werden wir inmitten von all diesem schrecklichen Übel in der Welt nicht stehenbleiben können.

Kapitel 8

Das Gebet

Viele Leute haben mir geschrieben und mir Fragen zum Thema Gebet gestellt. Ich bin kein Experte, und viele gute Bücher sind schon über das Gebet geschrieben worden. Deswegen will ich einfach nur einige persönliche Erfahrungen mit dir teilen, die ich gemacht habe. Ich weiß, daß viele von Gott in einen speziellen Dienst der Fürbitte gerufen sind. Bitte verstehe, daß dies nicht meine persönliche Berufung ist. Außerdem sei hinzugefügt, daß Gott jede Person ganz individuell behandelt. Du wirst deine eigenen Methoden des Gebets finden. Es gibt keine Regeln, wie man beten soll, außer daß, wir unsere Bitten unserem himmlischen Vater im Namen Seines Sohnes Jesus Christus bringen sollen. Es ist uns befohlen zu beten. Wenn wir nicht beten, sündigen wir. Mit diesen Gedanken im Hintergrund will ich Dir einige Dinge mitteilen.

Mein Gebetsleben ergibt sich ganz natürlich aus der Beziehung, die ich jeden Augenblick zum HERRN habe. Sowohl in dem Buch *Er kam, um die Gefangenen zu befreien* als auch in diesem habe ich versucht, meine wachsende Beziehung zum HERRN zu beschreiben.

Im ersten Jahr meines Medizinstudiums lieferte ich mein Leben total an Jesus Christus aus und machte Ihn zu meinem HERRN und Heiland. Die nächsten drei Jahre meines Studiums lehrte mich der HERR, Ihn direkt durch meinen Geist zu mir reden zu hören. Dadurch führte Er mich in eine engere Beziehung zu Ihm. In dem gleichen Maß, wie meine Beziehung zum Herrn wuchs, wuchs auch mein Gebetsleben. Ich machte es mir zur Gewohnheit, den ganzen Tag über zum HERRN zu sprechen. Wie ich im vorigen Kapitel 7 erwähnte, hat jeder ein ununterbrochenes "Gedankenleben", und ich entschied mich, mein Gedankenleben in eine ständige Unterhaltung mit dem HERRN zu verwandeln. Weil ich Mensch bin, bin ich natürlich nicht immer völlig beständig. Aber ich bin aufgewühlt, wenn ich den HERRN nicht mehrere Male am Tag zu mir reden höre.

"Mit allem Gebet und Flehen betet zu jeder Zeit im Geist, und wachet hierzu mit allem Anhalten und Flehen für alle Heiligen."

Epheser 6:18

"Betet unablässig!"   1. Thessalonicher 5:17

Ich glaube, diese Art von Gebet (sich mit dem HERRN in Gedanken den ganzen Tag über zu unterhalten) ist eine Möglichkeit, wie wir diese biblischen Befehle erfüllen können.

Meine regelmäßigen Gebetszeiten sind am frühen Morgen vor Beginn der täglichen Arbeit und häufig in der Nacht. Oft weckt mich der HERR in der Nacht, und ich stehe dann auf und verbringe ein oder zwei Stunden im Gebet. Dies sind besonders wertvolle Zeiten für mich.

Diese regelmäßigen Gebetszeiten verbringe ich oft auf den Knien oder dem Gesicht vor dem HERRN. Aber oftmals bete ich einfach zum HERRN, während ich draußen sitze und einen Sonnenauf- oder -untergang betrachte. Ich versuche damit die Tatsache herauszustellen, daß wir einen Gott haben, der eine großartige Vielfalt und Flexibilität besitzt. Wir können auf viele verschiedene Arten, in den verschiedensten Körperhaltungen und Situationen beten.

Während meiner regelmäßigen Gebetszeiten habe ich es gelernt, einfach das zu tun, was die Schrift sagt:

> "Laßt uns nun mit Freimütigkeit hinzutreten zum Thron der Gnade, damit wir Barmherzigkeit empfangen und Gnade finden zur rechtzeitigen Hilfe."   Hebräer 4:16

Ich mache selten ein "geistliches Erlebnis", wenn ich, wie es dort heißt, vor dem Thron Gottes stehe. Ich stelle mich einfach im Glauben darauf, daß das der Ort ist, wo mein Geist ist. Die Schrift sagt, daß es so ist, und das reicht mir aus. Interessanterweise spricht der HERR während meiner regelmäßigen Gebetszeiten selten zu mir. Das tut Er meistens verschiedene Male den ganzen Tag über, während ich meiner Arbeit nachgehe. Ich bete niemals und zu keiner Zeit irgendwelche vorgefertigten Gebete. Ich spreche einfach nur so zum HERRN, wie ich zu irgend jemand anderem auch sprechen würde, nur natürlich mit viel mehr Respekt. Eine Reihe von Leuten haben mich gefragt, warum ich den HERRN oftmals als "Vater" anrede. Das liegt daran, daß ich meistens ununterbrochen zu Ihm rede und es sehr umständlich finde, die ganze Zeit "Der Vater" oder "Himmlischer Vater" zu sagen. Ich glaube nicht, respektlos zu sein, wenn ich einfach "Vater" sage. Ich spreche auch sonst kein anderes Wesen im Himmel oder auf Erden mit diesem Namen an. Das geschieht auch aus Gehorsam zu Matthäus 23:9, wo Jesus sagt:

"Ihr sollt auch nicht jemanden auf der Erde euren Vater nennen; denn einer ist euer Vater, nämlich der im Himmel."

Matthäus 23:9

Oft fragen mich Leute, wie ich für unseren Schutz, unsere Nahrung, unser Geld usw. bete. Meine Antwort lautet: "Ich bete nicht dafür!" Ich habe bezüglich dieser Dinge schon mit Gott einen Bund geschlossen und sehe keine Notwendigkeit, Seine und meine Zeit damit zu verschwenden, für etwas zu beten, das schon durch einen Bund abgedeckt ist. Es ist meine Aufgabe, im Gehorsam Ihm gegenüber zu wandeln, und es ist Seine Aufgabe, für mich zu sorgen und mich zu leiten.

Außerdem bete ich häufig für ein bestimmtes Anliegen nur einmal. Der HERR hat ein ausgezeichnetes Gedächtnis. Wenn Er mir eine bestimmte Last auferlegt, täglich für eine Sache zu beten, mache ich es auch. Ansonsten bringe ich ein Anliegen nur einmal vor Ihn und belasse es dabei. Es ist Seine Aufgabe, es zu Seiner Zeit und auf Seine Weise auszuführen. Ich habe noch nie erlebt, daß Betteln oder sich für eine Sache einsetzen oder abquälen irgend etwas bewirkt, außer daß es mich aus dem Willen Gottes herausbringt und meine Gemeinschaft mit Ihm stört.

Satan steht vor dem Thron Gottes, klagt uns an und ersucht Gott meist ununterbrochen um das Leben von Menschen. Ich habe gelernt, den HERRN zu bitten, mich zu warnen, wenn die Person oder die Sache, um die Satan Ihn ersucht, im Verantwortungsbereich meines Werkes oder Dienstes steht. Der HERR ist treu und tut es auch. Sobald ich gewarnt bin, trete ich einfach vor den Vater hin und bitte gegen das Gesuch Satans. Leider kann Satan so viel anrichten, weil Gottes Volk sich nicht bemüht, seinen Anklagen entgegenzutreten.

Manchmal verbringe ich eine ganze Nacht auf meinen Knien und ringe mit dem HERRN um einen Segen, so wie es auch Jakob getan hat. (Ich habe im 3. Kapitel die Erfahrung beschrieben, durch die ich dieses Prinzip lernte.) Diese Zeiten verbringe ich mit dem Lesen der Heiligen Schrift, indem ich über die Dinge Gottes nachdenke und mit dem HERRN spreche. Ich weiß nicht, wie ich dir beschreiben kann, was ich so alles sage, ich rede eben einfach mit dem HERRN und höre Ihm zu.

Oftmals fühle ich eine schwere Last für eine bestimmte Person oder Situation, aber ich weiß nicht genau, wie ich richtig dafür beten soll. Gerade in solchen Zeiten bin ich so dankbar für das beständige Eintreten des Heiligen Geistes, als unseren Fürbitter. Ich bitte den Heiligen Geist einfach, sich für mich zu verwenden und zu beten, wie es für die Situation am besten ist.

> "Ebenso aber nimmt auch der Geist sich unserer Schwachheit an; denn wir wissen nicht, was wir bitten sollen, wie es sich gebührt, aber der Geist selbst verwendet sich für uns in unaussprechlichen Seufzern. Der aber die Herzen erforscht, weiß, was der Sinn des Geistes ist, denn er verwendet sich für Heilige Gott gemäß."
>
> Römer 8:26.27

Das bringt uns an einen wichtigen Punkt. Wir müssen immer danach trachten, dem Gebet des HERRN zu folgen: "Vater ... Dein Wille geschehe, wie im Himmel so auch auf Erden." (Matthäus 6:10) So oft stellen wir unerbittliche Forderungen an den HERRN, eine bestimmte Situation auf eine bestimmte Weise zu lösen, obwohl unser Weg doch der falsche ist. Was uns oftmals als gut erscheint, muß in den Augen des HERRN noch lange nicht gut sein. Ich bin sicher, der HERR erfüllt den Leuten oftmals ihre Bitten, weil sie Ihn ständig bitten und betteln, auch wenn die Sache, die sie erbitten, in Seinen Augen nicht wirklich das Beste für sie ist. Die Folge davon ist, daß sie am Ende Schaden erleiden. Dies trifft besonders in Krankheits- und Todesfällen zu. Wie oft bitten und betteln manche Leute zum Beispiel den HERRN für das Leben eines kranken Kindes, obwohl der HERR es heimholen will, um es vor schwererem Leiden in der Zukunft zu bewahren? Wie oft will der HERR einen Seiner Diener heimholen, um ihn davor zu bewahren, in der Zukunft von Ihm abzufallen? Wir dürfen nicht immer annehmen, daß die Fortsetzung unseres Lebens das Beste für uns ist. Wir müssen darauf bedacht sein, immer zu sagen: "Vater, Dein Wille geschehe!" Dafür ist die Geschichte des Königs Hiskia ein Beispiel, und zwar eines, bei dem wir gut daran tun, es nüchtern und unter Gebet zu studieren. Hiskia hatte dem HERRN während seines Lebens treu gedient. Dann wurde er eines Tages krank.

> "In jenen Tagen wurde Hiskia todkrank. Und der Prophet Jesaja, der Sohn des Amoz, kam zu ihm und sagte zu ihm: So spricht der Herr: Bestelle dein Haus! Denn du wirst sterben und nicht am Leben bleiben. Da wandte er sein Gesicht zur Wand und betete zu dem Herrn. Und er sprach: Ach, Herr! Denke doch daran, daß ich vor Deinem Angesicht in Treue und mit ungeteiltem Herzen gelebt und daß ich getan habe, was gut ist in Deinen Augen! Und Hiskia weinte sehr."   2. Könige 20:1-3

Der Herr hörte Hiskias Gebet und sah seine vielen Tränen. Deswegen sandte er den Propheten zu ihm zurück mit der Nachricht:

> "Ich habe dein Gebet gehört, ich habe deine Tränen gesehen. Siehe, ich will dich heilen ... Und ich will zu deinen Tagen fünfzehn Jahre hinzufügen ..." 2. Könige 20:5.6

Unsere erste Reaktion auf diese Antwort wird wahrscheinlich so sein: "Was für ein wunderbares Beispiel der Gnade Gottes und der Gebetserhörung eines gerechten Mannes!" **Aber** war Hiskias Bitte wirklich auch gut in Gottes Augen? Ich glaube, die nächsten fünfzehn Jahre seines Lebens zeigten, daß sie es nicht war.

Zwei einschneidende Dinge geschahen. Zum einem wurde Hiskia stolz und hieß Besucher vom König aus Babylon willkommen, denen er alle seine Schätze zeigte.

> "Es gab nichts in seinem Haus und in seiner ganzen Herrschaft, das Hiskia ihnen nicht gezeigt hätte. Da kam der Prophet Jesaja zum König Hiskia und sprach zu ihm: Was haben diese Männer gesagt, und woher sind sie zu dir gekommen? Da sagte Hiskia: Aus einem fernen Land sind sie gekommen, aus Babel. Er sprach: Was haben sie in deinem Haus gesehen? Und Hiskia sagte: Sie haben alles gesehen, was in meinem Haus ist. Es gibt nichts in meinen Schatzkammern, das ich ihnen nicht gezeigt hätte. Da sprach Jesaja zu Hiskia: Höre das Wort des Herrn! Siehe, Tage kommen, da wird alles, was in deinem Haus ist und was deine Väter bis zum heutigen Tag angehäuft haben, nach Babel weggebracht werden. Nichts wird übrigbleiben, spricht der Herr. Und von deinen Söhnen, die von dir abstammen, die du zeugen wirst, wird man einige nehmen; und sie werden im Palast des Königs von Babel Hofbeamte sein." 2. Könige 20:13-18

Aber das war nicht alles, was sich während dieser fünfzehn Jahre ereignete. Hiskia hatte auch noch einen Sohn namens Manasse. Hier steht, was Manasse nach dem Tod seines Vaters tat:

> "... und Manasse verführte sie, mehr Böses zu tun als die Nationen, die der Herr vor den Söhnen Israel ausgerottet hatte ... Manasse vergoß auch sehr viel unschuldiges Blut, bis er Jerusalem damit anfüllte von einem Ende bis zum andern ..." 2. Könige 21:9.16

Als Folge von Manasses Tun brachte der HERR Gericht über Israel:

> "Da redete der Herr durch seine Knechte, die Propheten, und sprach: Weil Manasse, der König von Juda, diese Greuel verübt

und Schlimmes getan hat - mehr als alles, was die Amoriter getan haben, die vor ihm gewesen sind - und auch Juda durch seine Götzen zur Sünde verführt hat, darum, so spricht der Herr, der Gott Israels, siehe, will ich Unheil über Jerusalem und Juda bringen, daß jedem, der es hört, die beiden Ohren gellen sollen."

2. Könige 21:10-12

Die letzten fünfzehn Jahre von Hiskias Leben sind in dem 2. Buch der Chronik zusammengefaßt:

"Aber Hiskia vergalt nicht die Wohltat, die an ihm erwiesen worden war, denn sein Herz wurde hochmütig. Und es kam ein Zorn Gottes über ihn und über Juda und Jerusalem."

2. Chronik 32:25

Ist es möglich, daß der HERR Hiskia deshalb früher heimholen wollte, weil Er in die Zukunft sehen konnte und all das Schlechte sah, das geschehen würde, wenn Hiskia weiterleben würde? Wir sollten vorsichtig mit unseren **Anmaßungen** sein, immer meinen zu wissen, was "das Beste" für uns ist. Außerdem sollten wir auch den HERRN nicht voreilig um die Erfüllung unserer Wünsche bitten. Wir müssen es lernen, immer den HERRN zu suchen, um **Seine** erste Wahl für uns herauszufinden. Dann ist es unsere Aufgabe, uns unter Seine mächtige Hand zu beugen und Seinen Willen bereitwillig für uns zu akzeptieren.

Ich bitte den HERRN häufig im Gebet, in die Zukunft vorausschauen zu dürfen, ob ich etwa zu einem späteren Zeitpunkt fallen und Seinem Namen Schande bringen würde. Es ist meine ernsthafte Bitte, daß Er mich dann tötet und zu Sich heimholt, um so etwas zu verhindern.

Ich bin immer wieder sehr erstaunt, wie **anmaßend** Gottes Volk doch ist. Es maßt sich an zu wissen, was das Beste ist und was es vom HERRN in jeder Situation bitten, ja sogar fordern soll.

Diese Lektion lernte ich schon recht früh in meinem Wandel mit dem HERRN. Ich hatte Umgang mit einem christlichen Pastor, dessen Frau schon jahrelang durch eine Krankheit ans Bett gefesselt war. Ich betete jeden Tag ernsthaft, der HERR möge seine Frau doch aufrichten und heilen. Schließlich sprach der Heilige Geist eines Tages sehr deutlich zu mir und sagte sehr bestimmt, "Frau, du weißt nicht, worum du bittest, und du bittest auch nicht in Weisheit. Wenn ich die Frau dieses Mannes heilen würde, würde sie aufstehen und seinen Dienst zerstören! Hör'auf, um ihre Heilung zu bitten." Seitdem bete ich bei allem, daß ich in jeder Situation **Seinem** Willen gemäß bete.

Ich gebrauche mein Zuhause als Zentrum, von dem aus ich diene. Seit den vergangenen sieben Jahren hatte ich einen nie abreißenden Strom von Leuten, die mit mir zu Hause lebten. Wenn ich mit jemandem im Haus Schwierigkeiten durch Rebellion oder sonstige Probleme hatte, machte ich die Erfahrung, daß das Wirkungsvollste, mit der Situation fertig zu werden, war, auf mein Angesicht vor den HERRN zu fallen und Ihn zu bitten, mit **mir** fertig zu werden. Fast immer zeigte mir der Heilige Geist einen Bereich in meinem Leben, der Ihm nicht völlig gefiel. Wenn ich diesen Bereich dann ausräumte, stellte ich fest, daß der HERR frei war, das Problem im Leben der anderen Person anzupacken, ohne daß ich mit ihr überhaupt reden mußte.

Wenn jemand in aktiver, offener Sünde lebt, bin ich als Haupt des Hauses verantwortlich, ihn zur Rede zu stellen und die Situation aufzugreifen. Doch was die "Angelegenheiten des Herzens" betreffen, wie ich sie einmal bezeichnen möchte, wie Rebellion, Zorn usw., hat mich der HERR gelehrt, daß es viel besser ist, den Heiligen Geist um Sein Wirken an der Person zu bitten, als selbst mit ihr zu reden.

Seht ihr, Zorn und viele andere Gefühlsausbrüche sind meistens defensive Verhaltensmuster, die von der Person unbewußt angewendet werden, weil sie sich so schrecklich unsicher fühlt. Der Heilige Geist ist der einzige, den ich kenne, der in der Lage ist, uns in solchen Situationen von unserer verkehrten Herzenshaltung zu überführen, ohne uns zu zerschlagen! Ich glaube, daß das die folgende Bibelstelle aussagen will:

> "Vor allen Dingen aber habt untereinander eine anhaltende Liebe,
> denn die Liebe bedeckt eine Menge von Sünden." 1. Petrus 4:8

Wenn wir eine Person wirklich lieb haben und sie tut vieles, was uns stört, dann werden wir vor dem HERRN auf unser Angesicht fallen und Gott bitten, an **uns** zu arbeiten, damit wir die Bedingungen der Liebe erfüllen können.

> "Die Liebe ist geduldig, sie ist gütig ... sie läßt sich nicht aufstacheln ..." 1. Korinther 13:4-5 (Konkordantes Neues Testament)

Während wir dann demütig im Gebet vor dem HERRN bleiben, wird Er die Freiheit haben, durch uns zu fließen, um im Leben von anderen zu wirken. Das hat mir der HERR vor einigen Jahren gezeigt.

Christen legen oft so viel Wert darauf, immer "das Richtige zu sagen oder zu beten". Eines Tages lernte ich, wie wichtig es ist, einfach in ständigem Gehorsam und in der Gemeinschaft mit dem HERRN zu **bleiben**, denn es kann auch mal nötig sein, den Mund zu halten und den Heiligen Geist die Arbeit erledigen zu lassen.

Vor mehreren Jahren hatte ich einige Zeit damit zugebracht, einem Paar – ich werde sie Cindy und Don (die Namen wurden geändert) nennen – das Evangelium zu erzählen. Sie lebten zusammen, waren jedoch nicht verheiratet. Don hatte Probleme mit Alkohol. Jedesmal, wenn Don anfing zu trinken, geriet er in einen unbändigen Zorn, der oft mit einem Selbstmordversuch endete. Nichts von dem, was ich ihm sagte, schien zu ihm durchzudringen, so daß ihm klar geworden wäre, daß er einen Erlöser und Befreiung bräuchte. Mehr als einmal fastete und betete ich für Cindy und auch für Don.

Eines Abends rief mich Cindy völlig aufgeregt an. Sie erzählte mir, daß Don getrunken hätte und sein Zorn ihn wieder zum Selbstmord zu treiben schien. Sie wollte ihn zu uns nach Hause bringen - ich stimmte zu.

Es war einer der seltenen Abende, an denen ich frei hatte. Elaine und ich saßen einfach zusammen, erfreuten uns an Lobpreismusik und machten Handarbeiten. Nach wenigen Minuten kamen Cindy und Don. Don begann augenblicklich zu schreien und den Gang sehr erregt auf und ab zu gehen. Der HERR trug mir auf, einfach still zu sein und Ihn die Situation meistern zu lassen. Das tat ich dann auch. Nach ein paar Minuten kam Cindy zu mir und fragte, "Solltest du nicht beten oder mit Don sprechen?"

"Nein, ich habe den HERRN schon gefragt, was zu tun ist, und Er trug mir auf, einfach still zu sein und Ihn die Situation meistern zu lassen. So komm und setz dich zu mir und laß uns die Musik anhören."

Don ging mehr als eine Stunde lang im Gang auf und ab. Dann setzte er sich auf einmal auf einen Stuhl und bat mich um eine Tasse Kaffee. Sofort stand ich auf, ging in die Küche und machte ihm eine. Dann saßen wir eine weitere Stunde schweigend beieinander. Schließlich hob Don seinen Kopf, sah uns recht verlegen an und sagte, "Ich weiß, daß ich gesündigt habe, und was ich wirklich brauche, ist der HERR. Seid ihr bereit, mit mir zu beten und mir zu helfen, den HERRN zu finden?"

Durch dieses Ereignis zeigte mir der Heilige Geist sehr eindrucksvoll, wie wichtig es ist, einfach nur **gehorsam zu sein**, willige Gefäße, die in enger Verbindung zu Ihm stehen. Wenn wir das tun, dann ist Er frei, durch uns und über uns hinaus zu fließen. Wenn alles gesagt und getan ist, kann nur der Heilige Geist von Sünde überführen und die Notwendigkeit der Errettung durch Jesus Christus zeigen. **Allein** der Heilige Geist weiß, was sich in jedem Herzen abspielt und was in der einzelnen Situation zu tun ist. Seit dieser Zeit habe ich immer öfters das Vorrecht, mich einfach zurückzusetzen und es dem Heiligen Geist zu überlassen, sich um die Person oder Situation, in der ich mich befinde, zu kümmern.

Wenn wir in innigem Gebet und enger Gemeinschaft mit dem HERRN bleiben, werden wir die Gefäße **sein** durch die Er wirken kann, ohne daß wir je den Mund öffnen müssen. Ist das nicht wunderbar?!

KAPITEL 9

Dämonen in Christen

Wir wollen hier die Aussage, daß Christen Dämonen haben können, direkt ansprechen. Ich weiß, daß dies ein heiß debattiertes Thema ist. Ich selbst hielt es früher für unmöglich, daß Christen Dämonen haben können. Das änderte sich jedoch schnell, sobald Gott mich in diesen Dienst rief. Es veranlaßte mich dann, die Bibel wirklich genau zu durchforschen und den HERRN zu suchen, um Klarheit über dieses Thema zu erhalten.

Ich wünschte, der HERR hätte eine deutliche Aussage hierzu gemacht. Nirgends lesen wir konkret in der Bibel, daß ein Christ Dämonen haben **kann**, und nirgends lesen wir, daß ein Christ **keine** Dämonen haben kann. Laßt uns deshalb ein paar Schriftstellen betrachten, die uns über dieses Problem Auskunft geben können.

Eines der Hauptargumente, das dagegen verwendet wird, daß Christen Dämonen haben können, ist: "Was hat die Finsternis für eine Gemeinschaft mit dem Licht?" Laßt uns diese Bibelstelle aber einmal im Zusammenhang ansehen:

> "Geht nicht unter fremdartigem Joch mit Ungläubigen! Denn welche Verbindung haben Gerechtigkeit und Gesetzlosigkeit? Oder welche Gemeinschaft Licht mit Finsternis? Und welche Übereinstimmung Christus mit Belial? Oder welches Teil ein Gläubiger mit einem Ungläubigen? Und welchen Zusammenhang der Tempel Gottes mit Götzenbildern? Denn wir sind der Tempel des lebendigen Gottes; wie Gott gesagt hat: Ich will unter ihnen wohnen und wandeln, und ich werde ihr Gott sein, und sie werden mein Volk sein. Darum geht aus ihrer Mitte hinaus und sondert euch ab, spricht der HERR, und rührt Unreines nicht an, und ich werde euch annehmen und werde euch ein Vater sein, und ihr werdet mir Söhne und Töchter sein, spricht der HERR, der Allmächtige." 2. Korinther 6:14-18

Diese Stelle richtet sich an die Christen zu Korinth. Dort waren einige von ihnen bereits unter fremdartigem Joch. Paulus forderte sie auf, ihr Leben davon zu reinigen. Deshalb denke ich nicht, daß diese Schriftstelle als Beweis dafür angeführt werden kann, daß Christen keine Dämonen haben können. Ganz im Gegenteil.

Viele Christen zitieren auch Schriftstellen wie:

> "Wir wissen, daß jeder, der aus Gott geboren ist, nicht sündigt; sondern der aus Gott Geborene bewahrt ihn, und der Böse tastet ihn nicht an."   1. Johannes 5:18

Doch die Bibel ist ausgewogen und muß als Ganzes betrachtet werden. Diese Schriftstelle muß im Zusammenhang mit folgenden Schriftstellen gelesen werden:

> "Wenn wir sagen, daß wir keine Sünde haben, betrügen wir uns selbst, und die Wahrheit ist nicht in uns. Wenn wir unsere Sünden bekennen, ist er treu und gerecht, daß er uns die Sünden vergibt und uns reinigt von jeder Ungerechtigkeit."   1. Johannes 1:8-9

und

> "Meine Kinder, ich schreibe euch dies, damit ihr nicht sündigt; und wenn jemand sündigt - wir haben einen Beistand bei dem Vater: Jesus Christus, den Gerechten."   1. Johannes 2:1

Es sollte für einen wirklich wiedergeborenen Christen normal sein, nicht zu sündigen. Aber die schlimme Tatsache ist die, solange wir uns in diesem Körper befinden, werden wir mit unserer sündigen Natur zu kämpfen haben. Paulus drückt das einmal sehr deutlich aus, als er eine sehr bemerkenswerte Aussage an die Korinther machte:

> "sondern ich zerschlage meinen Leib und knechte ihn, damit ich nicht, nachdem ich anderen gepredigt, selbst verwerflich werde."
>   1. Korinther 9:27

Normalerweise sind Christen von einem Schutzwall umgeben, so daß die Dämonen nicht in sie hinein können (das war sogar bei Hiob der Fall), aber die Bibel deutet in 1. Johannes 5:18 an, daß **in dem Maße**, wie sich ein von Gott Geborener von Sünden fern hält, er vor dem Bösen bewahrt wird. Im Buch Prediger wird es kurz und bündig ausgedrückt:

> "Wer eine Grube gräbt, fällt hinein; und wer eine Mauer einreißt, den **wird** eine Schlange beißen."   Prediger 10:8 (Schlachter)

Diese Schriftstelle macht deutlich, daß ein Christ ein Loch in die schützende Mauer reißen **kann**. Er kann das durch **Sünde** tun, und wenn das der Fall ist, so "**wird** eine Schlange ihn beißen". In Lukas 10:19 bezeichnet Jesus Dämonen als "Schlangen und Skorpione". Unzucht ist mit Sicherheit so eine Sünde, die diese Mauer einreißt. Dämonen sind wie eine "Geschlechtskrankheit", die jedoch noch viel zerstörerischer ist, als sexueller Aussatz (Bezeichnung von Time Magazine, 28.7.80, Herpes simplex Virus Typus II) oder **AIDS**! Sie werden durch Geschlechtsverkehr von einer zur anderen Person weitergegeben. Daran liegt es auch, daß der effektivste Weg, um Neumitglieder für den Satanismus anzuwerben, über sexuelle Begegnungen geht. Aus demselben Grund haben und hatten auch die Heidentempel heute und durch die ganze Geschichte hindurch Tempelprostituierte. Die Dämonen, die durch Geschlechtsverkehr mit einem Satanisten dann in eine arglose Person plaziert werden, beeinflussen diese Person so, daß sie zum Satanisten wird.

> "Flieht die Unzucht! Jede Sünde, die ein Mensch begehen mag, ist außerhalb des Leibes; wer aber Unzucht treibt, sündigt gegen den eigenen Leib. ... verherrlicht nun Gott mit eurem Leib (engl. und mit eurem Geist)"   1. Korinther 6:18-20

Ich bezeichne den Ausdruck "die Mauer einreißen ..." (Prediger 10:8) als *Einfallstor*. Ich habe dieses Thema im 10. Kapitel noch ausführlicher behandelt.

Mir entwich ein Lächeln als mir neulich jemand ganz fromm erzählte, "ein Christ kann keinen Dämon bekommen, weil er der Tempel des Heiligen Geistes ist, und die zwei können nicht gleichzeitig in demselben Haus wohnen". Salomo drückte es am treffendsten aus, wenn er schreibt:

> "Siehe, die Himmel und die Himmel der Himmel können dich nicht fassen; wieviel weniger dieses Haus, das ich gebaut habe!"
> 1. Könige 8:27

Gott, der Heilige Geist, ist **allgegenwärtig**. Ist das der Fall, wie kann es dann überhaupt Dämonen geben, wenn die zwei nicht gleichzeitig an einem Ort sein können?

> "Da wir nun diese Verheißung haben, Geliebte, so wollen wir uns reinigen von jeder Besudelung des Fleisches und des Geistes und die Heiligkeit vollenden in der Furcht Gottes."
> 2. Korinther 7:1 (Konkordantes Neues Testament)

Dies war an Christen gerichtet. Findet ihr eine bessere Bezeichnung für Dämonen als "Besudelung" (engl. mehr im Sinn von Schmutz, Dreck)? Jesus reinigt uns von unseren Sünden, damit wir Seine Miterben werden. Aber **wir** müssen die Macht und Autorität, die wir nun durch Jesus Christus haben, in Anspruch nehmen und "uns reinigen" von aller "Besudelung" oder von allen Dämonen. Sobald wir Christus annehmen, sind die Dämonen Übertreter und haben kein Recht in uns zu bleiben, **es sei denn**, wir geben ihnen durch Sünde oder durch Unwissenheit Anrechte dazu.

Dieser Abschnitt in 2. Korinther 7:1 ist auch deshalb wichtig, weil einige Leute, die im Befreiungsdienst tätig sind, behaupten, Dämonen könnten den menschlichen Geist nicht berühren, da er mit dem "Heiligen Geist versiegelt" ist. Ich finde keine Bibelstelle, die diesen Glauben stichhaltig belegt. Diese Schriftstelle zeigt uns, daß unser Geist in der Tat von Dämonen beeinflußt werden kann, ansonsten würden wir nicht aufgefordert werden, unseren Geist von jeder Besudelung zu reinigen.

Elaine hatte den Dämonen legales Anrecht gegeben, in sie hineinzukommen. So war es nun ihre Aufgabe, die Macht und Autorität, die ihr zur Verfügung stand, seit sie Jesus Christus zu ihrem HERRN und Meister gemacht hatte, zu gebrauchen und das Land wieder einzunehmen und die Dämonen hinauszuwerfen. Der HERR hat mich beauftragt, ihr dabei zu helfen.

Der HERR hat mir persönlich nie aufgetragen, einen Dämon aus jemandem auszutreiben, der nicht schon Christ war, denn das wäre für diese Person bestimmt keine Hilfe gewesen. Die Dämonen hätten nämlich dadurch freien Zugang, mit noch viel mehr Dämonen zurückzukehren, und der Person würde es dann wesentlich schlimmer ergehen als zu Beginn. Die einzigen Fälle, bei denen ich Dämonen aus Nichtchristen getrieben habe, waren Kleinkinder. Doch sie stellen eine Ausnahme dar, weil sie in Gottes Augen noch nicht das Alter erreicht haben, in dem sie zur Verantwortung gezogen werden können.

Ich weiß jedoch auch, daß Jesus Dämonen aus dem Gerasener ausgetrieben hat. Dieser Mann war ganz offensichtlich kein Christ. Er ist aber anschließend bestimmt einer geworden, was aus seinem Verlangen, Jesus nachzufolgen, deutlich hervorgeht. Ich bin sicher, es wird Zeiten geben, in denen der HERR einen Christen beauftragen kann, Dämonen aus einem Ungläubigen auszutreiben. Aber ich habe meine Zweifel, daß das die Regel ist. Ganz bestimmt ist es dann unbedingt notwendig, diese Person so schnell wie möglich zum HERRN zu führen, sonst wird sie schlimmer dran sein als zuvor.

Im vergangenen Jahr wurde ich mit einem sehr traurigen Fall konfrontiert, bei dem Dämonen aus einer jungen Frau ausgetrieben wurden, die keine Christin war. Unglücklicherweise nahmen sich die an dem Fall beteiligten Christen nicht die Zeit, herauszufinden, ob sie Christin war oder nicht und führten sie daher auch nicht sofort im Anschluß an die Befreiung zu Christus. Eine Tragödie war die Folge. Ich wünschte, sagen zu können, daß dies nur ein Einzelfall ist, doch dem ist nicht so. Hier ist, was sich ereignete:

Chris (der Name wurde geändert) war Mitglied in der römisch-katholischen Kirche. Sie bekam Kontakt zu einer katholisch-charismatischen Gruppe, in der sie an einem Bibelstudium teilnahm, das sich aber sehr bald als religiöser Kult entpuppte. Die Leiter dieser Gruppe praktizierten die verschiedensten Arten von Meditation und lehrten übersinnliche Fähigkeiten. Nachdem sie etwa ein Jahr mit dabei war, erkannte Chris, daß sie durch die Gruppe in den Okkultismus hineingeraten war. Daraufhin zog sie sich von ihnen zurück. Als sie sich an die Vorgesetzten der Kirche wandte, um sich über die Aktivitäten der Gruppe zu beschweren, begannen kurz danach ihre Schwierigkeiten.

Das ganze Jahr, bevor ich Chris kennenlernte, wurde sie täglich von Dämonen gequält. Häufig spürte sie, wie kochend heißes Wasser über die verschiedensten Teile ihres Körpers gegossen wurde, und manchmal zeigten sich auch tatsächlich körperliche Verbrennungen. Aufgrund unterschiedlichster Quälerei und Folter konnte sie nicht mehr schlafen und hatte zahlreiche unerklärliche Krankheiten und Unfälle. Sie floh sogar in eine andere Stadt, doch auch dort fand sie keine Erleichterung. Sie suchte Rat bei zahlreichen katholischen Priestern, aber keiner war in der Lage, ihr zu helfen. Durch meine Kassetten *Closet Witches* hörte sie schließlich von mir.

Ich sprach mehrmals mit ihr, weigerte mich jedoch, die Dämonen auszutreiben, weil sie keine Christin war und das Informationsmaterial, das ich ihr über die römisch-katholische Kirche vorlegte (ausführlicher beschrieben im 11. Kapitel) ablehnte. Ich wußte, sie würde nie frei von Dämonen bleiben, wenn sie nicht wirklich an

Jesus Christus gläubig werden und weiterhin noch mit dem römisch-katholischen System verbunden bleiben würde.

Nach sechs Monaten nahm Chris den Kontakt zu mir wieder auf. Zwei Wochen vor diesem letzten Treffen mit ihr besuchte sie in der Nähe einen Gottesdienst in einer protestantischen Kirche, in der Befreiungen vorgenommen wurden. Nach dem Gottesdienst ging sie nach vorne und bat um Befreiung. Ohne sich Zeit zu nehmen, um herauszufinden, welche Beziehung Chris zum HERRN hatte, befahlen diese Leute den Dämonen, einfach herauszukommen, was sie auch taten. Chris erzählte mir dann folgendes:

"Ich wußte genau, daß alle Dämonen gegangen waren, und ich spürte so eine schreckliche Leere in mir, die ich nicht richtig beschreiben kann. Die Qual dieser Leere war beinahe so groß wie die Qualen durch die Dämonen. Doch in jener Nacht schlief ich zum ersten Mal nach fast zwei Jahren ohne die üblichen Angriffe."

Bereits zwei Tage später besuchte sie, weil sie diese große Leere einfach nicht ertrug, die Messe und nahm die Kommunion in ihrer katholischen Kirche. Chris erzählte mir, was geschah:

"Als ich die Kommunion einnahm, wurde ich augenblicklich von einer Hitze und Kraft durchdrungen, darauf folgten schreckliche Schmerzen. Ich wußte, daß alle Dämonen wieder in mich zurückgekehrt waren und dazu noch viele mehr. Mir geht es nun viel schlechter als je zuvor!"

> "Oder wie kann jemand in das Haus des Starken eindringen und seinen Hausrat rauben, wenn er nicht zuvor den Starken bindet?"
> Matthäus 12:29

> "Wenn aber der unreine Geist von dem Menschen ausgefahren ist, so durchwandert er dürre Orte, sucht Ruhe und findet sie nicht. Dann spricht er: Ich will in mein Haus zurückkehren, von dem ich ausgegangen bin; und wenn er kommt, findet er es leer, gekehrt und geschmückt. Dann geht er hin und nimmt sieben andere Geister mit sich, schlimmer als er selbst, und sie gehen hinein und wohnen dort; und das Ende jenes Menschen wird schlimmer als der Anfang. So wird es auch diesem bösen Geschlecht ergehen."
> Matthäus 12:43-45

Nachdem du das 11. Kapitel gelesen hast, wirst du verstehen, warum die Dämonen das Recht gehabt hatten, wieder in sie hineinzukommen, nachdem Chris die Messe besucht und die Kommunion eingenommen hatte. Auch wohnte der Heilige Geist nicht in ihr, weil sie kein wirklicher Christ war. Somit hatte sie nicht nur **keinen** Starken (den Heiligen Geist), der die Dämonen abgewehrt hätte, sie hatte ihnen auch legales Anrecht gegeben, zurückzukommen, indem sie einen falschen Jesus (d.h. die Oblate oder Hostie) angebetet hatte. Wieviel schlimmer als am Anfang erging es ihr nun! Wie traurig, daß die Christen, die an ihrer Befreiung beteiligt waren, nicht Gottes Prinzipien befolgt hatten. Sie hätten Chris genau befragen müssen, welche Beziehung sie zum HERRN hätte und ob sie noch eine praktizierende Katholikin wäre; ansonsten würde sie nämlich all den Dämonen ein ganz legales Anrecht in ihrem Leben geben, wieder zurückzukehren.

Dies ist nur einer von vielen Fällen, die ich erlebt habe, bei denen eine totale Katastrophe die Folge war, weil Dämonen aus Nichtchristen ausgetrieben worden waren. Ich habe Chris aus den Augen verloren, sie war bei unserem letzten Kontakt selbstmordgefährdet. Ich bete oft für ihre Errettung.

Ich habe auch herausgefunden, daß man sich beim Austreiben von Dämonen in einer viel stärkeren Position befindet, wenn die betroffene Person Christ ist, weil die Dämonen dann unbefugte Eindringlinge auf "Heiligem Land" sind. Sie haben kein Recht in einem Christen zu bleiben, es sei denn, die Person lebt in bewußter Sünde.

> "Darum, damit ich mich nicht überhebe, **wurde mir ein Dorn für das Fleisch gegeben, ein Engel Satans**, daß er mich mit Fäusten schlage, damit ich mich nicht überhebe."
>
> 2. Korinther 12:7

Wer ist nun ein Bote (Engel) Satans, wenn nicht ein Dämon? Beachte, Paulus sagt ganz klar, daß der Dämon **in** seinem Fleisch oder Leib ist. Dies ist ein Beispiel für Gottes geduldeten Willen. Gott erlaubte dem Dämon, in seinem Leib zu bleiben und Paulus körperlich anzutasten, aus einem bestimmten Grund, nämlich ihn vor Stolz zu bewahren. Ich denke, daß noch mehr Christen so einen Dorn für das Fleisch nötig hätten, da ich festgestellt habe, daß **Stolz** die Hauptquelle ihres Protestes gegen die Möglichkeit ist, daß auch Christen Dämonen haben können.

KAPITEL 10

Einfallstore

"Wer eine Grube gräbt, fällt hinein, und wer eine Mauer einreißt, den wird eine Schlange beißen." Prediger 10:8 (Schlachter)

Normalerweise haben Christen eine schützende Mauer um sich herum, damit Dämonen nicht ohne weiteres in sie hineinkommen können. Auch Nichtchristen sind bis zu einem gewissen Grad geschützt, weil der HERR den Dämonen nicht erlaubt, ihren freien Willen zu verletzen. Deshalb muß sowohl bei Christen als auch bei Nichtchristen zuerst eine Öffnung in diese Schutzmauer gerissen werden, bevor Dämonen in eine Person hineinkommen und sie tatsächlich besessen machen können. Ich glaube, das ist mit dem Ausdruck "eine Mauer einreißen" in der oben aufgeführten Schriftstelle gemeint.

In der gesamten Bibel werden Dämonen als Schlangen und Skorpione bezeichnet. Jesus selbst sagt:

"Siehe, ich gebe euch die Macht, auf Schlangen und Skorpione zu treten, und über die ganze Kraft des Feindes ..." Lukas 10:19

Sünde bricht so ein Loch in die Schutzmauer und erlaubt dadurch häufig einem Dämon direkt in die Person, die die Sünde begeht, hineinzukommen. Ich nenne solche Löcher **Einfallstore**.

Die Bibel spricht eine sehr klare Sprache. **Jedes** Einlassen mit Satan öffnet ein Einfallstor im Leben dieser Person, das dann das Eindringen satanischer Mächte und/oder eine Verseuchung durch Dämonen zur Folge hat. Gott sagte zu den Israeliten:

"Ihr sollt euch nicht zu den Totengeistern und zu den Wahrsagern wenden; ihr sollt sie nicht aufsuchen, euch an ihnen unrein zu machen. Ich bin der HERR, euer Gott." 3. Mose 19:31

Obwohl die "Bruderschaft" und der harte Kern anderer satanischer Gruppen sehr mächtig sind und schnell wachsen, haben sie doch nur eine Handvoll Anhänger, verglichen mit der gewaltigen Anzahl von Menschen, die durch ein oberflächliches Einlassen mit dem Okkultismus oder durch andere Sünden gebunden sind. Dadurch haben sie ihr Leben der Macht Satans und/oder dem Einfluß der Dämonen geöffnet.

> "Mein Volk kommt um aus Mangel an Erkenntnis."   Hosea 4:6

Jeder muß sich über mögliche **Einfallstore** in seinem eigenen Leben bewußt werden. Es ist aber auch wichtig, generell über Einfallstore Bescheid zu wissen, um anderen das Evangelium Jesu Christi wirkungsvoll weitergeben zu können. Sehr viele Menschen können Christus nicht annehmen, wenn sie das Angebot dazu bekommen, weil ihr Wille und ihr Verstand buchstäblich von dunklen Mächten gebunden sind. Der Grund: Sie haben in der Vergangenheit oder Gegenwart Einfallstore in ihrem Leben geöffnet.

> "Wenn aber unser Evangelium doch verdeckt ist, so ist es nur bei denen verdeckt, die verlorengehen, den Ungläubigen, bei denen der Gott dieser Welt den Sinn verblendet hat, damit sie den Lichtglanz des Evangeliums von der Herrlichkeit des Christus, der Gottes Bild ist, nicht sehen."   2. Korinther 4:3-4

Das ist ein sehr wichtiges Prinzip, das es zu verstehen gilt, wenn wir für unseren Vater tätig sein wollen und das Evangelium von Jesus Christus anderen Menschen erzählen. Viele Menschen sind von innen oder außen derart durch dämonische Geister gebunden, daß sie keinen freien Willen mehr haben. Sie können sich nicht entschließen, Jesus als ihren Heiland anzunehmen; auf ähnliche Weise ist auch ihr Verstand gebunden, so daß sie die Botschaft des Evangeliums nicht verstehen können. Wie die oben angeführte Schriftstelle sagt, **"hat der Gott dieser Welt den Ungläubigen ihren Sinn verblendet"**. Dies ist ein so wichtiges Prinzip, daß ich hier zuerst ein paar Beispiele bringen will, ehe ich im einzelnen auf einige spezielle Einfallstore eingehe.

1. Freunde von mir, Mark und Cathy (ihre Namen wurden geändert), versuchten über mehrere Jahre hinweg einem befreundeten Ehepaar, mit dem sie auch geschäftlich zu tun hatten, das Evangelium weiterzugeben. Sie zeigten einfach kein Interesse, und sie schienen es auch überhaupt nicht zu begreifen, daß sie einen Erlöser brauchten. Das Paar hatte auch in der Ehe erhebliche Schwierigkeiten, da beide in außereheliche Beziehungen verwickelt waren.

Schließlich lasen Mark und Cathy mein erstes Buch *Er kam, um die Gefangenen zu befreien* und lasen darin, daß Dämonen den Verstand und den Willen binden können. Sie entschlossen sich zu dem Versuch, bei ihren Freunden die Dämonen zu binden. Als sie das nächste Mal mit diesem Paar zum Essen ausgingen, ergab sich eine Gelegenheit.

Während des Essens fing die Frau an, mit ihrem Mann zu streiten und machte ihm gegenüber immer bissigere Bemerkungen. Als die Nachspeise serviert wurde, hielt es Cathy schließlich nicht mehr aus. Sie entschuldigte sich und eilte zur Toilette. Als sie sich ein paar Schritte vom Tisch entfernt hatte, sagte sie leise, aber doch hörbar: "Ihr Dämonen, die ihr diesen Streit verursacht, ich binde euch jetzt im Namen Jesu Christi und befehle euch, ruhig zu sein!" Sofort fand eine bemerkenswerte Veränderung statt. Der Gesichtsausdruck der Frau wurde ganz anders, das Thema wurde abrupt gewechselt, und beide machten den ganzen restlichen Abend keine häßlichen Bemerkungen mehr gegeneinander.

Während des folgenden Monats banden Cathy und Mark wiederholt die Dämonen, jedesmal, wenn sie mit diesem Paar zusammen waren. Als Folge davon übergab die Frau innerhalb eines Monats ihr Leben Jesus Christus. Die Ehe hat sich seither radikal zum Positiven verändert, und die Frau betet nun intensiv für ihren Mann und wächst im HERRN. Bis zu dem Zeitpunkt als Mark und Cathy die Dämonen gebunden hatten, war es der Frau völlig unmöglich gewesen, zu erkennen, warum sie einen Erlöser brauchte. Außerdem war es ihr unmöglich, Jesus aus freiem Willen heraus anzunehmen.

2. Jane war 35 Jahre alt und Krankenschwester in meiner Heimatstadt. Es ist nun etliche Jahre her, als ich selbst noch Krankenschwester war und mit ihr zusammenarbeitete. Vor einiger Zeit traf ich sie wieder. Sie war erstaunt über die Veränderung, die sie an mir sah, und als Folge davon konnte ich ihr an einem Nachmittag erzählen, was der HERR in meinem Leben getan hatte. Sie antwortete mir:

"Weißt du, während der letzten fünf Jahre haben noch zwei andere Freunde von mir ihr Leben Jesus Christus übergeben und sich so radikal verändert. Früher waren sie unzufrieden und unglücklich, jetzt sind sie voller Freude und Frieden. Ich habe mir schon oft gedacht, daß ich diesen Schritt auch gerne tun würde, aber ich kann einfach nicht, so denke ich einfach nicht mehr darüber nach."

"Warum kannst du Jesus dein Leben nicht übergeben?" fragte ich.

"Ich kann die Vorteile wohl sehen, aber ich kann einfach nicht. Auch jetzt, wo wir darüber reden, spüre ich eine richtige Angst und Unruhe in mir. Laß uns lieber nicht mehr weiter darüber reden."

Vor kurzem noch hätte ich das Gespräch hier abgebrochen. Doch, Preis dem HERRN, dank Seiner Ausbildung erkannte ich die Symptome ohne Schwierigkeiten. Deshalb fuhr ich unbeirrt fort:

"Darf ich dir noch eine Frage stellen? Wenn du versuchst über Jesus nachzudenken, ist es dann etwa so, als ob du gegen eine unsichtbare Mauer rennst, und dann wird es so anstrengend, weiter darüber nachzudenken, daß du einfach aufgibst?"

"Ja, genau so ist es! Woher weißt du das?"

"Nun, weil ich in Gottes Schule gewesen bin. Erzähl mir doch, auf welche okkulten Machenschaften du dich eingelassen hast?" Sie reagierte erschrocken und überrascht.

"Woher weißt du das denn? Ich habe nicht viel gemacht, außer daß ich vor etwa acht Jahren aus Spaß bei einem Handlinienleser war. Seitdem war ich noch einige Male bei Handlinienlesern und Wahrsagern und habe mir kürzlich ein Horoskop erstellen lassen. Aber ich habe das alles nicht so ernst genommen."

"Nun, Jane, dieser "oberflächliche" Kontakt mit dem Okkultismus hat aber ausgereicht, um dich in eine dämonische Bindung zu bringen, so daß du Jesus nicht annehmen kannst. Aber ich habe eine wunderbare Botschaft für dich: Jesus kam, um die Gefangenen zu befreien, und weil ich Sein Eigentum bin, hat Er mir Autorität über Satan und seine Dämonen gegeben. Ihr Dämonen, die ihr Jane bindet und verblendet, ich binde euch jetzt im Namen Jesu, ihr dürft nicht länger in ihrem Leben wirken!"

Jane sah mich erstaunt an. Sie dachte wohl, ich hätte den Verstand verloren. Doch ich wechselte einfach das Thema und sprach etwa 10 Minuten über etwas anderes. Dann fragte ich sie:

"Jane, ich habe dich doch vorhin gefragt, ob du Jesus als deinen HERRN und Retter annehmen willst. Du weißt, daß du das eigentlich tun müßtest, möchtest du jetzt mit mir beten?"

Zuerst war sie überrascht, doch dann sagte sie erleichtert:

"Ja, ich möchte jetzt mit dir beten. Ich **kann** Jesus annehmen. Ich weiß gar nicht, warum ich diesen Schritt nicht schon früher getan habe."

Wir knieten beide nieder, und wieder wurde ein Gefangener aus Satans Reich der Finsternis befreit und betrat nun das Reich Gottes. Danach sprach ich mit ihr über die Einfallstore, die sie geöffnet hatte; sie betete und verschloß sie für immer vor Satan mit dem kostbaren Blut Jesu.

Vielleicht weißt du nicht immer ganz genau, welche Einfallstore im Leben einer Person geöffnet wurden. Wenn du aber das Evangelium weitergibst und du scheinst gegen eine unsichtbare Mauer zu prallen, dann vergiß nicht, die Dämonen zu binden. Es kann sein, daß dich der HERR so führt, die Dämonen in Gegenwart der Person, mit der du sprichst, zu binden, es kann aber auch notwendig sein, es aus einiger Entfernung zu tun, um nicht gehört zu werden. Toiletten wurden für den geistlichen Kampf erfunden. Du kannst sie immer als Entschuldigung gebrauchen, um aus jeder Situation herauszukommen und dann dort die Dämonen zu binden. Dämonen haben sehr gute Ohren. Du brauchst also nicht zu brüllen, um sie zu binden. Es kann sein, daß du nicht nur die Dämonen in einer Person, der du das Evangelium bringen willst, binden mußt, sondern, daß es auch notwendig wird, die Dämonen zu binden, die dir zusetzen wollen. Als Beispiel möchte ich ein Erlebnis aus meiner eigenen Erfahrung bringen.

Vor einigen Monaten flogen Elaine und ich an die Ostküste, um einer Einladung zum Predigen zu folgen. Wir waren sehr müde, und ich hatte mir vorgenommen, unterwegs viel zu schlafen. Als wir jedoch den zweiten Teil unserer Reise antraten, bekam ich einen Platz neben einer zierlichen Dame, die mir schon über 80 Jahre alt zu sein schien. Ich versuchte, eine Unterhaltung mit ihr zu beginnen, doch sie war sehr kurz angebunden und wollte offensichtlich mit niemandem reden.

Nach ungefähr einer Flugstunde sprach der HERR zu mir und forderte mich auf: "Erzähle der Dame neben dir das Evangelium." Es ist für mich keine Seltenheit, allen möglichen Leuten unter allen möglichen Umständen das Evangelium von Jesus Christus zu erzählen. Doch in dieser Situation spürte ich einen ganz massiven Widerstand. "HERR, wie soll das gehen? Sie will ja nicht einmal mit mir reden!" Ich erhielt keine Antwort auf meine Frage, und so lehnte ich mich zurück und versuchte zu schlafen.

Nach ungefähr fünf Minuten sprach der HERR wieder zu mir und gab mir die gleiche Anweisung. Ich durchstöberte meine Tasche nach einem Traktat, das mir vielleicht helfen könnte, ihre Aufmerksamkeit zu erregen. Ich mußte aber feststellen, daß ich mein letztes Traktat am Flugplatz hergegeben hatte, als wir in ein anderes Flugzeug umgestiegen waren. Während ich noch so dasaß und überlegte, was ich sonst tun könnte, sprach der HERR ein letztes Mal sehr ernst zu mir: "Wenn du dieser Frau das Evangelium nicht erzählst, geht sie in die Hölle und ihr Blut wird an deinen Händen sein!" Ich brauche nicht zu sagen, daß mich das aufgerüttelt hat.

Mir wurde klar, daß mein Widerwillen, dieser Frau das Evangelium mitzuteilen, von Dämonen verursacht wurde. Die Dämonen in ihr setzten mir zu und wollten mich daran hindern, mit ihr zu sprechen. Leise band ich sie im Namen Jesu.

Dann wandte ich mich an die Dame und sagte: "Darf ich sie etwas fragen?" Zu meiner Verwunderung wandte sie sich äußerst freundlich zu mir um und sagte: "Natürlich dürfen sie."

"Sagen sie, kennen sie Jesus Christus?"

"Nein, ich habe noch nie von Ihm gehört."

"Aber wie beten sie dann zu Gott?"

"Gar nicht. Ich habe noch nie darüber nachgedacht. Wer ist Gott eigentlich?"

Ich war bestürzt. Da war eine alte Dame mit 82 Jahren, wie sich dann herausstellte, bei der abzusehen war, daß sie bald sterben würde. Sie hatte die meiste Zeit ihres Lebens hier in den Vereinigten Staaten verbracht und noch nie etwas von Jesus gehört und noch nicht einmal daran gedacht, Gott anzubeten! Welch eine Tragödie wäre es gewesen, wenn ich dem HERRN nicht gehorsam gewesen wäre und ihr das Evangelium nicht verkündigt hätte. Die Dämonen waren offensichtlich der Meinung gewesen, sie erfolgreich für Zeit und Ewigkeit in ihren Klauen gefangenhalten zu können. Beinahe hätten sie Erfolg damit gehabt. Ich erklärte ihr das Evangelium und gab ihr eine kleine Bibel. Sie wollte nicht gleich mit mir beten, versprach aber, die Bibel zu lesen, um mehr über diesen Jesus, von dem ich ihr erzählt hatte, zu erfahren.

Seht ihr, wie leicht uns die Dämonen davon abhalten können, mit jemandem über das Evangelium zu sprechen? Wir müssen ständig mit der Möglichkeit rechnen, daß Dämonen sich einmischen und stören wollen. Wenn du dich das nächste Mal gedrängt fühlst, jemandem das Evangelium weiterzusagen, aber merkst, wie du zurückweichst, dann binde die Dämonen, die dich daran hindern wollen, dem HERRN zu gehorchen.

Indem wir diese Prinzipien im Auge behalten, wollen wir uns nun einigen konkreten Einfallstoren zuwenden.

Okkulte Einfallstore

Jeder Kontakt mit dem Okkultismus, egal wie oberflächlich und kurz er auch gewesen sein mag, ist ein Einfallstor. Ich denke etwa an solche Dinge wie Horoskope lesen, das Aufsuchen eines Wahrsagers, Teeblattlesers oder Handliniendeuters aus Neugier usw. Wieviele unserer Schul- und Kirchenfeste haben für Wohltätigkeitszwecke irgendeinen Wahrsager engagiert? **Keiner** davon ist harmlos! Unschuldigen, kleinen Kindern wird bei solchen Veranstaltungen erlaubt, "spaßeshalber" zu diesen Leuten zu gehen. Und wie viele dieser Kinder sind dann in ihrem späteren Leben unfähig, Jesus als ihren persönlichen Retter anzunehmen? Wenn sie vielleicht schon Christen sind, verlieren sie irgendwann zu einem späteren Zeitpunkt das Interesse am HERRN oder sind einfach unfähig, zu einer echten Tiefe im Glauben zu gelangen. Wir wären entsetzt, wenn wir die genaue Anzahl der Opfer wüßten, die allein von dieser Quelle herrühren. Ich persönlich habe mehr gesehen, als mir lieb ist. Auch hier kann die Bibel nicht klarer sein:

> "Es soll unter dir niemand gefunden werden, der seinen Sohn oder seine Tochter durchs Feuer gehen läßt, keiner, der Wahrsagerei treibt, kein Zauberer oder Beschwörer oder Magier oder Bannsprecher oder Totenbeschwörer oder Wahrsager oder der die Toten befragt. Denn ein Greuel für den HERRN ist jeder, der diese Dinge tut. Und um dieser Greuel willen treibt der HERR, dein Gott, sie vor dir aus." 5. Mose 18:10-12

Die einmalige Teilnahme an einer Séance aus Neugier reicht aus, dein restliches Leben negativ zu beeinflussen. Ebenso das Nachforschen in Büchern über okkulte Künste, das Spiel mit dem Ouijabrett, das Ausprobieren von ASW (außersinnliche Wahrnehmung), von außersinnlichen Erfahrungen, Astralprojektion und **jeder** Art von Magie. Ferner zählen dazu Gebete im Zusammenhang mit dem Gebrauch von Kerzen, die verschiedensten Zaubersprüche, freies Schweben, Telekinese (das Bewegen von Gegenständen ohne sie zu berühren) oder das Befragen eines Mediums oder Spiritisten, um einen verlorenen Gegenstand ausfindig zu machen.

Ich habe festgestellt, daß der okkulte Einfluß bei den Studentenverbindungen (weiblich und männlich) an den Hochschulen sehr groß ist. Die meisten Eide und Gelöbnisse, die bei der Aufnahme abgelegt werden, sind okkulte Rituale und öffnen die Studenten direkt für den Eintritt von Dämonen. Oftmals geloben sie dem Geist des verstorbenen Gründers der Organisation Loyalität und Treue. Dieser "Geist" ist natürlich ein Dämon. Besonders bei den weltlichen Studentenverbindungen sind Gelöbnisse und Gebete im Zusammenhang mit Kerzen und sogar einer Art Altar gebräuchlich. Darin ist die Ursache vieler Schwierigkeiten zu sehen, was aber oft nicht beachtet wird. Christen sollten an solchen Ritualen nicht teilnehmen und solchen Verbindungen nicht beitreten. Wenn sie es doch tun, kommen sie unter ein ungleiches Joch mit Ungläubigen.

Viele Christen geraten unwissentlich in magische Rituale. Es handelt sich dabei häufig um "weiße Magie"; ein Psalm oder eine bestimmte Schriftstelle wird unter Benutzung einer Mischung aus Öl und Salz vorgetragen. Denk dran, Salz wird in einer Vielzahl von okkulten Ritualen verwendet. Bei biblischen Handlungen wird Salz dagegen **nie** benutzt. Die Bibel erwähnt Salz als Symbol, es wird aber nie bei der Taufe oder beim Salben usw. verwendet. Eine derartige Anwendung von Salz ist immer okkult. **Vorsicht**, wenn dir jemand sagt, du sollst Salz oder Kerzen in Verbindung mit Gebet oder dem Vortragen von Bibelversen auf eine rituelle Weise verwenden. Dadurch wirst du in okkulte Rituale hineingezogen, auch wenn alles noch so harmlos aussieht.

Ein anderer Bereich der Zauberei, den Christen ahnungslos betreten, ist der der Kräuter. Die meisten Kräuterfrauen und Inhaber von Kräuterläden befassen sich mit Zauberei. Die Kräuter werden mit Hilfe von Zauberformeln besprochen. Deshalb wirken sie auch so gut. Gott hat uns verschiedene Kräuter gegeben, die medizinische Eigenschaften haben. Wenn man Kräuter als Medizin verwenden will, rate ich ganz dringend, sie selbst anzubauen. Das meiste, was auf dem Markt angeboten wird, wurde irgendwelchen Ritualen unterzogen. Das gleiche gilt auch für viele Bioläden (Reformhäuser). Eine große Anzahl dieser Läden gehört Hindu-Gurus und wird auch von ihnen betrieben. Bekannte Yogalehrer geben ganz offen zu, daß ihre Nahrung nur von Yogis zubereitet wird, die die nötigen Meditationen durchführen, damit die Nahrung die "geeigneten Schwingungen" enthält, um die "Spiritualität" des Essers zu steigern. Vorsicht, diese "geeigneten Schwingungen" sind Dämonen.

Ein weiterer Bereich der Zauberei, in den Christen verwickelt werden können, ist das sogenannte "Freisetzen von Geistern". In vielen Gemeinden und Kirchen lehrt man die Leute, alle bösen Geister, die anwesend sind, im Namen Jesu zu binden. Das ist biblisch. Man lehrt sie jedoch auch solche Gebete zu sprechen wie: "Ich setze Geister der Offenbarung, des Friedens, der Liebe usw. frei." Es gibt aber nur **einen** Heiligen Geist. Offenbarung ist eine Gabe des Heiligen Geistes; Frieden, Liebe usw. sind Früchte des Heiligen Geistes. Geister der Liebe, des Friedens usw. sind Dämonen! Weiße Hexen und New Age Anhänger setzen solche Dämonen dauernd frei. Viele Gemeinden lehren auch, Flüche von Hexen in Form eines Gebets an den Absender zurückzuschicken. Wie kann man das durch die Schrift rechtfertigen?

> [Jesus sagt:] "Segnet, die euch fluchen; betet für die, welche euch beleidigen."   Lukas 6:28

Christen senden niemals gegen irgend jemand Dämonen aus! Das ist Hexerei. Der Fluch einer Hexe **ist** ein Dämon. Viele Christen sagen sogar: "Ich schicke den Fluch siebenfach zurück." Damit befehlen sie siebenmal so vielen Dämonen zum Absender zurückzukehren, als ursprünglich ausgesandt worden waren. Was für ein Zeugnis soll das sein? Die Hexe, die den Fluch empfängt, wird denken, sie sei an eine andere Hexe geraten, die mächtiger ist als sie selbst.

Ich habe tatsächlich auch Pastoren und "Christen" folgendermaßen beten hören: "Ich sende Geister der Verwirrung und des Leidens auf diese Person, bis sie sich zum HERRN bekehrt." Jeder Geist der Verwirrung, des Leidens usw. ist wiederum ein Dämon. In der Schrift kann ich absolut **keine** Rechtfertigung dafür finden, daß Christen gegen irgend jemanden unter irgendwelchen Umständen Dämonen senden können. Wir müssen vorsichtig sein und dürfen nicht blindlings jeder Lehre folgen, die wir hören, sonst geraten wir selbst in eine Falle und üben Zauberei aus.

Eine weitere Falle, in die Christen geraten, ist der Bereich der Visualisierung. Das Praktizieren der Visualisation kann ein Einfallstor zur geistlichen Welt öffnen und Kontakte zu Dämonen herstellen. Der Christ merkt vielleicht gar nicht, auf was er sich eingelassen hat und meint, daß der Heilige Geist in ihm wirkt, obwohl er in Wirklichkeit mit einem unheiligen Geist Verbindung aufgenommen hat. Bitte lies Kapitel 16. Dort wird dieses Problem ausführlicher besprochen.

Einfallstore des New Age

Wie schon oben erwähnt, verbergen sich hinter vielen Bioläden Hindu-Gurus. Die New Age Hindu Lehren werden oft als "wissenschaftlich" dargestellt. Dabei spielt Ernährung eine wichtige Rolle in dieser Bewegung – besonders die vegetarische Kost. Mir sind viele Leute begegnet, die in dämonische Bindungen geraten sind, weil sie häufig Kräuterspezialisten und Bioläden aufgesucht und eine streng vegetarische Ernährung eingehalten haben, wie sie in den verschiedensten Zeitschriften und Büchern, die New Age Lehren vertreten, vorgeschrieben wird.

Yoga ist ein Einfallstor, das oft übersehen wird. Wie ich im 13. Kapitel beschrieben habe, ist es das Ziel von Yoga, mit dem Hindu-Gott Brahman "verbunden" oder "zusammengespannt" zu werden. Yoga ist **nicht** nur eine körperliche Übung. Es ist unmöglich, Yoga von der Hindureligion zu trennen, denn Yoga **ist** eine Religion. Es wird immer auch gleichzeitig über Meditation, geistige Gesundheit, usw. gelehrt. Die Absicht des Kundalini-Yogas ist es zum Beispiel, die Kundalini-Kraft zu erwecken und zu beherrschen. Kundalini bedeutet wörtlich "zusammengerollt" und ist der Name einer Hindugöttin, symbolisiert durch eine Schlange, die in dreieinhalb Windungen zusammengerollt mit dem Schwanz im Maul schläft. Es wird angenommen, daß diese Schlange im menschlichen Körper wohnt und zwar am unteren Teil des Rückgrates. Wenn sie mit entsprechender Autorität geweckt wird, verleiht sie Stärke, Macht und Weisheit, so wie viele übersinnliche Fähigkeiten, sogar die Gabe der Wunderheilung. Diese Kundalini-Kraft ist nichts anderes als ein Dämon.

In Therapiezentren, in denen Bluthochdruck und eine weite Palette anderer medizinischer Abnormalitäten behandelt werden, ist der Kundalini-Yoga weit verbreitet.

Das ist **dämonische Heilung.** In Europa und den skandinavischen Ländern ist der Tantra-Yoga sehr populär geworden, und zwar findet er sowohl auf medizinischem Gebiet als auch bei Führungskräften in Betrieben seine Anwendung. Tantra-Yoga ist reiner Satanismus und führt bis zu dem Opfer von Menschen. Die Lehrer des Tantra-Yogas reden viel über verschiedene **Kräfte, Schwingungen** und **Energien**, aber in Wirklichkeit sind das alles Dämonen.

Einige Yogalehrer sind selbst Betrogene und begreifen nicht, daß sie ja in der Tat die Hindureligion lehren. Trotzdem haben sie keine Entschuldigung, auch nicht die Schüler. Wir **müssen** immer, und zwar bei allem, was wir unternehmen, ausreichende Erkundigungen einholen, um sicher zu sein, daß wir die genaue Bedeutung aller Ausdrücke kennen.

Der Begriff der Meditation wird oft falsch verstanden. Es werden so viele verschiedene Meditationsformen gelehrt, daß es unmöglich ist, sie alle aufzuzählen. Es gibt jedoch einige Grundsätze, die leicht erkannt werden können. Das Ziel aller östlichen Meditationsformen ist die "Selbstverwirklichung" und die Erlangung eines "höheren Bewußtseins". "Selbstverwirklichung" ist nichts anderes als der Prozeß, durch den die betreffende Person lernt, ihren Geist zu beherrschen. Ein "höheres Bewußtsein" wird dann erreicht, wenn die Person mit den verschiedenen dämonischen Geistern Verbindung aufnimmt. Oft haben solche Leute einen besonderen Dämon, den sie ihren "Führer" oder "Berater" nennen.

Eine Reihe von Schriftstellen in der Bibel beziehen sich auf Meditation, doch besteht ein großer Unterschied zwischen göttlicher und satanischer Meditation. Eine wichtige Bibelstelle über Meditation finden wir im Buch Josua:

> "Dieses Buch des Gesetzes soll nicht von deinem Mund weichen, und du sollst Tag und Nacht darüber nachsinnen, damit du darauf achtest, nach alledem zu handeln, was darin geschrieben ist; denn dann wirst du auf deinen Wegen zum Ziel gelangen und dann wirst du Erfolg haben."   Josua 1:8

Ich möchte betonen, daß sich Meditation hier auf das **aktive** Lesen, Lernen und Auswendiglernen von Gottes Gesetz, das den Israeliten gegeben worden war, bezieht. Josua sollte das Gesetz so gut kennenlernen, daß es ein Teil von ihm werden würde. David folgte dem gleichen Prinzip – er schreibt darüber im Psalm 119:

> "Wodurch hält ein Jüngling seinen Pfad rein? Indem er sich **bewahrt** nach deinem Wort. Mit meinem ganzen Herzen habe ich dich gesucht. Laß mich nicht abirren von deinen Geboten! In meinem Herzen habe ich dein Wort verwahrt, damit ich nicht gegen dich sündige."
> Psalm 119:9-11

Auch hier war David **aktiv** dabei, Gottes Wort zu lernen und es sich zu merken, damit er nicht davon abweichen würde. An keiner Stelle der Bibel ist Meditation etwas Passives. Satan will, daß die Menschen ihr Bewußtsein entleeren, indem sie versuchen, alle ihre Gedanken auszuschalten. Dadurch haben die Dämonen direkten Zutritt und Einfluß, denn Gott hat uns ganz einfach befohlen, jeden unserer Gedanken zu kontrollieren und nicht unser Bewußtsein zu entleeren. Wenn **du** deine Gedanken nicht kontrollierst, wird **Satan** es tun!

> "Denn obwohl wir im Fleisch wandeln, kämpfen wir nicht nach dem Fleisch; denn die Waffen unseres Kampfes sind nicht fleischlich, sondern mächtig für Gott zur Zerstörung von Festungen; **so zerstören wir Vernünfteleien** und jede Höhe, die sich gegen die Erkenntnis Gottes erhebt, und nehmen **jeden Gedanken** gefangen unter den Gehorsam Christi." 2. Korinther 10:3-5

> "Wer festen **Herzens [Sinnes]** ist, dem bewahrst du Frieden ..."
> Jesaja 26:3 (Luther)

Diese Schriftstellen zeigen deutlich, daß wir unsere Gedanken unter Kontrolle haben und nicht ausschalten sollen. Jede Lehre über Meditation, die vom Ausleeren unseres Bewußtseins und Ausschalten aller Gedanken spricht oder von bestimmten Sätzen, die ständig wiederholt werden müssen, und dann das Genannte bewirken sollen, ist von Satan.

> [Jesus sagt:] "Wenn ihr aber betet, sollt ihr nicht plappern wie die von den Nationen ..." Matthäus 6:7

> "Die unheiligen, leeren Geschwätze aber vermeide; denn sie werden zu weiterer Gottlosigkeit fortschreiten ..."
> 2. Timotheus 2:16

Die Bewußtseinskontrolle nach Silva (Silva-Mind-Control), die Hypnose und viele Formen der Selbsthypnose werden in der New Age Bewegung und jetzt auch in vielen Großbetrieben gelehrt und angewendet. Bei all diesen Methoden ist die Meditation Bestandteil, um das Bewußtsein zu entleeren und so die Person für den Einfluß von Dämonen zu öffnen. In vielen Fällen, so zum Beispiel bei der Bewußtseinskontrolle nach Silva, wird den Leuten ein Geistführer vorgestellt, der "Berater" genannt wird, oder irgendeinen anderen Namen trägt. Man lehrt die Leute, daß diese "Berater" in Wirklichkeit tief in ihrem Bewußtsein und in ihrer eigenen Persönlichkeit existieren, in "unbewußten" Bereichen ihres Bewußtseins, an die sie nur durch besondere Techniken herankommen. Das sind alles Lügen. Diese Techniken bringen die Personen, die sie anwenden, in direkten Kontakt mit Dämonen.

Fast jeder Supermarkt in den Vereinigten Staaten bietet Kassetten an, die eine versteckte Botschaft an das Unterbewußtsein enthalten (sublimierte Nachrichten). Die Themenspannweite reicht von Gewichtskontrolle, Entspannung, Streßverminderung bis zum positiven Selbstimage und ließe sich aber beliebig fortführen. Alle diese Kassetten wiederholen ständig dieselben Klänge, um dem Zuhörer beim Entleeren seines Bewußtseins zu helfen. Das Entleeren des Bewußtseins macht die Person für jede verborgene Botschaft auf der Kassette offen. Es handelt sich dabei um dämonische Einflüsterungen, die die Zuhörer unter direkten dämonischen Einfluß bringen.

Ich sprach neulich mit einer Christin, die angefangen hatte, sich solche Kassetten mit versteckten Botschaften anzuhören. Sie, ihr Mann und ihre heranwachsende Tochter hatten sich alle zusammen Kassetten über die Kontrolle von Streß und die Verbesserung des Selbstimages angehört. Bereits wenige Tage, nachdem sie die Kassetten angehört hatten, begann ihr Familienleben in die Brüche zu gehen. Sie hatten die Gewohnheit, jeden Tag als Familie eine Zeit lang zusammen zu verbringen, um die Bibel zu lesen und zu beten. Das war das erste, was sie einstellten. Einen Monat später las keiner von ihnen mehr in der Bibel und sie gingen auch nicht mehr in die Gemeinde. Sie konnten sich den plötzlichen Wandel in ihrem Leben nicht erklären. Schuld waren jedoch diese Kassetten.

Nachdem sie Gott um Vergebung gebeten hatten, daß sie sich mit dieser okkulten Erfindung abgegeben hatten, und nachdem sie den Dämonen befohlen hatten, sie zu verlassen, und auch alle okkulten Gegenstände aus dem Haus entfernt hatten, konnten sie sich wieder am Gebet und am Bibelstudium erfreuen. Ich bin dankbar, daß sie die Ursache ihrer Probleme so schnell herausfanden. Durch solche Kassetten verlieren viele Christen vollständig ihre Beziehung zum HERRN.

Akupunktur ist eine Form dämonischer Heilung. Die Akupunktur hat das erklärte Ziel, die Kundalini-Kraft zu wecken, und dadurch die Person zu heilen.

Biofeedback ist in vielen Schmerzkliniken an der Tagesordnung und wird auch zur Bekämpfung von Kopfschmerzen und zur Regulierung des Blutdrucks eingesetzt. Durch Biofeedback wird man auch in den Zustand eines **veränderten Bewußtseins** versetzt (das ist nichts anderes als Kontakt zur unsichtbaren, dämonischen Welt) wie bei den verschiedenen Meditationsformen und bei der Selbsthypnose. Die betreffende Person wird dazu ausgebildet, ihren Geistkörper zu beherrschen, der dann wiederum ihren natürlichen Körper beherrscht. Auch das ist eine Form von dämonischer Heilung.

Selbsthypnose ist in verschiedenen öffentlichen Schulen enorm auf dem Vormarsch. Ich kenne eine Gruppe christlicher Eltern, die vor Gericht gingen, um zu erreichen, daß diese Techniken aus den öffentlichen Schulen entfernt werden. Sie konnten schlüssig nachweisen, daß die verschiedenen Methoden, die gelehrt wurden, letztendlich hinduistisch und überhaupt nicht wissenschaftlich sind. Doch es gelang ihnen nicht, den Lehrplan zu ändern. Eltern müssen ihre Kinder häufig und genau befragen, was sie in der Schule lernen. Yoga wird bereits ab der ersten Klasse gelehrt, weil es die Disziplin im Klassenzimmer erleichtert.

Visualisation ist ebenfalls eine gebräuchliche Technik in den verschiedenen New Age Kursen zur Bewußtseinskontrolle. Ich glaube, daß Visualisation der entscheidende Schritt ist, die Verbindung zur unsichtbaren Welt herzustellen. Sie wird ausgiebig bei der Bewußtseinskontrolle nach Silva und verschiedenen Meditationsformen angewandt, besonders aber auch bei übersinnlichen Heilungen. All diese Dinge öffnen Tür und Tor für die Dämonen.

Einfallstore in der Kindheit

Nach meiner Erfahrung bemühen sich Dämonen besonders darum, zu einem möglichst frühen Zeitpunkt Kontakt zu dem Leben eines jeden Kindes zu bekommen.

Fast alle, mit denen ich spreche, sowohl Christen als auch Nicht-christen, erzählen von einem "seltsamen" Erlebnis, das sie in ihrer Kindheit hatten und das eindeutig dämonischen Ursprungs ist. Meistens handelt es sich um einen besonders lebhaften Alptraum, so lebhaft, daß sie ihn gar nicht wirklich als Traum empfunden haben. Zum Beispiel:

Jim erinnert sich deutlich an einen Vorfall, als er vier oder fünf Jahre alt war. In seinem Schlafzimmer war an zwei Wänden ein 15 Zentimeter tiefes Bücherregal. Eines Nachts erwachte er und hatte das Gefühl, daß etwas Seltsames in seinem Zimmer war. Er setzte sich in seinem Bett auf und schaute zu den Regalen hinauf. Dort sah er auf dem ganzen Regal verstreut überall fremdartige "Wesen". Sie hatten furchterregende Gesichter und schossen mit Pfeilen auf ihn. Voller Schrecken rannte er in das Zimmer seiner Eltern. Soweit er sich erinnern konnte, war dies das einzige Mal in seinem Leben, daß er zu seinen Eltern ins Bett kroch. Seine Eltern waren keine Christen und übergingen den Vorfall, indem sie ihn einfach als einen kindischen Alptraum abtaten.

Bei Jenny war es etwas anders. Ihre Eltern waren keine Christen, und sie hatte viele Dämonen vererbt bekommen. Als sie als Erwachsene Christ wurde, wurden diese Dämonen ausgetrieben. Sie kann sich noch sehr genau an einen Vorfall erinnern, als sie etwa vier Jahre alt war. Eines Nachts erschien plötzlich in ihrem Schlafzimmer ein "grünes Monster" und spazierte durch ihr Zimmer. Sie fürchtete sich nicht sonderlich davor. Sie erinnerte sich ganz genau, wie das "Ding" durch ihr Schlafzimmer den Gang hinunter in das Zimmer ihrer Eltern ging. Ihre Eltern erwachten nicht. Als sie ihnen am nächsten Tag davon erzählte, meinten sie nur, sie hätte geträumt.

John wußte einfach schon immer, daß im Schrank seines Schlafzimmers in einem bestimmten Haus, in dem er als kleines Kind gewohnt hatte, böse Dinge waren. Er konnte am Abend nicht einschlafen, bevor er nicht diese Schranktüre geschlossen hatte.

Susan sah einen "schwarzen Klumpen" der nachts in ihr Zimmer kam und an dem Laken von ihrem Bett zerrte. Die Laken waren tatsächlich oft zerrissen. Susan hatte viele Dämonen vererbt bekommen und hatte deswegen keine Angst vor dem "Klumpen". Stattdessen wurde sie wütend über ihn, weil sie von ihrer Mutter am nächsten Tag immer ausgeschimpft wurde, wenn die Bettlaken kaputt waren. Sie berichtete, daß sie sehr schnell dazu überging, mit dem Klumpen zu reden und ihn zu fragen, warum er sie dauernd in Schwierigkeiten mit ihrer Mama brächte. Er antwortete ihr, daß sie sich keine Sorgen machen sollte. Er könnte ihr schon helfen mit ihrer Mama "abzurechnen", wenn sie sie ungerecht behandeln würde. Susan wurde schon in jungen Jahren Satanistin, und es fiel ihr leicht, schnell Verbindung zu verschiedenen Dämonen zu bekommen.

Judy hatte christliche Eltern, die aber nicht wachsam genug waren. Es begann, als sie drei oder vier Jahre alt war. Sie wachte nachts auf und sah eine schwarze Gestalt neben ihrem Bett stehen. Zuerst erschrak sie, doch ihre Eltern sagten ihr immer wieder, daß sie nur träumte. Schließlich begann sie mit der Gestalt zu sprechen und verlor schnell all ihre Furcht. Judy hatte eine Großmutter, die eine Hexe war. Sie selbst wurde schon als junger Teenager in die Hexerei hineingezogen, und auch sie konnte die Verbindung zu den Dämonen ganz leicht herstellen. Mit über 30 Jahren nahm sie Jesus schließlich an. Wie wäre wohl ihr Leben verlaufen, wenn ihre Eltern wachsam genug gewesen wären und in ihrer Kindheit schon den Kontakt mit den Dämonen unterbunden hätten?

Steve ist ein weiteres Kind, das schon sehr früh dämonische Erfahrungen sammelte. Er wachte manchmal nachts auf und empfand etwas "Böses" unter seinem Bett. Wenn er dann versuchte, sich zu bewegen oder um Hilfe zu rufen, war er wie gelähmt. Seit frühester Kindheit war er schon immer rebellisch gewesen und erlebte später in seinem Leben das gleiche lähmende Böse, als er Drogen nahm. Er mußte erst einen weiten Weg gehen, bis er durch Jesus Christus befreit wurde. Abermals frage ich mich, was wäre wohl geschehen, wenn seine Eltern Christen gewesen wären und ihr Kind durch die Macht Jesu Christi beschützt hätten. Vielleicht wäre Steve nicht so rebellisch gewesen und hätte Jesus schon als Kind angenommen. Viele Verletzungen und Sorgen wären ihm dann erspart geblieben.

Viele Pastoren und Eltern haben mich schon angerufen, weil kleine Kinder bereits wiederholt Alpträume gehabt hatten. Wenn diese Leute erstmal erkennen, daß das, was sie für einen Traum oder Alptraum gehalten haben, in Wirklichkeit ein echtes Erlebnis mit der unsichtbaren Welt ist, können sie beten und das Kind salben. Meistens kann man das Problem dadurch lösen, daß man das Kind und das Schlafzimmer salbt, reinigt und versiegelt. Eltern sollten jeden Abend, wenn sie die Kinder ins Bett bringen, mit ihnen beten und den HERRN bitten, sie während der ganzen Nacht zu beschützen und zu beschirmen. Wir müssen aufpassen, daß unsere Kinder nicht schon so früh mit dämonischen Mächten in Kontakt kommen.

Es ist kein Zufall, daß die Zeichentrickfilme am Samstagvormittag und so viele Kinderspielsachen Nachbildungen von Dämonen darstellen. Dieses Spielzeug bereitet die Kinder auf Erscheinungen von Dämonen vor, so daß sie sie leichter akzeptieren und Kontakt mit ihnen aufnehmen können. Wenn Kinder mit solchen Spielsachen spielen und sich vorstellen, wie sich die Figuren bewegen, werden sie ohne Schwierigkeiten Kontakt mit der unsichtbaren Welt aufnehmen.

Eltern, gebt acht! Wenn euer Kind Angst hat ins Bett zu gehen, weil etwas "im Schrank" oder "unter dem Bett" ist, kann es sein, daß es sich dabei um einen ersten Kontakt mit der unsichtbaren Welt handelt. Erklärt ihnen, wie sie Jesus um Schutz und Beschirmung bitten können und wie sie das, was ihnen Angst einjagt, im Namen Jesu zurückweisen können.

Ich hatte einen sechsjährigen Jungen als Patienten in meiner Praxis. Seine Mutter brachte ihn zu mir, weil er nachts Alpträume hatte und auf eine psychiatrische Therapie nicht ansprach. Jahrelang war er jede Nacht schreiend aufgewacht, weil ihn offensichtlich etwas erschreckte. Seine Eltern waren keine Christen. Ich fragte die Mutter, ob ich Tommy salben und für ihn beten dürfte. Sie stimmte zu. Ich salbte Tommy und befahl jedem dämonischen Geist, ihn zu verlassen, und bat den HERRN um Seinen besonderen Schutz und Seine besondere Beschirmung. Ich erklärte ihm mit einfachen Worten das Evangelium, dann betete er mit mir und machte Jesus zu seinem Erlöser. Zuletzt sagte ich ihm, er solle jedesmal, wenn ihn etwas ängstigte, einfach sagen: "Jesus, hilf mir." Er war einverstanden. Seine Alpträume hörten sofort auf und als Ergebnis für das wundervolle Wirken des HERRN in Tommys Leben fand die ganze Familie schließlich zum HERRN.

Später erzählte mir seine Mutter, daß sie ab und zu nachts aufwachte und Tommy mit seiner zarten Stimme sagen hörte: "Jesus, hilf mir – geh weg, du scheußliches Ding, Jesus erlaubt nicht, daß du mir etwas tust, ich habe keine Angst mehr vor dir." Kinder können schon sehr früh lernen, den geistlichen Kampf zu führen. Sie haben einen so einfachen Glauben, daß der HERR mächtig in ihrem Leben wirken kann.

In dem Buch *The Beautiful Side of Evil* von Johanna Michelson wird der Kontakt mit Dämonen in der Kindheit hervorragend geschildert. Johanna sah daheim schon in jungen Jahren Geister. Jahrelang wurde sie von diesen Dämonen gequält. Wenn ihre Eltern nur gewußt hätten, wie sie hätte beschützt werden können, wäre ihr in ihrem Leben viel Leid erspart geblieben!

Ein hoher Prozentsatz der Leute, mit denen wir arbeiten und die aus dem Okkultismus herauskommen, hat eine klare Erinnerung an ihren ersten dämonischen Kontakt in früher Kindheit. Meistens taten ihre Eltern diese Vorkommnisse als Alpträume ab und zwangen so die Kinder, so gut sie eben konnten mit der Situation alleine fertig zu werden. Sie fingen dann an, mit den Wesen, die ihnen solche Angst einjagten, zu sprechen, und stellten so einen direkten Kontakt mit den Dämonen und der unsichtbaren Welt her.

Einfallstore der Vererbung

Dämonen und dämonische Bindungen werden vererbt. Das Einfallstor der Vererbung wird sehr häufig übersehen. Obwohl wir auf Grund des neuen Bundes durch Christi Blut nicht mehr unter dem alten Gesetz sind, können wir diesbezüglich im Alten Testament einige sehr wichtige Prinzipien finden. Wir müssen auch wissen, daß jede Sünde, die wir nicht unter das Blut Christi gebracht haben, **rechtmäßiger Boden** für Satan **ist**.

Es gibt im Alten Testament viele Hinweise dafür, daß die Sünden der Väter an die Söhne weitergegeben werden. Siehe z.B. 2. Mose 20:5, 34:7; 4. Mose 14:18; 5. Mose 5:9. In 2. Mose 34:6-7 lesen wir:

> "Und der HERR ging vor seinem Angesicht vorüber und rief: Der HERR, der HERR, Gott, barmherzig und gnädig, langsam zum Zorn und reich an Gnade und Treue, der Gnade bewahrt an Tausenden von Generationen, der Schuld, Vergehen und Sünde vergibt, aber keineswegs ungestraft läßt, **sondern die Schuld der Väter heimsucht an den Kindern und Kindeskindern, an der dritten und vierten Generation.**"   2. Mose 34:6-7

Es fällt auch auf, daß jedesmal, wenn es in Israel eine große Erweckung gab, das Volk zusammenkam, um mit Fasten und Gebet nicht nur ihre eigenen Sünden zu bekennen, sondern auch die Sünden ihrer Väter, was wir zum Beispiel in Nehemia 9:1-2 lesen können:

"Und am 24. Tag dieses Monats versammelten sich die Söhne Israel unter Fasten und in Sacktuch, und mit Erde auf ihrem Haupt. Und alle, die israelitischer Abstammung waren, sonderten sich ab von allen Söhnen der Fremde. Und sie traten hin und bekannten ihre Sünden und die Verfehlungen ihrer Väter."

Nehemia 9:1-2

Weitere Stellen befinden sich noch in 2. Chronik 29:1-11, (hier wird über die Regierung des Königs Hiskia berichtet), 2. Chronik 34:19-21 und an noch vielen anderen Stellen. Die Sünden unserer Vorfahren **haben mit Sicherheit** einen großen Einfluß auf unser Leben, deshalb muß das Einfallstor der Vererbung durch Gebet, durch Bekennen und durch die reinigende Kraft des Blutes Jesu Christi geschlossen werden. Bestimmte Fähigkeiten und Dämonen werden von Generation zu Generation weitergegeben. Ein allgemein anerkanntes Beispiel dafür ist die Fähigkeit der "Wasserhexerei". Besonders zerstörerisch wirken sich folgende Dinge aus: Jedes Einlassen mit dem Okkultismus, jede Anbetung von Götzen, die nichts anderes als Dämonen sind (vgl. 1. Korinther 10:14-21), jeder dämonische Befall, jeder Eid, der von Eltern oder Vorfahren geleistet wurde und der für die Nachkommen bindend ist (das betrifft die meisten okkulten, heidnischen, Mormonen- und Freimaurer-Eide).

Einfallstore durch Spiele

Eines der mächtigsten Werkzeuge Satans, die er heutzutage in unserem Land verwendet, sind die sehr populär gewordenen, okkulten Phantasie-Rollenspiele. Satan gebraucht diese Spiele, um aus den intelligentesten jungen Menschen unseres Landes eine riesige Armee zusammenzustellen; eine Armee, die für den Antichrist vorbereitet wird und die er dann in einem Nu beherrschen kann. Durch die Teilnahme an diesen Spielen können diese Leute, ohne sich dessen bewußt zu sein, unter dämonischen Einfluß geraten. In vielen Staaten der USA sind solche Spiele für die begabten Schüler ab der 5. Klasse mit in den Lehrplan aufgenommen worden. Der Lehrplan der meisten Hochschulen bietet für die Psychologiekurse das Spiel *Dungeons and dragons* an (eines der bekanntesten Phantasie-Rollenspiele, seit 1984 auch erstmals in deutscher Fassung). Als Rechtfertigung gibt man an, daß die Studenten von den Erfahrungen des Rollenspiels profitieren. An fast jeder Schule haben sich Gruppen gebildet, die sich außerhalb der Unterrichtszeit treffen, um sie zu spielen. Im Grunde sind diese Rollenspiele Einführungslehrgänge in die Magie. Leider erkennen die Teilnehmer das meistens erst, wenn es bereits zu spät ist. Die meisten Spiele haben einen Leiter, der das Gesamtkonzept für jedes Spiel plant. Das Spiel selbst stellt ein Abenteuer dar, bei dem viele Schlachten mit den verschiedensten "Monstern" und "Wesen" geschlagen werden, von denen jedes bestimmte Fähigkeiten und Charakterzüge besitzt. Es gibt zahlreiche, dicke Handbücher, in denen mit Bildern und vielen Einzelheiten die Fähigkeiten der verschiedenen Charaktere beschrieben werden. Die Mitspieler sollen den Ablauf des Spieles in ihren Gedanken "visualisieren". Je besser sie den Spielablauf "sehen" können und so die Bewegungen der verschiedenen "Monster" und der anderen Mitspieler voraussehen, desto fortgeschrittenere Spieler sind sie.

Was diese Leute anfangs nicht erkennen, ist, daß diese Monster tatsächlich echte Dämonen sind. Die Gottheiten, denen sie dienen, sind ebenfalls Dämonen. Das, was sie ihrer Meinung nach nur in ihren Gedanken "visualisieren", beginnen sie, in Wirklichkeit in der geistlichen Welt zu sehen. Je besser sie sich das Spiel "vorstellen" können, desto vertrauter werden sie mit der geistlichen Welt. Die Vorstellungskraft (oder Phantasie) spielt eine wichtige Rolle, um mit der geistlichen Welt in Berührung zu kommen. Darum fordert uns die Bibel auf, "Vernünfteleien (Gedankengebilde, Vorstellungen) zu zerstören". (2. Korinther 10:3-5)

Ich weiß nicht, zu welchem Zeitpunkt die Spieler von Dämonen befallen werden. Ich hatte jedoch mit vielen jungen Leuten zu tun, die in diese Spiele verwickelt waren. Und ich habe noch keinen getroffen, der den Rang eines Spielleiters hatte und nicht von Dämonen besessen und sich dessen nicht sehr wohl **bewußt war**. Natürlich werden sie das nicht zugeben. Einige haben mir erzählt, daß die Dämonen zu ihnen gekommen wären und mit ihnen geredet hätten. Sie hätten dann die intelligenteren Dämonen eingeladen, in sie hineinzukommen, um dadurch mehr Macht zu erhalten.

Die Handbücher für Fortgeschrittene beschreiben bereits bis ins Detail Zauberformeln, Beschwörungen und satanische Schriften, die Satanisten lernen und gebrauchen. Jeder, der die Spiele spielt, verspürt die seltsame Faszination und Macht, die davon ausgehen.

Nur wenige erkennen, was für eine Falle sie sind. Wie viele unserer jungen Leute, die einmal aktive und begeisterte Christen waren, haben ihr Interesse am HERRN verloren, weil sie diese Spiele mitgespielt haben. Unzählige mehr werden niemals zu der rettenden Erkenntnis Jesu gelangen, weil sie durch die Spiele in dämonische Bindungen geraten sind.

Ich möchte hier ein paar Hinweise geben, wie du erkennen kannst, wieweit eine Person, die eines von diesen Spielen spielt, bereits darin verwickelt ist. Frage sie, ob sie das Spiel "sehen" kann. Wenn sie soweit ist, daß sie es "sehen" kann, dann weißt du, daß sie bereits in Kontakt mit der geistlichen Welt steht und die Verbindung zwischen Seele und Geist hergestellt ist (Im 16. Kapitel wird diese Verbindung erklärt).

Frage den Spieler, ob er seine Gottheit schon einmal beim Spielen um Hilfe angerufen hat. Wenn ja, dann weißt du, daß er dämonisch belastet ist, weil er einen Götzen (d.h. einen Dämon) um Hilfe angerufen hat.

Eine der begehrtesten Rollen in diesen Spielen ist die eines Geistlichen. Ein Geistlicher hat Zugang zu allen möglichen Mächten, Zauberformeln und Beschwörungen. Er muß jedoch einer bestimmten Gottheit dienen. Versuche herauszufinden, welche Beziehung er zu seiner Gottheit hat. Der Grad des Gehorsams dieser Gottheit gegenüber zeigt dir deutlich, wie sehr er bereits "gebunden" ist. Ich möchte dafür ein Beispiel anführen.

Ich wurde gebeten, mit einem 16jährigen Jungen zu sprechen, der Christ geworden war. Dieser Junge (ich will ihn Bob nennen) lebte in einem christlichen Heim für schwererziehbare Jugendliche. Er gab zu, daß er ein Geistlicher der 80. Stufe in einem Rollenspiel war, verneinte aber, irgendetwas über Dämonen zu wissen. Als ich mich jedoch mit Bob unterhielt, war es interessant für mich festzustellen, welch große Angst Bob bezüglich der Einhaltung der Spielregeln hatte. Bob wußte offensichtlich sehr viel über das Spiel und war auch sehr geschickt darin. Ich fragte ihn, warum er die Gruppe, in welcher er spielte, nicht einfach verließ und bei einer anderen Gruppe Spielleiter werden würde. Er sagte: "Weil ich dafür nicht völlig qualifiziert bin."

"Das macht doch nichts. Es gibt doch kein Gesetz, nach welchem du die Gruppe nicht verlassen darfst, um in einer anderen Gruppe

Spielleiter zu werden, wir leben in einem freien Land. Was hält dich denn dann davon ab?"

"Ich bin nicht qualifiziert. Ich würde an so etwas gar nicht denken."

"Ist es nicht langweilig, immer nur ein Spieler zu sein? Würde es dir nicht besser gefallen, Spielleiter zu sein?"

"Ja."

"Warum machst du es dann nicht?"

"Ich sagte schon, ich bin nicht qualifiziert genug."

Offensichtlich gehorchte Bob einer Macht, die er fürchtete. Schließlich fragte ich ihn, ob er befürchtete, seine Gottheit zu verärgern, wenn er die Spielregeln nicht einhielt. Er sagte, daß er **in der Tat** seine Gottheit verärgern und seine Macht verlieren würde. Im Laufe des Gesprächs erzählte mir Bob, daß er einen Freund gehabt hätte, der im Spiel der gleichen Gottheit gedient hätte wie er. Dieser Freund hätte die Spielregeln nicht befolgt und innerhalb eines Monats Selbstmord begangen. Ich fragte Bob, ob er glaubte, daß seine Gottheit etwas mit dem Selbstmord seines Freundes zu tun hätte. Alles, was er dazu zu sagen hatte, war: "Vielleicht."

Schließlich sagte ich: "Bob, sei doch mal ehrlich. Du hast deine Macht von dämonischen Geistern, und deine Gottheit ist in Wirklichkeit ein Dämon, der nicht nur das Spiel, sondern alle Bereiche deines Lebens beeinflußt. Er beherrscht dich. Weißt du, daß du von der Herrschaft deiner Gottheit befreit werden kannst?"

An diesem Punkt gab sich Bob geschlagen; er gab zu, daß er gerne von der Macht seiner Gottheit befreit werden wollte, aber nicht wußte, wie das gehen sollte.

Willst du Menschen, die an solchen Spielen teilgenommen haben, in der Seelsorge helfen, halte Ausschau nach Zusammenhängen in ihrem alltäglichen Leben. Du wirst feststellen, daß ihr Leben außerhalb des Spieles umso mehr von den Spielregeln beherrscht wird, je mehr sie Kontakt zur geistlichen Welt haben und je mehr sie unter dem Einfluß von Dämonen stehen. Bob ist ein hervorragendes Beispiel dafür.

Bob wußte nicht, daß die "Mächte" oder Gottheiten, mit denen er im Spiel umging, in der Bibel als dämonische Geister beschrieben werden. Dafür kannte er die reale Macht und Existenz dieser Geister, sowohl im Spiel selbst als auch außerhalb.

Du darfst nicht vergessen, daß die meisten Menschen, die an diesen Spielen teilnehmen, nichts von Dämonen wissen. Sie kennen nur die "Macht" dieser Wesen im Spiel und finden dann schnell heraus, daß diese Mächte auch außerhalb des Spieles wirken können. Oft nennen sie die geistliche Welt die "dritte" oder "vierte" Dimension". Du mußt ihnen erklären, was die Bibel von diesen "anderen Dimensionen" und den darin wirkenden Mächten hält.

Einfallstore durch unerlaubte sexuelle Beziehungen

Im 9. Kapitel habe ich die biblischen Gründe dargelegt, warum sexuelle Sünden Einfallstore für Dämonen öffnen. Jede Teilnahme an einem sexuell perversen Verhalten öffnet den Menschen direkt für das Eintreten von Dämonen in sein Leben. Die Bibel spricht eine klare Sprache. Sie beschreibt das Folgende als Sünde: Geschlechtsverkehr mit dem gleichen Geschlecht, Geschlechtsverkehr mit Tieren, Geschlechtsverkehr mit jeder anderen Person außer dem eigenen Ehepartner, Geschlechtsverkehr mit Dämonen. Jede sexuelle Beziehung außerhalb der Ehe wird in den allermeisten Fällen eine dämonische Belastung zur Folge haben.

Deshalb hat Gott Seinem Volk so viele Befehle darüber gegeben, mit niemandem Geschlechtsverkehr zu haben als nur mit dem eigenen Ehepartner. Das ist für uns ein Schutz vor dämonischem Befall. Vergewaltigung und gewaltsame sexuelle Belästigung sind, besonders wenn sie an Kindern geschehen, Einfallstore, die mir in meiner medizinischen Praxis wiederholt begegnet sind. Diese Dinge führen zum Eintritt von einigen der stärksten Dämonen, mit denen ich je zu tun hatte. Besonders mächtige Dämonen wirken bei sado-masochistischen Handlungen mit. Blutschande innerhalb einer Familie und jedes Einlassen mit Homosexualität führen immer zu dämonischer Heimsuchung.

Pornographie öffnet den Dämonen ebenfalls eine Tür. Das führt mich zu einem weiteren Einfallstor, das häufig übersehen wird. Es ist die Seelsorge in sexuellen Angelegenheiten bei Personen des anderen Geschlechts. Einige Umfragen haben ergeben, daß mehr als 50% der protestantischen Pastoren in Amerika in unerlaubte sexuelle Verhältnisse verwickelt sind. Weil der Ungehorsam der Pastoren gegenüber der Bibel so weit verbreitet ist, gehen viele von ihnen in die durch Satans Reich aufgestellte Falle.

"Du aber rede, was der gesunden Lehre geziemt: daß die alten Männer nüchtern seien, ehrbar, besonnen, gesund im Glauben, in der Liebe, im Ausharren; ebenso die **alten Frauen** in der Haltung, wie es der Heiligkeit geziemt, nicht verleumderisch, nicht Sklavinnen von vielem Wein, **Lehrerinnen des Guten; damit sie die jungen Frauen unterweisen, ihre Männer zu lieben, ihre Kinder zu lieben, besonnen, keusch, mit häuslichen Arbeiten beschäftigt, gütig zu sein, den eigenen Männern sich unterzuordnen, damit das Wort Gottes nicht verlästert werde."**

Titus 2:1-5

Bitte beachte: **Die älteren Frauen sollen den jüngeren helfen, mit ihren Problemen fertig zu werden, besonders mit den Eheproblemen und nicht ein (männlicher) Pastor!** Der Ungehorsam dieser einen Schriftstelle gegenüber hat wahrscheinlich unter den Mitgliedern christlicher Gemeinden mehr Probleme verursacht als irgendeine andere Schwierigkeit. Gespräche über sexuelle Probleme zwischen Personen gegensätzlichen Geschlechts öffnen **immer** ein Einfallstor für Anfechtungen durch Dämonen der Lust. Wenn du die Seelsorge über sexuelle Probleme an einer Person des anderen Geschlechts annimmst, dann öffnest du dich vollständig für Angriffe aus dem Reich Satans. Diese Taktik wird auch mit Vorliebe von Satanisten angewandt. Für eine Hexe ist es die einfachste Sache der Welt, einen Pastor aufzusuchen und sich bei ihm über dieses Gebiet in Seelsorge zu begeben und dann einen Dämon der Lust zu dem Pastor zu schicken.

Wenn Pastoren Seelsorge bei einer Person des anderen Geschlechts machen, sollten sie immer eine Begleiterin dabei haben, am besten die eigene Ehefrau. Sie sollten auch **nie** ohne passende Begleitung in das Haus einer Person des anderen Geschlechts gehen. Mit dieser Taktik fängt und zerstört Satan viele, viele Pastoren.

Heutzutage ist freier Sex "in". Bedauerlicherweise fallen viele Christen auf die zahllosen Entschuldigungen herein, die man gebraucht, um Gottes Wort in diesem Bereich zu mißachten. Wenn du das auch tust, gehst du Satan geradewegs in die Falle und gerätst unter seine Herrschaft.

Ich werde häufig nach den Problemen gefragt, die durch den Geschlechtsverkehr in einer Ehe aufkommen, in der der eine Partner gläubig, der andere jedoch ungläubig und noch dazu in schwerer Sünde verstrickt ist. In solchen Fällen bin ich der festen Überzeugung, daß sich der gläubige Ehepartner auf die Verheißung stellen kann, die uns in 1. Korinther 7:12-16 gegeben wird:

> "Wenn ein Bruder eine ungläubige Frau hat und sie willigt ein, bei ihm zu wohnen, so entlasse er sie nicht. Und eine Frau, die einen ungläubigen Mann hat, und er willigt ein, bei ihr zu wohnen, entlasse den Mann nicht. Denn der ungläubige Mann ist durch die Frau geheiligt und die ungläubige Frau ist durch den Bruder geheiligt; sonst wären ja eure Kinder unrein, nun aber sind sie heilig. Wenn aber der Ungläubige sich scheidet, so scheide er sich. Der Bruder oder die Schwester ist in solchen Fällen nicht geknechtet; zum Frieden hat uns Gott doch berufen. Denn was weißt du, Frau, ob du den Mann erretten wirst? Oder was weißt du, Mann, ob du die Frau erretten wirst?"
>
> 1. Korinther 7:12-16

In diesen Fällen braucht der christliche Ehepartner den HERRN nur zu bitten, das Ehebett und den ungläubigen Partner zu heiligen und dieses Einfallstor mit dem Blut Jesu zu schließen, so daß der gläubige Teil durch den Geschlechtsverkehr nicht von den Dämonen des anderen heimgesucht werden kann.

Abtreibung ist ein weiteres Einfallstor, das **immer** dämonischen Befall zur Folge hat. Das liegt daran, daß eine Abtreibung im Grunde genommen ein Menschenopfer an den Gott der Selbstsucht ist, nämlich an Satan persönlich. Sie unterscheidet sich in nichts von der Praktik aus den Tagen des Alten Testaments, als man die "Kinder durchs Feuer gehen ließ". Das waren Menschenopfer für Satan.

Kampfsportarten

Uns haben viele Fragen über die Kampfsportarten erreicht. Viele Eltern schicken ihre Kinder in Kurse für Kampfsportarten, um ihnen eine Gelegenheit zu geben, sich mit anderen Kindern auseinanderzusetzen und um ihr Selbstvertrauen zu stärken. Judo und Karate sind dem Anschein nach harmlose körperliche Übungen, ein ganz normaler Sport, wenn man so will. Leider ist dem überhaupt nicht so. Dieser Kampfsport wurde aus einer Kultur hervorgebracht, die voller Dämonenverehrung ist, und die Fähigkeit, diesen Sport auszuüben, ist von dämonischen Mächten abhängig. Alles, was über die einfachste Stufe hinausgeht, wird **immer** eine Beeinflußung durch Dämonen nach sich ziehen.

Im Orient verbeugen sich der Lehrer und die Schüler nach jedem Training vor einem sogenannten "Götterschrein". (Das ist ein Podest, auf dem die Statuen der verschiedenen dämonischen Gottheiten stehen). Die Schüler werden dazu angehalten, eine Zeitlang vor diesen Götzenbildern auf dem Podest zu meditieren. In der westlichen Welt ist diese Art der Dämonenverehrung nicht so offensichtlich. Hinter Judo und Karate steckt jedoch viel mehr als bloß die Verbeugung vor einem Götterbild. Der Lehrer wird als Meister angesehen, den die Schüler ebenfalls verehren (im Sinne von anbeten). Darauf beruht auch der Brauch, sich vor jedem Training vor dem Lehrer zu verbeugen. Die Verbeugung ist in diesem Fall ein Akt der Ehrerbietung (im Sinne von Anbetung), wie sie in den östlichen Religionen als Form der Anbetung üblich ist.

Es ist eine Tatsache, daß niemand den braunen Gürtel erlangen kann, ohne sich in irgendeiner Form vor den Dämonen zu beugen. In der westlichen Welt sind diese Zeremonien zwar verschleiert, aber trotzdem genauso vorhanden. Niemand erreicht die Stufe des schwarzen Gürtels, ohne zu wissen, daß er sich irgendwelcher "Mächte" bedient. Im Orient wissen die Leute ganz genau, daß sie die Mächte ihrer Götter anrufen.

Die verschiedenen Schreie, die bei diesen Kampfsportarten gelehrt und angewandt werden, sind eine Form von Beschwörungsformeln. Wenn du darauf achtest, wirst du feststellen, daß die Menschen, die Kampfsportarten ausüben, während des Kampfes ständig Schreie und Rufe ausstoßen.

Die verschiedenen Handbewegungen, die die beiden Gegner machen, wenn sie sich aufstellen und gegenüber stehen, ebenso wie die Handbewegungen, die bei den Übungen und beim Kampf gemacht werden, stellen eine Form von Beschwörungsformeln dar. Beschwörungsformeln können genauso gut mit Handzeichen ausgedrückt werden, so wie sich taubstumme Menschen auch durch ihre Zeichensprache verständigen. Im Okkultismus werden diese Beschwörungsformeln durch Handzeichen oft auch als "Runensprache" bezeichnet. Die Runensprache wird unabhängig von den Kampfsportarten auch häufig in vielen anderen Situationen angewandt. Von alters her sind solche Hand- und Körperzeichen dazu benutzt worden, Dämonen heraufzubeschwören. Du wirst diese Zeichen außerordentlich häufig bei Heavy-Metal-Rock-Musikern beobachten können.

Die meisten Menschen sind bereits bei Erreichen des braunen Gürtels von Dämonen besessen. Diese speziellen Dämonen treten, außer beim Ausüben der Kampfsportart, selten in Erscheinung, mit einer Ausnahme: Diese Dämonen hindern die Person nämlich daran, eine Hingabe an Jesus Christus zu machen und, wenn sie bereits Christ ist, stören sie ihren Wandel mit Christus ganz gehörig. Eines der Zeichen für das Vorhandensein solcher Dämonen ist die Entwicklung einer arroganten Haltung. Ein Abhängigkeitsverhältnis zu Jesus Christus ist für diese Personen fast unmöglich.

Meistens folgt ein Schritt dem anderen. Fängt jemand mit Judo an, wird er auch bald mit Karate, Yoga, usw. in Berührung kommen. Wenn er bereits Christ ist, werden die Früchte einer engen Beziehung zu Jesus Christus bald verschwinden. Selten wird eine solche Person anderen Menschen das Evangelium weitersagen, geschweige denn sie zu einer tiefen Hingabe an Jesus führen.

Rockmusik

Rockmusik ist die Musik Satans. Wie viele andere Dinge auch, wurde die ganze Bewegung der Rockmusik von ihren ersten Anfängen an sorgfältig von Satan und seinen Dienern geplant und durchgeführt. Rockmusik ist nicht "einfach so entstanden", es war ein meisterhaft ausgeklügelter Plan von keinem anderen als Satan selbst.

In meinem ersten Buch habe ich etwas ausführlicher über das Thema Rockmusik geschrieben, deshalb will ich mich hier nicht wiederholen. Jedem, der sich eingehender über Rockmusik informieren möchte, empfehlen wir das Buch *The Devil's Disciples – The Truth About Rock* von Jeff Godwin, herausgegeben von Chick Publications, Inc. Dieses Buch ist eine ausgezeichnete Hilfe für Eltern, um einen Einblick in die Rockmusik zu bekommen, von der ihre Kinder so begeistert sind.

Das Schließen der Einfallstore

Wenn du den Dämonen Einfallstore in deinem Leben geöffnet hast, müssen diese wieder geschlossen werden.

> "Wenn wir unsere Sünden bekennen, ist er treu und gerecht, daß er uns die Sünden vergibt und uns reinigt von jeder Ungerechtigkeit."
> 1. Johannes 1:9

Wenn du dich an irgendwelchen Dingen, die wir erwähnt haben, beteiligt hast, dann kannst du diese Einfallstore einfach durch ein Gebet, wie etwa das folgende, schließen:

> "Vater, ich bekenne Dir meine Verwicklung in _____.
> Ich erkenne, daß diese Sache(n) ein Greuel vor Dir und abscheulich in Deinen Augen ist (sind). Ich bitte Dich demütig um Vergebung für meine Sünden auf diesem (diesen) Gebiet(en). Ich bitte Dich, jeden dämonischen Eingang, der durch meine Handlungen entstanden ist, rückgängig zu machen. Reinige mich von meinen Sünden und schließe das (die) Einfallstor(e) für immer mit dem kostbaren Blut Jesu. Darum bitte ich Dich und danke Dir, in Jesu Namen."

Dann empfehle ich, daß du dich danach in ähnlicher Weise laut an Satan und seine Dämonen wendest:

> "Satan und ihr Dämonen, ich habe meinen himmlischen Vater für die Teilnahme an _____ um Vergebung gebeten und sie erhalten. Im Glauben schließe ich jetzt für immer das Einfallstor in diesem Gebiet meines Lebens durch das Blut Jesu Christi, das Er am Kreuz für mich vergossen hat. Im Namen Jesu befehle ich euch, mich zu verlassen und nie mehr zurückzukehren!"

Wirst du von stärkeren Dämonen heimgesucht, so wird oft noch die Hilfe von einer oder mehreren Personen für die Befreiung notwendig sein.

Wenn du ernsthaft betest und dich nach Befreiung sehnst, ohne auf die Kosten zu achten, wird der HERR dir zeigen, was du tun mußt, denn Er **wird** die Gefangenen befreien.

Vier–Punkte–Plan

Ich möchte im folgenden vier grundlegende Schritte skizzieren, die ein Christ anwenden kann, um für die Errettung einer dämonisch gebundenen Person zu kämpfen. Viele Eltern sind mit diesem Problem bei ihren ungläubigen Kindern konfrontiert, die in Rockmusik, okkulte Spiele, Drogen, Alkoholismus, usw. verstrickt sind.

Diese vier Schritte können auch von jedem Christen angewendet werden, der für eine andere Person eine Last empfindet und bereit ist zu kämpfen, damit sie zu Jesus Christus findet.

1. Wenn die unerrettete Person im selben Haus wie der Christ wohnt, muß das Haus zuerst gereinigt werden. Das ist möglich, wenn der Christ eine Autoritätsstellung in diesem Haushalt innehat. Kinder können das natürlich nicht tun, wenn sie noch im Haus der Eltern wohnen und minderjährig sind. Diese Situation wird am Ende dieses Punktes separat besprochen.

Alle Gegenstände, die im Dienst Satans verwendet werden, wie zum Beispiel okkulte Gegenstände, Rockplatten, Material für okkulte Phantasie-Rollenspiele, Kruzifixe, Rosenkränze, usw. sind "für Dämonen vertraute Gegenstände" (engl. familiar objects). Diese Gegenstände müssen aus dem Haus entfernt werden, da sie den Dämonen legale Berechtigung geben, durch sie ständig finstere Mächte in das Haus zu holen.

Den Dämonen vertraute Gegenstände sind Gegenstände, an die sich Dämonen heften. Alles, was in der Satansanbetung oder im Dienst für Satan benutzt wird, ist legaler Boden für Dämonen. Mit anderen Worten, die Dämonen haben das Recht, sich an solche Gegenstände zu heften oder sie zu benutzen. Laßt uns hierzu einige Schriftstellen betrachten.

> "Die Bilder ihrer Götter sollt ihr mit Feuer verbrennen. Du sollst nicht das Silber und das Gold, das an ihnen ist, begehren und es dir nehmen, damit du dadurch nicht verstrickt wirst; denn ein Greuel für den HERRN, deinen Gott, ist es. Und du sollst keinen Greuel in dein Haus bringen, damit du nicht gleich ihm dem Bann verfällst. Du sollst es als abscheulich verabscheuen und es für einen greulichen Greuel halten, denn Gebanntes ist es."
>
> 5. Mose 7:25-26

> "Was sage ich nun? Daß das einem Götzen geopferte etwas sei? Oder daß ein Götzenbild etwas sei? Nein, sondern daß das, was sie opfern, sie den Dämonen opfern und nicht Gott. Ich will aber nicht, daß ihr Gemeinschaft habt mit den Dämonen."
>
> 1. Korinther 10:19-20

Diese beiden Bibelstellen zeigen, daß sich hinter den Götzen Dämonen verbergen. Der Abschnitt in 5. Mose zeigt ganz klar, daß alle Gegenstände, die im Dienst Satans gebraucht werden, dem HERRN ein Greuel sind. Nicht einmal das Gold und Silber darf von ihnen verwendet werden – alles muß vernichtet werden. Gott hat sich zu jedem Befehl, den Er gibt, Gedanken gemacht. Er wollte nicht, daß die Israeliten diese "dämonisch verseuchten" Gegenstände in ihre Wohnungen brachten, weil Er die Wirkung kannte, die diese Dinge auf sie gehabt hätten. Gott warnte sie davor, da sie sonst ebenfalls dem Bann verfallen wären. Warum? Weil der mächtige Einfluß, der von den Dämonen ausgeübt wurde, auch sie selbst zur Anbetung der Dämonen verführt hätte.

Wenn ihr euch als christliche Eltern mit euren rebellischen Teenagern auseinanderzusetzen habt, warne ich euch davor, einfach eine Reinigungsaktion im Zimmer eurer Kinder zu starten und alles fortzuwerfen, was nach okkulten Gegenständen aussieht. Ihr müßt zuerst **mit ihnen darüber sprechen.** Bindet die Dämonen in ihnen, und dann setzt euch zusammen und redet mit ihnen. Hört euch mit ihnen ihre Platten an und prüft sorgfältig die Liedertexte. Ich garantiere euch, daß eure Kinder beschämt sein werden, weil sie im Grunde ihres Herzens wissen, daß Rockmusik verkommen ist. Wenn sie okkulte Spiele spielen, schaut mit ihnen die Handbücher durch, damit ihr einen Einblick davon bekommt, mit was sie sich beschäftigen. Dann könnt ihr ihnen anhand der Bibel aufzeigen, was daran verkehrt ist. Erst wenn ihr das alles getan habt, zerstört all die Platten, Kassetten, Spielutensilien, usw.

Wie ich bereits oben erwähnt habe, können die Kinder, die zwar Christen, aber noch minderjährig sind, den HERRN im Glauben bitten, solche okkulten Gegenstände zu versiegeln, so daß die Dämonen nicht länger durch sie wirken können. Minderjährige Kinder können nicht einfach die Sachen ihrer Eltern hinauswerfen.

2. Ihr müßt wissen, daß eure Lieben von Dämonen gebunden und verblendet sind. Ihr könnt ihnen jahrelang erzählen, daß sie Jesus brauchen, sie werden euch einfach nicht verstehen. Sie können wohl wiederholen, was ihr gesagt habt, aber es ist so, als ob das Gesagte verschlüsselt bei ihnen ankommt, so daß sie den Sinn nicht richtig verstehen können. Diese "Verschlüsselung" bewirkt ein Dämon. Ihr Wille ist ebenfalls gebunden, so daß, wenn sie auch die Notwendigkeit der Errettung durch Jesus Christus verstanden haben, sie Ihn nicht mit ihrem Willen bitten können, ihr HERR und Retter zu werden.

Wenn sie im selben Haus wohnen wie ihr, dann greift die Dämonen in ihnen jeden Tag laut an. Ihr könnt das in einem anderen Raum tun, wo eure Angehörigen euch nicht hören. Denkt daran, Dämonen haben sehr scharfe Ohren. Sagt ungefähr folgendes:

> "Ihr Dämonen, die ihr _____ bindet, ich nehme Autorität über euch in dem Namen Jesu Christi, meines HERRN. Ich binde euch in dem Namen Jesu, daß ihr heute _____ nicht heimsuchen dürft. Mein Haus gehört dem HERRN und ist heiliger Boden. Ihr seid Eindringlinge und dürft hier nicht wirken. Ich binde euch und befehle euch in dem Namen Jesu zu gehen!"

Dieser Kampf ist eine tagtägliche Angelegenheit. Ich kann euch nicht sagen, wie lange der Kampf dauern wird, nur der HERR weiß es in jedem einzelnen Fall. Seid wachsam, denn die Dämonen können durch die andere Person oft sehr grob und beleidigend zu euch sprechen, um euch abzuschrecken. In vielen Fällen wird es notwendig sein, den Dämon direkt, wenn er durch die andere Person spricht, zurückzuweisen und ihm zu gebieten, still zu sein. Der HERR wird euch führen.

3. Ihr könnt den HERRN bitten, euch für die unerrettete Person "in den Riß treten" zu lassen. Im 16. Kapitel wird das ausführlicher beschrieben (Hesekiel 22:30-31). Bittet den HERRN, euch für diese Person in den Riß treten zu lassen, damit ihre Augen geöffnet werden, und ihr Wille befreit wird, Jesus anzunehmen.

4. Schließlich müßt ihr unsere wunderbare Machtstellung begreifen, die wir durch Jesus besitzen. Im Hebräerbrief steht:

> "Laßt uns nun mit Freimütigkeit hinzutreten zum Thron der Gnade, damit wir Barmherzigkeit empfangen und Gnade finden zur rechtzeitigen Hilfe." Hebräer 4:16

Die Heilige Schrift zeigt uns, daß Satan vor Gott tritt und Ihn um Menschen bittet. Der Bericht im 1. Kapitel von Hiob belegt das deutlich. Offensichtlich hat Satan Gott auch um Petrus gebeten.

> "Der Herr aber sprach: Simon, Simon! Siehe, der Satan hat euer begehrt, euch zu sichten wie den Weizen. Ich aber habe für dich gebetet, daß dein Glaube nicht aufhöre; und wenn du einst zurückgekehrt bist, so stärke deine Brüder." Lukas 22:31-32

Satan ist bis zum 12. Kapitel der Offenbarung noch nicht endgültig aus dem Himmel geworfen worden.

> "Und es entstand ein Kampf im Himmel: Michael und seine En-
> gel kämpften mit dem Drachen. Und der Drache kämpfte und
> seine Engel; und sie bekamen nicht die Übermacht, und ihre
> Stätte wurde nicht mehr im Himmel gefunden. Und es wurde ge-
> worfen der große Drache, die alte Schlange, der Teufel und Sa-
> tan genannt wird, der den ganzen Erdkreis verführt, geworfen
> wurde er auf die Erde, und seine Engel wurden mit ihm gewor-
> fen. Und ich hörte eine laute Stimme im Himmel sagen: Nun ist
> das Heil und die Kraft und das Reich unseres Gottes und die
> Macht seines Christus gekommen; denn hinabgeworfen ist der
> Verkläger unserer Brüder, der sie Tag und Nacht vor unserem
> Gott verklagte."   Offenbarung 12:7-10

Ihr müßt verstehen, daß Satan vor dem Thron Gottes steht und unseren himmlischen Vater um die Seelen unserer unerretteten Lieben
bittet. Satan erhebt anklagend seinen Finger und sagt: "Schau, der
und der beteiligt sich an Rockmusik (oder an was auch immer), ich
habe deshalb ein legales Recht auf seine Seele, ich habe das Recht,
sein Leben zu beeinflussen und meine Dämonen in ihn zu senden."

Da Gott absolut gerecht ist, muß Er Satan die Bitte gewähren,
wenn sie unangefochten bleibt. **Aber** wir als Erben und Miterben
Jesu Christi haben ein **größeres** Recht als Satan, Gott, den Vater,
zu bitten. Wir müssen mit "Freimütigkeit" hinzutreten zum Thron
Gottes und den Forderungen Satans entgegentreten. Wir können etwa folgendes beten:

> "Mein Gott und Vater, ich stelle mich gegen die Forderungen
> Satans. Ich komme zu Dir im Namen Jesu Christi, meines
> HERRN und bitte Dich um diese Person. Ich erbitte sie als mein
> Erbe, das Du mir zu geben versprochen hast (wenn es sich um
> euer Kind oder euren Ehepartner handelt). Satan soll sie **nicht**
> haben. Ich bitte Dich, öffne ihre Augen, damit sie das Licht des
> Evangeliums von Jesus Christus sehen kann."

Wenn die Person, für die ihr betet, kein Angehöriger ist, so könnt
ihr auf der Grundlage beten, daß Jesus Christus uns befohlen hat,
in aller Welt Jünger zu machen. Dann können wir bitten, daß diese Person ein Jünger Jesu Christi wird.

Ihr müßt begreifen, daß dies ein **echter Kampf** ist. Ihr werdet
nicht über Nacht gewinnen, doch ihr habt die Macht und Autorität
in Jesus Christus, am Ende als Sieger hervorzugehen.

KAPITEL 11

Ist römischer Katholizismus Hexerei?

Die römisch-katholische Kirche hat weltweit schätzungsweise eine Milliarde Mitglieder. Das ist ein bedeutender Anteil der auf fünf Milliarden Menschen geschätzten Weltbevölkerung. Eine riesige Zahl dieser wertvollen Seelen hat den aufrichtigen Wunsch, dem HERRN von ganzem Herzen zu dienen. Alles, was ihre Kirche sie lehrt, akzeptieren sie als Wahrheit. Die meisten von ihnen haben sich noch nie Zeit genommen, um für sich selbst die Bibel zu lesen oder sorgfältig und genau zu untersuchen, was die Lehren ihrer Kirche aussagen. Wie ein Schaf folgen sie blindlings ihren Hirten. Mein Herz weint für diese Menschen. Ich weiß, daß der HERR jeden einzelnen von ihnen liebt. Ich werde hier einige Lehren der katholischen Kirche untersuchen, die ich wörtlich aus ihren eigenen Dokumenten zitieren werde. Diese Lehren will ich dann mit dem Wort Gottes, der Bibel, vergleichen. Es ist mein Gebet, daß jede Person, die dieses Buch liest, nüchtern und sorgfältig diese katholischen Lehren im Licht der Bibel betrachtet.

Zuerst wollen wir einige Schriftstellen lesen.

> "Wißt ihr nicht, daß, wem ihr euch zur Verfügung stellt als Sklaven zum Gehorsam, ihr dessen Sklaven seid, dem ihr gehorcht? Entweder Sklaven der Sünde zum Tod oder Sklaven des Gehorsams zur Gerechtigkeit? Gott aber sei Dank, daß ihr Sklaven der Sünde wart, aber von Herzen gehorsam geworden seid dem Bild der Lehre, dem ihr übergeben worden seid! Frei gemacht aber von der Sünde, seid ihr Sklaven der Gerechtigkeit geworden ... Denn der Lohn der Sünde ist der Tod, die Gnadengabe Gottes aber ewiges Leben in Christus Jesus, unserem HERRN."   Römer 6:16-18.23

Diese Schriftstelle zeigt uns, daß wir nur einem von zwei Meistern dienen können. Entweder dienen wir Satan durch die Sünde, oder Gott dem Vater durch die Gerechtigkeit Jesu Christi. Der Lohn, Satan zu dienen, ist der Tod. Der Lohn, Gott zu dienen, ist ewiges Leben.

> [Jesus sagt]: "Ich bin der Weg und die Wahrheit und das Leben. Niemand kommt zum Vater als nur durch mich." Johannes 14:6

Der Anspruch Jesu ist absolut. Es gibt nur **einen** Weg zu Gott, und das ist durch Jesus Christus und den schrecklichen Preis, den Er für unsere Sünden bezahlte, als Er am Kreuz starb. Satan arbeitet jedoch immer durch Betrug. Sein Plan durch die Zeitalter hindurch ist es von jeher gewesen, die Menschenmassen so zu verführen, daß sie denken, sie dienten Gott durch Jesus Christus, obwohl sie in Wirklichkeit Satan dienen.

Jesus selbst sprach über diese Art von Betrug Satans, als Er noch hier auf Erden war.

> "Und Jesus antwortete und sprach zu ihnen: Seht zu, daß euch niemand verführe! Denn viele werden unter meinem Namen kommen und sagen: Ich bin der Christus! ... Wenn dann jemand zu euch sagt: Siehe, hier ist der Christus, oder dort! so glaubt es nicht. Denn es werden falsche Christi und falsche Propheten aufstehen und werden große Zeichen und Wunder tun, um so, wenn möglich, auch die Auserwählten zu verführen."
>
> Matthäus 24:4-5.23-24

Die Bibel warnt uns ganz klar davor, daß viele behaupten werden, sie beteten "Jesus" an, obwohl sie in Wirklichkeit **nicht** den Jesus der Bibel anbeten.

Der Jesus der Bibel wurde von einer Jungfrau geboren (Lukas 1:26-35), Er war der in menschlicher Gestalt Fleisch gewordene Gott (Philipper 2:5-11), Er war sündlos (Hebräer 4:14-15), Er lebte 33 Jahre lang auf dieser Erde, Er starb für unsere Sünden am Kreuz, stand am dritten Tag von den Toten auf (Lukas 23 und 24) und fuhr dann in den Himmel auf, um sich dort zur Rechten Gottes, des Vaters, zu setzen, wo Er auch heute noch ist (Lukas 24:50-51; Apostelgeschichte 1:9-11; 7:55). Jeder "Jesus", der nicht **alle** diese Ansprüche erfüllt, ist **nicht** der Jesus der Bibel. Darum sollen wir auch alle Geister prüfen.

> "Geliebte, glaubt nicht jedem Geist, sondern prüft die Geister, ob sie aus Gott sind; denn viele falsche Propheten sind in die Welt ausgegangen."
>
> 1. Johannes 4:1

Wir wollen nun diese Anweisung aus der Bibel auf den "Jesus" anwenden, den die römisch-katholische Kirche verehrt. Ich zitiere

direkt aus ihren eigenen Schriften, in denen sie den "Jesus" beschreiben, den sie anbeten.

Zuerst möchte ich mittels ihrer eigenen Dokumente nachweisen,
daß die Lehren, die am Konzil zu Trient festgelegt wurden, immer
noch in Kraft sind. Der Beginn der ökumenischen Bewegung durch
das 2. Vatikanische Konzil, das nach dem 2. Weltkrieg stattfand,
hat viele zu der Annahme verleitet, die Lehren vom Konzil zu
Trient wären nicht mehr länger gültig. Betrachten wir dazu folgendes Zitat:

> "Obwohl *Lumen Gentium* als Dogmatische Konstitution bezeich-
> net wird, die ernsthafteste Form einer konziliaren Äußerung, so
> beschreibt es doch in der Tat keine neuen Dogmen. Es setzt mit
> konziliarer Autorität das gegenwärtige Selbstverständnis der Kir-
> che fort." (Walter M. Abott (Hrsg.), S. J., *The Documents of
> Vatikan II*, Guild Press, New York, 1966, S. 11)

Das ist eine ziemlich komplizierte Aussage. Wir wollen sie etwas
genauer betrachten, um sie verständlicher zu machen. Was bedeutet *Lumen Gentium* überhaupt? Dasselbe Dokument erklärt diesen
Ausdruck folgendermaßen:

> "Das vorliegende Dokument – bekannt unter dem Namen *Licht
> aller Nationen* nach den ersten beiden Wörtern des lateinischen
> Textes (Lumen Gentium) ist eine der zwei dogmatischen Konsti-
> tutionen, die vom 2. Vatikanischen Konzil herausgegeben wur-
> den, die andere ist die über die göttliche Offenbarung … es wur-
> de als die wichtigste Errungenschaft des Konzils begrüßt, sowohl
> wegen der Wichtigkeit seines Inhalts als auch wegen seiner zen-
> tralen Stellung unter den Konzilsdekreten." (ebenda, S. 10)

Lumen Gentium ist somit der Name des von mir zitierten Doku-
ments und wird von der römisch-katholischen Kirche als "das Licht
aller Nationen" angesehen. Dieses wichtige Dokument stellt eindeutig heraus, daß es keine neuen Lehren oder Dogmen beschreibt.
Somit sind die am Konzil von Trient festgesetzten Lehren immer
noch in Kraft. Ich zitiere aus dem Konzil von Trient, weil hier die
katholischen Lehren so klar und präzise beschrieben werden, wie
sonst nirgends. Nun wollen wir sehen, wie das Konzil zu Trient
den "Jesus" beschreibt, den die katholische Kirche verehrt.

> "Wenn jemand abstreitet, daß im Sakrament der heiligsten Eu-
> charistie **wahrhaftig, wirklich und substantiell sowohl der Leib**

und das Blut, als auch die Seele und Gottheit unseres Herrn Jesus Christus und folglich der gesamte Christus enthalten sind, und sagt, daß in ihm nur ein Zeichen oder Bild oder Kraft sei, der sei anathema." (Rev. H. J. Schroeder, O. P., *Canons and Decress of the Council of Trent*, B. Herder Book Co., 1960, S. 79, Kanon 1)

"Wenn jemand abstreitet, daß in dem ehrwürdigen Sakrament der Eucharistie der gesamte Christus in jeder Form und in jedem Teil von jeder geteilten Form ist, der sei anathema."

(ebenda, Kanon 3)

"Wenn jemand sagt, daß in dem heiligen Sakrament der Eucharistie Christus, der einzig geborene Sohn Gottes, nicht mit höchster Gottesverehrung angebetet werden muß, auch äußerlich manifestiert, und folglich weder mit speziell festlicher Feierlichkeit verehrt, noch feierlich in Prozession herumgetragen wird, gemäß dem lobenswerten und universalen Ritus und Brauch der heiligen Kirche, und daß er auch nicht öffentlich vor das Volk gestellt werden soll, um angebetet zu werden, und auch sagt, daß die, welche ihn so anbeten, Götzendiener sind, der sei anathema."

(ebenda, S. 80, Kanon 6)

Laßt uns nun näher betrachten, was diese Kanone oder Gesetze der römisch-katholischen Kirche wirklich aussagen. Zuerst einmal, das Wort "anathema" bedeutet soviel wie "verflucht sein" (vgl. Bild 1). Es wird hier ganz deutlich behauptet, daß die kleine Oblate, die bei der Kommunion (oder Messe) verwendet wird, sowie der Wein tatsächlich Jesus selbst **sind** und Seine "ganze Gottheit" enthalten. Nun sagt uns die Bibel aber, daß Jesus gegenwärtig zur Rechten Gottes des Vaters sitzt. Die Bibel sagt ebenfalls, daß Er selbst Gott ist und als solcher die Natur Gottes hat und somit unendlich und allgegenwärtig ist.

Er **kann nicht** auf eine winzige Oblate begrenzt werden und ganz sicher nicht auf etwas, das von Menschenhand gemacht wurde. Schließlich wird es uns strengstens verboten, ein Abbild oder Götzenbild anzubeten oder die Knie davor zu beugen.

Kanon 6 besagt, daß das katholische Volk die Hostie verehren, anbeten und sich vor ihr niederbeugen soll. Sie tragen sie auch bei Prozessionen herum, und jeder verbeugt sich und verehrt diese Oblate, die nun ihr "Jesus" ist.

Die "Hostie" oder Kommunionsoblate.

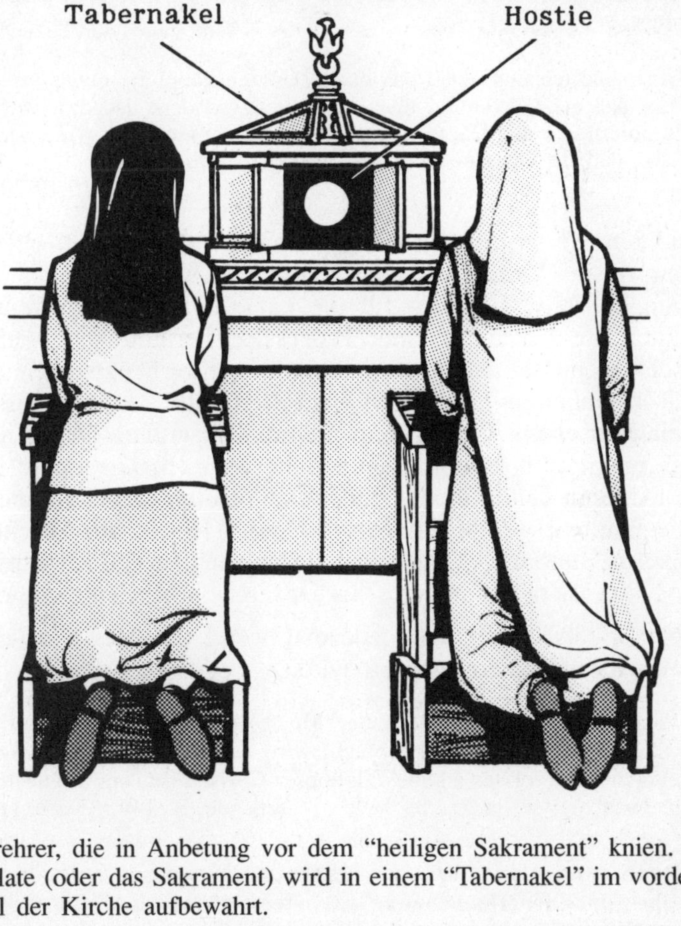

Tabernakel   **Hostie**

Verehrer, die in Anbetung vor dem "heiligen Sakrament" knien. Die Oblate (oder das Sakrament) wird in einem "Tabernakel" im vorderen Teil der Kirche aufbewahrt.

139

"Du sollst dir kein Götterbild machen, auch keinerlei Abbild dessen, was oben im Himmel oder was unten auf der Erde oder was in den Wassern unter der Erde ist. Du sollst dich vor ihnen nicht niederwerfen und ihnen nicht dienen. Denn ich, der HERR, dein Gott, bin ein eifersüchtiger Gott. ..."   2. Mose 20:4-5

Die Katholiken machen sich nicht nur ein Abbild, nämlich die Oblate, und behaupten dann, daß dieses Abbild Jesus sei, sondern sie werfen sich auch noch nieder und beten diese Oblate an. Gott verbietet so etwas. Jedesmal, wenn eine Person ein Götzenbild wie zum Beispiel die katholische Hostie anbetet, betet sie in Wirklichkeit einen Dämon oder Satan an. Hier die Schriftstelle dazu, die das belegt:

"Was sage ich nun? Daß das einem Götzen geopferte etwas sei? Oder daß ein Götzenbild etwas sei? Nein, sondern daß das, was sie opfern, sie den Dämonen opfern und nicht Gott. Ich will aber nicht, daß ihr Gemeinschaft habt mit den Dämonen."
1. Korinther 10:19-20

Mit anderen Worten, immer wenn Menschen den Götzen opferten, brachten sie in Wirklichkeit den Dämonen Opfer dar und beteten diese an. Dasselbe gilt auch für die katholische Messe. Wenn die Katholiken die Hostie in einer Prozession herumtragen, verbeugt sich jeder, wenn sie an ihr vorbeikommt; sie verbeugen sich buchstäblich in Anbetung vor einer Oblate (vgl. Bild 2). Meistens wird die Oblate in einem Gefäß, dem Tabernakel, aufbewahrt, das sich im Altarraum jeder katholischen Kirche befindet. Die Leute knien sich vor diesem Gefäß nieder. Indem sie das tun, beten sie die Hostie an. Wie wir gesehen haben, ist diese Hostie aber **nicht** der wahre Jesus, deshalb ist das, was sie anbeten, in Wirklichkeit ein Dämon! Das ist nichts anderes als Hexerei.

Man glaubt tatsächlich, daß jedesmal wenn die Messe zelebriert wird, Jesus von neuem geopfert wird.

"Wenn jemand sagt, daß in der Messe nicht ein **wahres und reales Opfer** für Gott dargebracht wird, oder daß das, was dargebracht wird, etwas anderes als dieser Christus ist, uns gegeben zu essen, der sei anathema."   (ebenda, S. 149, Kanon 1)

"Wenn jemand sagt, daß **das Opfer der Messe nur eines des Lobes und der Danksagung ist**, oder daß es bloß eine Ge-

Die Eucharistie- oder die Kommunionshostie wird in einer Prozession herumgetragen. Die Hostie selbst befindet sich in der Mitte der Monstranz, dem goldenen Behälter mit der "explodierenden Sonne", der vom Priester getragen wird.

> **dächtnisfeier des am Kreuz vollendeten Opfers ist und nicht ein versöhnendes** (um die Gunst zu erlangen oder wiederzuerlangen, zu beschwichtigen) oder daß es nur dem nützt, der es empfängt und nicht dargebracht werden sollte für die Lebenden und die Toten, für Sünden, Bestrafungen, Genugtuungen, und andere Notwendigkeiten, der sei anathema."
>
> (ebenda, S. 149, Kanon 3)

Dieses kanonische Recht zeigt uns deutlich, daß die Messe ein wirkliches Opfer ist. Es ist interessant, daß die Messe, so wie sie im römischen Katholizismus praktiziert wird, fast identisch mit dem Brauch eines "blutlosen Opfers" ist, der im römischen Reich praktiziert wurde, gerade zu der Zeit, als die katholische Kirche im Entstehen war. Rev. Alexander Hislop hat einige interessante Bemerkungen zu dieser Praktik zu machen.

> "Wenn in Ägypten der Sonnengott als **der Same** angebetet wurde, oder in Babylon als **das Korn**, so wird in Rom die Hostie in genau der gleichen Weise angebetet. 'Brot vom Himmel – Weizenkorn der Auserwählten, erbarme dich unser', ist eines der festgesetzten Gebete in der Römischen Litanei, das während der Feier der Messe an die Hostie gerichtet wird." (Rev. Alexander Hislop, *The Two Babylons*, Loizeaux Brothers, 1916, S. 163)

Es ist eindeutig, daß die katholische Lehre, die besagt, daß die Opferung Jesu bei jeder Messe, die zelebriert wird, wiederholt wird, von heidnischen Zeremonien und **nicht** von Gottes Wort, der Bibel, herkommt.

> "Denn der Christus ist nicht hineingegangen in ein mit Händen gemachtes Heiligtum, ein Gegenbild des wahren Heiligtums, sondern in den Himmel selbst, um jetzt vor dem Angesicht Gottes für uns zu erscheinen, auch nicht, um sich selbst oftmals zu opfern, wie der Hohepriester alljährlich mit fremdem Blut in das Heiligtum hineingeht – sonst hätte er oftmals leiden müssen von Grundlegung der Welt an –; jetzt aber ist er einmal in der Vollendung der Zeitalter offenbar geworden, um durch sein Opfer die Sünde aufzuheben. ... **so wird auch der Christus, nachdem er einmal geopfert worden ist, um vieler Sünden zu tragen**, zum zweiten Male ohne Beziehung zur Sünde denen zum Heil erscheinen, die ihn erwarten." Hebräer 9:24-28

> "Denn es ist auch Christus **einmal** für Sünden gestorben, der Gerechte für die Ungerechten, damit er uns zu Gott führe, zwar

getötet nach dem Fleisch, aber lebendig gemacht nach dem
Geist." 1. Petrus 3:18

Diese und andere Schriftstellen sagen deutlich aus, daß Jesus Christus **einmal** für unsere Sünden geopfert wurde. Dies ist noch ein weiterer Beweis, daß der "Jesus", den die römisch-katholische Institution anbetet, nicht der Jesus der Bibel ist. Sie opfern ihren Jesus immer und immer wieder, bei jedem Mal, an dem die Messe zelebriert wird. **Jeder, der an der Kommunion teilnimmt und sie durch die römisch-katholische Religion zu sich nimmt, öffnet sich selbst damit direkt dem Eintritt von Dämonen, indem er diese Praxis des Götzendienstes und der Dämonenanbetung im Namen eines falschen Jesus ausübt.**

Wir wollen noch ein weiteres wichtiges Thema im römischen Katholizismus betrachten: Das Gebet zu Toten.

> "Wenn jemand sagt, daß es ein Betrug sei, Messen zu feiern zu Ehren der Heiligen und um ihre Fürbitte bei Gott zu erlangen, wie es die Kirche will, der sei verflucht." (Rev. H. J. Schroeder, *Council of Trent*, S. 149, Kanon 5)

Das Konzil zu Trient gibt über Messen zu Toten folgenden Kommentar ab:

> "Und wenn die Kirche den Brauch angenommen hat, zu gewissen Zeiten Messen zu feiern zu Ehren und zum Gedächtnis der Heiligen, lehrt sie jedoch nicht, daß das Opfer ihnen dargebracht werde, sondern allein Gott, der sie gekrönt hat; der Priester sagt ja nicht: 'Dir, Petrus oder Paulus, bringe ich Opfer dar', sondern er dankt Gott für ihre Siege, und fleht um ihre Gunst [d.h. um die Gunst der Heiligen], daß sie sich herablassen mögen, im Himmel für uns Fürbitte zu tun, deren Gedächtnis wir auf Erden feiern." (ebenda, S. 146)

Dieser Kanon sagt deutlich aus, daß die Katholiken direkt zu den Geistern von Toten beten, mit ihnen sprechen und sie bitten, für sie Fürbitte bei Gott zu tun.

Die Fürbitte Marias ist eine zentrale Lehre der Katholiken. Das wurde im 2. Vatikanischen Konzil sehr deutlich gemacht.

> "Diese Mutterschaft Marias in der Ordnung der Gnade begann mit der Einwilligung, die sie im Glauben bei der Ankündigung gab, die sie auch beibehalten hat, ohne unter dem Kreuz ins

Wanken zu geraten. Diese Mutterschaft wird ohne Unterlaß fortdauern bis zur ewigen Vollendung aller Auserwählten. Denn, in den Himmel aufgenommen, hat sie diese heilbringende Aufgabe nicht abgelegt, sondern fährt durch ihre vielfältige Fürbitte fort, uns die Gaben des ewigen Heils zu erwirken. ... Laßt den ganzen Leib der Gläubigen ein anhaltendes Gebet zur Mutter Gottes [Maria] und Mutter der Menschheit ausschütten." (Walter M. Abbott (Hrsg.), S.J., *The Documents of Vatican II*, Guild Press, 1966, S. 91 u. 96)

Dieses Gebet und diese Gemeinschaft mit toten Geistern unterscheidet sich überhaupt nicht von okkulten Séancen, die abgehalten werden, um Geister von Toten heraufzubeschwören, mit der Absicht, dann ihre Hilfe zu erlangen. Die Bibel verbietet eine solche Verbindung ausdrücklich. Der Rosenkranz selbst ist eine Art Beschwörungsformel, die, wenn sie angewandt wird, den direkten Draht zum Machtbereich der Dämonen herstellt, die als Maria angebetet werden.

Wir haben nur **einen** Mittler zwischen Gott und den Menschen – den Jesus Christus der Bibel.

"Denn einer ist Gott, und einer ist Mittler zwischen Gott und Menschen, der Mensch Christus Jesus, der sich selbst als Lösegeld für alle gab, als das Zeugnis zur rechten Zeit."

1. Timotheus 2:5-6

Die Bibel gibt uns **keine** Erlaubnis, zu irgendeiner Zeit Kontakt zu Toten aufzunehmen! Das wäre wiederum nichts anderes als reine Hexerei.

Wie traurig, daß den Katholiken beigebracht wird, die Bibel nicht lesen zu müssen; ihnen hat auch niemand beigebracht, die Geister zu prüfen, so wie es uns 1. Johannes 4:1-2 sagt. Leider wird hinter den vielen Erscheinungen verschiedener Leute der römisch-katholischen Kirche Gott als der Urheber vermutet, und deshalb werden sie auch akzeptiert. Die Leute haben es nie gelernt, die Geister zu prüfen, um zu sehen, ob sie von Gott oder von Satan sind. Die vielen Erscheinungen eines als Maria maskierten Dämons in Fatima, einem Dorf in Portugal, sind dafür ein gutes Beispiel.

Drei portugiesische Kinder, Luzia, Franz und Jazinta, bekamen 1916 und 1917 eine Reihe von Besuchen von einem Wesen, von dem angenommen wurde, daß es sich um einen Engel handelte. Später erhielten sie monatlich Besuche von einem Geist, der ihnen in sichtbarer Form erschien. Er sprach mit ihnen und behauptete, Maria, die Mutter Jesu, zu sein. Der Geist wird seither als "Unsere Liebe Frau von Fatima" bezeichnet, weil er in Fatima, Portugal, erschien. Dort, wo die Erscheinungen stattfanden, wurde eine nationale Kapelle errichtet, und jährlich pilgern hunderttausende von Katholiken zu dieser Kapelle, um ihr Leben dem Dienst und der Anbetung Marias zu weihen. Am 13. Mai 1946 hat Papst Pius XII. feierlich die Statue "Unsere liebe Frau von Fatima" gekrönt und sie als die "Königin der Welt" ausgerufen. Am 13. Mai 1983 wiederholte Papst Johannes Paul II. die Zeremonie der Krönung der Marienstatue. 1986 weihte er in einem offiziellen Akt die ganze Welt "Unserer Lieben Frau von Fatima". Mit anderen Worten, der Papst erklärte die ganze Welt zum Eigentum dieses Dämons, der sich als Maria maskiert. Er ging noch einen Schritt weiter und weihte Maria das Jahr 1987 als ein besonderes Jahr ihrer Anbetung und Verehrung. Laßt uns sehen, wie das ganze Fiasko von Anfang an hätte gestoppt werden können, wenn die Katholiken nur ein Grundwissen von der Bibel gehabt hätten. Ich werde aus den Schriften von Luzia zitieren, die eines der drei Kinder war, das die vielen Erscheinungen dieses Dämons sah. Es gab einen Zeitpunkt, an dem Luzia mit Zweifeln überhäuft wurde, ob dieser ihr erscheinende Geist wirklich Maria war, oder ob es nicht ein Dämon war, der sie betrog. Ich bin sicher, daß dies gottgegebene Zweifel waren.

> "Wie oft dieser Gedanke mir zu schaffen machte, weiß nur Gott, denn Er allein kann unser innerstes Herz erforschen. Ich begann dann zu zweifeln, ob diese Erscheinungen vom Teufel stammen könnten, der auf diese Weise versuchte, daß ich meine Seele verlieren würde … welche Pein ich verspürte! Ich teilte meine Zweifel meinem Cousin und meiner Cousine mit [sie sahen ebenfalls die Erscheinung des Geistes]."

> "Nein, es ist nicht der Teufel!" antwortete Jazinta, "ganz bestimmt nicht! Sie sagen, daß der Teufel sehr häßlich sei und daß er drunten ist unter der Erde in der Hölle. Aber diese Dame ist so schön, und wir sahen, wie sie zum Himmel hinaufstieg!"

> "Der Herr gebrauchte dies, um meine Zweifel etwas zu beruhigen … Das war an dem Tag, als Unsere Liebe Frau [Maria] es uns gewährte, das Geheimnis offenbart zu bekommen. Um meine ermattete Glut wieder zu beleben, sagte sie zu uns danach: 'Opfert euch selbst für die Sünder und sagt oftmals zu Jesus,

145

aber vor allem besonders dann, wenn ihr etwas opfert: O Jesus, es ist aus Liebe zu dir, für die Bekehrung von Sündern, und als Entschädigung für die Sünden, die dem unbefleckten Herzen Marias zugefügt wurden'. Unserem guten Herrn sei Dank, diese Erscheinung vertrieb die Wolken von meiner Seele, und mein Friede war wieder hergestellt." (Fr. Louis Kondor (Hrsg.), SVD., *Fatima in Lucia's Own Words*, The Ravengate Press, 1976, S. 69-71)

Wie traurig! Luzia zweifelte daran, ob der Geist, der ihr und ihrem Cousin und ihrer Cousine erschienen war, wirklich die wahre Maria der Bibel war und nicht doch ein dämonischer Geist. Wenn nur der Priester und die Leute die Bibel gelesen hätten, so hätten sie diesen Geist leicht entlarven und prüfen können. Die einzige Begründung,

Diese drei Kinder bezeugten die Erscheinungen des Dämons, der sich in Fatima, Portugal, als Maria ausgab. Von links nach rechts: Jacinta und Francisco Marto, Lucia dos Santos. (*Soul Magazin*, Sonderausgabe, 1981, S. 7)

mit der sie diesen Dämon als von Gott kommend akzeptierten, war die Aussage, daß er nicht "häßlich" war und daß er "in den Himmel hinauffuhr". Aber Gottes Wort sagt uns, daß die Dämonen und Satan als "Engel des Lichts" (2. Korinther 11:14) erscheinen können und daß Satan "der Fürst des Machtbereichs der Luft" ist (Epheser 6:12; 2:2). Satan ist bis jetzt noch nicht auf die Hölle begrenzt. Die letzte Erklärung, die der Dämon Luzia, ihrem Cousin und ihrer Cousine gab, nämlich sich für Jesus zu opfern und Entschädigungen (Schadensersatzzahlungen) zu leisten für die Sünden, die dem "unbefleckten (sündlosen) Herzen Marias zugefügt wurden", ist ebenfalls der Schrift total entgegengesetzt. Wenn sie die Bibel gelesen hätten, hätten sie sofort erkannt, daß diese Erklärung den in Gottes Wort dargelegten Prinzipien völlig widerspricht und deshalb **nie** göttlicher Natur sein kann, sondern von einem Dämon gesprochen wurde.

Die Schrift sagt:

> "Denn **alle** haben gesündigt und erlangen nicht die Herrlichkeit Gottes." Römer 3:23

An keiner Stelle der Bibel wird gesagt, daß Maria eine Ausnahme darstellte. Jesus mußte am Kreuz sterben, damit Er die Errettung für Maria wie auch für jeden anderen erwirken konnte. Unsere Sünden haben wir Gott und **nicht** Maria zugefügt. Wenn diese wertvollen Seelen es doch nur verstanden hätten, die Geister zu prüfen! Nirgends wird uns berichtet, daß der Geist, der sich als Maria ausgab, den Test in 1. Johannes 4:1-2 bestanden hätte. Die Erklärungen, die er abgab, stimmen ebenfalls nicht mit der Bibel überein. Deshalb war diese Erscheinung **nicht** von Gott, sie war auch **nicht** die wahre Maria, sondern sie **war** ein Dämon. Wieviele Seelen wurden und werden geradewegs in die Hölle geführt, weil diese Leute die Geister nicht geprüft haben?

Den Lesern, die sich gegenwärtig noch in dem römisch-katholischen System befinden, muß ich deutlich sagen, daß sie betrogen worden sind. Ihr wurdet angeleitet, einen falschen Jesus anzubeten und ihm zu dienen. Dieser falsche Jesus ist in Wirklichkeit Satan. Der Apostel Petrus sagt von Jesus:

"Und es ist in keinem anderen das Heil; denn auch kein anderer Name unter dem Himmel ist den Menschen gegeben, in dem wir errettet werden müssen." Apostelgeschichte 4:12

"Sie aber sprachen: Glaube an den Herrn Jesus, und du wirst errettet werden, du und dein Haus." Apostelgeschichte 16:31

"Jesus spricht zu ihm: Ich bin der Weg und die Wahrheit und das Leben. Niemand kommt zum Vater als nur durch mich." Johannes 14:6

Die Basilika in Fatima, erbaut zu Ehren der "Marienerscheinungen". Neben der Basilika befindet sich die Eiche, an der sich viele der Erscheinungen ereigneten. (*Soul Magazin*, Sonderausgabe, 1981, S. 7)

148

"Denn einer ist Gott, und einer ist Mittler zwischen Gott und Menschen, der Mensch Christus Jesus." 1. Timotheus 2:5

"Denn aus Gnade seid ihr errettet durch Glauben, und das nicht aus euch, Gottes Gabe ist es; nicht aus Werken, damit niemand sich rühme." Epheser 2:8-9

"Geht aus ihr hinaus, mein Volk, damit ihr nicht an ihren Sünden teilhabt und damit ihr nicht von ihren Plagen empfangt." Offenbarung 18:4

Die Mitgliedschaft in der römisch-katholischen Kirche oder die Teilnahme an der Kommunion während der Messe errettet euch **nicht**. Ihr könnt **nur** gerettet werden, wenn ihr den Jesus Christus der Bibel um Vergebung eurer Sünden bittet, wenn ihr euch von euren Sünden abwendet, speziell von dem Götzendienst, und Jesus bittet, in euer Herz und Leben zu kommen und euch die kostbare Gabe Seines Heiligen Geistes zu geben. Lest die Bibel und bittet unseren himmlischen Vater im Namen Jesu, Seines Sohnes, euch die ganze Bedeutung dessen, was ich zuvor gesagt habe, zu zeigen. Wenn ihr euer Leben dem wahren Jesus der Bibel übergebt, wird der Heilige Geist kommen und in euch leben und euch befähigen, die Bibel zu verstehen, während ihr sie lest. Ich bitte euch, nehmt keinen falschen Christus an! Ihr seid in Gottes Augen als Individuum so kostbar, daß Er auf die Erde kam, um einen schrecklichen Preis eigens für eure Errettung zu bezahlen. Schlagt doch diese große Errettung nicht aus!

Es ist überaus tragisch, daß sich auf Grund der Hollywoodfilme überall die Leute an katholische Priester wenden und Hilfe erwarten, um mit dem wütenden Giganten, dem Satanismus, in unserem Land heutzutage fertig zu werden. Katholische Priester sind völlig hilflos, wenn es darum geht, mit irgendeiner Art Hexerei fertig zu werden, weil sie ja selber Satan dienen.

Den Christen, die dieses Buch lesen, muß ich eine ernste Warnung geben. Gott macht euch verantwortlich, den kostbaren Katholiken das wahre Evangelium von Jesus Christus mitzuteilen. Ihr habt nun keine Entschuldigung mehr!!!

Der persönliche Vertreter von Papst Pius XII. krönt die Statue von "Unserer Lieben Frau von Fatima" und ernennt sie damit am 13. Mai 1946 zur "Königin der Welt". (*Soul Magazin*, Sonderausgabe, 1981, S. 6)

150

Papst Johannes Paul II. verbeugt sich in Anbetung vor der Wallfahrtsstatue der heiligen Jungfrau am Fest des Königtums Marias am 22. August 1981 in Castel Gandolfo. (*Soul Magazin*, Sonderausgabe, 1981)

Die "Wallfahrtsstatue der heiligen Jungfrau" von "Unserer Lieben Frau von Fatima" - diese Marienstatue ist um die ganze Welt gereist und wird von den römisch-katholisch Gläubigen angebetet. Hier steht sie vor dem Petersdom in Rom (8. Dezember 1985). An diesem Tag weihte Papst Johannes Paul II. zum Abschluß der außerordentlichen Synode die Welt zum vierten Mal innerhalb von vier Jahren der "Heiligen Jungfrau Maria". (*The Fatima Crusader*, Feb./Apr. 1986)

Die Jungfrauenstatue, umgeben von Tausenden von Anbetern.

"Denn viele Verführer sind in die Welt hinausgegangen, die nicht Jesus Christus, im Fleisch gekommen, bekennen ... Jeder, der weitergeht und nicht in der Lehre des Christus bleibt, hat Gott nicht; wer in der Lehre bleibt, der hat sowohl den Vater als auch den Sohn. Wenn jemand zu euch kommt und diese Lehre nicht bringt, so nehmt ihn nicht ins Haus auf und grüßt ihn nicht! Denn wer ihn grüßt, nimmt teil an seinen bösen Werken."
2. Johannes 7-11

Gottes Wort könnte nicht klarer sein. **Jeder**, der nicht im wahren Evangelium des Jesus Christus der Bibel lebt, ist **nicht** gerettet. Wenn du deinen katholischen Freunden diese Wahrheit **nicht** sagst, sondern eine falsche Freundschaft mit ihnen aufrechterhältst, dann bist du "Teilhaber" im bösen, dem Götzendienst hingegebenen System des römischen Katholizismus – damit praktizierst **du** Hexerei.

Kapitel 12

Prüfe die Geister
in christlichen Gemeinden

"Geliebte, glaubt nicht jedem Geist, sondern prüft die Geister, ob sie aus Gott sind; denn viele falsche Propheten sind in die Welt ausgegangen. Hieran erkennt ihr den Geist Gottes: Jeder Geist, der Jesus Christus, im Fleisch gekommen, bekennt, ist aus Gott; und jeder Geist, der nicht Jesus bekennt [engl. der nicht bekennt, daß Jesus Christus im Fleisch gekommen ist], ist nicht aus Gott; und dies ist der Geist des Antichrists, von dem ihr gehört habt, daß er komme, und jetzt ist er schon in der Welt."

1. Johannes 4:1-3

Weil das Volk Gottes diese Anweisung, nämlich die Geister zu prüfen, mißachtet hat, die uns die Schrift hier gibt, ist schon furchtbarer Schaden angerichtet worden. Gottes Wort spricht sehr eindeutig darüber, daß in diesen letzten Tagen, in denen wir jetzt leben, Satan seinen Schwerpunkt auf Verführung legen wird, und zwar auf eine Verführung **innerhalb** der christlichen Gemeinden.

"Der Geist aber sagt ausdrücklich, daß in späteren Zeiten manche vom Glauben abfallen werden, indem sie auf betrügerische Geister und Lehren von Dämonen achten ..."   1. Timotheus 4:1

"Denn solche sind falsche Apostel, betrügerische Arbeiter, die die Gestalt von Aposteln Christi annehmen. Und kein Wunder, denn der Satan selbst nimmt die Gestalt eines Engels des Lichts an; es ist daher nichts Großes, wenn auch seine Diener die Gestalt von Dienern der Gerechtigkeit annehmen; und ihr Ende wird ihren Werken entsprechen."   2. Korinther 11:13-15

Leider sind die Christen viel zu leichtgläubig. Sie glauben jedem und allem, was aus der geistlichen Welt zu kommen scheint oder übernatürlich aussieht und ordnen es sofort Gott zu. Sie mißachten die ernsten Warnungen völlig, die sich durch die ganze Schrift hindurchziehen, daß nämlich Satan in unseren Tagen falsche Lehren verbreiten wird, Wunder tun wird und falsche Worte der Erkenntnis, falsche Prophetien und eine falsche Frömmigkeit bewirken wird. Sie folgen blindlings irgendwelchen Führern, nur weil sie eine Gnadengabe besitzen und akzeptieren dann alles, was diese sagen. Sie halten sie für Diener Gottes, nur weil sie vom HERRN sprechen, wie Diener Gottes aussehen und sich auch so verhalten. Sehr wenige Menschen nehmen sich die Zeit, genau zu prüfen, was ihr Pastor sagt, oder selbst in den Schriften zu forschen. Nie prüfen sie die Geister. Sie machen die folgenschwere Annahme, daß jeder, der die Worte "HERR" oder "Christus" oder sogar "Jesus" gebraucht, automatisch den Gott und Jesus der Bibel meint. Das ist ein folgenschwerer Irrtum!

Wir leben in einer gefährlichen Zeit. Jeden, der behauptet, Gott zu dienen, müssen wir dazu auffordern, uns genau zu erklären, **welchem** Gott er dient. Wenn er dir nicht ohne Zögern sagen kann, daß er **dem Jesus dient, der der allein wahre und allmächtige Gott ist,** geboren von einer Jungfrau, der im Fleisch auf dieser Erde ein sündloses Leben führte, am Kreuz für unsere Sünden starb, am dritten Tag aus dem Grab auferstand und jetzt im Himmel zur Rechten Gottes des Vaters sitzt, dann dient er **nicht** dem einen wahren Gott.

Das Prüfen der Geister in christlichen Gemeinden ist ein Thema, über das nur wenige Leute sprechen wollen. Wir müssen dieses Thema aber ansprechen, vor allem deshalb, weil uns die Bibel so klar zu verstehen gibt, daß Satan durch falsche Lehren und verführerische (= betrügerische) Geister wirken wird. Wir müssen uns klarmachen, daß diese Geister in **allen** christlichen Gemeinden zugegen **sind.** Satan wird versuchen, auf jede ihm nur mögliche Art und Weise Irrtümer in jede christliche Gemeinde zu bringen, egal welche Lehrmeinung sie besitzt.

Ich möchte hier klar herausstellen, daß ich nicht versuche, bestimmte Lehren oder Denominationen zu kritisieren. Ich möchte nur über ein paar Praktiken sprechen, die bei einer großen Anzahl christlicher Gemeinden üblich sind, und auf einige Gefahren hinweisen. Ich kann nicht genug betonen, wie wichtig es ist, ständig das Wort Gottes zu studieren und alles, was in deiner Gemeinde gelehrt wird, im Gebet zu bewegen. Wir müssen wachsam sein und die Geister prüfen und uns häufig vor Gott niederwerfen, um Ihn zu bitten, uns Satans Täuschungsmanöver zu offenbaren. Bitte, laßt mich euch sagen, es gibt nur **eine einzige** Bibel. Du wirst in jedem Buch, das du liest, Dinge finden, mit denen du nicht einverstanden bist, auch in jeder Gemeinde, die du besuchst. Es gibt nur ein vollkommenes Buch: die Bibel. Wir müssen jedoch ständig darauf achten, daß wir nicht auf Lehren und Gebräuche hereinfallen, die uns für dämonische Einflüsse öffnen und die die Herrlichkeit von Jesus Christus, unserem HERRN, verringern wollen.

Das Auflegen von Händen

In vielen christlichen Gemeinden ist das "Auflegen von Händen" sehr gebräuchlich. Die biblische Grundlage für diese Praxis finden wir in vielen Stellen des Neuen Testaments.

"Ist jemand krank unter euch? Er rufe die Ältesten der Gemeinde zu sich und sie mögen über ihm beten und ihn mit Öl salben im Namen des Herrn. Und das Gebet des Glaubens wird den Kranken retten, und der Herr wird ihn aufrichten, und wenn er Sünden begangen hat, wird ihm vergeben werden. Bekennt nun einander die Vergehungen und betet füreinander, damit ihr geheilt werdet; viel vermag eines Gerechten Gebet in seiner Wirkung."
Jakobus 5:14-16

"Ananias aber ging hin und kam in das Haus; und er legte ihm die Hände auf und sprach: Bruder Saul, der Herr hat mich gesandt, Jesus – der dir erschienen ist auf dem Weg, den du kamst –, damit du wieder sehend und mit dem Heiligen Geist erfüllt werdest."
Apostelgeschichte 9:17

"Sie verweilten nun lange Zeit und sprachen freimütig in dem Herrn, der dem Wort seiner Gnade Zeugnis gab, indem er Zeichen und Wunder geschehen ließ durch ihre Hände."
Apostelgeschichte 14:3

"Es geschah aber, daß der Vater des Publius, von Fieber und Ruhr befallen, darniederlag. Zu dem ging Paulus hinein, und als er gebetet hatte, legte er ihm die Hände auf und heilte ihn."
Apostelgeschichte 28:8

"Deshalb wollen wir das Wort vom Anfang des Christus lassen und uns der vollen Reife zuwenden und nicht wieder einen

Grund legen mit der Buße von toten Werken und dem Glauben an Gott, der Lehre von Waschungen und der **Handauflegung**, der Totenauferstehung und dem ewigen Gericht. Und dies wollen wir tun, wenn Gott es erlaubt." Hebräer 6:1-3

Darüber hinaus gibt es dazu jedoch eine Schriftstelle, die meistens übersehen wird:

"Die Hände lege niemand schnell auf, und habe nicht teil an fremden Sünden. Bewahre dich selbst rein." 1. Timotheus 5:22

Ich bin überzeugt, daß die Praxis des Händeauflegens deshalb in unseren Tagen so beliebt geworden ist, weil sie der Person, die sie ausführt, zu einem Egotrip verhelfen kann. Es ist unvermeidlich, daß die Handlung selbst ein gewisses Maß an Aufmerksamkeit auf die Person lenkt, die ihre Hände auf jemand anders legt. Deswegen müssen wir auf diesem Gebiet so vorsichtig sein – unser natürliches Ich möchte die Ehre und Aufmerksamkeit auf sich selbst lenken und nicht auf Gott. Aus diesem Grund nutzt Satan dieses Gebiet sehr häufig zu seinen Gunsten aus, und ich muß sagen, er ist dabei recht erfolgreich. In der Bibel werden die Leute, die Hände auflegen, immer als Älteste oder Leiter beschrieben, die **bewährte** Diener Gottes waren. Außerdem ermahnt uns die zitierte Schriftstelle aus Timotheus zur Vorsicht, darauf zu achten, **wem** wir die Hände auflegen. Es kann in der einen wie in der anderen Richtung viel Übel angerichtet werden.

Lieber Leser, laß dich bitte warnen! Sei zum einen vorsichtig, **wem** du erlaubst, dir die Hände aufzulegen, sei aber zum anderen auch vorsichtig damit, **wem** du **deine** Hände auflegst. Wenn du dich jemandem unterstellst, den du nicht wirklich kennst, kannst du dich dadurch direkt einer Übertragung durch Dämonen öffnen. Das ist eine Taktik, der sich Satan vor allem in charismatischen Gemeinden bedient. Wie viele Männer und Frauen, die durch das ganze Land reisen und angeben, Diener Gottes zu sein und zahllosen Menschen ihre Hände auflegen, sind in Wirklichkeit Diener Satans! Wir wären total entsetzt, wenn wir es wüßten! Vergiß nicht, Satan versucht alles nachzumachen, was Gott tut **und** Satan und seine Dämonen **können** Wunder bewirken.

"Denn es werden falsche Christi und falsche Propheten aufstehen
und werden große Zeichen und Wunder tun, um so, wenn möglich, auch die Auserwählten zu verführen." Matthäus 24:24

Das Händeauflegen ist eine bei okkulten Ritualen gebräuchliche
Praktik, um Dämonen zu übertragen. Ich möchte euch als Beispiel
einen Vorfall aus einer christlichen Gemeinde erzählen.

Lea (ihr Name wurde geändert) ist eine Frau Ende dreißig. Vor
sechzehn Jahren war sie eine heroinabhängige Prostituierte in Los
Angeles. Eines Nachts hielt sie jemand auf der Straße an, gab ihr
ein Traktat und verkündete ihr das Evangelium. Sie war so überführt, daß sie in ihr Zimmer ging, auf ihre Knie fiel und weinte.
Sie bereute ihre Sünden und bat Jesus, ihr zu vergeben und sie zu
reinigen. Lea erzählte, daß sie während der nächsten Stunde das
gräßlichste Zeug, das sie je gesehen hatte, heraushustete. Sie wußte,
daß sie von Dämonen besessen war und erkannte, daß der HERR
alle Dämonen aus ihr ausgetrieben hatte. Sie hörte sofort auf
Heroin zu nehmen, ohne dabei einen "cold turkey" oder auch nur
eine einzige Entzugserscheinung zu haben.

Am anderen Morgen kaufte sich Lea eine Bibel. Die nächsten drei
Monate verbrachte sie damit, Gottes Wort zu lesen. Zum ersten
Mal in ihrem Leben gelang es ihr, eine feste Anstellung zu bekommen, die sie auch behielt. Vier Monate nachdem sie Jesus als ihren
HERRN und Heiland angenommen hatte, ging sie wieder zurück
auf die Straße. Doch dieses Mal führte sie die Zuhälter und Prosti-
tuierten zum HERRN. Ihr ganzes Leben hatte sich verändert! Es
bereitete ihr Freude, Gottes Wort zu lesen, zu beten und Sein Werk
zu tun. Der HERR sprach zu ihr durch den Heiligen Geist und
führte sie von einem Tag zum anderen. Wenn ich je eine Person
gesehen habe, von der ich sagen kann, daß sich in ihr die Kraft
des Heiligen Geistes zeigte, dann ist es Lea.

Ungefähr zehn Monate nach ihrer Bekehrung, als sich Lea nach einer Gemeinde umsah, traf sie eine Frau, die vorgab, eine Christin
zu sein. Diese Frau stellte ihr die Frage, ob sie schon die "Taufe
im Heiligen Geist" empfangen hätte. Lea wußte nicht, was das war,
da sie jedoch alles wollte, was der HERR ihr geben wollte, hörte
sie der Frau zu. Die Frau nahm sie mit zu sich nach Hause, legte
Lea die Hände auf und versuchte, sie dazu zu bringen, in Zungen
zu reden. Nichts geschah. Lea wurde von Schuldgefühlen überwäl-

tigt, weil die Frau ihr sagte, daß sie den Heiligen Geist betrübe. Die Frau beschuldigte Lea, sie würde sich weigern, den Heiligen Geist durch sich in Zungen sprechen zu lassen. Dann bat sie Lea mit ihr am folgenden Abend in die Gemeinde zu gehen. Ein Gastredner war in der Stadt und man sagte Lea, daß er ihr nach dem Gottesdienst die Hände auflegen würde, dann würde sie die Gabe des Heiligen Geistes empfangen und in Zungen sprechen. Lea wußte durch ihr intensives Bibelstudium, daß so etwas Ähnliches in Samaria geschehen war. Laßt uns diese Bibelstelle näher betrachten:

> "Als sie aber dem Philippus glaubten, der das Evangelium vom Reich Gottes und dem Namen Jesu Christi verkündigte, wurden sie getauft, sowohl Männer als Frauen. ... Als die Apostel in Jerusalem gehört hatten, daß Samaria das Wort Gottes angenommen habe, sandten sie Petrus und Johannes zu ihnen. Als diese hinabgekommen waren, beteten sie für sie, damit sie den Heiligen Geist empfangen möchten; denn er war noch auf keinen von ihnen gefallen, sondern sie waren allein getauft auf den Namen des Herrn Jesus. Dann legten sie ihnen die Hände auf, und sie empfingen den Heiligen Geist." Apostelgeschichte 8:12-17

Beachte bitte, daß die Schrift hier nicht ausdrücklich erwähnt, daß sie anschließend in Zungen gesprochen haben. Lea war auch **nicht** bekannt, wie man die Geister nach 1. Johannes 4:1-2 prüft. Lea ging an diesem Abend mit großen Erwartungen zum Gottesdienst. Nach dem Gottesdienst ging sie nach vorne, kniete sich nieder, und der Mann, der an diesem Abend den Gottesdienst hielt, legte ihr seine Hände auf und betete. Lea sagte, als er betete, war es ihr, als ob ein Feuerball in ihren Magen einschlagen würde und zwar mit solch einer Wucht, daß sie rückwärts auf den Boden fiel. Das Feuer breitete sich in ihrer Brust aus, und sogleich fing sie an in Zungen zu sprechen. Alle freuten sich und sagten, daß sie nun den Heiligen Geist empfangen hätte.

Während des nächsten Jahres erwies es sich jedoch, daß sie einen **unheiligen** Geist empfangen hatte. Die Schwierigkeiten begannen fast augenblicklich danach. Sie hatte ständig Magen- und Darmbeschwerden, die von den Ärzten weder diagnostiziert noch geheilt werden konnten. Es wurde für sie schwierig, die Stimme des HERRN zu hören und die Bibel zu lesen. 16 Jahre nach ihrer Bekehrung, als ich ihr begegnete, war sie völlig unfähig, sich länger als ein bis zwei Minuten hintereinander zu konzentrieren, um die Bibel zu lesen. Die einzige Möglichkeit für sie zu beten war das Zungengebet. Sie war sehr krank, entmutigt und niedergeschlagen. Ich erkannte, daß Lea höchstwahrscheinlich einen Dämon hatte, der eine falsche Zungensprache bewirkte. Ich fragte sie, ob sie zu jeder Zeit in Zungen sprechen könne. Sie erwiderte: "Ja". So bat ich sie, in Zungen zu sprechen und damit fortzufahren, ohne sich um das zu kümmern, was ich sagen würde.

Als Lea anfing in Zungen zu sprechen, sagte ich das Folgende: "Du Geist, der du durch Lea in Zungen sprichst, im Namen Jesu Christi, meines HERRN und Heilandes, befehle ich dir, mir zu sagen, was du über Jesus zu sagen hast und welchem Jesus du dienst!"

Lea war entsetzt, als Flüche aus ihrem Mund herauskamen. Sie hielt sich die Hand vor den Mund, um den Wortschwall aufzuhalten. Der Geist, der in Zungen sprach, hatte den Test nicht bestanden. Es war ganz offensichtlich ein Dämon! Lea hatte einem Mann, den sie nicht kannte, erlaubt, ihr die Hände aufzulegen, und dann hatte sie alles, was ihr widerfuhr hingenommen, ohne den Geist zu prüfen, den sie empfangen hatte. 16 Jahre lang hatte sie gelitten, weil sie die Notwendigkeit, die Geister zu prüfen, nicht gekannt hatte. Du wirst vielleicht fragen: Wie konnte ein Dämon mit falschen Zungen in Lea hineinkommen, da sie doch Christin war? War sie nicht beschützt?

Die Antwort lautet "nein", weil sie den Geboten Gottes, die Er in der Bibel gibt, ungehorsam war. Sie unterstellte sich einer Person, die sie nicht kannte und nahm einfach alles an, was ihr diese Person gab. Außerdem mißachtete sie Gottes Wort, weil sie den Geist, den sie empfangen hatte, nicht geprüft hatte, um sicher zu sein, ob es der Heilige Geist war.

Um nun von den Dämonen loszukommen, bat Lea den HERRN ganz einfach, ihr zu vergeben, weil sie Sein Wort nicht vollständig befolgt hatte. Dann sprach sie den Dämon der falschen Zungen laut an und befahl ihm, sie im Namen Jesu Christi zu verlassen. Ihre Magen- und Darmbeschwerden wurden auf der Stelle geheilt. Sechs Monate nachdem sie den Dämon hinausgeworfen hatte, hörte ich wieder von ihr. Voller Freude erzählte sie mir, daß sie die Bibel wieder ohne jede Belästigung lesen könnte und daß ihre Beziehung zum HERRN enger wäre als je zuvor. Sie konnte frei und freudig beten.

Wie viele Menschen haben wohl einen Dämon empfangen, der falsche Zungen oder Weissagung usw. bewirkt, weil sie sich von jemandem die Hände auflegen ließen, der kein wahrer Diener Gottes war? Wie viele wurden durch Dämonen geheilt, weil sie dem gleichen Irrtum verfielen? Der HERR hat in dieser Angelegenheit mit Elaine und mir sehr eindringlich geredet. Wir erlauben niemandem, uns die Hände aufzulegen, wenn wir nicht die ausdrückliche Zusicherung des HERRN haben, daß es Sein Wille für uns ist. Oft sind wir versucht, aus reiner Höflichkeit den Leuten zu erlauben, uns die Hände aufzulegen, weil wir niemanden verärgern wollen. Ein wahrer Diener Gottes wird nicht verletzt sein, wenn du ihm erklärst, daß du nicht die Zustimmung des HERRN hast, daß er dir die Hände auflegt. Falsche Diener dagegen werden sehr ärgerlich werden. Demut ist das Zeichen eines wahren Dieners des HERRN. Wir leben in gefährlichen Zeiten. Sei sehr vorsichtig, **wem** du dich und deine Kinder unterstellst. Es gibt viele Wölfe im Schafspelz.

Zeichen und Wunder

Meine Sorge über die Romanze zwischen Christen und Wundern wächst ständig. Ein hoher Prozentsatz der Christen ist nur auf Wunder aus. Irgendwie haben sie die Vorstellung, daß sie ohne Probleme und mit Leichtigkeit durchs Leben gehen können, wenn sie Gott befehlen, ein Wunder nach dem anderen zu tun, um jeden ihrer Wünsche zu befriedigen. Diese Haltung hat Jesus direkt angesprochen, als Er hier auf der Erde war.

> "Ein böses und ehebrecherisches Geschlecht verlangt nach einem Zeichen, und kein Zeichen wird ihm gegeben werden als nur das Zeichen Jonas. Und er verließ sie und ging hinweg."
>
> Matthäus 16:4

"Ein böses und ehebrecherisches Geschlecht" ist ganz sicher die Beschreibung für die jetzigen Zustände in unserer Welt. Zu viele suchen nur Erleichterung von ihren Problemen, statt nach dem Willen Gottes für ihr Leben zu fragen. Wir müssen aufpassen, daß uns unser Verlangen nach Bequemlichkeit und Erleichterung von

Schmerzen nicht dahin bringt, Wunder aus der falschen Quelle anzunehmen.

> "Es werden aber falsche Christi und falsche Propheten aufstehen und werden Zeichen und Wunder tun, um, wenn möglich, die Auserwählten zu verführen. Ihr aber, seht zu! Siehe, ich habe euch alles vorhergesagt." Markus 13:22-23

Ganz sicher haben wir einen Gott, der Wunder tut. Zu viele Christen sind jedoch der Meinung, daß einfach alle Wunder von Gott kommen. Sie machen da einen furchtbaren Fehler! Die Bibel dagegen ist klar. Auch Dämonen können heilen. Sie können alle Werke des Heiligen Geistes nachmachen und sind damit in diesen letzten Tagen auch eifrig beschäftigt.

Es ist bekannt, daß buddhistische Priester, afrikanische Zauberärzte, indianische Medizinmänner und andere in vielen Teilen der Welt Wunderheilungen zustande bringen können. Das New Age mit seiner westlichen Version des Hinduismus bietet uns jetzt eine erstaunliche Vielfalt dämonischer Wunder an. Und die katholische Kirche steht ihnen, was Wunder anbetrifft, um nicht viel nach. Sogar die "Stigmata", ein falsches, dämonisches Wunder, das in der katholischen Kirche seit Jahren anerkannt ist, wird nun auch von einigen christlichen Gemeinden akzeptiert, besonders innerhalb der Charismatischen Bewegung.

Wie können wir nun all diese falschen Wunder von den echten unterscheiden? Oft ist der einzige Weg der, den HERRN direkt um Führung zu bitten. Es gibt jedoch auch einige Merkmale, an denen wir uns orientieren können.

Geschehen die Heilungen, usw. immer dann, wann die Person, die diese Gabe angeblich hat, es will? Gott heilt nur, wann **Er** will und nicht wann **wir** wollen!

Geschehen die Wunder so, daß sie die Aufmerksamkeit auf die Person lenken, durch die sie vollbracht werden? Der Heilige Geist kennt nur das eine Ziel, Jesus Christus zu verherrlichen. Er wirkt nie so, daß dabei einem Menschen Ehre zuteil wird; das bringt mich gleich zu einem weiteren Aspekt. Benützt die Person, die Wunder wirkt, ihre "Berufung", um über ihre Grundbedürfnisse hinaus Geld zu verdienen? Wenn dem so ist, dann ist sie kein wahrer Diener Gottes.

Viele Christen öffnen sich durch ihre Wundersucht für Dämonen. Prediger, die Zeichen und Wunder lehren, verfallen einer Irrlehre, wenn sie behaupten, daß Gott **immer** solche Zeichen tun möchte. Sie stehen unter dem Druck, Gott jedesmal und überall, wo sie über dieses Thema sprechen, dazu bringen zu müssen, Wunder zu wirken. Gott kann genauso in der Stille heilen wie auch bei öffentlichen Veranstaltungen, wo die dabei beteiligten Personen eine Menge Beachtung finden. Laß dich nicht durch "christliches Show-Business" einfangen!

Ich habe unzählige Menschen kennengelernt, deren Glaube Schiffbruch erlitten hat, weil falsche Diener Gottes ihnen gesagt hatten, daß sie deshalb kein übernatürliches Wunder erleben würden, weil es ihnen an Glauben mangelte oder weil in ihrem Leben Sünde sein müßte. Leider wird das Beispiel der drei "Freunde" Hiobs in vielen christlichen Gemeinden heute noch nachgeahmt. Die drei Freunde von Hiob sagten, daß sein Unglück nur daher käme, weil Sünde in seinem Leben wäre. In ihrer Torheit wußten sie nichts von dem, was sich gerade kurz vor der Tragödie im Himmel zwischen Satan und dem HERRN abgespielt hatte. Die Bibel sagt ganz deutlich, daß die Schwierigkeiten Hiobs durch keinerlei Sünde hervorgerufen worden waren.

Wie leicht ist es doch für einen Prediger, die Schuld derjenigen Person zuzuschieben, die keine übernatürliche Heilung erlebt, wenn er für sie betet. Natürlich steht der Prediger bei dieser Argumentation immer im guten Licht da, während der unglücklichen Person, die das Problem hat, die Schuld in "die Schuhe geschoben wird."

Es geschehen auch oft Wunder, doch wie schon gesagt, wir müssen immer zuerst alles prüfen und hinterfragen. Jesus sagte:

> "Nicht jeder, der zu mir sagt: Herr, Herr! wird in das Reich der Himmel eingehen, sondern wer den Willen meines Vaters tut, der in den Himmeln ist. Viele werden an jenem Tage zu mir sagen: Herr, Herr! Haben wir nicht durch deinen Namen geweissagt und durch deinen Namen viele Wunderwerke getan? Und dann werde ich ihnen bekennen: Ich habe euch niemals gekannt. Weicht von mir, ihr Übeltäter!"   Matthäus 7:21-23

Ganz offensichtlich muß ein Wunder nicht deshalb von Gott kommen, nur weil jemand **sagt**, daß er in Jesu Namen ein Wunder wirkt. In diesen Dingen müssen wir viel im Gebet ringen und immer wieder vor das Angesicht des HERRN kommen. Unsere größte Sicherheit finden wir im Gebet des HERRN: "Vater, **Dein Wille** geschehe, wie im Himmel, so auch auf Erden."

Die Zungensprache

Dies ist wahrscheinlich der Bereich, in dem Satan in unseren Tagen seinen größten Erfolg verzeichnen kann. Die Christen machen den fatalen Fehler anzunehmen, daß JEDE Zungensprache von Gott kommt. Was für ein Irrtum! Das Beispiel von Lea, das wir zuvor in diesem Kapitel erzählten, ist Beweis genug. Es ist kein Geheimnis, daß viele okkulte Rituale in Zungensprache abgehalten werden. Leute, die TM und viele andere östliche Meditationsformen ausüben, sprechen in Zungen. **Und** eine große Anzahl Christen, die unter starken Druck geraten, lernen einfach ein paar Phrasen auswendig, die sie dann in verschiedenen Kombinationen immer wieder wiederholen. Sie glauben dann, daß sie in Zungen sprechen.

"Und sie wurden alle mit dem Heiligen Geist erfüllt und fingen an, in anderen Sprachen zu reden, **wie der Geist ihnen gab** auszusprechen." Apostelgeschichte 2:4

"Es gibt aber Verschiedenheiten von Gnadengaben, aber es ist derselbe Geist; und es gibt Verschiedenheiten von Diensten, und es ist derselbe HERR; und es gibt Verschiedenheiten von Wirkungen, aber es ist derselbe Gott, der alles in allen wirkt. Jedem aber wird die Offenbarung des Geistes zum Nutzen gegeben. Dem einen wird durch den Geist das Wort der Weisheit gegeben, einem anderen aber das Wort der Erkenntnis nach demselben Geist; … einem anderen aber Weissagung, einem anderen aber Unterscheidung der Geister; einem anderen aber verschiedene Arten von Sprachen, einem anderen aber Auslegung von Sprachen. Dies alles aber wirkt ein und derselbe Geist **und teilt jedem besonders aus, wie er will.**" 1. Korinther 12:4-11

Dies ist ein Abschnitt in der Bibel, der meistens übersehen wird. Der Heilige Geist teilt seine Gaben aus "wie er will" und **nicht** wie wir Menschen wollen. Zu behaupten, der Heilige Geist wirke immer in der gleichen Weise, ist ein grober Irrtum. Ich persönlich kann in der Schrift keine Bestätigung für die Lehre finden, daß der Heilige Geist **in jedem Fall** jedem Christen die Gabe der Zungensprache verleiht. Leider neigen die meisten Christen, die diese Lehre akzeptieren dazu, das Prüfen der Geister, die in Zungen sprechen, recht nachlässig zu handhaben.

> "Wenn nun jemand in einer Sprache redet, so sei es zu zweien oder höchstens zu dritt und nacheinander, und einer lege aus. **Wenn aber kein Ausleger da ist, so schweige er in der Gemeinde**, rede aber für sich und für Gott."   1. Korinther 14:27-28

Durch Ungehorsam gegenüber dieser Schriftstelle haben sich Gemeinden für das massive Einströmen dämonischer Mächte geöffnet. Satanisten können mit Hilfe von Dämonen ohne weiteres in Zungen reden. Sie belegen die Gemeinde, den Pastor und die Leute mit Flüchen, ohne daß jemand merkt, was sie tun, weil es keine Auslegung gibt und weil die Geister nicht geprüft werden. Pastoren weigern sich, eine von Dämonen gewirkte Zungensprache zu prüfen oder zurückzuweisen, weil sie das Risiko, die Gemeinde zu verärgern und ihre Unterstützung zu verlieren, nicht eingehen wollen. Ich habe erlebt wie Dämonen, die eine falsche Zungensprache bewirkten, einen ganzen Gottesdienst mit allen möglichen, tränenreichen Theaterspielchen durcheinander brachten. Der Pastor machte keinerlei Anstalten, ihnen Einhalt zu gebieten, und außerdem legte auch niemand aus, was die Dämonen sagten. Das ist ein klarer Verstoß gegen Gottes Wort. Wie kann der HERR uns in unserem Ungehorsam segnen?

Die katholisch-charismatische Bewegung ist ein Fall für sich. **Niemand prüft** die Geister, die durch diese Leute in Zungen sprechen. Viele Christen haben diese Leute ohne weiteres mit offenen Armen empfangen und lassen sogar katholische Priester in ihren Gemeinden predigen odcer lehren. Was sagt aber Gottes Wort dazu?

> "Geht nicht unter fremdartigem Joch mit Ungläubigen! Denn welche Verbindung haben Gerechtigkeit und Gesetzlosigkeit? Oder welche Gemeinschaft Licht mit Finsternis? Oder welche Übereinstimmung Christus mit Belial?"   2. Korinther 6:14-15

In Kapitel 11 haben wir anhand von Dokumenten der römisch-katholischen Kirche klar herausgestellt, daß sie nach der Lehre ihrer Kirche **nicht** den Jesus der Bibel anbeten. Wenn dem so ist, **warum** heißen dann so viele Christen jene Prediger, die sich aktiv am Götzendienst der katholischen Kirche beteiligen, vorbehaltlos als

Brüder und Schwestern in Christus willkommen, ohne sie auf ihren Götzendienst hinzuweisen? Ich wiederhole: **Dämonen können in Zungen sprechen!**

> "'Ihr Schlund ist ein offenes Grab; mit ihren Zungen handeln sie trügerisch.' 'Otterngift ist unter ihren Lippen.' 'Ihr Mund ist voll Fluchens und Bitterkeit.'" Römer 3:13-14

Wenn ein Katholik in Zungen spricht, beweist das nicht, daß er mit dem Heiligen Geist erfüllt ist. So viele dieser kostbaren, katholischen Seelen glauben, errettet zu sein, nur weil sie in Zungen sprechen. Wie kann der Heilige Geist in einem System, das voller Götzendienst ist, wirken und sich offenbaren? Diejenigen, die in der katholisch-charismatischen Bewegung sind und wirklich anfangen, die Bibel zu lesen und zu studieren, werden bald erkennen, daß sie sich von der götzendienenden römisch-katholischen Kirche trennen müssen, wenn sie dem wahren Jesus der Bibel dienen wollen.

Der Heilige Geist wirkt mächtig, und Er teilt Seine Gaben an Sein Volk aus wie **Er will**. Aber Satan ist auf dem Vormarsch wie nie zuvor und versucht in der kurzen Zeit, die ihm noch bleibt, möglichst viele zu verführen und zu vernichten. Wir **müssen** immer auf der Hut sein und beständig die Geister prüfen.

Wenn du die Gabe der Zungensprache durch jemanden erhalten hast, der dir die Hände aufgelegt hat und du dich nun fragst, ob die Gabe wirklich von Gott ist oder nicht, dann kannst du die Situation klären, indem du ein einfaches Gebet, wie etwa das Folgende sprichst: "Vater, ich möchte Dir in Reinheit und in Wahrheit dienen. Wenn ich die Gabe der Zungensprache wirklich vom Heiligen Geist erhalten habe, dann danke ich Dir dafür. Wenn sie es aber nicht ist, dann lehne ich sie ab und widerrufe sie im Namen Jesu Christi, meines HERRN, und bitte Dich, sie mir wegzunehmen. Darum bitte ich Dich und danke Dir dafür in Jesu Namen."

Weissagung und Worte der Erkenntnis

Wieviel Schaden hat Satan auf diesem Gebiet angerichtet, zum einen direkt durch seine eigenen Diener, zum anderen aber **auch** durch Christen, die sich, ohne es zu wissen, seinem Machtbereich geöffnet haben!

Viel zu viele Christen sind der Meinung, sie müßten ihren Verstand "entleeren", damit der Heilige Geist durch sie sprechen und sie "lenken" kann. Glauben wir wirklich, daß der Heilige Geist zu schwach ist, sich über unseren aktiven Verstand hinwegzusetzen, um zu uns zu sprechen? Die Bibel fordert uns ganz klar auf, mit dem Heiligen Geist **aktiv** zusammenzuarbeiten. Wann immer wir unseren Verstand entleeren, wird der Geist, der dann durch uns spricht, aller Wahrscheinlichkeit nach **nicht** der Heilige Geist sein. Viele sogenannte Weissagungen von Leuten, die ihren Verstand entleert haben, sind in Wirklichkeit Weissagungen von Dämonen.

Wir dürfen **nie** ein Wort der Erkenntnis oder eine Weissagung annehmen, ohne die Bestätigung des HERRN zu suchen. Zum einen, ob sie der richtigen Quelle entstammen, und zum anderen müssen wir in der Heiligen Schrift forschen, um festzustellen, ob sie mit Gottes Wort übereinstimmen.

> "Propheten aber laßt zwei oder drei reden, und die anderen laßt urteilen." 1. Korinther 14:29

Diese Schriftstelle zeigt, daß die Propheten "beurteilt" oder überprüft werden müssen. Es gibt ein paar Merkmale, die uns helfen, dämonische Worte der Erkenntnis und dämonische Weissagungen zu erkennen.

1. Der Heilige Geist wird **niemals** einen Menschen verherrlichen. Aber der Heilige Geist wird auch **niemals** einen Christen einer Sünde bezichtigen, die bereits bekannt und vergeben ist. Dämonen tun beides mit Vorliebe.

2. Dämonen versuchen häufig ihre Glaubwürdigkeit zu untermauern, indem sie Ereignisse aus der Vergangenheit erzählen, die sonst niemand im Raum wissen kann. Dämonen wissen alles, was in unserem Leben geschehen ist, mit Ausnahme der Gedanken und Gesinnungen unseres Herzens. Zudem haben sie auch seit fast 6000 Jahren Erfahrung im Umgang mit Menschen. Sie können ganz gut erraten, was in den Gedanken eines Menschen vor sich geht, wenn sie für ein bestimmtes Zusammenspiel von Umständen sorgen. Denk daran, der Heilige Geist stellt sich **niemals** selbst in den Vordergrund. Er lenkt die Aufmerksamkeit **immer** auf Jesus. Das Erzählen vergangener Ereignisse oder Gefühle aus dem Leben einer Person ist eine sehr typische und gebräuchliche Vorgehensweise von Dämonen. Genau das tun auch die okkulten Hellseher und Medien.

3. Der Heilige Geist läßt dir immer Zeit, um die Anweisungen, die er gegeben hat, zu überprüfen. Die Dämonen drängen dich zu übereiltem Handeln, bevor du Zeit hast, die Anweisungen anhand von Gottes Wort zu überprüfen.

Bevor wir eine Weissagung oder ein Wort der Erkenntnis als vom HERRN kommend annehmen, müssen wir sorgfältig die Bestätigung des HERRN suchen und alles anhand der Bibel überprüfen.

Unser wunderbarer Gott möchte zu jedem von uns persönlich sprechen. Wir haben nur **einen** Priester, Jesus Christus. Wenn jemand häufig bei anderen Personen nach einem "Wort vom HERRN" sucht, ist das nur ein Beweis für die mangelnde Beziehung, die diese Person zum HERRN hat. Wir **müssen** solch eine Beziehung zum HERRN bekommen, daß wir Ihn direkt zu uns reden hören. Gott ist der einzige, auf den wir uns verlassen können; wir werden in ernsthafte Schwierigkeiten geraten, falls wir uns nur auf andere Menschen verlassen, wenn es darum geht, Gottes Willen zu erfahren. Das führt zu einer Priesterschaft, die in Gottes Augen ein Greuel ist.

> "Denn einer ist Gott und einer ist Mittler zwischen Gott und Menschen, der Mensch Jesus Christus."   1. Timotheus 2:5

"Das Fallen unter der Kraft des Heiligen Geistes"

Der Ausdruck, daß Menschen "unter der Kraft des Geistes fallen" ist in vielen charismatischen Gemeinden gebräuchlich. Das geht so vor sich, daß Leute nach vorne gehen und entweder mit Öl gesalbt werden oder jemand ihnen zum Gebet die Hände auflegt. Während des Gebets verlieren sie vollständig oder teilweise das Bewußtsein, so daß sie zu Boden fallen. Die Lehre besagt, daß "die Kraft des Heiligen Geistes in solchem Ausmaß über sie kommt, daß sie sich ihrer Umgebung und ihres natürlichen Körpers nicht mehr bewußt sind." Aus folgenden Gründen halte ich diese Praktik für sehr gefährlich.

Zuerst einmal kann ich keine Schriftstelle finden, die uns davon berichtet, daß der Heilige Geist uns bewußtlos macht. Ich finde dagegen Stellen, die uns auffordern, unseren Verstand zu kontrollieren (2. Korinther 10:5) und nüchtern und wachsam zu sein (1. Petrus 5:8). Wenn wir einen Zustand der Bewußtlosigkeit dulden, **egal von woher er auch kommen mag**, ohne dabei zuerst die Geister zu prüfen, öffnen wir uns direkt dem Eintritt von Dämonen.

Bei okkulten Ritualen und in den östlichen Religionen ist es sehr üblich, in einen Zustand der Bewußtlosigkeit zu verfallen. Diese Praxis kann sehr gefährlich sein, besonders für Leute, die aus dem Okkultismus herausgekommen sind. Larry (sein Name wurde geändert) ist ein solcher Fall.

Larry ist ein 29jähriger Mann, der seit seinem 15. Lebensjahr im Satanismus verwickelt war. Mit 21 Jahren wurde er Hoherpriester und bereiste die Vereinigten Staaten, um für die "Bruderschaft" zu vermitteln. Kürzlich nahm er Jesus Christus als seinen HERRN und Heiland an und erteilte Satan eine Abfuhr. Sein Kampf um Befreiung war heftig, denn er war von vielen mächtigen Dämonen besessen. Er hielt aber durch und wurde schließlich vollkommen befreit.

Zwei Wochen später waren plötzlich alle Dämonen wieder zurück. Ich habe mit Larry ausführlich gesprochen, um das Einfallstor herauszufinden, aber wir konnten keines entdecken. Eine Woche später waren sogar noch mehr Dämonen in ihm, und er befand sich in einem sehr schlechten Zustand. Schließlich fand ich den Schlüssel durch einen Freund, der in die gleiche Gemeinde wie Larry ging. An den letzten beiden Sonntagen war Larry nach vorne gegangen, um für sich beten zu lassen und hatte sofort das Bewußtsein verloren. Später fand ich sogar heraus, daß die Gemeindeglieder sehr beeindruckt waren über Larrys "Erfahrung mit dem Heiligen Geist", weil er fast eine halbe Stunde lang bewußtlos war. Dies war das Einfallstor. Larry hatte die Bewußlosigkeit geduldet **in der Annahme**, sie sei vom Heiligen Geist gewirkt, weil er sich in einer christlichen Gemeinde befand. Was ich unbedingt hinzufügen möchte, ist, daß ich den betreffenden Pastor persönlich kenne und Frieden darüber habe, daß dieser Mann ein wahrer Diener Gottes ist. Aber er prüft die Geister nicht, wie er es eigentlich tun sollte. Ich weiß jedoch von mindestens zwei Satanisten, die in diese Gemeinde eingedrungen sind. Was sollte sie davon abhalten, in die Leute, die zum Gebet nach vorne kommen, Dämonen zu schicken, die eine Bewußtlosigkeit bewirken? In dieser Gemeinde hielt sie leider nichts davon ab. Unwissenheit gepaart mit der Weigerung, die Geister zu prüfen, läßt diese Gemeinde weit offen sein für das böse Werk der Satanisten.

Larry wurde schließlich wieder völlig frei. Ungefähr nach einem Monat ging er wieder nach vorne, um für sich beten zu lassen. Als der Pastor aber diesmal für ihn betete, betete auch er selbst still für sich und band alle anwesenden Dämonen im Namen Jesu Christi. Larry duldete keinen erneuten Zustand der Bewußtlosigkeit und blieb so frei von Dämonen.

Vor Gott sind wir **immer** dafür verantwortlich, die Kontrolle über unseren Willen und Verstand zu behalten. Wir müssen aktiv mit dem Heiligen Geist zusammenarbeiten und müssen ebenso aktiv dem Teufel widerstehen. Dieser Kampf ist real! Wir können es uns zu keiner Zeit erlauben, passiv zu sein oder in unserer Wachsamkeit nachzulassen. Unser Feind ist mächtig, unwahrscheinlich intelligent und ein meisterhafter Betrüger.[*]

Bekenntnis des Glaubens

So ein Bekenntnis wird besonders in fundamentalistisch geprägten Gemeinden häufig praktiziert. Bei diesem Brauch gehen Leute, die sich der Gemeinde anschließen wollen nach vorne und wiederholen ein vorgesprochenes "Bekenntnis ihres Glaubens". Jeder Satanist kann so ein Glaubensbekenntnis ohne weiteres nachsprechen. Aus zwei Gründen halte ich diese Praktik für sehr gefährlich. Erstens kann jeder Satanist, wie bereits erwähnt, ein solches Glaubensbekenntnis nachsprechen oder ablesen. Zweitens kann auch jede unerrettete Person dies tun. Wenn eine Person nicht ohne Zögern klar darlegen kann, **warum** sie glaubt, errettet zu sein, dann hat sie von dem Ganzen so wenig verstanden, daß sie noch gar nicht errettet sein kann. Jesus hat gesagt, wenn wir uns Seiner vor den

---

[*] Allerdings ist es durchaus möglich, daß die Kraft des Heiligen Geistes so mächtig auf eine Person kommt, daß diese unter dieser Kraft nicht mehr stehen bleiben kann. (Anmerkung des Herausgebers)

Menschen schämen, dann wird auch Er Sich unser vor Seinem Vater schämen. Jeder, der Mitglied einer Gemeinde werden möchte, sollte in der Lage sein, seinen Glauben vor der Gemeinde mit seinen eigenen Worten zu bekennen. Wenn er so etwas Geringes nicht vor anderen Christen fertigbringt, wie kann er dann je vor unserem Feind bestehen oder einer verlorenen Welt gegenüber Zeugnis ablegen?

> "Seid nüchtern, wacht! Euer Widersacher, der Teufel, geht umher
> wie ein brüllender Löwe und sucht, wen er verschlingen könne."
>
> 1. Petrus 5:8

Laßt uns den guten Rat von Petrus demütig und im Gebet befolgen.

Kapitel 13

New Age
Prüfe die Geister – Gib Zeugnis

Die "New Age Bewegung" ist stark im Kommen und vertritt ein "Sammelsurium" an Lehren, einige davon hören sich sogar recht christlich an. Viele ihrer Lehren werden unter dem Deckmantel der Wissenschaft und der Medizin angepriesen, obwohl es sich in Wirklichkeit ganz einfach um Hindupraktiken handelt.

Bevor wir die New Age Bewegung verstehen können, müssen wir über die grundsätzlichen Lehren des Hinduismus sprechen. Es sind die folgenden:

1. Die ganze Welt und das Universum und alles, was sich darin befindet, **ist** Gott. Mit anderen Worten, Gott ist eine unpersönliche Kraft, aus der alles, was besteht, gemacht ist. Es gibt keinen Unterschied zwischen Geschöpf und Schöpfer, da beide eins sind. Dies ist die letzte und höchste Realität: Alles ist Teil einer formlosen, unaussprechlichen, unbekannten Kraft, die Brahman genannt wird. In der westlichen Welt wird Brahman oft als die "göttliche Kraft" bezeichnet. Brahman ist alles und alles ist Brahman. Das Ziel aller Hindus ist es, zur "Selbstverwirklichung" bzw. "Selbsterkenntnis" zu gelangen. Das bedeutet für sie zu erkennen, bzw. zu verwirklichen, daß sie selbst Brahman **sind.** Diese "Selbstverwirklichung" bzw. "Selbsterkenntnis" wird dann erlangt, wenn diese Leute lernen, ihren Geist zu beherrschen. Von dem menschlichen Geist wird angenommen, daß er Brahman **ist.** In Yoga-Handbüchern wird die Kontaktaufnahme und die Kontrolle über den menschlichen Geist oftmals als "Zustand des Gottesbewußtseins" beschrieben.

Brahman ist kein Gott so wie wir uns Götter vorstellen würden. Brahman ist sowohl alles und doch zugleich nichts. Wie du aus der Schwierigkeit, den Begriff Brahman zu erklären, ersehen kannst, läuft dieses ganze Konzept jeder Logik und unserem ganzen natürlichen Dasein entgegen. Um diesen Sachverhalt erklären zu können, wird der Begriff Maya verwendet.

2. *Maya* hängt mit dem hinduistischen Konzept zusammen, daß alles, was wir in unserem natürlichen Dasein sehen, berühren oder fühlen, nur eine Illusion ist, die in Wirklichkeit gar nicht existiert. Wenn ein Hindu einen fortgeschrittenen Zustand der "Selbstverwirklichung" bzw. "Selbsterkenntnis" erreicht hat, hat er sich aus der natürlichen Welt soweit in die geistliche Welt zurückgezogen, daß er sich der natürlichen Welt gar nicht mehr bewußt ist. Wenn dieser Zustand erreicht ist, kann die betreffende Person nicht mehr für sich selbst sorgen und hat keine Beziehung mehr zu seiner natürlichen Umgebung. Im Westen wird dieser Zustand in der Medizin als "Katatonie" bezeichnet. Diese Leute werden in Indien und anderen Ländern als große Götter verehrt. Die Verehrer kümmern sich um ihre körperlichen Bedürfnisse als ob sie Babys wären. Sie sprechen nie und bewegen sich auch nicht selbständig. Wir im Westen würden eine solche Person für vollkommen geistesgestört halten, und doch versuchen nun Millionen von Menschen in unserem Land, einen solchen Zustand zu erreichen.

3. Im Hinduismus wird die *Reinkarnation* als "Rad" des Lebens angesehen. Der Geist ändert sich nie, er wechselt nur die Körper von einem zum anderen Leben in einem endlosen Kreis von Wiedergeburten. Jede Person stirbt, um in einer anderen "Form" wieder auf die Welt zu kommen. Der östliche Hinduismus lehrt, daß eine Person als Käfer oder als Vogel oder sogar als Pflanze wiederkommen kann (Im New Age wird gelehrt, daß Menschen nur als Menschen wiedergeboren werden). Der einzige Ausweg von dieser schrecklichen Last der ständigen Wiedergeburten ist das Erlangen des Einsseins mit Brahman. Erst dann braucht die Person nach dem Tod nicht mehr wiedergeboren zu werden, sondern kann in einem gestaltlosen, geistlichen Zustand weiterexistieren. Es ist interessant, daß im Osten die Reinkarnation als Fluch angesehen wird, während sie im Westen zu einer Modeerscheinung und zu etwas Erstrebenswertem geworden ist.

4. *Karma* ist das hinduistische Gesetz von Ursache und Wirkung. Jede Handlung, jeder Gedanke und jedes Wort erzeugt eine Wirkung. Da diese Wirkungen nicht alle in einem Leben erfahren werden können, muß die Person ständig wiedergeboren werden, um alle Auswirkungen ihrer Handlungen aus den früheren Leben austragen zu können. Im großen und ganzen ist es jedoch unmöglich zu leben, ohne dabei auf irgendeine Art etwas zu tun, was dann noch mehr Karma entstehen läßt, das dann in einem zukünftigen Leben ausgetragen werden muß. Dieser Kreislauf hat kein Ende, und man kann ihm nicht entrinnen. Deshalb hilft das Erlangen eines Zustandes völliger Passivität oder der Rückzug aus der natürlichen Welt, diesen Teufelskreis des Karma zu durchbrechen. Karma kennt keine Vergebung, alle müssen für ihre eigenen Taten leiden. Und doch ist die göttliche Kraft, die Brahman genannt wird, alles und beinhaltet deshalb sowohl das Gute als auch das Böse. Sünde als solche gibt es nicht.

5. Es gibt nur einen Ausweg aus diesem schrecklichen, endlosen Kreislauf. Das ist der Zustand des *Nirwana*. Das Nirwana ähnelt unserer Vorstellung vom Himmel, es ist aber kein bestimmter Ort. Es ist eher ein Seinszustand. Es ist **Nichts**, von dem man annimmt, daß es eine Glückseligkeit ist, die daher rührt, daß man weder

Das Rad des Lebens und des Todes – im Hinduismus ein häufig verwendetes Symbol, um die Reinkarnation darzustellen, den ständigen Kreislauf von Geburt, Tod und Wiedergeburt, von dem der Mensch angeblich befreit wird, wenn er den Zustand der "Selbstverwirklichung" erreicht.

Freude noch Schmerz fühlt, weil die persönliche Existenz vollständig ausgelöscht wird. Wenn dieser Zustand erreicht ist, wird von der Person gesagt, sie sei von Brahman oder dem **reinen Sein**, einem "Zustand der Nichtsheit", absorbiert worden. Nur wenn der Mensch den Zustand des Nirwana erlangt, kann er endlich dem schrecklichen Kreislauf entkommen, in welchem er sein Karma in endlosen Reinkarnationen austragen muß.

6. Natürlich gibt es Tausende von Hindugöttern, da ja alles und jeder Gott **ist**. Es gibt jedoch einige, die mehr verehrt werden als andere. Einer der Hauptgötter heißt Shiva. Shiva ist ein Gott der Zerstörung. Er hat eine Frau namens Kali, die Muttergottheit von Macht, Krankheit und Tod. Auf Bildern wird Shiva mit einer Kobra, die sich um seinen Hals oder seinen Kopf windet, dargestellt. Die Schlange, eine Kobra, wird im Hinduismus ganz besonders verehrt. Es ist nicht ungewöhnlich, daß verschiedene Yogalehrer Shiva als "Gott des Lichts" bezeichnen und ihn sehr positiv darstellen. Man lehrt Yogaschülern, sich "nach Shiva oder dem Licht auszustrecken". Der durchschnittliche Yogaschüler des Westens hat keine Ahnung, wer oder was Shiva wirklich ist. Wenn sie sich nach dem "Licht Shivas" ausstrecken, strecken sie sich in Wirklichkeit nach einer dämonischen Gottheit aus.

Shiva – ein Hindugott der als Begründer des Yoga angesehen wird.

7. Im Hinduismus werden verschiedene Praktiken sehr genau angewendet, um so schneller den Zustand des Nirwana zu erreichen und um dem endlosen Rad der Wiedergeburten zu entkommen. *Yoga* und *Meditation* sind davon die wichtigsten. Das Wort Yoga bedeutet wörtlich "zusammenjochen" oder "zusammenbinden". Das Ziel von Yoga ist es, den Verstand zu entleeren, alle Bewegungen des Körpers einzustellen und alle Eindrücke der natürlichen Welt auszuschalten, um dadurch eine Vereinigung mit Brahman und somit den Zustand des Nichts zu erlangen. Die verschiedenen Yogaübungen sind dazu bestimmt, einen Trancezustand herzustellen, bei dem der Verstand ausgeschaltet wird. Dann, so nimmt man an, wird die Person in die Vereinigung mit Brahman "hinaufgezogen".

In Wirklichkeit öffnet der Mensch Einfallstore für Dämonen, wenn er meditiert, und damit seinen Verstand entleert. Diese Dämonen vermitteln ihm dann alle möglichen Erlebnisse in der unsichtbaren Welt und schmieden als Folge eine Verbindung zwischen Seele und Geist. Viele erleben eine Astralreise und treten in direkten Kontakt mit Dämonen, die die Gestalt der verschiedensten Hindugötter annehmen.

Brahman – eine der gebräuchlichen Darstellungen dieses Hindugottes, von dem behauptet wird, daß er alles in allem sei. Yoga zielt darauf ab, den Ausübenden mit Brahman zu vereinigen.

177

Beachte bitte, daß Yoga **nur ein Ziel** hat, nämlich die Vereinigung mit Brahman. Es kann nicht von der dämonischen Religion getrennt werden, aus der heraus es entstanden ist.

Bei uns in der westlichen Welt werden verschiedene Arten von Yoga angeboten: Das *Hatha Yoga*, das angeblich nur aus rein körperlichen Übungen besteht, das *Kundalini Yoga*, das vor allem in der Medizin Verwendung findet und von dem man sich die Heilung von Seele und Körper verspricht. Auch das *Tantra Yoga*, wird in der Medizin angewendet und erfreut sich bei Managern großer Firmen immer größerer Beliebtheit. Tantra Yoga ist purer Satanismus und schreckt auch nicht vor Menschenopfern zurück. Neulinge im Tantra Yoga wissen meistens nicht, auf was sie sich da einlassen. Alle möglichen, sexuell perversen Handlungen sind gerade in dieser Art des Yogas üblich. Es gibt noch viele andere Yogaarten. Im Hinduismus werden vor allem vier Hauptarten ausgeübt: *Karma Yoga, Bhakti Yoga, Jnana Yoga* und *Raja Yoga*. Je nach Wesensart eines Menschen finden diese vier Arten ihre Anwendung. **Jede** Yogaart hat jedoch nur ein Ziel:

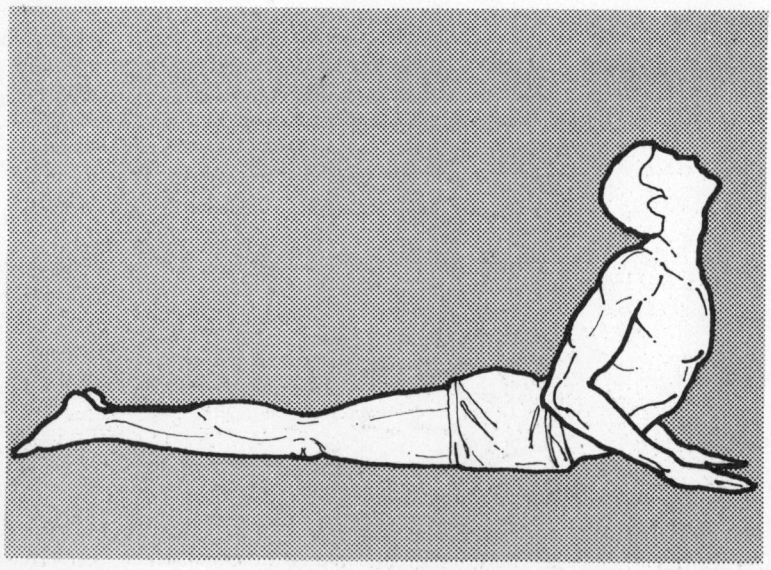

Die Kobra – eine gebräuchliche Yogaübung. "Während dieser Übung erwacht die Schlangengottheit (die Kundalini Kraft)."

"Alle Pfade (des Yoga) haben letztlich ein Ziel - die Vereinigung mit Brahman oder Gott - und jede einzelne Unterrichtsstunde muß auf dieses Ziel ausgerichtet sein, damit wahre Weisheit erlangt werden kann." (Lucy Lidell, *The Sivananda Companion to YOGA*, Fireside Books, 1983, S. 18)

Da Yoga in einer Vielzahl von Veröffentlichungen unter dem Deckmantel der **Wissenschaft** angeboten wird, übernehmen die Leute auch die damit verbundene Terminologie, ohne nachzuforschen, welche Bedeutung diese Begriffe in Wirklichkeit haben. Es gibt viele Bücher über Yoga, die in normalen Buchhandlungen unter der Rubrik "Gesundheit" und "körperliche Ertüchtigung" laufen. Sie sollten eigentlich unter der Rubrik "Religion" angeboten werden. Ich möchte einige dieser Begriffe erklären, um aufzuzeigen, was sie wirklich bedeuten.

Die Grundhaltungen oder Stellungen des Yogas werden *Asanas* genannt. Atemübungen spielen im Yoga eine große Rolle. Das richtige Atmen wird oft *Pranayama* genannt. Die Asanas und das Pranayama haben den Zweck, das Fließen von *Prana* zu erleich-

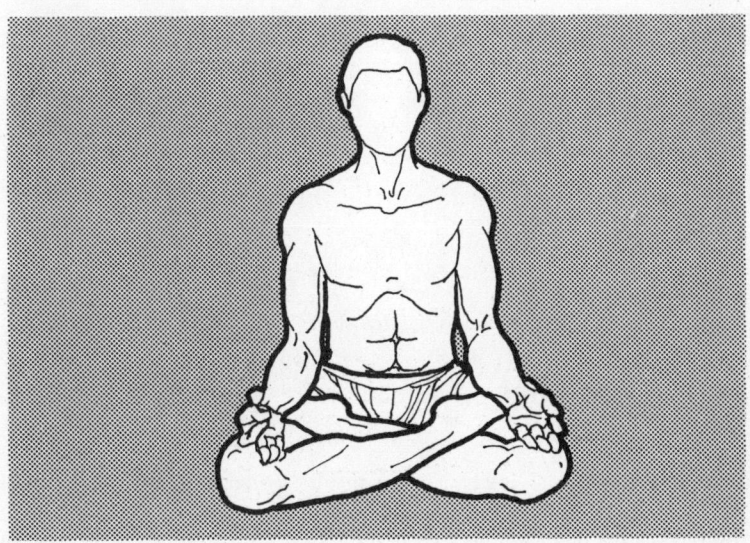

Der Lotussitz - eine Yogaübung, die die "Bewußseinsevolution" des Menschen symbolisiert. Diese Übung unterstützt das Fließen von Prana und hilft in der Meditation den "Verstand zu entleeren".

Surya Namaskar – auch "Sonnengruß" genannt. Eine Reihe von Übungen, die im Westen zum "Aufwärmen" beim Yoga dienen. Jede Übung ist eine Haltung der Anbetung des Sonnengottes (welcher in der Bibel als *Baal* bezeichnet wird). Üblicherweise werden die Übungen bei der Morgendämmerung mit Blick zur aufgehenden Sonne ausgeführt.

tern. Aber was bedeutet Prana? In den meisten Yogaanleitungen wird es einfach als "Lebensenergie" beschrieben, die durch den Körper fließen muß. Hinter dieser "Lebensenergie" verbirgt sich in Wirklichkeit ein **Geist**, genauer gesagt, ein dämonischer Geist! Laßt uns gemeinsam die Aussage eines Yogabuches betrachten und dann analysieren, was die Lebensenergie wirklich bedeutet.

> "Das letztendliche Ziel von Asanas als auch von Pranayama ist die Reinigung der Nadis oder Nervenstränge, damit Prana frei durch sie hindurchfließen kann, um den Körper für das Aufsteigen der Kundalini vorzubereiten, der höchsten kosmischen Kraft, die den Yogi zum Gott-Bewußtsein führt." (ebenda, S. 29)

Kannst du erkennen, was hier ausgesagt wird? Es besagt, daß die verschiedenen Stellungen und die Atemübungen den Körper vorbereiten, damit der Dämon, genannt Kundalini, direkt in den Körper eintreten und durch ihn hindurchfließen kann! **Yoga ist nur dazu da, den Übenden für den Eintritt von Dämonen zu öffnen.** Ich habe einige der gebräuchlichen Asanas (Yogastellungen) dargestellt, um ihren **wahren** Zweck und ihre wahre Bedeutung aufzuzeigen.

8. *Mantras* gebraucht man sowohl zur Anbetung der Götter, als auch beim Yoga und bei allen Formen der Meditation. (TM und Zen sind in den Vereinigten Staaten sehr beliebt geworden. Die gleiche Technik wird auch in New Age Kursen zur Verbesserung des Selbstbewußtseins und der Bewußtseinskontrolle, ebenso wie im Buddhismus, angewandt.)

Ein Mantra ist die schnelle Wiederholung einer Reihe von Worten oder Lauten. Es hat zwei Ziele: Erstens schafft es einen mystischen

Mala – eine Perlenschnur, die beim Wiederholen eines Mantras verwendet wird. Bei jeder Perle wird der Mantraspruch oder das "Gebet" wiederholt.

Zustand, der nichts anderes als ein Trancezustand ist, in dem der Verstand ausgeschaltet wird. Dies wiederum bewirkt, daß die Person in den direkten Kontakt mit der geistlichen Welt tritt. Zweitens glaubt man, daß das Mantra ein geistliches Wesen regelrecht "verkörpert". Beim Aussprechen der Worte entsteht dieses Wesen und betritt den Körper der Person, die das Mantra spricht. Mantras sind somit direkte Einfallstore, die die Person für Dämonen empfänglich machen.

> "Mantras sind Silben, Worte oder Sätze aus dem Sanskrit (altindische Sprache), die, wenn sie in der Meditation wiederholt werden, den einzelnen auf eine höhere Bewußtseinsebene bringen sollen [d.h. in Verbindung mit der geistlichen Welt] ... sie haben ein bestimmtes Versmaß und eine **leitende Gottheit** [Dämon] ..."
>
> (ebenda, S. 98)

Die Worte eines Mantras sind nicht besonders wichtig, wichtig ist vor allem die Wiederholung. Schnelle Wiederholungen helfen den Verstand zu entleeren. Wenn du diesen Mechanismus verstehst, begreifst du auch, welche Bedeutung die häufige Wiederholung von Sätzen und Refrains bei ALLEN Formen der Rockmusik und beim katholischen Rosenkranz hat. Du wirst dann auch verstehen, warum Jesus sagte, daß wir beim Beten nicht plappern sollen "wie die Heiden". Rockmusik liefert zahlreichen Menschen Mantras, durch die Dämonen herbeigerufen werden und durch die diese Menschen ihren entleerten Verstand für den Eintritt von Dämonen öffnen.

Es ist wichtig, diese grundlegenden Begriffe zu verstehen, weil es sonst unmöglich ist, jemandem, der dem Hinduismus oder der New

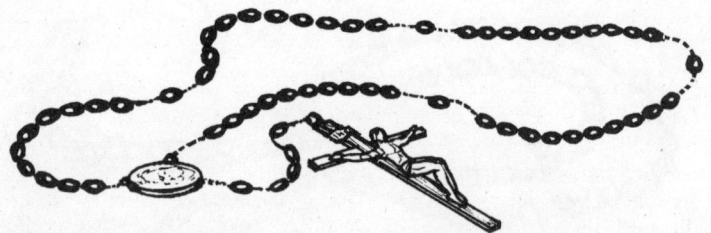

Rosenkranz – eine Kette mit "Gebetsperlen", die in der römisch-katholischen Kirche verwendet wird. Bei jeder kleinen Perle wird ein "Gegrüßet seist du Maria", bei jeder großen Perle ein "Vaterunser" aufgesagt, die gleiche Art von Wiederholung wie bei einem Mantra.

Age Bewegung angehört, vom Evangelium zu erzählen, bevor man nicht sogar das Wort "Gott" erklärt hat. Für sie bedeutet "Gott" ein unpersönliches Nichts, das gleichzeitig alles ist. Für uns ist Er der unverwechselbare, persönliche Schöpfer. Das gefährliche daran ist jedoch, daß diese grundlegenden Hindulehren in eine westliche Terminologie und sogar in christliche Begriffe eingekleidet worden sind. Besonders in die Medizin sind hinduistische Praktiken eingedrungen und werden als "Wissenschaft" ausgegeben. Yoga, Bio-Feedback, Alpha-Gehirnwellenkontrolle, Homöopathie, Akupunktur, ganzheitliche Medizin, all das entspringt dem Hinduismus und wird der Öffentlichkeit als Wissenschaft verkauft. Sogar im Bereich der Krebsforschung ist das sogenannte "Endatmen" (engl. "terminal breathing") und verschiedene Entspannungstechniken weit verbreitet und sie werden dem Patienten auf den Krebsstationen und in Sterbekliniken beigebracht. Diese Lehre hat das Ziel, dem Patienten zu vermitteln, wie er seinen Atem verlangsamen kann, bis er schließlich ganz aufhört. Somit stirbt der Patient früher als er normalerweise sterben würde. **Vergiß nicht, das Ziel von Yoga ist der körperliche Tod.**

Die Raffinesse, mit der hier vorgegangen wird, ist enorm! Bibelstellen werden aus dem Zusammenhang genommen und so lange verdreht, bis sie diese dämonischen Lehren scheinbar erhärten. Ich möchte ein paar Beispiele direkt aus der New Age Literatur geben, um zu zeigen, wie wichtig es ist, die New Age Geister zu prüfen. Die Anhänger der New Age Bewegung verwenden Begriffe wie "Christusbewußtsein", der "Christus in uns", die "göttliche Kraft", ja sogar den Begriff "Wiedergeburt". Ich zitiere hier einen der leitenden Autoren dieser Bewegung. Wenn du diesen Abschnitt aufmerksam liest, wirst du die versteckten Hindulehren erkennen:

"Heutzutage wird viel über "Wiedergeburt" gesprochen. In der Lehre Jesu bedeutet Wiedergeburt die Erkenntnis unserer eigenen Identität als ein Sohn Gottes - so wie er einer war! Er war (und ist) die Selbstdarstellung der unendlichen Macht des Universums - genauso wie du es auch bist. Der einzige Unterschied zwischen dir und Jesus ist, daß er die Wahrheit über sich selbst völlig erkannt hatte und du nicht - noch nicht. Es ist alles eine Sache des Standes. Er war ein Überwesen in Vollkommenheit. Du bist es erst potentiell. Aber vergiß nie eine seiner bedeutendsten Aussagen - 'Ich sage euch, ihr seid Götter.' Wie erkennen wir unsere Göttlichkeit? Jesus sagte: 'Ihr müßt eure Herzen verändern'. In unsere heutige Sprache übertragen heißt das: 'Verändert das Denkschema eures Unterbewußtseins, denn was das Unterbewußtsein glaubt, kommt in deinem Körper und in deinen Handlungen zum Vorschein.'" (John Randolph Price, *The Super Beings*, Quartus Books, 1981, S. 57)

Kannst du sehen, wie verführerisch das ist? Du kannst dich in Gesprächen mit Leuten der New Age Bewegung ständig im Kreis drehen, wenn du sie nicht auf eine exakte Definition "festnagelst", welchen Jesus und welchen Gott sie meinen. Sie glauben, daß wir Menschen GÖTTLICH SIND, genauso wie die Hindus glauben, daß jeder Mensch ein Teil von Brahman ist. Das Zitat "Ich sagte, ihr seid Götter." stammt aus Psalm 82. Die Leute der New Age Bewegung benützen diesen Text als Beweis unserer Göttlichkeit und Gleichheit mit Gott, unserem Schöpfer. Dieses spezielle Zitat bereitet vielen Christen Schwierigkeiten, wenn sie versuchen, solchen Leuten nahezubringen, daß sie einen Erlöser brauchen. Laßt uns diese Schriftstelle im Zusammenhang betrachten:

"Gott steht in der Gottesversammlung, inmitten der Götter richtet er. Bis wann wollt ihr ungerecht richten und die Gottlosen begünstigen? Schafft Recht den Geringen und der Waise, dem Elenden und dem Bedürftigen laßt Gerechtigkeit widerfahren! Rettet den Geringen und den Armen, entreißt ihn der Hand der Gottlosen! Sie erkennen nichts und verstehen nichts, im Dunkeln laufen sie umher. Es wanken alle Grundfesten der Erde. Ich sagte zwar: Ihr seid Götter, Söhne des Höchsten seid ihr alle! Doch wie ein Mensch werdet ihr sterben, wie einer der Obersten werdet ihr fallen." Psalm 82:1-7

Hier sind zwei wichtige Tatsachen enthalten, die die New Ager einfach übersehen. Erstens, der eine wahre Gott, der Schöpfer, ist umso viel erhabener als die Wesen, die Er als "Götter" bezeichnet, so daß Er sie sogar richtet und dazu verurteilt, **wie Menschen** zu sterben. Das allein zeigt schon einen klaren Unterschied zwischen Ihm und den Wesen, die Er als Götter und die Er als menschliche Wesen bezeichnet.

Zweitens, das hebräische Wort für "Götter", das in diesem Text gebraucht wird, bedeutet soviel wie "Magistrat" oder in anderen Worten Verwalter oder Herrscher, ein Begriff, der manchmal auch für Engel verwendet wird. (*Strongs Exhaustive Concordance*, Wort

430 auf hebräisch). Da ist ein riesiger Unterschied zwischen dem unendlichen Gott, der alles geschaffen hat, und den Wesen, die "Götter" genannt werden. Diese "Götter" sind Geschöpfe wie wir Menschen auch. Es handelte sich ganz offensichtlich um gefallene Engel, die dazu verdammt waren, wegen ihrer Bosheit wie Menschen zu sterben.

Jesus bezieht sich auf diese Schriftstelle in Johannes 10:35. Aber auch in Seinem Zitat stellt Er klar den Unterschied heraus zwischen diesen geschaffenen "Göttern" und dem Schöpfer Gott. Paulus bringt dieses Thema im Korintherbrief zu einem Abschluß.

> "Denn wenn es auch sogenannte Götter gibt im Himmel oder auf Erden - wie es ja viele Götter und viele Herren gibt -, so ist doch für uns ein Gott, der Vater, von dem alle Dinge sind und wir auf ihn hin, und ein Herr, Jesus Christus, durch den alle Dinge sind und wir durch ihn." 1. Korinther 8:5-6

Wiederum zeigt diese Schriftstelle deutlich, daß die "Götter" **Geschöpfe** sind, der **Schöpfer** aber ist der eine wahre Gott. Dieser Abschnitt stellt weiter fest, daß Jesus Christus der eine wahre Gott **ist**, weil alle Dinge durch diesen Jesus erschaffen wurden. Noch viele andere Schriftstellen kommen zu derselben Feststellung, wie z. B. Kolosser 1:12-18 und Johannes 1:1-5. Daher zeigt die Schrift ganz deutlich, daß die göttliche Natur von Jesus Christus völlig einzigartig ist und wir Menschen sie nie erreichen können. Wir werden immer Geschöpfe sein, während Jesus immer der Schöpfer bleiben wird.

Laßt uns noch ein weiteres Zitat betrachten, das die Lüge, wir Menschen seien göttlich, weiterführt.

> "Viele bedienen sich der Massenmedien, um so vom Podium aus im Namen der organisierten Religion und der Bibel zu sprechen, und das verleiht ihren Worten dann Glaubwürdigkeit. Wenn sie aber andere verdammen und verurteilen, wenn sie Selbsterniedrigung predigen, wenn sie die Massen gegen gewisse Teile der Gesellschaft aufhetzen, wenn sie mit allen möglichen Repressalien die Freiheit des einzelnen beschränken wollen und wenn sie Furcht vor Gott und Mißtrauen dem Menschen gegenüber verbreiten, dann lehren sie nicht die Wahrheit. ... Gott existiert und er stellt sich in der Gestalt der Menschen dar. Wenn der Mensch seine Identität erkennt, wird ein Geschlecht von Göttern das Universum als Söhne und Töchter des Allerhöchsten, des Vaters aller, beherrschen." (John Randolph Price, *The Super Beings*, S. 46-47)

"Für die meisten Menschen ist die Tür zur inneren Gegenwart Gottes geschlossen. 'Ich stehe vor der Tür und klopfe an' sagte der Christus durch Jesus. Bis diese Tür geöffnet wird, macht jede Seele eine entwicklungsbedingte Schule durch, und hier kommt dann auch das Gesetz des Karmas ins Spiel. Denkt daran, daß wir nur aus einem einzigen Grund hier sind und der ist der, zu des Vaters Haus zurückzufinden - um selbst der wahre Ausdruck des Unendlichen zu sein. Wenn sich unsere Seele weiterentwickelt, und unser Bewußtsein immer mehr Licht in sich aufnimmt, dann wird von uns gesagt, daß wir auf **dem Weg** sind ... wenn sich das Fundament [der Religion] auf die göttliche Gegenwart, die einzige unendliche Liebe, die einzige Macht, den einzigen Gott, das einzige Überwesen, den einzigen Vater, aufbaut, wobei jeder einzelne ein geistlicher Ausdruck des Einen ist und wenn das Einssein von Gott und Mensch das zentrale Thema ist, dann näherst du dich der erhabenen Religion, die von den Meistern gelehrt wird."   (ebenda, S. 44-45)

Beachte an dieser Stelle, daß dieser Teil der New Age Lehre zwischen "Christus" und "Jesus" einen Unterschied macht. Mit anderen Worten, sie leugnen die einzigartige Göttlichkeit Jesu, indem sie sagen, daß der "Christus" durch einen Menschen namens Jesus gesprochen hat. Sie leugnen, daß zwischen Jesus und uns übrigen Menschen ein Unterschied besteht. Sie behaupten, daß dieser Geist des "Christus" auch in Buddha, Mohammed, Krishna, usw. gewesen war.

Sie lehren, daß Gott eine unpersönliche "Macht" darstellt, die sich eines Weges bedienen muß, um ihre Existenz auszudrücken und erfahrbar zu sein. Sie lehren, daß jeder Mensch so ein Ausdruck Gottes ist und verwischen damit jeden Unterschied zwischen Geschöpf und Schöpfer. Das führt unweigerlich zu dem folgenden Schluß:

"Diese Männer und Frauen laufen nicht umher und spielen Gott. Sie **sind** Gott."   (ebenda, S. 27)

"Der Geist Gottes ist da, wo du bist – in dir, um dich herum, durch dich – es **ist dein Geist**."   (ebenda, S. 34)

Und schließlich zu dem allergrößten Irrtum:

"Der Begriff der "Erbsünde" ist total falsch ... die erhabene Religion hat nichts mit Sünde zu tun, sondern nur mit der geistlichen Entfaltung des Menschen." (ebenda, S. 12)

Wo es keine Sünde gibt, wird auch kein Erlöser benötigt. Aber die
Bibel sagt, daß wir **alle** gesündigt haben.

"Denn alle haben gesündigt und erlangen nicht die Herrlichkeit
Gottes". Römer 3:23

"Wie geschrieben steht: Da ist kein Gerechter, auch nicht einer."
Römer 3:10

All das läßt sich auf die erste Versuchung im Garten Eden zurück-
führen:

"Da sagte die Schlange zur Frau: Keineswegs werdet ihr sterben!
Sondern Gott weiß, daß an dem Tag, da ihr davon eßt, eure
Augen aufgetan werden und **ihr sein werdet wie Gott**, erken-
nend Gutes und Böses." 1. Mose 3:4-5

Was Satan Eva verheimlichte war, daß die "Götter", denen sie
dann gleich werden würde, nichts anderes als Dämonen waren!
Diese betrügerische Lehre, daß Menschen göttlich sind und zwischen Geschöpf und Schöpfer kein Unterschied besteht, wird im
Römerbrief treffend zusammengefaßt.

"Indem sie sich für Weise ausgaben, sind sie zu Narren geworden und haben die Herrlichkeit des unverweslichen Gottes verwandelt in das Gleichnis eines Bildes vom verweslichen Menschen und von Vögeln und von vierfüßigen und kriechenden Tieren. Darum hat Gott sie dahingegeben in den Gelüsten ihrer Herzen in Unreinigkeit, ihre Leiber untereinander zu schänden, sie,
welche die Wahrheit Gottes in die Lüge verwandelt **und dem
Geschöpf Verehrung und Dienst dargebracht haben statt dem
Schöpfer**, der gepriesen ist in Ewigkeit." Römer 1:22-25

Diese New Age Lehren überschwemmen die Vereinigten Staaten
und den Rest der westlichen Welt. Eine große Anzahl unserer
politischen Führer akzeptiert diese Lehre. Führende Unternehmer
vieler großer Firmen besuchen Kurse und beteiligten sich an der
Verbreitung dieser hinduistischen Philosophie, indem sie sie als
wissenschaftliche Selbsthilfekurse anbieten. Sogar unser Schulwesen
ist bereits von diesem Gedankengut durchdrungen.

Mit diesem Wissen sollten wir als Christen die Einstellung der Führer der New Age Bewegung dem Christentum gegenüber nüchtern betrachten. Sie kann ganz eindeutig ihren eigenen Schriften entnommen werden.

Alice Bailey, eine der führenden New Age Schriftstellerinnen, hat ihren Angriff auf das Christentum sehr deutlich ausgesprochen, schiebt sie doch die Schuld an allem Übel in der Welt dem christlichen Glauben zu.

> "Calvin und alle, die seinem Beispiel folgten, machten den gleichen Fehler und, anstatt daß sie den Leuten vor Augen stellten ... es sei der Beginn der Erkenntnis, daß jene, die ihre wesenhafte Gottheit erkannten, sie symbolisch sahen im Interesse einer Weiterentwicklung als eingeborene Söhne Gottes, betrachteten sie sich selbst als das auserwählte Volk und alle, die nicht wie sie dachten, hielten sie für verloren. Wenn der Jude und der engstirnige religiöse Fanatiker seine Identität mit all den anderen Menschen erkennt und dies durch eine richtige Beziehung zum Ausdruck bringt, werden wir es mit einer völlig anderen Welt zu tun haben. **Das Problem der Welt ist seinem Wesen nach ein religiöses Problem, und hinter allen strittigen Punkten in den verschiedenen Bereichen des Weltdenkens heute steckt das religiöse Element.**" (Alice Bailey, *The Destiny of The Nations*, Lucis Publishing Company, New York, 1949, S. 34-35)

New Ager reden von ihrem Glaubenssystem als von "Dem Plan" und wehe jedem, der ihnen nicht zustimmt! Alice Bailey bringt das in demselben Buch ganz deutlich zum Ausdruck, indem sie verkündigt, daß jeder Christ, der das Gericht Gottes und die Göttlichkeit Jesu Christi und nicht die des Menschen lehrt, ein Feind der Menschheit ist und zerstört werden wird. (ebenda, S. 17)

Diese Lehre wird auch durch eine neue Modeerscheinung vorangetrieben, die sich in Windeseile über die ganze Erde ausgebreitet hat und *Channeling* genannt wird. Ein "Channeler" ist nichts anderes als, altmodisch ausgedrückt, ein spiritistisches Medium. "Channeler" sind Menschen, die sich gewöhnlich selbst in Trance versetzen oder in einen Zustand der Bewußtlosigkeit begeben und einem Dämon erlauben, direkt durch sie zu sprechen. Das Ausmaß der exakten Zusammenarbeit in Satans Königreich ist erstaunlich. Die Dämonen, die durch die "Channelers" sprechen (manchmal werden sie auch "Trance-Channelers" genannt), sagen rund um den Globus, in vielen verschiedenen Sprachen und Ländern, immer das Gleiche. Ihre Botschaft faßt ein gewisser Dämon namens Asher am besten zusammen. Er ist der Anführergeist von John Randolph Price (einer der New Age Führer, dessen Schriften ich in diesem Kapitel bereits zitiert habe).

Asher macht einige recht aufschlußreiche Aussagen über Satans Pläne für die Erde.

"Für die Natur beginnt bald ihr **reinigender Zyklus.** Wer die Veränderungen auf der Erde zurückweist ... wird während der nächsten beiden Jahrzehnte entfernt werden. Jene, die die Veränderung erwarten und ihr ruhig und mit Glauben entgegensehen, werden nahezu unberührt hindurchgelangen und die Erbauer der Zukunft werden."

[Price:] "Was ich höre ist sowohl schrecklich als auch hoffnungsvoll. Ich weiß, daß die Überbevölkerung eines der größten Probleme ist, das wir heutzutage haben, aber mehr als 2 Milliarden Menschen so einfach von dieser Erde zu vernichten ist schon ein bißchen drastisch, meinst du nicht auch"?

"Asher erwiderte: 'Ich kann dir nur sagen, was ich zum gegenwärtigen Zeitpunkt sehe. Ich möchte hinzufügen ... wer sind wir, daß wir sagen, daß diese Leute nicht freiwillig bereit sind, ein Teil der Vernichtung und Erneuerung zu sein – damit dadurch die Seele wachsen kann?'" (John Randolph Price, *The Super Beings*, Quartus Books, 1981, S. 18-19)

Die Schriften von Alice Bailey und vielen anderen zeigen deutlich, daß die Christen die ersten sein werden, die in diesem "reinigenden Zyklus" getötet werden. Das klingt äußerst beunruhigend, nicht? Diejenigen, die den zweiten Teil von "Out On A Limb" sahen, erinnern sich vielleicht daran, wie David Manning zu Shirley MacLaine sagt: "Es gibt keine Opfer auf dieser Welt. Alles kommt wie es kommen muß ... Niemand braucht zu sterben, das ist der Grund." Die Lehre der Reinkarnation besagt, daß keiner wirklich sterben muß, sie werden nur wiedergeboren und beginnen ein neues Stadium des "Wachstums der Seele". Ein weiterer führender New Age Autor schreibt:

"[Wenn die Leute die Wahrheit der Reinkarnation akzeptieren] würde die nagende Furcht vor dem Tod beseitigt und durch die

Möglichkeit zur Transformation ersetzt werden. Ärzte, die um eine Verlängerung des Lebens kämpfen ... würden sehen, daß sie selbst nur traurige Clowns abgeben, die ihre Unwissenheit über die kosmische Erneuerung dadurch nur deutlich zu erkennen geben." (Joe Fisher, *Case for Reincarnation*, S. 189)

Der Begriff "kosmische Erneuerung" bezeichnet die vermeintliche Aufwärtsentwicklung, die angeblich jedesmal dann erreicht wird, wenn eine Person in ein weiteres Leben hineingeboren wird. Die New Age Version des Hinduismus lehrt die Leute, daß sie bei jeder Wiedergeburt als Person zurückkommen und geistlich immer mehr wachsen, bis sie den Punkt erreicht haben, an dem sie keinen menschlichen Körper mehr bewohnen müssen.

In diesem Gedankengebäude gibt es so etwas wie Mord überhaupt nicht. Wie könnte man besser jeden Aufschrei der Entrüstung gegen eine Christenverfolgung unterdrücken?

In der Zeit als ich dieses Buch schrieb, hatte ich ein interessantes Erlebnis. Ich konnte einem Vortrag von Benjamin Creme, einem der führenden Vertreter der New Age Bewegung, beiwohnen. Er ist derjenige, der mindestens dreimal eine ganzseitige Anzeige in der "USA Today", einer amerikanischen Tageszeitung, aufgegeben hatte, in welcher er bekannt gab, daß "der Christus jetzt unter uns weilt". Der Name seines "Christus" ist Lord Maitreya.

Das Treffen fand in einer großen und wohlhabenden Episkopalkirche in North Hollywood, Californien, statt. Ich schätze, daß 400 oder mehr Leute anwesend waren. Dieses Ereignis war eine wirklich lebendige Demonstration von Satans Plänen über unsere Nation und über die Christen. Ich glaube, daß es sich lohnt, etwas detaillierter darauf einzugehen.

Ich besuchte die Veranstaltung zusammen mit drei anderen Christen. Bevor wir die Kirche betraten, verbrachten wir einige Zeit im Gebet und baten den HERRN, die betreffenden Dämonen zu binden, damit die Zuhörerschaft nicht hypnotisiert oder verführt werden könnte.

Das Treffen wurde mit der Ankündigung eröffnet, daß zuerst 10 Minuten der Stille eingehalten werden müßten, um jedem die Gelegenheit zur Meditation zu bieten, damit sie von Lord Maitreya durch Benjamin Creme "überschattet" und "gesegnet" werden könnten. Das Ergebnis war sehr interessant.

Benjamin saß auf einem geraden Stuhl im Mittelpunkt der Bühne und versank augenblicklich in einen meditativen Trancezustand. Seine Atmung verlangsamte sich derart, daß sein Gesicht, sein Hals und seine Hände aufgrund des Sauerstoffmangels marmoriert und blau wurden. Seine ganze Haltung und sein Aussehen wirkten eigenartigerweise wie die Gestalt eines Reptils. Seine Augen wurden auf einmal ganz anders als vorher, sie waren ausgesprochen stechend und schwarz. Ich hatte das Gefühl, daß ich einen Leichnam vor mir hatte, dessen einziges Lebenszeichen aus diesen brennenden Augen des Dämons bestand, der in ihm war. Er starrte, ohne zu blinzeln, auf die Zuhörer und drehte seinen Kopf langsam von einer Seite zur anderen, d. h. nur so lange bis er dann zu unserer Seite des Raumes kam. Ganz offensichtlich geriet er hier in einige Schwierigkeiten!

Der HERR ließ uns für einen Augenblick im Geist eine Vision sehen, nämlich den Versuch Benjamins, Dämonen auf die Zuhörer zu legen, um so die Kontrolle über ihren Verstand zu erhalten. Es gelang ihm aber nur bei einem kleineren Teil der Leute, und aus den angeblich 10 Minuten wurden 45 Minuten, in denen der Kampf um die Herrschaft andauerte. Die Zuhörer wurden sehr unruhig, flüsterten, scharrten mit den Füßen und raschelten mit Papier. Wir saßen ganz ruhig da, wiesen die Dämonen zurück und banden sie. Die hypnotisierende, dämonische Macht in seinem Blick (oder sollte ich vielmehr sagen im Blick des Dämons) war jedoch mächtiger als ich es je zuvor erlebt hatte. Wir mußten aktiv im Namen Jesu widerstehen, um zu verhindern, daß sich unser Verstand entleerte und wir der Macht dieses dämonischen Blickes unterlagen. Ich kann verstehen, wie leicht eine nichtsahnende Person dieser Macht völlig unterliegt. Jemand, dem die Macht und Autorität Jesu nicht zur Verfügung stehen, hat überhaupt keine Chance.

Einige der Anwesenden, die in der Meditation geübt waren, fielen schnell in Trance und waren sich offensichtlich ihrer Umgebung nicht mehr bewußt. Es war traurig, mit ansehen zu müssen, wie viele doch freiwillig das kostbare, göttliche Geschenk eines freien Verstandes und freien Willens aufgaben und sich der dämonischen Herrschaft unterwarfen.

Nach 45 Minuten legte Benjamin in einer Geste der Ehrerbietung seine Hände zusammen und verbeugte sich tief in Anbetung und

Ehrfurcht vor dem Dämon namens Lord Maitreya. Dann erhob sich ein offizieller Vertreter der Kirche und kündigte an, daß jeder, der versuchen würde etwas von dem, was Benjamin sagte, entweder in Frage zu stellen oder eine andere Meinung zu äußern oder etwas davon zu widerlegen, von der Polizei wegen Ruhestörung festgenommen und entfernt werden würde. Kein Wort von Redefreiheit!

Es war für mich höchst interessant, daß Benjamin es für nötig hielt, die ersten 30 Minuten seiner Lektion damit zu verbringen, die weit verbreitete christliche Lehre über die Entrückung lächerlich zu machen und zu widerlegen. Wenn man bedenkt, wieviel Widerspruch die Entrückung in christlichen Kreisen auslöst, war es faszinierend für mich zu erleben, daß Satan diese Lehre für eine solche Bedrohung hält, daß er seinen Diener so viel Zeit damit verbringen ließ, sie zu widerlegen. Benjamin erfüllte ganz augenscheinlich die Prophezeiung aus dem 2. Petrusbrief.

> "… und zuerst, dies wißt, daß in den letzten Tagen Spötter mit Spötterei kommen werden, die nach ihren eigenen Begierden wandeln und sagen: Wo ist die Verheißung seiner Ankunft? Denn seitdem die Väter entschlafen sind, bleibt alles so vom Anfang der Schöpfung an … Der Herr verzögert nicht die Verheißung, es wird der Tag des HERRN kommen wie ein Dieb in der Nacht …"
> 2. Petrus 3:3.4.9.10

Nachdem er versucht hatte, alle Lehren über die Wiederkunft Jesu Christi zu entkräften, verbrachte Benjamin die nächste Stunde damit, die gesamte Geschichte, die Wissenschaft und die Bibel nach seinem Gutdünken zu interpretieren und verdrehte alles so lange, bis es zu seiner Theorie der Reinkarnation paßte.

Durch all seine Reden hindurch zog sich ständig das gleiche Thema: Die Menschheit besitzt zwei Hauptfeinde – die Vereinigten Staaten von Amerika und die fundamentalistischen Christen! Er betonte, daß beiden ein Ende gesetzt werden müßte, wenn die Menschheit auf dem Planet Erde überleben wollte. Die Zuhörer klatschten Beifall zum Zeichen ihrer Zustimmung. Er wiederholte immer wieder, daß die Vereinigten Staaten die "Verschwender der Welt seien, die drei Viertel der Energie und der natürlichen Resourcen der Welt verbrauchten". Ich war entsetzt, wie die Zuhörer diese Behauptungen einfach blind akzeptierten.

Da saßen wir nun in einer vermeintlich christlichen Kirche, durften unter Androhung polizeilicher Maßnahmen keine gegenteilige Meinung äußern und hörten den Behauptungen eines Mannes zu, der die gottgegebenen Freiheiten, derer wir uns in diesem Land erfreuen, abschaffen und alle Christen ausrotten will, all das **mit** der völligen Zustimmung von Bürgern der Vereinigten Staaten, die gerade von diesen Freiheiten profitieren! Ich glaube, daß der durchschnittliche Christ in diesem Land keine Ahnung davon hat, wie weit Satan bereits mit der Errichtung seiner Welteinheitskirche gekommen ist!

Es gibt augenscheinlich eine endlose Zahl von Organisationen, Gruppen, Philosophien, Selbsthilfekurse, Kassetten mit versteckten Botschaften (bzw. mit sublimierten Nachrichten), Yogakurse usw., die alle mit dem New Age Glauben zusammenhängen. Es ist unmöglich, sie alle aufzuzählen, aber dazu besteht auch gar keine Notwendigkeit. Alles, was dir zu tun übrig bleibt, ist, ihren Glauben und ihre Lehren genau mit Gottes Wort, der Bibel, zu vergleichen, und dann wirst du schnell herausfinden, daß sich dieser grundlegende Irrtum in ihnen allen wiederfinden läßt. Satan versteht es blendend zu verführen.

David Spangler, ein weiterer führender New Age Vertreter, macht folgende, sehr interessante Aussage:

> "Ich sehe das New Age nicht nur als eine Vision, sondern als einen sehr realen Geist." (David Spangler, *Emergence, the Rebirthh of the Sacred,* Dell Publishing Company, 1984, S. 84)

David hat recht, der Geist des New Age ist kein anderer als Satan selbst, der Antichrist. Wir **müssen** die Geister prüfen, sonst werden wir geradewegs mit "hinuntergezogen", um eine Ewigkeit in der Hölle zu verbringen.

Wie man Anhängern des New Age das Evangelium mitteilt

Es ist äußerst schwierig, das Evangelium gerade dieser Gruppe weiterzugeben und zwar aus verschiedenen Gründen. (1) Sie werden von Dämonen beherrscht. (2) Durch ihre Meditationsübungen haben sie es zugelassen, daß ihr Verstand träge geworden ist. (3) Ihr Glaube an die Reinkarnation. (4) Viele von ihnen haben ihren natürlichen Leib schon mal verlassen (Astralprojektion/Astralreisen).

(5) Sie haben die Lehre akzeptiert, daß jeder seine eigene "Wahrheit" hat und jeder sich seine eigene "Wirklichkeit" schafft. Hier sind nun einige Vorschläge, wie man diese Leute mit dem Evangelium erreichen kann.

1. In dem Buch *Er kam, um die Gefangenen zu befreien* und im 10. Kapitel dieses Buches habe ich das Problem, wie man Menschen, die von Dämonen beherrscht werden, mit dem Evangelium erreicht, ziemlich ausführlich behandelt. Ich will an dieser Stelle darauf nicht mehr eingehen. Diese gleichen Prinzipien gelten auch für New Ager, denen man das Evangelium weitergeben will. Sie sind **alle** dämonisch gebunden.

2. Man muß wissen, daß diese Leute sehr häufig in einem Zustand sind, der dem eines Drogenabhängigen ähnelt. Ihr Verstand ist so passiv geworden, daß sie größte Schwierigkeiten haben, eine neue Denkweise richtig zu beurteilen. Du brauchst nicht nur viel Geduld, um ihnen zu helfen, die Denkweise der Bibel in sich aufzunehmen, du mußt ihnen auch helfen, die Herrschaft über ihren Verstand zurückzugewinnen, und zwar dann, wenn sie tatsächlich Jesus Christus als ihren Erlöser angenommen haben. Du mußt ihnen klar machen, daß sie sofort jede Art von Meditation aufhören müssen. Jedesmal, wenn sie ihren Verstand entleeren, öffnen sie sich direkt dem Einfluß der Dämonen. Diese Leute brauchen alle Befreiung, nachdem sie Jesus Christus angenommen haben.

Ein genaues Verständnis über die Vorgänge, wie sie in Kapitel 15 beschrieben sind, ist für diese Leute von grundlegender Bedeutung. Der Verstand kann mit einem Muskel verglichen werden, er wird schlaff, wenn man ihn nicht gebraucht, und der Prozeß, ihn wieder voll funktionsfähig zu machen, ist schmerzhaft. Durch Meditation flieht man vor dem Schmerz und der Wirklichkeit. Sie erleben auch ein gewisses Gefühl, "high" zu sein. Es wird von Dämonen verursacht und ähnelt der Wirkung von Kokain oder sonstigen gleichartigen Drogen. In diesem Sinn führt die Meditation in eine starke Abhängigkeit, die nicht nur durch Dämonen bedingt ist, sondern auch durch das Hochgefühl, das sie auslöst. Es ist wie bei Drogenabhängigen. Diese haben auch nicht nur mit den körperlichen Entzugserscheinungen zu kämpfen, sondern verlangen und sehnen sich nach den Drogen, weil sie ihnen ein Hochgefühl vermitteln. Sind die Dämonen erstmal ausgetrieben, beginnt für die betreffende Person ein enormer Kampf gegen ihre eigenen natürlichen, sündigen und fleischlichen Begierden, die nach diesem Hoch- oder Glücksgefühl verlangen, das sie durch Drogen oder Meditation erhalten haben.

3. In der westlichen Welt wird eine sehr raffinierte, "angepaßte" Form des Hinduismus und der Reinkarnation gelehrt. In Indien und anderen östlichen Ländern wird die Reinkarnation als Fluch angesehen, weil der nie endende Kreislauf oder das sogenannte "Rad" der endlosen Reinkarnationen eine furchtbare Last darstellt. Die Anhänger dieser Lehre glauben außerdem, daß sie als jedes beliebige Geschöpf wiedergeboren werden können – als Vogel, als Tier, als Baum, usw. Unzählbare Zeremonien wurden erfunden, um das "Einssein" mit Brahman zu erreichen. Hier im Westen wird gelehrt, daß die Menschen immer als Menschen wiedergeboren werden und jede Wiedergeburt sie höher hinaufführt zu einer immer größeren, geistlichen Entwicklungsstufe.

Im Gespräch mit Leuten, die aus der New Age Bewegung herausgekommen sind, zeigte sich, daß einer der Hauptgründe, der sie bewog, ihre Lehren anzuzweifeln, die Tatsache war, daß sie im Grunde überhaupt keinen **Beweis** für ihren Glauben hatten. Das Christentum hingegen hat das Zeugnis eines Menschen, Jesus Christus, der drei Tage lang tot war, auferstand und zurückkam um das Leben nach dem Tod zu bezeugen. Wir wollen uns dazu auch die Aussagen eines Ex-Gurus anschauen.

> "Was nützen tausend physische Geburten? In der Reinkarnation würde ich einen neuen Leib bekommen, aber nicht das benötigte ich ... Es war Wahnsinn zu glauben, daß ich mich durch weitere Geburten in neuen Körpern verbessern würde! ... Mit **mir** stimmte etwas nicht. Daran würde ein neuer Körper auch nichts ändern ... Früher hatte ich durch mystische Erlebnisse dem Alltagsleben zu entfliehen gesucht, dieser Welt, die der Hinduismus Maya – eine Illusion – nennt. Jetzt sehnte ich mich nach der Kraft, das Leben zu meistern, das Leben zu führen, das Gott für mich geplant hatte. Ich sehnte mich nach einer Veränderung meines **ganzen** Wesens und nicht nur nach einem **Gefühl** des oberflächlichen Friedens, das mich im nächsten Augenblick in einem Zornausbruch wieder im Stich ließ: Das hatte ich in der Meditation zur Genüge erlebt. Ich mußte von neuem geboren werden und zwar nicht leiblich, sondern geistlich. (Rabindranath R. Maharaj, *Der Tod eines Guru*, Hänssler-Verlag, Stuttgart, S. 154-155)

In der Bibel gibt es überhaupt keine Anhaltspunkte für die Lehre der Reinkarnation.

"Und wie es dem Menschen gesetzt ist, einmal zu sterben, danach aber das Gericht." Hebräer 9:27

4. Astralreisen hinterlassen einen sehr mächtigen Eindruck. Im 16. Kapitel wird darüber sehr ausführlich berichtet. Ich werde deshalb den Inhalt dieses Kapitels hier nicht wiederholen. Die dort erwähnte Bibelstelle (Prediger 12:3.5-7) ist im Gespräch mit New Agern sehr wirkungsvoll.

5. Die schreckliche Armut und Hungersnot in Indien lassen uns ahnen, was die Hindulehre bei einer Bevölkerung anrichten wird, wenn sie im großen Rahmen praktiziert wird. Schließlich bleibt den Menschen nichts anderes übrig, als in dieser sichtbaren Welt zu leben. Die Bibel spricht über klare Tatsachen. Sie enthält eine solide Lehre und Berichte, die weitgehend historisch belegt werden können. Die Herausforderung an diese Leute besteht in der Frage: "Woher weißt du, daß **du** nicht betrogen wirst, und woher weißt du, daß die Geister, mit denen du in Verbindung stehst, dich nicht betrügen?" Letztendlich haben sie keinen Maßstab, an dem sie irgend etwas überprüfen können. Zur Vertiefung zu diesem Thema empfehle ich die Bücher *Der Tod eines Guru* von Rabindranath R. Maharaj und *The Beautiful Side of Evil* (Die schöne Seite des Bösen) von Johanna Michelson.

Es ist wirklich eine schwierige Aufgabe, mit New Agern und allen, die sich mit östlichen Religionen eingelassen haben, über Jesus Christus zu reden. Aber denke daran, du hast es direkt mit den dämonischen Mächten in diesen Personen zu tun. Die Macht Jesu Christi **allein** kann all die vielen Hindernisse überwinden, um diesen Menschen Rettung zu bringen.

Kapitel 14

Ritueller Kindesmißbrauch

Während der letzten paar Jahre wurde die öffentliche Presse geradezu mit Nachrichten von rituell mißbrauchten Kindern überflutet. Das bedeutet jedoch keinesfalls, daß dieses Phänomen neu ist. Ich möchte an dieser Stelle darauf eingehen, wie solch ein Mißbrauch, dem die Kinder ausgeliefert sind, aussehen kann, was man beachten muß, wenn ein Mißbrauch stattgefunden hat, und wie man letztendlich mit diesem Problem umgeht.

Der Ausdruck "ritueller Kindesmißbrauch" bezeichnet den Mißbrauch, der während eines Rituals, wie etwa bei einem satanischen Ritual, vorgenommen wird. Je nach den Umständen wird er, zwar nicht immer, jedoch in den meisten Fällen mehr als einmal wiederholt. Hinter dieser Art des Mißbrauchs steht **immer die Absicht**, Dämonen in das Kind zu setzen. Die Dämonen üben dann einen tiefgreifenden Einfluß auf das Wachstum und die Entwicklung des Kindes aus, und häufig beherrschen sie es sogar vollkommen. Gerade diese Tatsache wird in Diskussionen über rituellen Kindesmißbrauch sehr häufig sorgfältigst verschwiegen.

Kinder und sogar Erwachsene, die solche Rituale durchgemacht haben, werden von den verschiedensten Psychotherapeuten, Psychologen oder Psychiatern immer als "gespaltene Persönlichkeit" oder als "schizophren" diagnostiziert. In Wirklichkeit **sind** diese "gespaltenen Persönlichkeiten" **Dämonen**. Solange man dieser Tatsache nicht ins Auge sieht und ihr in der Macht Jesu Christi begegnet, gibt es für die Opfer kaum Hilfe.

Ich weiß von einem sehr traurigen Fall, in dem ein Kind in der Nähe seines Wohnortes von Nachbarn wiederholt bei satanischen Ritualen mißbraucht wurde. Seine Eltern kamen dahinter, als das Kind fünf Jahre alt war. Sie wechselten den Wohnort und schickten das Kind in eine psychotherapeutische Behandlung. Sie wurden von bekennenden Christen beraten, doch kein einziges Mal wurde ihnen gesagt, daß ihr Kind als Folge jener Rituale von Dämonen besessen wäre. Auch wurden weder die Eltern noch das Kind zu einer Lebensübergabe an Jesus Christus geführt. Die Folge war, daß sich das Kind nach fünf Jahren immer noch in Behandlung befand. Mittlerweile war der Junge zehn Jahre alt und beherrschte die Kinder aus der Nachbarschaft vollkommen. Als seine Mutter schließlich am Osterwochenende, zu der Zeit, an der die Satanisten die Schwarze Messe feiern, ihn dabei erwischte, wie er seinen jüngeren Bruder an ein hölzernes Kreuz nagelte, wurde er außer Hauses gebracht. Was glaubt ihr, was dieses Kind in weiteren fünf bis zehn Jahren tun wird?! Die Christen, die sich um diese Familie gekümmert haben, werden vor dem Richterstuhl Christi eine Menge zu verantworten haben.

Viele Christen versprechen sich davon Erfolg, Organisationen zu gründen, um das Problem der rituellen Kindesmißhandlung publik zu machen und mit dem guten Vorsatz den Eltern und Opfern zu helfen. Sie weigern sich jedoch, entschieden auf die Seite Christi zu treten, und versuchen, das Problem auf einer rein weltlichen Basis anzugehen, wobei sie in den meisten Fällen mit Sozialeinrichtungen zusammenarbeiten. Alle diese Versuche sind jämmerlich zum Scheitern verurteilt! Warum? Weil es hier um einen geistlichen Kampf geht, den man **nur** gewinnen kann, wenn man klar erkennt, daß man es bei dem Problem mit geistlichen Mächten zu tun hat. Mit Dämonen kann man **nur** in der Macht und Autorität Jesu Christi fertigwerden. Die Psychiatrie ist im Umgang mit Dämonen **völlig hilflos**. Jesus äußerte sich sehr eindeutig darüber, wie er eine solche unentschiedene Haltung beurteilt:

> "Denn wer sich meiner und **meiner Worte** schämt unter diesem ehebrecherischen und sündigen Geschlecht, dessen wird sich auch der Sohn des Menschen schämen, wenn er kommen wird in der Herrlichkeit seines Vaters mit den heiligen Engeln." Markus 8:38

Jesus sprach viel über Satan und seine Dämonen sowie über den geistlichen Kampf, in den wir als seine Diener verwickelt sind. Bekennende Christen, die den verheerenden Folgen satanischer Rituale ohne der Macht Jesu Christi beikommen wollen, demonstrieren damit ganz deutlich die Tatsache, daß sie sich Jesu und Seiner Worte "schämen". Sie befürchten, daß sie in den Augen der

Welt an "Glaubwürdigkeit" verlieren und für "verrückt" erklärt werden, wenn sie sich zu Jesus bekennen und über die Existenz und die Aktivitäten von Dämonen reden.

Methoden des satanischen Mißbrauchs

Je nach Gebiet und Gruppe sind die Methoden des Mißbrauchs an Kindern bei satanischen Ritualen sehr unterschiedlich. Es gibt jedoch einige allgemein übliche Methoden und zwar:

- Sexuelle Belästigungen durch Menschen, Tiere und Dämonen.

- Erlebnisse, die den Tod versinnbildlichen – so wird das Kind beispielsweise in ein geöffnetes Grab gelegt, in einen Sarg zusammen mit einer Leiche usw.

- Körperliche Schmerzen durch die verschiedensten Mittel.

- Das Einflößen von Angst durch Drohungen, das Kind und/oder geliebte Menschen umzubringen, falls das Kind verraten sollte, was ihm widerfahren war.

- Oft wird das Kind gezwungen, an einem Akt des Tötens direkt teilzunehmen. So werden sie gezwungen, Tiere zu töten – meistens noch junge Tiere wie etwa Welpen oder kleine Katzen. Sie werden auch oft gezwungen, beim Töten eines anderen Kindes mitzuhelfen, das falls möglich, ungefähr gleichen Alters und gleichen Geschlechts ist und/oder beim Töten eines Erwachsenen, der das gleiche Alter und Geschlecht eines von ihnen geliebten Menschen hat, wie etwa ihr Vater oder ihre Mutter usw.

Hier ein Zitat aus einem Polizeibericht, in dem ein Kind, das zur Tatzeit sieben Jahre alt war, über den Mißbrauch berichtet. Ich weiß, daß dieser Bericht die meisten Leser erschrecken und schokkieren wird. Er entspricht aber der Wahrheit, und ich lasse ihn hier als einen von vielen Tausenden und Abertausenden von Fällen, die sich allein in den Vereinigten Staaten abspielen, abdrucken. Da dieser Fall noch nicht abgeschlossen ist, kann ich weder Name, noch die Adresse des Opfers und auch nicht den betreffenden Polizeibezirk bekanntgeben. Wenn du empfindlich bist, dann überschlage diese Seite, aber wir als Christen **müssen** aufwachen und diesen Opfern helfen. Wenn wir nicht wenigstens etwas Ahnung darüber haben, was sie durchgemacht haben, werden wir weder in der Lage sein, ihnen zu glauben, noch ihnen zu helfen.

> "Ich erinnere mich, wie ich mit meinem Vater in die Wohnung eines Mannes ging ... Er wollte eine Frau kaufen. Ich hielt meinen Vater für einen guten Mann, weil er mich nicht verkaufte ... als sie in das Zimmer kam, mußte sie ihre Kleider ausziehen und sich auf den Tisch legen. Als man sie fesselte, fing sie an zu schreien. Sie schrie sehr lange ... Meine Mutter hielt meine Arme fest und ließ mich mit einer Rasierklinge ihre Handgelenke aufschneiden. Sie haben sie getötet ... sie tranken das Blut auf das Wohl des Teufels. Meistens nahmen sie danach das Herz heraus und opferten es dem Teufel, um gesegnet zu werden. Jedesmal steckten sie mir dann ein Stück des Herzens in den Mund."

> "An Ostern wurde ich neben einem toten Mann an ein Kreuz gebunden. Ich erinnere mich daran, daß mir schlecht wurde, weil ich auf den Kopf gestellt worden war. Sie nahmen seine Innereien heraus und schnitten ihn vom Kreuz herunter. Sie drückten mich teilweise in ihn hinein. Sie legten den Mann in einen Sarg und mich oben drauf. Sie hatten eine Schachtel mit lebenden kleinen Katzen und sie zerquetschten ihre Köpfe und warfen ihre Körper in den Sarg. Dann schlossen sie den Deckel. Ich erinnere mich noch, wie ich schrie."

Wie du siehst, stand dieses Kind derart unter Schock, daß es sicher kein Problem bereitete, mächtige Dämonen in es hineinzuschicken. Ich habe nicht den ganzen Bericht zitiert, weil er Einzelheiten über die sexuellen Belästigungen, die diese Vorfälle begleiteten, genauestens schilderte.

Sexuelle Belästigungen sind immer Teil eines satanisch-rituellen Mißbrauches, da so dem Kind auf einfachste Art und Weise Dämonen eingegeben werden können. (Durch den Geschlechtsakt werden die zwei ein Fleisch, so daß Dämonen ganz leicht von einer Person an die andere weitergegeben werden können.) Darüber spricht die Bibel deutlich im Korintherbrief:

"Oder wißt ihr nicht, daß, wer der Hure anhängt, ein Leib mit ihr ist? 'Denn es werden', heißt es, 'die zwei ein Fleisch sein'... Flieht die Unzucht! Jede Sünde, die ein Mensch begehen mag, ist außerhalb des Leibes; wer aber Unzucht treibt, sündigt gegen den eigenen Leib."   1. Korinther 6:16.18

Viele junge Mädchen werden zu "Bräuten Satans" geweiht. Zu diesem Ritual gehören **immer** sexuelle Belästigungen durch mehrere Personen und oft auch durch Dämonen. Viele Kinder können sich an das Ritual selbst nicht mehr erinnern, was bleibt, ist aber eine vage Erinnerung, Satan geweiht worden zu sein. Der christliche Seelsorger muß davon ausgehen, daß das Kind zu der Zeit sexuell belästigt wurde. Bei einigen Fällen, besonders bei Kindern, deren Eltern bereits aktive Satanisten sind, ist dies das einzige Mal, daß das Kind belästigt wird. Daher ist dies eine häufig übersehene Ursache von Schwierigkeiten im Leben von Erwachsenen, die später zu Christus finden.

Alle Kinder, die bei satanischen Ritualen mißbraucht wurden, **sind** von Dämonen besessen. Auch dann, wenn sie die Kinder christlicher Eltern sind. Wenn die Eltern diese Tatsache erst einmal akzeptiert haben und sich damit befassen, ist die halbe Schlacht schon gewonnen.

Zeichen und Symptome an mißbrauchten Kindern

Kleine Kinder können das, was ihnen widerfahren ist, nicht ausdrücken, da ihnen dazu einfach der Wortschatz fehlt. Ältere Kinder haben meistens zuviel Angst, es zu erzählen. Ihr Aufschrei nach Hilfe drückt sich jedoch auf verschiedene Weise aus. Nachfolgend sind einige davon aufgeführt:

- **Veränderungen der Persönlichkeit** – Wenn ein Kind normalerweise kontaktfreudig ist, wird es vielleicht daraufhin sehr zurückgezogen sein und auch umgekehrt. Die meisten Kinder werden rebellisch und ungehorsam und versuchen so, die Aufmerksamkeit auf ihre unausgesprochenen Verletzungen zu lenken.

- **Hinweise beim Spiel** – Viele Kinder verarbeiten das, was sie erlebt haben, in ihrem Spiel. Eltern sollten darauf achten, was und wie ihre Kinder spielen. Ein typisches Beispiel dafür ist ein mißbrauchtes dreijähriges Kind, das seine Puppe in einen Stuhl warf und dabei sagte: "Setz' dich hin und halt die Klappe, sonst bring ich dich um!" Glücklicherweise war das kein Ausspruch, den sie von ihren Eltern gewohnt war, auch durfte sie nicht viel fernsehen. Deshalb waren ihre Eltern sofort alarmiert, daß hier etwas nicht stimmte. In dem Fall mit dem Kind, das mit fünf Jahren mißbraucht worden war (ich erwähnte ihn bereits), sagte seine Mutter, daß es jedesmal, wenn es sich das Knie aufschlug, oder sich in den Finger schnitt, sofort das Blut nahm und damit auf den Kopf gestellte Kreuze an die Wand schmierte.

- **Verbale Hinweise** – Oft werden die Kinder ungewöhnliche Aussagen machen, besonders dann, wenn eine bestimmte Situation oder ein bestimmtes Geräusch sie an etwas erinnert, das sie erlebt haben. Ein dreijähriges Mädchen gab ihrer Mutter eines Tages einen solchen Hinweis, als die Mutter während einer Durchfallerkrankung eine Salbe auf ihren wunden Po auftrug. Das kleine Mädchen fing plötzlich an zu weinen und sagte: "Mami, Mami, schneid' mich da nicht rein!" Es ist überflüssig zu sagen, daß ihre Mutter schockiert war. Nachforschungen ergaben jedoch, daß dieses Kind tatsächlich in einem christlichen Kindergarten satanisch mißbraucht worden war.

- **Alpträume** – kommen sehr häufig vor. Fast jedes Kind wird von Zeit zu Zeit einen schlimmen Alptraum haben. Wenn sich das jedoch häuft, sollten die Eltern auf ihre Knie gehen und den HERRN nach dem Grund fragen.

Kinder geben viele Hinweise. Das größere Problem ist, daß die Eltern heutzutage zu beschäftigt sind, um wirklich zu wissen, was ihre Kinder tun oder sagen. Deshalb entgehen ihnen alle diese Hinweise und sie registrieren lediglich die Verhaltensstörungen.

Die Behandlung

Viele zusätzliche Probleme begleiten Pflege und Behandlung solcher Kinder. Der Zweck von solchem satanischen Mißbrauch ist es, den Kindern Dämonen einzugeben, die sie beherrschen und ihr weiteres Leben so beeinflussen, daß sie, sobald sie älter werden, leicht für den Satanismus gewonnen werden können.

Das Hauptaugenmerk gilt den Eltern solcher Kinder. Wenn dein Kind mißbraucht worden ist oder du es zumindest vermutest, dann ist die erste Frage: Welche Beziehung hast **du** zum HERRN? Wenn der Jesus Christus der Bibel nicht dein **HERR** und **Meister** ist, dann muß ich dir sagen, daß du deinem Kind nicht helfen kannst. **Nur** die Macht Jesu Christi kann die dämonischen Mächte der Satanisten und die Dämonen, die sich in deinem Kind befinden, besiegen.

Wenn du Jesus nicht kennst, brauchst du nur auf deine Knie gehen und Ihn um Vergebung aller deiner Sünden bitten, damit Er dich reinwäscht durch die Kraft seines kostbaren Blutes, das Er am Kreuz als Preis für unsere Sünden vergossen hat. Dann bitte Ihn, dein HERR und Meister und Erlöser zu werden. Besorge dir eine Bibel und lies und studiere sie eifrig. Du **mußt** Sünde aus deinem eigenen Leben hinauswerfen. Lies zuerst das Neue Testament und befolge die Anweisungen, die du darin finden wirst. Suche nach einer persönlichen Beziehung zum HERRN. Du wirst Seine Führung brauchen, damit du deinem Kind helfen kannst.

JESUS LIEBT KINDER! Vergiß diese wichtige Tatsache niemals. Unser Herr Jesus hat immer wieder eine ganz besondere Liebe und Fürsorge für die Kinder gezeigt, als Er hier auf der Erde war.

> "Und sie brachten Kinder zu ihm, damit er sie anrührte. Die Jünger aber fuhren sie an. Als aber Jesus es sah, wurde er unwillig und sprach zu ihnen: Laßt die Kinder zu mir kommen! Wehrt ihnen nicht, denn solchen gehört das Reich Gottes. Wahrlich, ich sage euch: Wer das Reich Gottes nicht aufnimmt wie ein Kind, wird dort nicht hineinkommen. Und er nahm sie auf seine Arme, legte die Hände auf sie und segnete sie."   Markus 10:13-16

> [Jesus sagt:] "... und wenn jemand ein solches Kind aufnehmen wird in meinem Namen, nimmt er mich auf. Wenn aber jemand einem dieser Kleinen, die an mich glauben, Anlaß zur Sünde gibt,

für den wäre es besser, daß ein Mühlstein an seinen Hals gehängt und er in die Tiefe des Meeres versenkt würde ... Seht zu, daß ihr nicht eines dieser Kleinen verachtet; denn ich sage euch, daß ihre Engel in den Himmeln allezeit das Angesicht meines Vaters schauen, der in den Himmeln ist." Matthäus 18:5-6.10

Diese und andere Schriftstellen drücken die Liebe des HERRN für kleine Kinder besonders deutlich aus. JESUS LIEBT KINDER. Er behandelt sie behutsam und voller Mitgefühl. Wir müssen das Gleiche tun. Nun folgen einige Vorschläge, wie du dein Kind behandeln kannst, wenn du glaubst, daß es bei satanischen Ritualen mißbraucht worden ist.

1. Zuallererst gehe vor den HERRN auf die Knie! Bitte Ihn, dein eigenes Leben vollständig und schnell zu reinigen. Entferne jede Sünde aus deinem Leben. Wenn in deinem eigenen Leben Sünde und ein offenes Einfallstor für Satan ist, dann kannst du den Dämonen und dem Schaden, den sie in deinem Kind angerichtet haben, nicht begegnen.

2. Wenn du den HERRN um eine Bestätigung gebeten und sie auch erhalten hast, daß dein Kind mißbraucht worden ist, wirst du vor eine Reihe von Entscheidungen gestellt werden. Die erste Entscheidung wird sein, ob du die Behörden benachrichtigen solltest. In dieser Angelegenheit mußt du den HERRN sorgfältigst um Weisheit bitten. Wir befinden uns in den letzten Tagen, und unser Land ist fast völlig korrupt. Satanisten befinden sich bereits in **sämtlichen** Polizeirevieren, in **sämtlichen** Wohlfahrtsämtern und besonders in **sämtlichen** Bereichen der Psychologie und Psychiatrie. Ritueller Mißbrauch an Kindern geschieht nicht einfach "zufällig". Er ist meistens sorgfältig geplant und alle Regierungsstellen, die sich mit solchen Fällen befassen, sind bereits von Satanisten unterwandert. Du mußt dir darüber klar werden, daß, sobald du die Behörden informierst, du letztendlich die Kontrolle über dein Kind verlierst. Ich kenne viele, viele Eltern, die in dieser schrecklichen Falle sitzen. Die Wohlfahrtsämter verlangen, daß für das Kind ein psychiatrisches Gutachten erstellt wird und daß es psychiatrisch behandelt wird. Diese Psychologen wenden fast immer dämonische Techniken wie z.B. Hypnose an. Wenn sich die Eltern dann weigern, schreiten die Wohlfahrtsämter ein, nehmen das Kind von zu Hause weg und bringen es in einem Kinderheim unter, das häufig von Satanisten geleitet wird. Sie können das auf ganz legalem

Wege tun, indem sie einfach erklären, die Eltern hätten sich geweigert, das Kind behandeln zu lassen.

Es kommt so gut wie nie vor, daß jemand wirklich wegen satanischen Mißbrauchs verurteilt wird. Die Polizeiämter werden nur allzugut von Satanisten kontrolliert. Ich kenne mehrere noch laufende Verfahren, in denen sich das Gericht geweigert hat, die Täter des satanischen Mißbrauchs für schuldig zu erklären, und genau diese Leute verklagen nun die Eltern ihrerseits wegen Verleumdung vor einem Zivilgericht. Ich kenne einen anderen Fall, in dem es den betreffenden Satanisten gelungen ist, sich selbst zu entlasten und dann den Spieß umzudrehen, indem sie nun die Eltern des Mißbrauchs bezichtigen. Als Folge davon sind die Kinder bis zum Abschluß des Verfahrens ihren Eltern weggenommen worden. Auch in diesem Fall haben die Eltern ihre Kinder verloren. Mein Rat an jeden: Haltet euch aus einem gerichtlichen Verfahren heraus!

3. Die medizinische Versorgung stellt ein großes Problem dar und ist ein Bereich, bei dem die Eltern sehr aufpassen müssen. Der Arzt wird von Gesetzes wegen verpflichtet, alle Fälle, in denen es sich möglicherweise um einen Mißbrauch oder eine sexuelle Belästigung an Kindern handelt, dem Sozial- oder Jugendamt und der Polizei zu melden. Bringst du dein Kind erstmal zu einem Arzt, bekommst du es mit den Behörden zu tun. Wenn dein Kind eine körperliche Verletzung hat oder irgendwelche Anzeichen einer Infektion wie Ausfluß aus der Scheide oder dem Glied, einen chronisch entzündeten Hals oder einen Ausschlag, bleibt dir kaum eine andere Wahl. Dies alles können Anzeichen einer Geschlechtskrankheit sein, mit der es sich durch die sexuelle Belästigung angesteckt haben könnte. In diesem Fall hast du keine andere Wahl, du mußt es in ärztliche Behandlung geben. Sei aber äußerst vorsichtig mit deiner Einwilligung, daß deine Kinder vom Jugend- oder Sozialamt zu Psychologen usw. gebracht werden. Bleibe ganz ruhig und sieh zu, daß du dem Regierungsapparat so schnell wie möglich entkommst.

4. Du **mußt** dein Kind aus der Gegend wegbringen. Ich weiß, daß dies ein finanzielles Opfer bedeutet, aber du mußt aus der Gegend wegziehen und versuchen, so weit es möglich ist, dein Kind zu Hause zu behalten. Wechsle nicht einfach nur den Kindergarten und schick es dann woanders hin. Vergiß nicht, daß es für sein

Leben gezeichnet ist. Die Satanisten und die Dämonen betrachten es nun als Eigentum Satans und werden das auch sein ganzes Leben lang tun. Ich habe festgestellt, daß ein sehr großer Anteil der Kinder, die in satanischen Ritualen mißbraucht wurden, Eltern haben, die selbst auf diese Art mißbraucht wurden, auch wenn sie persönlich nie etwas mit dem Satanismus zu tun hatten, sondern sogar später Christen geworden sind. Sie sind von Satans Königreich gezeichnet und werden genauestens verfolgt. Kinder von Eltern, die selbst satanisch mißbraucht wurden, stellen sichere Zielscheiben dar.

5. Eltern, wenn ihr andere Christen kennt, denen ihr vertrauen könnt, tut euch mit ihnen zusammen. Betet mit ihnen, damit euer Kind von den Dämonen, die sich in ihm befinden, gereinigt wird. Dies sollte für das Kind kein belastendes Erlebnis sein. Ein Elternteil sollte das Kind einfach in die Arme nehmen, während die anderen sich darum versammeln. Salbt das Kind mit Öl und bittet unseren himmlischen Vater im Namen Jesu Christi das "Problem" zu beseitigen. Ihr braucht das Kind nicht zu verängstigen, indem ihr viel über Dämonen redet, der HERR kennt das Verlangen und die Absicht unseres Herzens. Er **weiß**, daß ihr Dämonen meint. Denkt daran, in dieser Sache behandelt unser HERR Kinder **wie** Kinder, nämlich behutsam.

6. Erlaube deinem Kind, seine Erlebnisse im Spiel zu verarbeiten. Jedesmal, wenn dein Kind dann Furcht zeigt, oder sein Verhalten als Folge des Mißbrauchs ändert, nimm es einfach in deine Arme und bitte Jesus, es zu reinigen und zu heilen. Vor allem bei älteren Kindern wird es manchmal nötig werden, den Dämon zurückzuweisen und ihm im Namen Jesu den Befehl zu geben zu gehen.

Oft gebe ich den Eltern einen Hinweis mit auf den Weg: Im Zweifelsfall treib sie aus (engl. "If doubt, cast out"). Mit anderen Worten, wenn du der Meinung bist, daß ein Dämon in deinem Kind ist, dann befehle ihm zu gehen. Ich möchte es nochmal betonen, du brauchst **nicht** zu schreien. Rede ruhig und liebevoll um des Kindes willen. Salbe und versiegle das Zimmer des Kindes. Nimm das Kind jeden Morgen und jeden Abend in deine Arme und bete um einen besonderen Schutz und für seine Heilung. Behalte es mindestens sechs Monate lang Zuhause und verschaffe ihm eine ganz und gar geborgene Atmosphäre, eingetaucht in Gebet und

Gottes Wort. Ich möchte den Eltern sogar sehr dringend ans Herz legen, während dieser Zeit das Kind nicht einmal in der Gemeinde in Obhut zu geben. Erinnere dich daran, daß Angst das wirksamste Mittel gewesen ist, mit dem die Satanisten dein Kind gequält haben. Wenn es irgendwie möglich ist, auch wenn es mit finanziellen Opfern verbunden ist, sollte die Mutter während dieser Zeit daheim bei den Kindern bleiben.

7. Sei **immer** äußerst wachsam. Wenn dein Kind einmal mißbraucht worden ist, kannst du sicher sein, daß, egal wohin du gehst, die Satanisten, aufgestachelt von den Dämonen, versuchen werden, dein Kind wieder in ihre Fänge zu bekommen. Sieh zu, daß dein Kind schon in einem frühen Alter sein Leben Jesus Christus übergibt. Unterweise es gewissenhaft in der Heiligen Schrift. Lehre es zu beten und vor allem, lehre es, den geistlichen Kampf zu führen, sobald es alt genug ist, um diese Dinge zu begreifen. Die meisten fünf- bis sechsjährigen Kinder werden schnell verstehen, welche Macht in dem Namen Jesu liegt. Bewahre dein Kind so gut es geht vor okkulten Einflüssen, insbesondere vor den Zeichentrickfilmen, die am Samstagmorgen im Fernsehen laufen (in Amerika!) und von den meisten Kindern angeschaut werden, und vor dem vielen, vielen okkulten Spielzeug.

8. Ich kann es nicht oft genug betonen, euer Trost liegt in dem Wissen, daß Jesus diese Kleinen liebt! Wenn du im Gebet treu bist, eifrig Gottes Wort liest, dein Leben von Sünde frei hältst und deinen eigenen Kleinen treu von dem HERRN erzählst, **wird** Jesus dein Kind vollständig reinigen und heilen. Über einen Zeitraum von Wochen und Monaten hinweg wirst du eine stete und allmähliche Veränderung beobachten können, die durch den Heilungsprozeß eintritt. Es wird nicht leicht sein, aber es gibt **keinen** anderen Weg. **Jesus ist die einzige Antwort.**

Fallbeispiele (Wahre Begebenheiten)

1. Vor noch nicht allzu langer Zeit betreute ich sechs Monate lang ein sehr nettes christliches Ehepaar. Ihr dreijähriges Kind wurde in einem Kindergarten, der von einer christlichen Gemeinde geleitet wurde, sexuell belästigt und bei satanischen Ritualen mißbraucht. (Um sie zu schützen, habe ich alle ihre Namen geändert.)

Wie ich zu Beginn dieses Kapitels erwähnte, war das erste Anzeichen, das Cindis Mutter, Barbara, aufmerksam werden ließ, eine ungewöhnliche Bemerkung ihrer Tochter. Cindi hatte Durchfall, und dadurch war ihr Po wund geworden. Barbara ließ sich vom Arzt ein Medikament verschreiben, damit das Wundsein und der Ausschlag schneller abheilen konnte. Als sie am ersten Tag die Salbe auf Cindis Po auftragen wollte, fing das Kind an zu schreien, zu weinen und heftig zu zittern. "Bitte, Mami, schneide mich da nicht wieder rein!" Es erübrigt sich zu sagen, daß Barbara entsetzt war. Solch ein Gedanke wäre Cindi normalerweise nie gekommen, wenn sie nicht vorher derart mißbraucht worden wäre. Daraufhin rief mich Barbara unter Tränen an.

Barbara hatte bereits bemerkt, daß Cindi unglücklich geworden war, sich zurückzog, häufig weinte, plötzlich in Wut geriet und Alpträume hatte. Vor dieser Zeit war sie ein ruhiges und sonniges Kind mit einem sehr glücklichen Gemüt gewesen. Glücklicherweise behüteten Barbara und ihr Mann ihre Kinder sehr gut, ließen sie nicht fernsehen und wählten ihr Spielzeug sehr sorgfältig aus. Deshalb wußten sie, daß ihre Kinder keine Erfahrung mit Gewalt oder mit dem Vokabular der Gewalt hatten.

Barbara und ihr Mann sprachen mit den Leitern des Kindergartens und aufgrund von Nachforschungen stellte sich dann heraus, daß ein Satanist eine leitende Stellung im Personal inne hatte. Dieser Mann verschwand spurlos, noch ehe er den Behörden vorgeführt werden konnte. Er hatte dort noch viele andere Kinder mißbraucht. Barbara und ihr Mann gingen ins Gebet vor den HERRN.

Sie salbten Cindi und baten den HERRN, die Dämonen wegzunehmen. Schlagartig veränderte sich ihre Persönlichkeit zum Besseren. Während der nächsten sechs Monate, als sie ihre Mutter zu Hause behielt und mit einer geborgenen und liebevollen Atmosphäre umgab, verarbeitete Cindi ihre Erlebnisse durch ihr Spiel mit ihren Puppen. Oft warf sie ihre Puppe auf einen Stuhl und befahl mit einer sehr strengen Stimme: "Du bleibst jetzt da sitzen und hältst die Klappe, sonst bringe ich dich um, und ich bringe auch deine Mami um."

Jedesmal, wenn Cindi launisch wurde, einen Weinkrampf bekam, etwas im Spiel verarbeitete oder einen Alptraum hatte, nahm sie Barbara liebevoll in ihre Arme und befahl den Dämonen leise, sie im Namen Jesu Christi zu verlassen. Dann bat sie den HERRN, Cindi zu heilen und zu beschützen. Barbara und ihr Mann salbten ihr Haus, besonders Cindis Schlafzimmer. Jeden Morgen und jeden Abend kamen sie zusammen, beteten mit Cindi und baten den HERRN, sie zu heilen und zu beschützen. Sie baten den HERRN auch, dieses schreckliche Erlebnis aus Cindis Gedächtnis zu tilgen. Über einen Zeitraum von sechs Monaten hinweg ging es Cindi immer besser, bis sie wieder ihr früheres sonniges und glückliches Wesen zurückgewonnen hatte. Ich preise Gott für die Liebe und den Glauben ihrer Eltern. Sie kann sich wirklich glücklich schätzen.

Ich möchte euch eindringlich vor einem Fehler warnen, den Eltern häufig in solchen Situationen machen. Sie neigen dazu, jegliche Disziplin gegenüber dem Kind fallen zu lassen. Ihr müßt verstehen, daß Disziplin im Leben eines Kindes innere Festigkeit und Sicherheit schafft. Ihr müßt die Grundsätze, an die ihr euer Kind gewöhnt habt, weiterführen. Wenn ihr es für bestimmte Dinge bestraft habt, bevor ihr von dem Mißbrauch erfahren habt, müßt ihr es auch danach tun. Euer Kind wird schnell ausprobieren, wie weit es gehen kann. Es wird nicht nur versuchen, aus der Situation einen Vorteil zu ziehen, sondern es wird auch Geborgenheit suchen. Wenn ihr euch, wegen dem was ihm widerfahren ist, sträubt, es zu bestrafen, macht ihr die Situation nur noch schlimmer. Wenn ihr es noch nicht gelesen habt, möchte ich euch das Buch *Dare To Discipline* von Dr. James Dobson wärmstens empfehlen. Dr. Dobson ist Christ und seine Bücher sind biblisch.

2. Der zweite Fall zeigt, wie zerstörerisch sich diese Art von Mißbrauch in einem Teenager auswirken kann. Vor einigen Monaten hat mich ein Pastor angerufen, der vor seiner Bekehrung Psychiater war. Er erzählte mir das folgende Erlebnis einer jungen Frau, der er seit über einem Jahr zu helfen versuchte. Bevor er mein Buch *Er kam, um die Gefangenen zu befreien* gelesen hatte, war er absolut unfähig, dieser jungen Frau zu helfen, weil er ihre Geschichte einfach nicht glauben konnte.

Als Sara (ihr Name wurde geändert) 15 Jahre alt war, wurde sie spät abends von einem Auto mitgenommen, als sie nach einem Besuch bei einer Freundin nach Hause ging. Sie wurde gewaltsam zu einer satanischen Zeremonie gebracht. Dort wurde sie entkleidet und auf einen Steinaltar gebunden. Eine andere junge Frau wurde auf ähnliche Weise auf sie drauf gebunden. Diese junge Frau wurde gefoltert und schließlich durch Schnitte in die Kehle getötet. Sie verblutete auf Sara. Während dieser Zeremonie wurden auch noch ein Baby und ein junger Mann getötet. Dann wurde die Leiche von Sara wieder losgebunden, und sie wurde von vielen der anwesenden Mitglieder sexuell mißbraucht, und dabei durch viele Messerstiche, insbesondere in die Vaginalgegend, verwundet. Dem Pastor war es ein Rätsel, wie es ihr gelang, lebend zu entkommen. Sie selbst schien sich nicht einmal genau daran erinnern zu können.

Sara ist nie einer Gruppe von Satanisten beigetreten und hat sich auch nicht mit okkulten Dingen eingelassen. Trotzdem war der Einfluß, den dieses Erlebnis auf ihr Leben ausübte, verheerend. Sie erlebte häufig "Rückblenden" jener Folter. Oft wachte sie nachts auf und spürte regelrecht körperlich, wie sie brutal vergewaltigt wurde, obwohl kein menschliches Wesen zu sehen war. Sie hatte auch ständig das Gefühl, als ob in ihrer Beckengegend ein Messer steckte, obwohl durch Röntgenaufnahmen und ärztliche Untersuchungen nichts festzustellen war. Sie litt häufig unter Depressionen und versuchte mehr als einmal, Selbstmord zu begehen.

Als sie 23 Jahre alt war, traf sie schließlich diesen Pastor und übergab ihr Leben Jesus Christus. Ihr Leben verbesserte sich aber erst nachdem der Pastor ihr Glauben schenkte und die Erkenntnis hatte, die Dämonen auszutreiben, die während jener Zeremonie in sie hineingekommen waren. Schließlich wurde sie frei von ihren Angstanfällen, der Panik, den Depressionen und den Alpträumen, unter denen sie zu leiden hatte. **Allein** Jesus Christus und Seine Kraft kann solchen Opfern helfen!

Schwere Zeiten liegen vor uns, laßt uns wachsam sein gegenüber den Taktiken unseres Feindes, damit wir seinen Opfern helfen können.

KAPITEL 15

Der doppelherzige Mensch oder der Zweifler

"Denn der Zweifler gleicht einer Meereswoge, die vom Wind bewegt und hin und her getrieben wird. Denn jener Mensch denke nicht, daß er etwas von dem HERRN empfangen werde, ist **er doch ein wankelmütiger** [doppelherziger, von geteilter Seele] **Mann, unbeständig in allen seinen Wegen.**"   Jakobus 1:6-8

Ich weiß nicht genau warum, doch früher dachte ich immer, diese Bibelstelle wäre hauptsächlich auf Nichtchristen anzuwenden. Bis vor drei Jahren besaß ich diese Meinung, als der Heilige Geist mich über diesen Punkt sehr massiv aufklärte. Ich möchte diese Schriftstelle herausgreifen, um die Hauptangriffstaktik Satans zu beschreiben, die er am häufigsten und erfolgreichsten einsetzt.

Zuerst möchte ich dich einige Jahre mit in mein eigenes Leben zurückversetzen und dir eine kurze Beschreibung der Ereignisse geben, die mich dazu geführt haben, diese bestimmte Schriftstelle zu verstehen.

Nachdem ich meine Assistenzzeit in der Inneren- und Intensivmedizin abgeschlossen hatte, eröffnete ich eine Arztpraxis in einem kleinen Ort, der nur etwa 100 km von der Stadt entfernt lag, in der Elaine in den Satanismus eingeführt worden war. Während der nächsten drei Jahre war unser Leben sehr anstrengend. Elaine war ständig krank und dabei sehr oft bettlägerig, was mit vielen Krankenhausaufenthalten verbunden war.

Während dieser Zeit lernte ich viele Leute kennen und hatte das Vorrecht, beinahe tausend Leute aus dem harten Kern des Satanismus herauszuführen. Wir betrieben so etwas wie eine Untergrundbewegung. Wir lebten auf dem Land und konnten daher Leute in unserer Scheune verstecken, in einem kleinen Appartement neben der Garage, sowie in einem Appartement oberhalb meiner Praxis. Jeden Pfennig, den ich verdiente, legte ich für diese Leute beiseite, um ihnen mit Essen, Kleidung, medizinischer Versorgung usw. oder der Möglichkeit, den Staat zu verlassen, zu helfen. Ich schlief im Schnitt etwa 3-4 Stunden pro Nacht. Gegen Ende dieser Zeit nahm der Kampf weiter zu und wurde sogar noch intensiver.

Nach Seinem vollkommenen Willen erlaubte der HERR den Satanisten, Werkzeug beim Tod meiner Mutter zu sein. Sie war meine engste Freundin und Verbündete, eine couragierte 74jährige Frau, die als Sprechstundenhilfe in meiner Praxis arbeitete. Was für einen Liebes- und Gebetsdienst sie doch hatte! An Weihnachten starb sie ganz plötzlich. Innerhalb von einem Monat hatte mein Vater eine größere Operation und war von der Hüfte abwärts halbseitig gelähmt. So kam er zu mir, um bei mir zu wohnen. Elaine lag zu dem Zeitpunkt als Folge ihrer Leukämie in einem Halbkoma und war für mehr als sechs Monate völlig bettlägerig. Ich sorgte zu Hause für sie und meinen Vater, hatte zudem noch eine volle Praxis und half Leuten, aus dem Satanismus herauszukommen. Es ereigneten sich noch mehrere andere Vorfälle, für die mir der Platz fehlt, sie im Einzelnen zu beschreiben, doch das Genannte sollte genügen, um dir zumindest einen Eindruck zu geben, unter welchem Druck ich stand.

Als es meinem Vater gerade etwas besser ging und er für eine Weile zu sich nach Hause ging und Elaine sich auch ein bißchen erholt hatte, verpaßte Satan unserem Dienst in diesem Gebiet einen seiner Hauptschläge. Eines Nachts, als Elaine und ich für mehrere Stunden außer Haus waren, fegten Satanisten durch unser Haus und zerstörten alles, was wir hatten. Sie schlugen in meiner Wohnung alles klitzeklein und brachten sogar unsere geliebten Haustiere um. Sie zerstörten die Praxis und alles, was wir hatten. Elaine und ich entkamen mit unserem Leben und den Kleidern auf dem Leib, mit nichts mehr. Satans Angriff war so gut geplant, daß sich zur gleichen Zeit alle gegen uns wandten. Unsere Gemeinde kam zu dem Schluß, daß wir Satan dienten, und weigerten sich, uns zu helfen. Mein eigener Vater und der Rest der Familie wandte sich gegen uns. Elaines Familie half den Satanisten dabei, alles, was wir hatten, zu zerstören. Mitglieder aus unseren beiden Familien versuchten, alles mögliche in Bewegung zu setzen, um uns zu einem Daueraufenthalt in einer psychiatrischen Anstalt zu bringen. Wir hatten keine andere Wahl, als aus dem Bundesstaat zu fliehen.

Das nächste Jahr war ein Jahr der "Hölle". Wir landeten schließlich im Ghetto einer Großstadt, wo wir in den Slums in einer Hütte wohnten, ohne intakte sanitäre Anlagen. Da ich in diesem Staat keine Arbeitserlaubnis hatte, nagten wir regelrecht am Hungertuch. Ich landete schließlich sehr krank in einem Krankenhaus, da plötzlich bei mir selbst Krebs festgestellt wurde. In dieser Zeit erkannte ich die Bedeutung der Schriftstelle, die von einem wankelmütigen (doppelherzigen, von geteilter Seele) Mann spricht.

Eines Nachts, kurz nachdem ich aus dem Krankenhaus entlassen war, erreichte ich meinen Tiefpunkt. Es schien keinen Ausweg zu geben, und ich konnte die Situation, in der ich mich befand, einfach nicht länger ertragen. Ich ging eine ganze Nacht lang barfuß durch die Straßen, eine Nacht, in der ich mit dem HERRN rang und mir überlegte, ob ich Selbstmord begehen sollte oder nicht.

Zweifel und Angst befielen mich, und ich machte keine Anstalten sie abzuwehren. Schließlich erreichte ich sogar den Punkt, an dem ich ernsthaft bezweifelte, je von dem HERRN in den geistlichen

Kampf gerufen worden zu sein. Hier nun redete der HERR eindringlich zu mir, indem Er sagte, "du bist ein wankelmütiger (doppelherziger, von geteilter Seele) Mensch!" Dann erinnerte Er mich an den Rest der Schriftstelle und zeigte mir, daß durch das Annehmen von Zweifeln und Angst Satan in meinen Sinn eindringen konnte, so daß ich zu einem wankelmütigen Menschen wurde. Er hatte Recht! Doch irgendwie fehlte mir die Kraft, aufzustehen und zu kämpfen. Ich war zu sehr in Selbstmitleid verstrickt. So ging das Ringen weiter, während ich all die langen, nächtlichen Stunden durch diese schmutzigen Straßen marschierte.

Ich wußte, daß der Vater sehr ärgerlich auf mich war. Jedesmal, wenn Er versuchte, mit mir zu reden, erklärte ich Ihm, daß Er mich so weit gebracht hätte (ich zittere bei dem Gedanken, daß ich überhaupt wagte, mir so etwas von dem allmächtigen Gott vorzustellen!). Es ist ein Zeichen für Gottes reine Gnade, daß Er mich nicht auf der Stelle getötet hat. Er hätte sicherlich das Recht dazu gehabt.

Als der Morgen schließlich anbrach, setzte ich mich erschöpft auf einen kaputten Bordstein; die Füße im schlammigen Wasser in der Gosse, beobachtete ich den Abfall und Müll, wie er um meine Füße herum in den Abwasserkanal floß. Von einem leichten Sprühregen war ich vollkommen durchnäßt, doch mir war zu elend zumute, als daß ich es bemerkt hätte. Plötzlich sprach diese sanfte Stimme des HERRN erneut zu mir, in dem sie sagte, "Kind, sprich mit mir."

"Ich kann nicht mit dir reden, HERR, mir geht es noch kein bißchen besser als vorher, und du wirst nur böse auf mich!"

"Weißt du, Ich, Jesus, weiß wie du dich fühlst, weil ich selber die Schwachheit erlebt habe." Dann kam mir plötzlich die wunderschöne Bibelstelle aus dem Hebräerbrief in meine Gedanken:

> "Denn wir haben nicht einen Hohenpriester, der nicht Mitleid haben könnte mit unseren Schwachheiten, sondern der in allem in gleicher Weise wie wir versucht worden ist, doch ohne Sünde. Laßt uns nun mit Freimütigkeit hinzutreten zum Thron der Gnade, damit wir Barmherzigkeit empfangen und Gnade finden zur rechtzeitigen Hilfe." Hebräer 4:15-16

Während mein Herz zerbrach und Tränen mein Gesicht herunterflossen, sprach der HERR wieder so sanft zu mir, "bitte doch um ein zusätzliches Maß an Gnade, Kind, und dann steh auf und kämpfe."

Ich tat es und bat auch den Vater für mein Selbstmitleid und dafür, daß ich die Zweifel angenommen hatte, die mir Satan eingegeben hatte, um Vergebung. Ich hatte die Lektion von dem wankelmütigen (doppelherzigen) Mann gelernt. Wir blieben beinahe ein Jahr in diesem Elendsviertel, aber da ich mich immer wieder weigerte, die Zweifel anzunehmen, die mir Dämonen in die Gedanken warfen und da ich jeden Tag um ein frisches Maß an Gnade bat, segnete uns der HERR mit dem Vorrecht, an diesem Ort kostbare Seelen zu Jesus zu bringen. Am Ende dieses Jahres öffnete der HERR die Tür für uns hier in Kalifornien, um unseren Dienst wieder aufzurichten.

Ich habe euch meine eigenen Erfahrungen in der Hoffnung mitgeteilt, daß ihr diesen wichtigen Bereich versteht. Ihr sollt wissen, daß ich nicht zu euch über etwas "predige", was ich nicht selbst erlebt habe. Ich bete, daß ihr von meinen Erfahrungen lernen könnt, damit ihr nicht dieselben Fehler machen müßt.

Die Gedankenwelt ist ein großes Kampffeld. Satan greift jeden in seinen Gedanken an, und zwar mehr als irgendwo anders. Dieser Kampf ist unaufhörlich und erbarmungslos und wird so lange andauern, wie wir hier auf Erden leben.

> "Denn obwohl wir im Fleisch wandeln, kämpfen wir nicht nach dem Fleisch; denn die Waffen unseres Kampfes sind nicht fleischlich, sondern mächtig für Gott zur Zerstörung von Festungen; so zerstören wir Vernünfteleien und jede Höhe, die sich gegen die Erkenntnis Gottes erhebt, und nehmen jeden Gedanken gefangen unter den Gehorsam Christi." 2. Korinther 10:3-5

> "Und seid nicht gleichförmig dieser Welt, sondern werdet verwandelt durch die Erneuerung des Sinnes [der Gedanken]..."
> Römer 12:2

Wir sind vor Gott verantwortlich, **jeden** Gedanken, der uns in den Sinn kommt, aufzuhalten und genau zu überprüfen, ob er Christus gehorsam ist oder nicht.

Sind wir doch mal ehrlich, im Grunde genommen sind wir faule und träge Geschöpfe. Ich kann euch wirklich sagen, als Gott mir dies zum ersten Mal klar machte, war es eines der schwierigsten Dinge, die Er mich je zu tun bat. Um mein Medizinstudium zu absolvieren, mußte ich stundenlang lernen. Ich wußte, wie ich mich auf etwas absolut konzentrieren konnte, dennoch hatte ich mein Gedankenleben nicht unter Kontrolle.

Jeder hat ein fortwährendes "Gedankenleben", das sich in seinem Sinn abspielt. So sind wir geschaffen worden. Wir sind verantwortlich dafür, jeden Gedanken unter den Gehorsam Christi zu bringen.

Du mußt begreifen, daß dir Satan Gedanken in deinen Sinn einimpfen kann, so wie ein Arzt Medizin in deinen Körper spritzen kann. Satan und seine Dämonen können dies von **außerhalb** deines Körpers tun. Sie müssen dazu nicht erst in dir drin sein. Sie können mit Gefühlen genau dasselbe machen. Angst ist dabei eine der mächtigsten Waffen Satans.

Satan und seine Dämonen können jedoch keine Gedanken lesen. Gott allein kennt deine Gedanken und Absichten (vgl. Hebräer 4:12-13 und Jeremia 17:9-10). Deshalb müssen wir nach dem Vorbild, das Jesus uns gegeben hat, als Er hier auf der Erde Mensch war, Satan und seine Dämonen **laut** zurückweisen.

Satan wird Gedanken in dich hineinlegen, die mit dem Wort "Ich" anfangen, um dir die Vorstellung zu geben, dieser Gedanke hat seinen Ursprung in dir. So kann dir zum Beispiel ein Gedanke kommen wie: "Ich würde so gerne das und das tun", etwas, von dem du weißt, es ist Sünde. Sobald du bemerkst, daß sich so ein Gedanke in dir befindet, mußt du seinen wahren Ursprung angreifen. Sage etwa das Folgende laut: "Satan und ihr Dämonen, ich weise euch im Namen Jesu zurück. Ich werde diesen Gedanken **nicht** annehmen. Geht weg!" Zwinge dich dann, über die Bibel nachzudenken, sage dir, wenn nötig, einen Abschnitt aus der Schrift laut vor, um so deine Gedanken unter Kontrolle zu bringen.

Nun wollen wir auf "Hermann" zu sprechen kommen, unserem kleinen wankelmütigen (doppelherzigen, von geteilter Seele) Mann, den wir zu Beginn dieses Kapitels bereits gesehen haben, und einige typische Angriffe von Dämonen in seinem Leben betrachten.

Einer der häufigsten Angriffe richtet sich gegen die Heilsgewißheit einer Person. Am Montag nimmt Hermann Jesus Christus als seinen HERRN und Heiland auf.

Am Dienstag steht er in aller Frühe auf, um Gottes Wort zu lesen und sich damit zu befassen, denn er weiß, so sollte man es machen.

Aber sieh einmal, was am Mittwoch passiert. Hermann verschläft und hat keine Zeit, in seiner Bibel zu lesen. Während er durch die Tür hinaus zur Arbeit eilt, kann sich der Dämon recht gut vorstellen, was in ihm vorgeht.

Weil der Gedanke, der in Hermanns Sinn hineingeimpft wird, mit "Ich" beginnt, akzeptiert er ihn als seinen eigenen Gedanken. Er nimmt den Zweifel an. Das unvermeidliche Ergebnis sehen wir am Donnerstag.

Hermann ist wieder da, wo er am Anfang (1. Bild vom Montag) war. Ich habe mit Leuten gesprochen, die diesen Kreislauf 15 und mehr Jahre immer wieder durchlaufen sind. An einem Tag bitten sie den HERRN, sie zu erretten, dann nehmen sie Zweifel über ihre Errettung an, und kurz darauf bitten sie den HERRN erneut, sie zu erretten. Satan gewinnt ohne die kleinste Anstrengung. Weil sie "wankelmütig" sind, können sie den Segen des HERRN nicht empfangen.

Laßt uns nun die Lösung für dieses Problem betrachten.

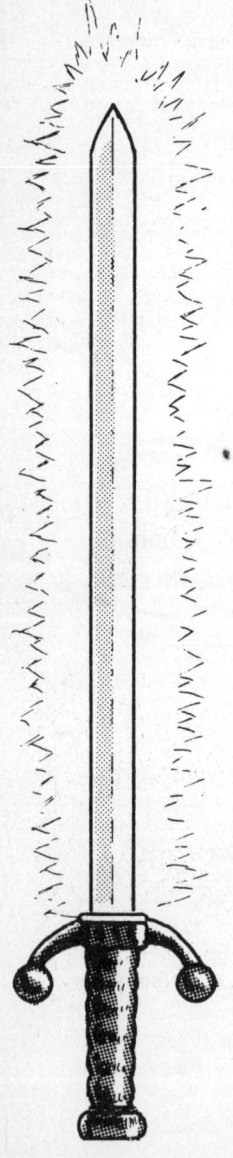

Lösung

- "Denn unser Kampf ist nicht gegen Fleisch und Blut ..."　　　　　　　Epheser 6:12

- "Denn die Waffen unseres Kampfes sind nicht fleischlich, sondern mächtig für Gott zur Zerstörung von Festungen; so zerstören wir Vernünfteleien und jede Höhe, die sich gegen die Erkenntnis Gottes erhebt, **und nehmen jeden Gedanken gefangen unter den Gehorsam Christi.**"　　2. Korinther 10:4-5

- "Denn das Wort Gottes ist lebendig und wirksam und schärfer als jedes zweischneidige Schwert ..."　　　　　　　Hebräer 4:12

Zuerst müssen wir erkennen, wer unser Feind ist. Dann müssen wir verstehen, wie wir vorzugehen haben, und schließlich brauchen wir Macht, um unseren Feind zu besiegen. Wir wollen nun sehen, wie Hermann diese Prinzipien anwenden kann, um den Kampf zu gewinnen. Wir schalten uns wieder in seine Geschichte ein, nachdem er das Haus am Mittwochmorgen verlassen hat. Er wird zu spät zur Arbeit kommen und zweifelt seine Errettung an.

221

Hermann hat die drei Schritte befolgt. Erstens hat er seine Gedanken genau überprüft. Zweitens hat er den Ursprung seiner Gedanken erkannt. Drittens hat er den Dämon direkt zurückgewiesen, und schließlich hat er sich Gottes mächtiges Wort in Erinnerung gerufen. Wenn Hermann lediglich den Angriff erkannt hätte, hätte er verloren. **Alle** Schritte müssen befolgt werden.

Hingabe ist ein Bereich, den Dämonen angreifen. Schwache Christen sind Christen die ihre Hingabe nicht einhalten. Der erste Schritt, um eine Hingabe zu brechen, beginnt damit, mit dem Gedanken zu spielen, es zu tun. Wir überlegen uns dann, "was wäre, wenn …". Laßt uns einen der Hauptangriffsbereiche Satans betrachten – die Hingabe aneinander in einer Ehe.

Sehen wir doch mal, wie es in dieser Ehe nach fünf Jahren aussieht:

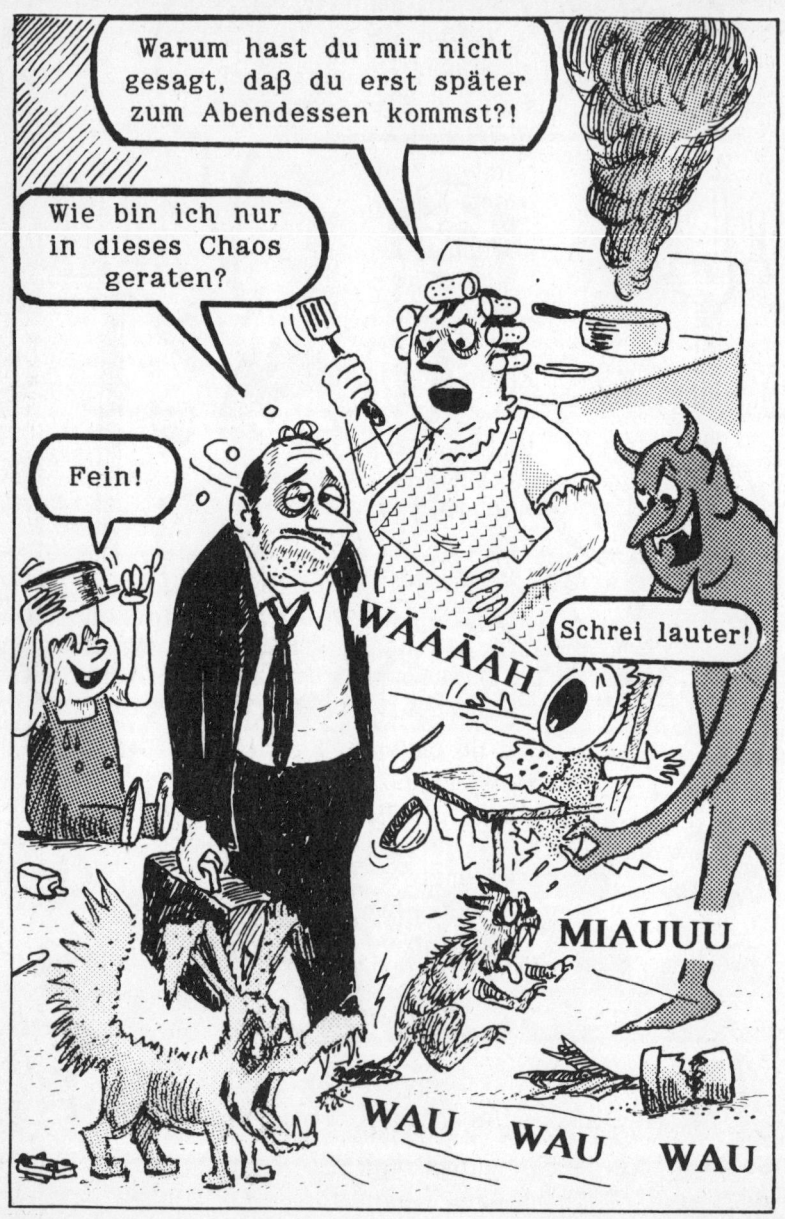

Könnt ihr sehen, was für eine abgekartete Sache das ist? Was war geschehen? Den ganzen Tag hat der Dämon der Frau folgende Gedanken eingeflüstert: "Ich arbeite Tag und Nacht. Und doch ist kein Ende in Sicht. Mein Mann würdigt mich und die Arbeit, die ich tue, überhaupt nicht. Er kommt von der Arbeit und will sich den ganzen Abend nur hinsetzen und ausruhen, während ich die ganze Zeit über weiterarbeiten muß."

Dem Mann hat der Dämon Tag für Tag im Büro folgendes eingeredet: "Diese Arbeit ist mir zuwider, es gibt keine Aufstiegsmöglichkeiten, ich bin es leid, meine Familie zu versorgen. Ich habe keine Möglichkeit, meine Arbeitsstelle zu wechseln. Meine Frau schätzt nicht, was ich für sie und die Kinder tue, alles, was ich zu tun habe, ist nur Arbeit, Arbeit und nochmals Arbeit."

Ein Kneifen hier und ein Kneifen dort, damit alle Kinder auch ganz bestimmt gerade in dem Moment schreien, wenn Papa zur Tür hereinkommt. Alles ist bestens vorbereitet. Glaubt nicht, Dämonen könnten Kinder nicht zum Schreien bringen! Sie können es sehr wohl. Versuche sie nur einmal in der Gemeinde ruhig zu halten, und du wirst es erleben!

Laßt uns nun noch die restliche Kette von Ereignissen betrachten, die, das muß ich wirklich sagen, sehr geschickt von dem Dämon eingefädelt wurde.

Wir **müssen** unsere Gedanken unbedingt überprüfen. Ich kenne keine andere Taktik in Satans Reich wie diese, die so viele Christen zu Fall bringt. Wir dürfen unser Gedankenleben keine Minute aus den Augen lassen. Allein mit dem Gedanken zu spielen, eine vollzogene Hingabe rückgängig zu machen, ist schon Sünde! Glaub nicht, etwas von Gott zu empfangen, wenn du so etwas tust.

Ein weiterer Bereich, den Dämonen gerne angreifen, sind zwischenmenschliche Beziehungen. Dämonen flößen dir häufig negative Gedanken über deine Familie oder andere Leute, mit denen du eng zusammenarbeitest, ein. Wie oft passiert es, daß du genau zu **wissen** meinst, wie dein Ehepartner empfindet? Hättest du ihn dagegen gefragt, würdest du vielleicht herausfinden, daß er weder so gefühlt noch gedacht hat!

"Naht euch Gott, und Er wird sich euch nahen. Säubert die Hände ihr Sünder, und *reinigt die Herzen, ihr Wankelmütigen.*" Jakobus 4:8

Wie viele Ehen gehen an diesem Punkt auseinander? Aber so kann man die Situation meistern:

227

Oft verdrehen Dämonen die Worte, die du hörst. Elaine und ich haben das häufig erlebt. So war manchmal das, was Elaine zu mir sagte, etwas anderes, als das, was ich gehört hatte. Manchmal fragte ich dann, "Warum sagst du so etwas?!" Sie antwortete dann, "Warum, habe ich was gesagt?" Wenn wir dann darüber redeten, stellten wir fest, daß sie das gar nicht gesagt hatte, was ich gehört hatte. Dasselbe passierte auch anders herum. Das ist eine häufige Ursache für Schwierigkeiten in einer engen Beziehung. Halt die Augen offen, wenn Dämonen hier angreifen.

Weitere große Schwierigkeiten können mit einer Person auftreten, die aus dem einen oder anderen Grund einen oder mehrere Dämonen in sich hat. Häufig wird der Dämon beispielsweise durch die Ehefrau sprechen, indem er etwas sehr Verletzendes zu dem Ehemann sagt. Und glaubt mir, Dämonen wissen nur zu gut, dort hineinzustechen, wo es am meisten weh tut! Dann zieht sich der Dämon zurück und überläßt die Frau der Reaktion ihres Mannes. Meistens weiß sie gar nicht, was aus ihrem Mund herauskam, und so kann sie auch nicht verstehen, warum ihr Mann so ärgerlich ist. Ich habe gesehen, wie auf diese Weise viele Ehen zerstört wurden. Oft liegt das Problem bloß daran, daß ein Einfallstor im Leben dieser Person nicht verschlossen worden ist.

Ich will euch ein Beispiel von Pastor J. und seiner Frau geben, die ich John und Ann nennen möchte (ihre Namen wurden geändert). John wußte, daß seine Frau Christin war, trotzdem sagte und tat Ann einige kaum vorstellbare, ungöttliche Dinge, wenn sie Streit miteinander hatten. Sie schrie und fluchte aus Leibeskräften, während sie ihren Kopf ständig gegen die Wand schlug und einige sehr verletzende, haßerfüllte Dinge, die ihr gerade so einfielen, zu John sagte. Sehr oft zog John ernsthaft in Betracht, seinen geistlichen Dienst aufgrund von Anns Problemen niederzulegen. Wenn der Streit vorüber war und Ann sich "abgekühlt hatte", ging sie schluchzend zu John und bat ihn um Vergebung. Sie sagte, daß sie wirklich keines dieser Worte so gemeint hätte und gar nicht wüßte, warum sie so etwas überhaupt gesagt hätte.

Diese Entschuldigung wirkte ein paarmal, doch als die Jahre vergingen und die bösen und haßerfüllten Ausdrücke schlimmer und schlimmer wurden, begann es in ihrer Ehe zu kriseln. Alle Seelsorge half nichts. Gebet und Fasten half nicht. Nichts half. Als ich

John begegnete, war er total frustriert und suchte verzweifelt Hilfe für seine Frau. Nachdem ich mit ihm eine Weile gesprochen hatte und nach Einfallstoren forschte, erzählte er, daß sich die Mutter seiner Frau ihrem Mann gegenüber ganz genauso verhalten hätte. Das war der Schlüssel. Ann hatte die Dämonen ihrer Mutter geerbt. Das ist der Grund, warum so viele Kinder genauso werden wie ihre Eltern und die gleichen Probleme haben.

Als ich ihm meine Gedanken zum Problem mit seiner Frau weitergab, fuhr er auf der Stelle nach Hause, salbte seine Frau mit Öl, betete über ihr und befahl jedem Dämon der Vererbung zu gehen, und er verschloß und versiegelte jedes dieser Einfallstore mit dem Blut Jesu. Kurz darauf rief er an, um mir zu erzählen, daß die Verwandlung in Anns Leben unglaublich sei. Endlich konnte sie die Beziehung zu Gott so vertiefen, wie sie es sich schon immer gewünscht hatte. Sie verschlang Gottes Wort, ihre Haltung änderte sich, anderen Leuten fiel sogar auf, daß sich ihr Gesicht verändert hatte. Dennoch wußte John, daß die Nagelprobe erst sein würde, wenn sie ihre erste Auseinandersetzung haben würden. Als sie schließlich kam, war der Wandel wunderbar. Sie bewältigte die Situation wie eine wirkliche Christin. Kein Geschrei und Gebrüll. Kein Fluchen. Auch schlug sie ihren Kopf nicht gegen die Wand. Sie hatte sich vollständig unter Kontrolle.

Das letzte Mal als ich mit John über Ann sprach, lag der ganze Vorfall beinahe ein Jahr zurück, und Ann ging es immer noch großartig. Nicht ein einziges Mal hatte sie sich so verhalten, wie es zu der Zeit, als diese Einfallstore noch nicht verschlossen waren. Ihre Ehe wurde gerettet, und sie hatten nun eine engere Beziehung zueinander, als sie es sich je hätten träumen lassen. Für John war es eine sehr große Hilfe zu erkennen, daß die verletzenden Bemerkungen von Ann gar nicht von ihr waren, sondern von den Dämonen in ihr. So konnte er die gefühlsmäßige Barriere, die er zwischen sich und Ann aufgebaut hatte, überwinden. Ann half das ebenfalls, ihre schrecklichen Schuldgefühle zu überwinden, unter denen sie ständig litt, wenn sie sah, was sie John angetan hatte. Wieder einmal hatte die wunderbare Macht Jesu Christi und Sein vollbrachtes Werk am Kreuz die Beziehung zwischen zwei wundervollen Menschen gerettet.

Den Abschluß dieser Geschichte bildeten die Erlebnisse mit ihrem jüngsten Kind. Susan war drei Jahre alt, als ich das erste Mal mit

John sprach. Sie war rebellisch und kaum zu bändigen, ziemlich genäu seit dem Tag ihrer Geburt. Ihr unbändiges Wesen hatte viel zu der Spannung in diesem bereits angeschlagenen Zuhause beigetragen. Als John Ann in ihr Schlafzimmer mitnahm, um sie zu salben und die Dämonen aus ihr hinauszurufen, war es interessant zu beobachten, daß Susan ins Zimmer hereinrannte und schrie, um die Aufmerksamkeit auf sich zu lenken; und zwar genau in dem Moment, als John anfangen wollte zu beten. Die Dämonen in Susan versuchten alles, was sie nur konnten, um ihre Eltern vom Beten abzuhalten.

Nachdem John mit Ann gebetet hatte, nahmen beide Susan in ihre Arme und salbten sie, indem sie den HERRN baten, die Linie der Vererbung zu durchtrennen. Dann befahlen sie allen Dämonen, ihr Kind zu verlassen. Seit dem Tag war Susan wie umgewandelt.

Laßt uns immer die Augen offen halten und unsere Gedanken kontrollieren. Denn unser Feind versucht uns zu verschlingen, aber er wird kein Gelingen haben, wenn wir fest in der Kraft unseres wunderbaren HERRN und Heilandes, Jesus Christus, stehenbleiben.

Kapitel 16

Der Geist und die geistliche Welt

In diesen letzten Tagen ist bei der gesamten Weltbevölkerung ein rasch ansteigendes Interesse und Bewußtsein für die geistliche Welt wach geworden. Leider bezieht sich dieses Bewußtsein und Interesse mehr auf Satan und sein Reich, anstatt auf Gott und Sein Reich. Die westliche Welt wird immer mehr überschüttet von östlichen Religionen und Konzepten, die sich alle hauptsächlich mit dem Kontakt zur geistlichen Welt beschäftigen. Die New Age Bewegung weitet sich immer mehr aus und bringt dadurch falsche Lehren über den menschlichen Geist und die geistliche Welt unter dem Deckmantel der **Wissenschaft** in Umlauf. Wenn ein Christ bei diesem letzten Großangriff Satans fest in Gottes Wort stehenbleiben will, so braucht er ein gutes, biblisch fundiertes Wissen über den menschlichen Geist und die geistliche Welt. Laßt uns einige Schriftstellen zu diesem Thema betrachten:

> "Er selbst aber, der Gott des Friedens, heilige euch völlig; und vollständig möge euer Geist und Seele und Leib untadelig bewahrt werden bei der Ankunft unseres Herrn Jesus Christus."
> 1. Thessalonicher 5:23

Paulus zeigt uns hier, daß wir Menschen dreigeteilte Wesen sind. Das heißt, wir bestehen aus drei getrennten Teilen: Dem Körper, der Seele (sie umfaßt unseren bewußten Verstand, unseren Willen und unsere Gefühle) und dem **Geist**. Er sagt ganz klar, daß alle drei gereinigt und Jesus hingegeben werden müssen, und daß Jesus selbst uns fähig machen muß, alle drei Teile "untadelig" bis zu Seiner Wiederkunft zu bewahren.

> "Da bildete Gott, der Herr, den Menschen, aus Staub vom Erdboden und hauchte in seine Nase Atem des Lebens; so wurde der Mensch eine lebende Seele." 1. Mose 2:7

Das heißt, Adam lebte und wurde sich seiner selbst bewußt. Im wesentlichen entspricht unser **Ich** unserer **Seele**. Sie äußert sich als unser Verstand, unser Wille und unsere Gefühle.

231

> "Wenn es einen natürlichen Leib gibt, so gibt es auch einen geistlichen."
>
> 1. Korinther 15:44b

Dieser Vers wird allzuoft übersehen. Unser Geist hat eine Form oder eine Gestalt. Er hat einen regelrechten Leib, so wie ihn auch unser natürlicher Körper hat. Mit Ausnahme der Satanisten oder Leuten, die sich mit Dingen wie Astralreisen beschäftigen, wissen das nur wenige.

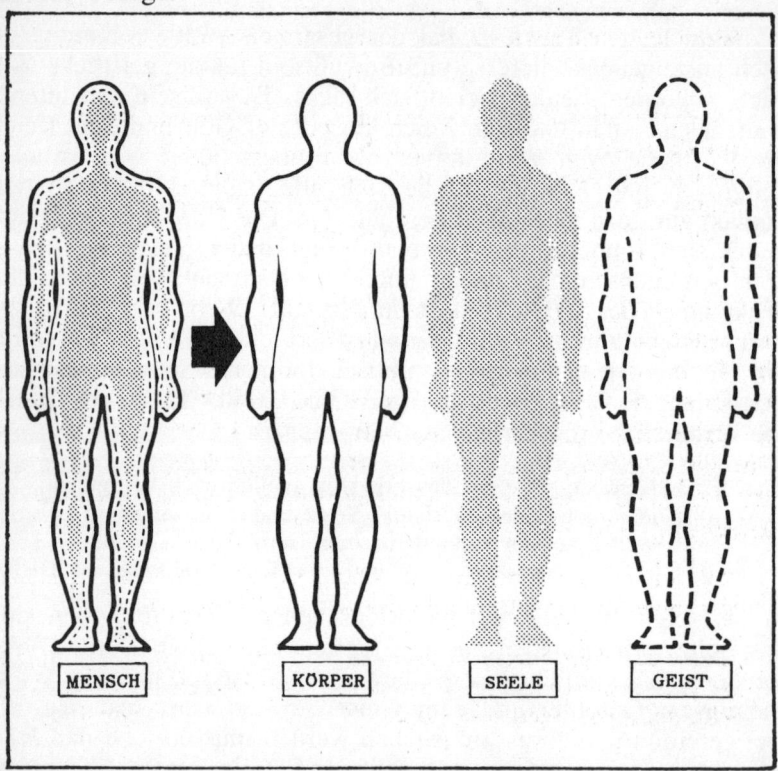

MENSCH   KÖRPER   SEELE   GEIST

Die New Ager bezeichnen unseren menschlichen Geist in ihrem Sprachgebrauch als das "höhere Selbst", den Teil von uns, der die "göttliche Kraft" oder die "dritte" bzw. "vierte Dimension" darstellt. Oft ist die Rede von "geistlicher Energie" oder sogenannten "Vibrationen", was lediglich eine andere Bezeichnung für den menschlichen Geist sein soll. Wenn du erst einmal für den Begriff des geistlichen Leibes ein Verständnis bekommen hast und die Augen offen hältst, wirst du einige von den vielen vermeintlich "wissenschaftlichen" Ausdrücken, die von den New Agern gebraucht werden, um den Geist zu beschreiben, rasch verstehen.

> "Ich weiß von einem Menschen in Christus, daß er vor 14 Jahren – ob im Leib, weiß ich nicht, oder außer dem Leib, weiß ich nicht; Gott weiß es –, daß dieser bis in den dritten Himmel entrückt wurde. Und ich weiß von dem betreffenden Menschen – ob im Leib oder außer dem Leib, weiß ich nicht; Gott weiß es –, daß er in das Paradies entrückt wurde und unaussprechliche Worte hörte, die auszusprechen einem Menschen nicht zusteht."
>
> 2. Korinther 12:2-4

> "Nach diesem sah ich: Und siehe, eine Tür, geöffnet im Himmel, und die erste Stimme, die ich gehört hatte wie die einer Posaune, die mit mir redete, sprach: Komm hier herauf, und ich werde dir zeigen, was nach diesem geschehen muß. Sogleich war ich im **Geist**: und siehe, ein Thron stand im Himmel, und auf dem Thron saß einer." Offenbarung 4:1-2

Diese und andere Schriftstellen zeigen Erlebnisse, die durch den Geist einer Person wahrgenommen wurden, und in denen der geistliche Leib vom natürlichen getrennt war. Beachte, als Johannes sagte, er sei im Geist, wird dies (im Englischen) klein geschrieben[*], was verdeutlichen soll, daß sein eigener, menschlicher Geist gemeint ist. Jedesmal, wenn in der Bibel vom Heiligen Geist die Rede ist, wird dies (im Englischen) groß geschrieben, wie in Offenbarung 1:10.

> "Ich war an des Herrn Tag im **GEist**, und ich hörte hinter mir eine laute Stimme wie von einer Posaune …" Offenbarung 1:10

> "Denn das Wort Gottes ist lebendig und wirksam und schärfer als jedes zweischneidige Schwert und **durchdringend bis zur Scheidung von Seele und Geist**, …" Hebräer 4:12

---

[*] Im Deutschen wird das Wort "Geist" immer groß geschrieben. Es wird in der Schreibweise nicht zwischen dem Heiligen Geist und dem menschlichen Geist unterschieden. Um die Unterscheidung, die im Englischen gemacht wird, wiederzugeben, haben wir im Folgenden die Schreibweise "GEist" gewählt, wenn in der von Rebecca Brown benutzten englischen Übersetzung "Geist" groß geschrieben wird, die Schreibweise "Geist" wenn "Geist" klein geschrieben wird. Somit bezieht sich "GEist" auf den Heiligen Geist, "Geist" hingegen auf den menschlichen Geist. (Anmerkung der Übersetzer)

Hast du dich schon einmal gefragt, warum es notwendig ist, Seele und Geist zu scheiden? Nach den oben zitierten Versen kann eine Scheidung zwischen Seele und Geist gemacht werden.

Der erste Adam konnte vor dem Sündenfall genauso leicht mit der unsichtbaren Welt in Verbindung treten, wie er es auch mit der natürlichen Welt konnte. Beide konnte er gleich gut wahrnehmen. Wie war das möglich? Indem er seinen geistlichen Leib gebrauchte. Das zeigt sich auch darin, daß er ohne weiteres mit Gott im Garten Eden spazierengehen und mit Ihm reden konnte. Er war sich seines geistlichen Leibes genauso bewußt, wie seines natürlichen Leibes. Seine **Seele** (der bewußte Verstand und Wille) beherrschte sowohl den geistlichen wie auch den natürlichen Leib. Doch beim Sündenfall kam es zum geistlichen Tod, d.h. Adam und seine Nachkommen waren sich ihres geistlichen Leibes nicht mehr bewußt. So konnten sie nicht mehr wie vorher Gemeinschaft mit dem HERRN haben.

Wenn der Heilige Geist bei der Wiedergeburt, wenn wir Jesus als unseren HERRN und Heiland annehmen, in uns einzieht, wird unser geistlicher Leib neu geboren, oder erneuert, so daß wir wieder mit Gott Gemeinschaft haben und ihn anbeten können, so wie es auch Adam vor dem Sündenfall möglich war. Die Tatsache, daß wir durch unseren menschlichen Geist mit Gott Gemeinschaft haben (mit der Hilfe des Heiligen Geistes) drücken die folgenden Verse klar aus:

> [Jesus sagt:] "Es kommt aber die Stunde und ist jetzt, da die wahren Anbeter den Vater in **Geist** und Wahrheit anbeten werden; denn auch der Vater sucht solche als seine Anbeter. Gott ist **GEist**, und die ihn anbeten, müssen ihn in **Geist** und Wahrheit anbeten."
> Johannes 4:23-24

Bitte beachte auch in diesen zwei Versen, daß dort, wo Gott als GEist angesprochen wird, dies groß geschrieben ist, wohingegen der menschliche Geist durch Kleinschreibung davon unterschieden wird. Deshalb kann nur ein Geist mit der geistlichen Welt Gemeinschaft haben (bzw. in Verbindung treten). In diesem Fall betet unser Geist Gott den Vater an, welcher GEist ist.

Engel werden in der Bibel auch ganz klar als Geister beschrieben:

> "Der [gemeint ist Gott] seine Engel zu Geistern macht."
> Psalm 104:4

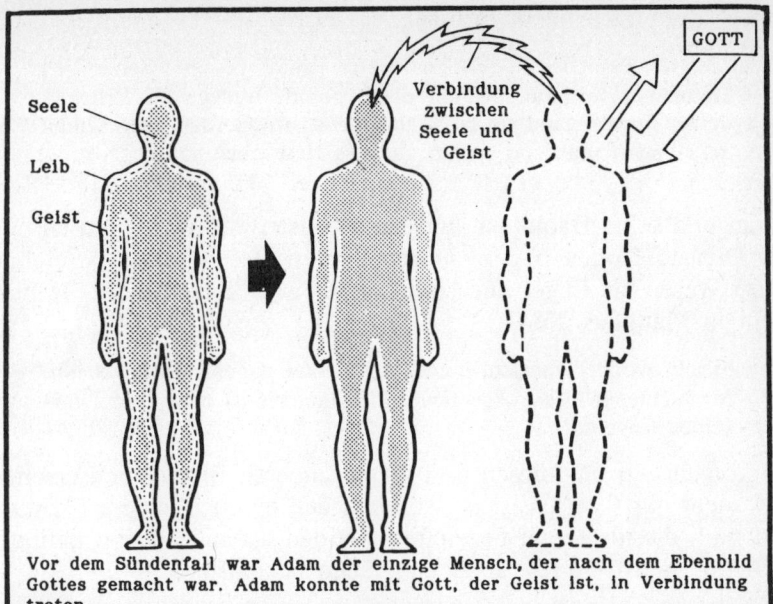

Seele

Leib

Geist

Verbindung
zwischen
Seele und
Geist

GOTT

Vor dem Sündenfall war Adam der einzige Mensch, der nach dem Ebenbild Gottes gemacht war. Adam konnte mit Gott, der Geist ist, in Verbindung treten.

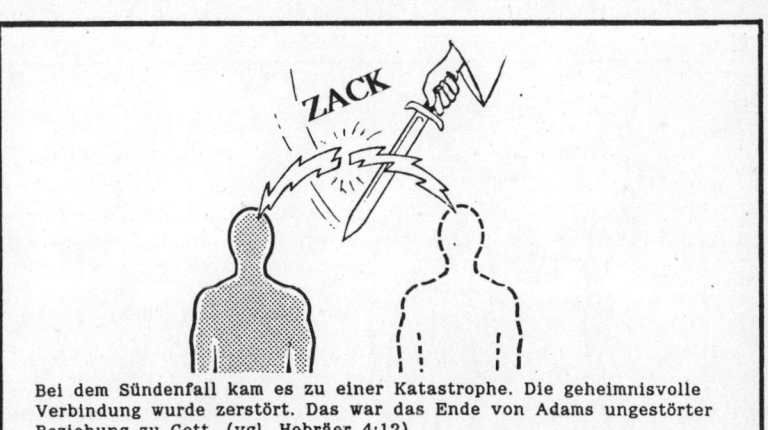

ZACK

Bei dem Sündenfall kam es zu einer Katastrophe. Die geheimnisvolle Verbindung wurde zerstört. Das war das Ende von Adams ungestörter Beziehung zu Gott. (vgl. Hebräer 4:12)

Dieser Vers ist auch in Hebräer 1:7 zitiert.

> "Zu welchem der Engel aber hat er jemals gesagt: "Setze dich
> zu meiner Rechten, bis ich deine Feinde hinlege als Schemel
> deiner Füße?" Sind sie nicht alle dienstbare Geister, ausgesendet
> zum Dienst um derer willen, die das Heil erben sollen?"
>
> Hebräer 1:13-14

Satan und seine Dämonen sind auch Geister, sie waren einst Engel
im Dienste Gottes bevor sie rebellierten. Jesus selbst bezeichnet
diese Wesen als Engel und somit als Geister. Eine Bibelstelle dazu
steht in Matthäus 25:41:

> "Dann wird er auch zu denen zur Linken sagen: Geht von mir,
> Verfluchte, in das ewige Feuer, das bereitet ist dem Teufel und
> seinen Engeln!" Matthäus 25:41

So können wir aus diesen und vielen anderen Bibelstellen ersehen,
daß nicht nur Gott GEist ist, sondern daß es noch andere Geistwe-
sen gibt, die als Engel bezeichnet werden – einige davon befinden
sich im Dienst Gottes, andere im Dienst Satans.

Unsere geistlichen Leiber stellen die Verbindung zwischen uns und
der geistlichen Welt her, da die geistliche Welt nicht mit irgend
etwas Sichtbarem gesehen oder erkannt werden kann. Diese Gedan-

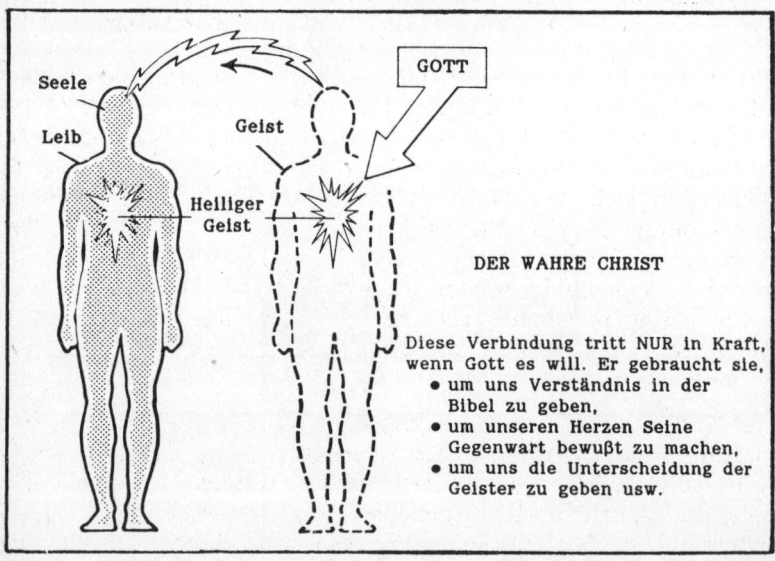

Seele
Leib
Geist
GOTT
Heiliger Geist

DER WAHRE CHRIST

Diese Verbindung tritt NUR in Kraft,
wenn Gott es will. Er gebraucht sie,
- um uns Verständnis in der Bibel zu geben,
- um unseren Herzen Seine Gegenwart bewußt zu machen,
- um uns die Unterscheidung der Geister zu geben usw.

kengänge sind schwer zu verstehen, weil sich der für uns unsichtbare "Geist" so völlig von allem "Sichtbaren" unterscheidet und wir nur Erfahrungen mit einer Welt haben, die wir auch sehen, anfassen und fühlen können.

Durch den Heiligen Geist ist unser Geist in der Lage, mit Gott Gemeinschaft zu haben und Ihn anzubeten. Die Schriftstelle in Hebräer 4:12 zeigt uns jedoch, daß es **nicht** Gottes Wille für uns ist, wieder die bewußte Herrschaft über unsere geistlichen Leiber zu erlangen, solange wir uns hier auf der Erde in unserem sündigen Zustand befinden. Deshalb scheidet das Schwert des GEistes Seele und Geist. Wenn diese Trennung einmal stattgefunden hat, kann die Seele (Verstand, Intellekt, Wille) den geistlichen Leib nicht länger beherrschen oder steuern. Das ist auch der Grund, warum der HERR in 1. Thessalonicher 5:23 so sehr darauf besteht, daß unser Geist unter die totale Herrschaft Jesu Christi kommen **muß**, zusammen mit unserer Seele und unserem natürlichen Leib.

Es gibt dazu eine interessante Schriftstelle in Offenbarung 18:11 und 13b:

> [Das Folgende bezieht sich auf den Untergang Babylons:] "Ebenso werden die Kaufleute der Erde über sie weinen und klagen, weil niemand mehr ihre Ware kauft: ... Schafe, Pferde, Wagen und Leiber und Seelen der Menschen."
> Offenbarung 18:11.13b (Mühlheimer NT)

Warum wird hier ein Unterschied gemacht zwischen den Leibern und den Seelen der Menschen? Der Grund dafür ist, daß in dem geistlichen Leib des Menschen ein unglaubliches Maß an Macht und Intelligenz steckt, insbesondere, wenn dieser geistliche Leib unter der Kontrolle der Seele steht. Satan ist seit dem Sündenfall Adams durch alle Zeitalter hindurch beständig darauf aus, diese geistlichen Leiber für seine eigenen Pläne zu gebrauchen. Der natürliche Körper des Menschen ist schwach und für Satan im Grunde von geringem Nutzen, aber bei dem geistlichen Körper ist das genaue Gegenteil der Fall, sofern er unter der bewußten Herrschaft der Seele steht.

Satan verfolgt das Ziel, Menschen beizubringen, die bewußte Herrschaft über ihren geistlichen Leib wiederzuerlangen. Viele haben es bereits gelernt. Wenn dieses Ziel einmal erreicht ist, können diese Leute die geistliche Welt genauso deutlich empfinden, wie die sichtbare Welt. Sie können ungehindert mit Dämonen reden, ihren natürlichen Leib mit ihrem geistlichen Leib verlassen und unter vollem Bewußtsein an Orte gehen und Dinge tun, die dem Durchschnittsmenschen als übernatürliche Macht erscheinen. Sie können Gegenstände zum Schweben bringen, ohne sie sichtbar zu berühren, Kerzen ohne ein Streichholz anzünden, körperliche Heilungen bewirken, usw. Menschliche Geister quälen und attackieren viele Leute auf die gleiche Weise, wie es dämonische Geister tun. Wir können sie nicht sehen, weil unsere natürlichen Augen die geistliche Welt nicht sehen können. Nur ein Geist kann einen Geist oder die geistliche Welt *sehen*.

Gott möchte nicht, daß Sein Volk seine geistlichen Leiber auf diese Weise steuert. Wenn wir es dennoch tun, sind wir nicht nur offen, durch die dadurch entstehenden enormen Versuchungen zu sündigen, sondern wir sind dann auch nicht mehr so abhängig von Ihm, und leben zudem in dem ständigen Bewußtsein von Satan und seinem Reich.

Es gibt eine spezielle Art Dämonen, die sich häufig selbst als sogenannte "Machtdämonen" ausgeben. Sie helfen die Verbindung zwischen Seele und geistlichem Leib herzustellen, indem sie die Person befähigen, die bewußte Kontrolle über ihren Geist zu erlangen. Phantasie und Visualisierung tragen entscheidend dazu bei, die Verbindung zwischen Seele und Geist herzustellen. Ich werde das später in diesem Kapitel noch ausführlicher behandeln.

Astralreisen

Eine vorübergehende Trennung des Geistes vom natürlichen Leib wird in der okkulten Welt *Astralreisen* oder *Astralprojektion* genannt. Im römischen Katholizismus spricht man von *Bilokation*.

> "**BILOKATION**: Mehrfache oder gleichzeitige Anwesenheit derselben Substanz oder desselben Wesens an zwei voneinander entfernten Orten. Aus dem Leben von Heiligen werden Bilokationen häufig berichtet." (John A. Hardon, S.J., *Modern Catholic Dictionary*, Doubleday & Company, Inc., 1980, S. 67)

Unter Zeitgenossen wird berichtet, daß es der berühmte Kapuzinermönch Pater Pio aus Italien erlebt haben soll. Er wurde berühmt durch die "Stigmata", blutenden Wunden an seinen Händen und Füßen, von denen man annahm, es seien dieselben Wunden wie die von Christus. Auch der bei uns unter dem Namen *Der Rufer* (engl.

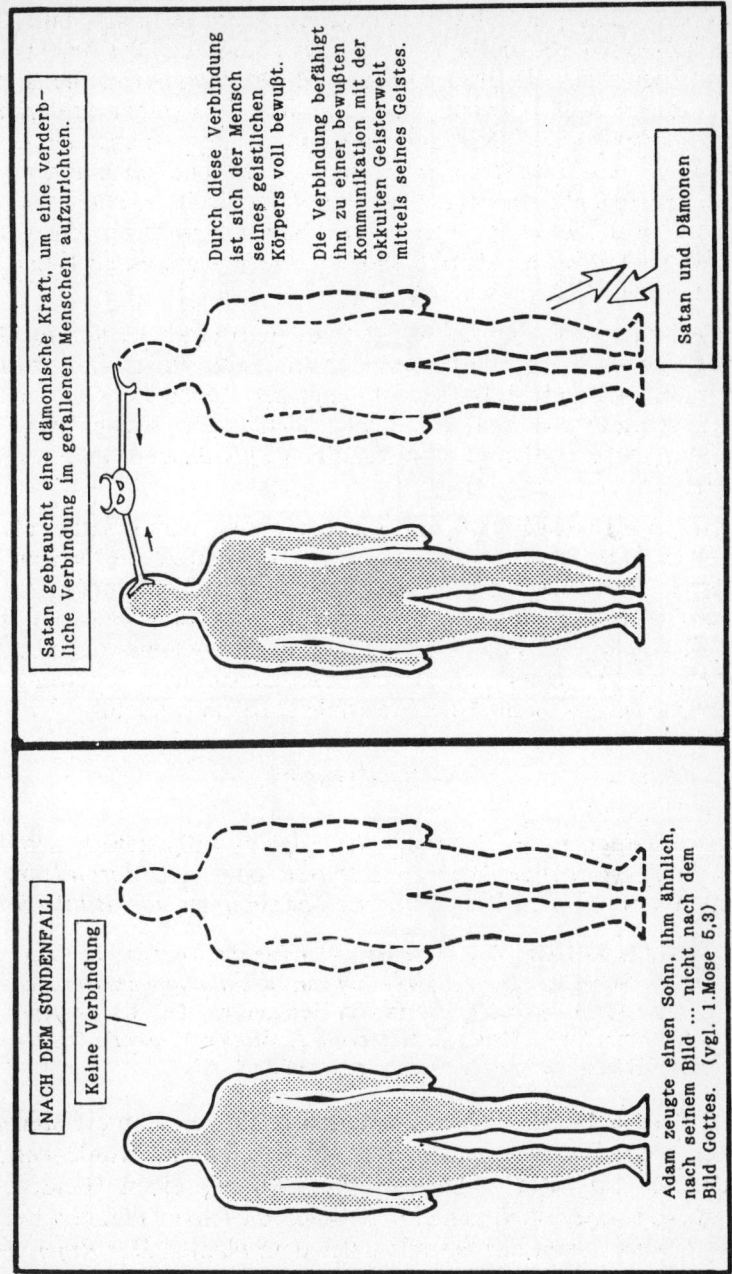

Satan gebraucht eine dämonische Kraft, um eine verderbliche Verbindung im gefallenen Menschen aufzurichten.

Durch diese Verbindung ist sich der Mensch seines geistlichen Körpers voll bewußt.

Die Verbindung befähigt ihn zu einer bewußten Kommunikation mit der okkulten Geisterwelt mittels seines Geistes.

Satan und Dämonen

NACH DEM SÜNDENFALL

Keine Verbindung

Adam zeugte einen Sohn, ihm ähnlich, nach seinem Bild ... nicht nach dem Bild Gottes. (vgl. 1.Mose 5,3)

239

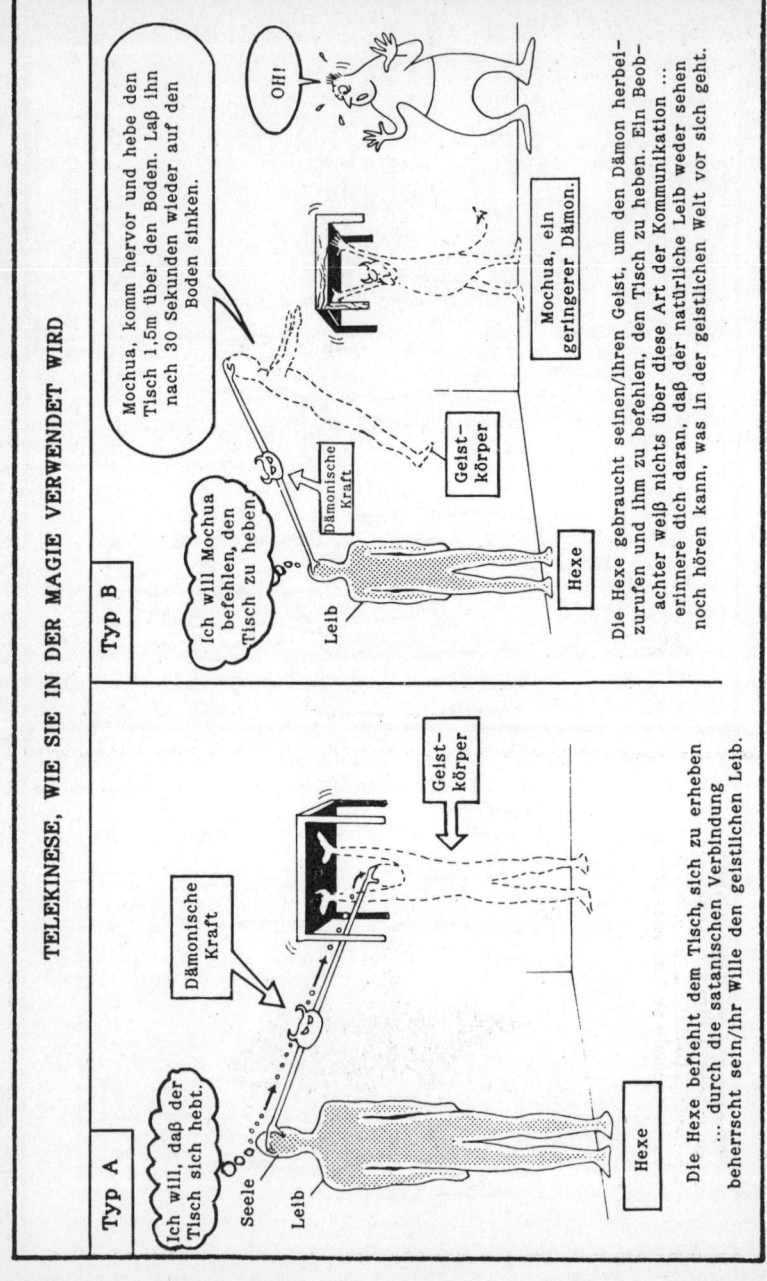

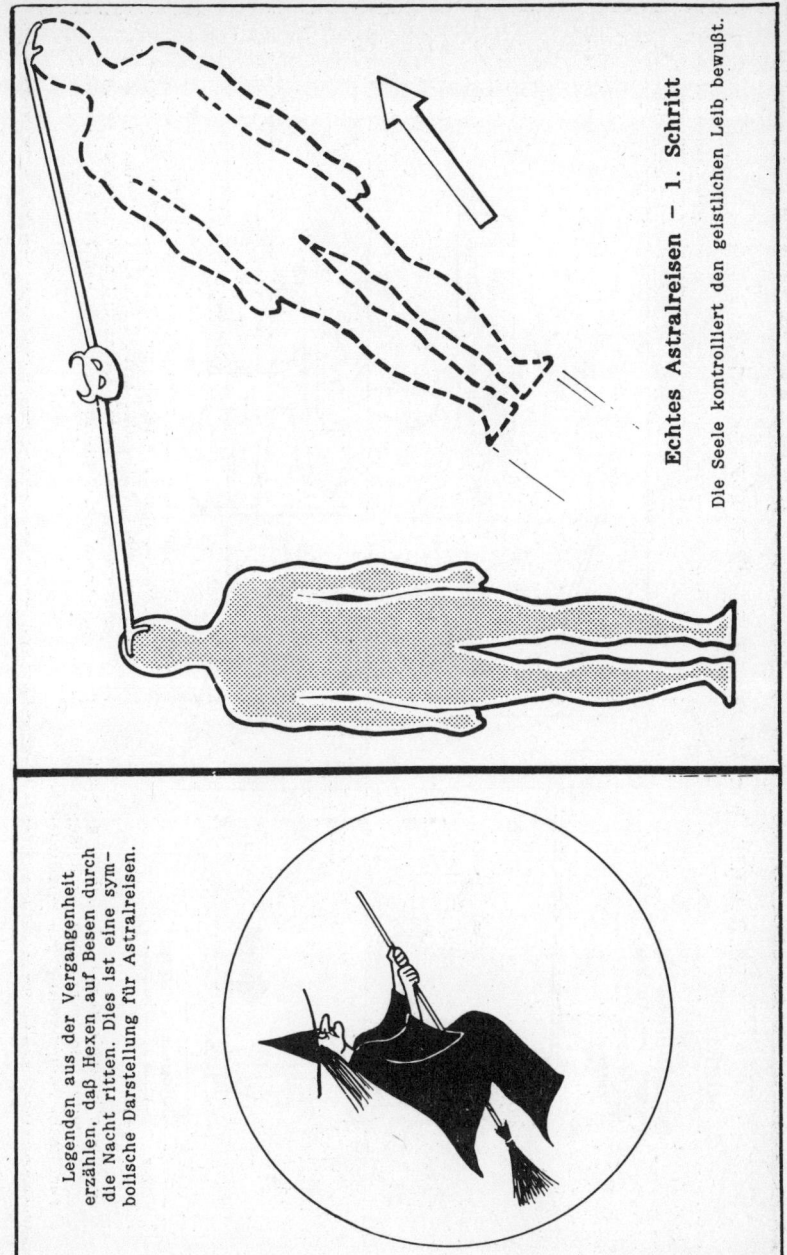

Echtes Astralreisen – 1. Schritt

Die Seele kontrolliert den geistlichen Leib bewußt.

Legenden aus der Vergangenheit erzählen, daß Hexen auf Besen durch die Nacht ritten. Dies ist eine symbollsche Darstellung für Astralreisen.

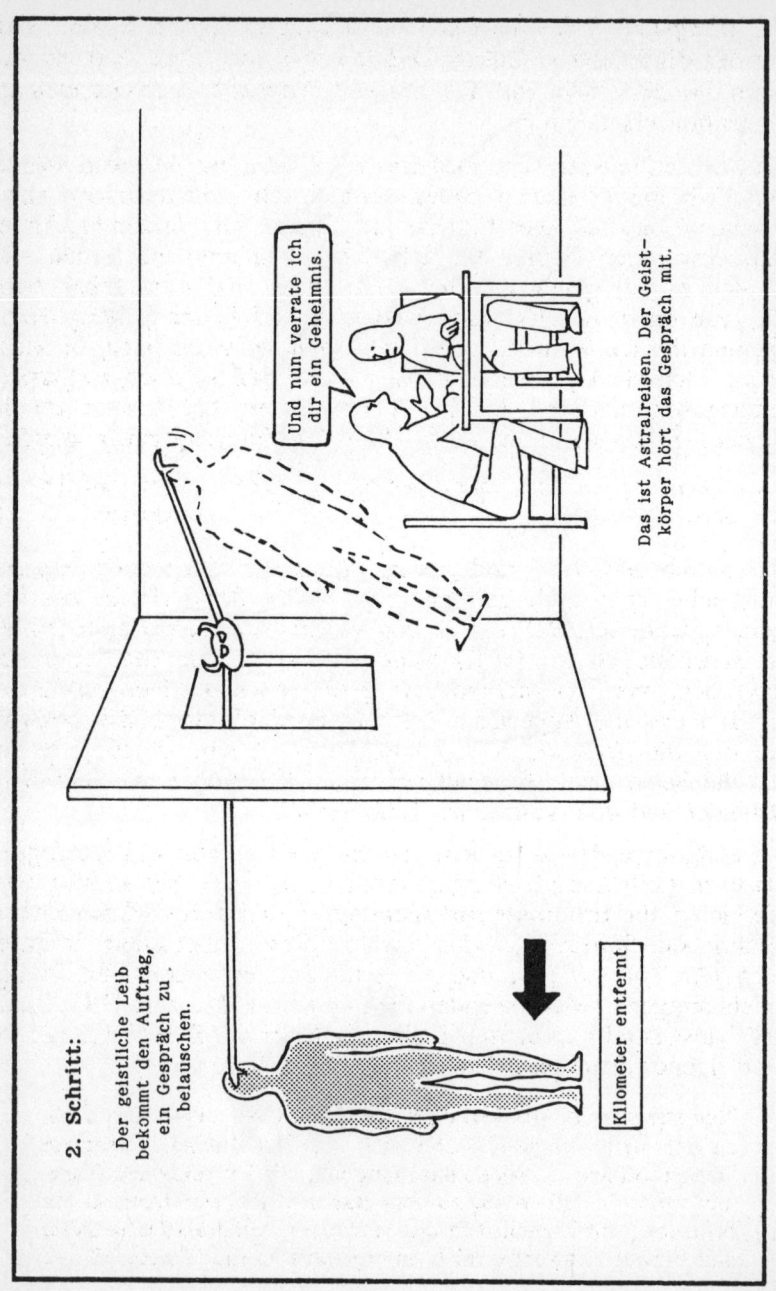

The Trumpeter) bekannte Mystiker behauptet von sich, die Fähigkeit der Bilokation zu haben. Dieser katholische Laie reist zur Zeit durch die USA, hält Vorträge und gibt Prophetien vor Gruppen aus der katholischen Kirche.

Als Christen müssen wir um dieses Phänomen gut Bescheid wissen, damit wir diesen Leuten helfen können. Ich möchte jedoch zuvor erwähnen, daß ich kein Experte auf diesem sehr undurchsichtigen und schwierigen Gebiet bin. Ich bin fortwährend am lernen, und ich denke, daß es auch immer noch etwas zu lernen geben wird. Ich gebe euch die Erklärung weiter, die mich der HERR gelehrt hat, und die ich während der sieben Jahre erfahren habe, in denen ich an Menschen gearbeitet habe, die aus tief okkulten Bindungen herausgekommen sind. Ich bin schon von etlichen Leuten auf die folgende Schriftstelle aus dem Jakobusbrief angesprochen worden:

> "Denn wie der Leib ohne Geist tot ist, so ist auch der Glaube ohne Werke tot." Jakobus 2:26

Ich stimme dem ganz und gar zu. Wenn der Geist endgültig und vollständig vom Leib getrennt wird, stirbt der Leib in der Tat. Jedoch glaube ich, daß uns in den vorher in diesem Kapitel zitierten Schriftstellen der HERR sehr wohl zeigt, daß der Geist vorübergehend vom natürlichen Leib getrennt werden kann, ohne daß der Tod eintritt. Angesichts der vielen Bibelstellen, die besagen, daß sich die Seele beim Tod vom Körper trennt, glaube ich, daß sich die Seele zum Zeitpunkt des Todes für immer mit dem Geist verbindet und den natürlichen Leib verläßt.

Die endgültige Trennung tritt erst dann ein, wenn das Bindeglied zwischen Leib und Geist durchtrennt wird. Diese Verbindung wird von vielen, die Erfahrung mit Astralreisen haben, als "Silberschnur" beschrieben. Shirley McLaine erwähnt diese Silberschnur in ihrem Buch *Out On A Limb*, und sie schilderte es ebenso gut in den gleichnamigen TV-Minisendereihen, die am 18. und 19. Januar 1987 ausgestrahlt wurden. Laßt uns Shirleys Beschreibung von ihrer eigenen Erfahrung bei einer Astralreise betrachten.

> "Ich starrte in die flackernde Kerze. Mein Kopf fühlte sich leicht an. Ich fühlte körperlich, wie sich eine Art Tunnel in meinem Denken öffnete … Wiederum fühlte ich, wie ich selbst zur Flamme *wurde* … Ich wurde zu dem Raum in meinem Denken. Ich bemerkte, wie ich selbst in diesen Raum hineinfloß, ihn ausfüllte und hinweg schwebte, mich aus meinem Körper erhob, bis ich

aufzusteigen begann. Ich war mir bewußt, daß mein Körper im Wasser zurückblieb. Ich schaute nach unten und sah ihn. David stand neben ihm. Mein Geist oder mein Verstand oder meine Seele, oder was es auch war, kletterte höher in den Raum hinauf. Ich bemerkte, wie ich regelrecht durch die Decke des Schwimmbades und hinauf über den dämmrigen Fluß flog … Ich wehte höher und höher, bis ich die Berge und Landschaften unter mir sehen konnte, und ich erkannte das, was ich während des Tages gesehen hatte."

"Und an meinem Geist hing eine dünne, dünne Silberschnur, die ausgespannt blieb, obwohl sie an meinem Körper im Schwimmbad befestigt war. Es war kein Traum. Nein, es schien mir alles so bewußt zu sein. Ich war mir sogar dessen bewußt, nicht zu hoch aufsteigen zu wollen … Ganz deutlich fühlte ich diese Verbindung. Ich war mir sicher, zwei Zustände zu empfinden … meinen körperlichen Zustand da unten und den Zustand meines schwebenden Geistes. Ich war an zwei Orten gleichzeitig, und ich akzeptierte es völlig … Ich beobachtete die Silberschnur, die an meinem Körper befestigt war … Sie funkelte in der Luft. Sie schien in ihrer Länge unbegrenzt zu sein … Total elastisch, aber immer an meinem Körper befestigt. Mein Sehvermögen kam von einer Art geistlichem Auge. Es war nicht wie das Sehen mit den natürlichen Augen. Ich stieg immer höher hinauf und fragte mich, wie weit sich die Schnur wohl dehnen ließ, ohne zu reißen. In dem Moment, als ich in meinen Gedanken unschlüssig wurde, stoppte mein Aufstieg. Ich hielt meinen Flug im Raum ganz bewußt an … Ich lenkte mich selbst nach unten, zurück in meinen Körper. Langsam stieg ich herab … Mit einer sanften Kontaktverschmelzung, die sich wie ein Windstoß anfühlte, floß ich wieder zurück in meinen Leib. Mein Körper fühlte sich angenehm vertraut an, aber er fühlte sich auch einschränkend, schwerfällig und begrenzend an … Ich war froh, wieder zurück zu sein, aber ich wußte, ich würde wieder hinausgehen wollen."
(Shirley McLaine, *Out On A Limb*, Bantam Books, 1983, S. 327-329)

Indem Shirley in die Kerze starrte, entleerte sie ihren Verstand und öffnete so geradewegs ein Einfallstor für den Eintritt von Dämonen. Sie beschreibt dies sehr geschickt, als sie sagt: "Ich fühlte körperlich, wie sich eine Art Tunnel in meinem Denken öffnete." Als sie sich selbst dieser dämonischen Kraft öffnete, wurde die Verbindung zwischen ihrem bewußten Verstand und ihrem Geist hergestellt. Das ermöglichte es ihr, ihren geistlichen Leib zu erleben und zu steuern. Deshalb nehmen alle möglichen Formen der Meditation in den östlichen Religionen eine solche Schlüsselrolle ein.

Shirleys Erfahrung war **Realität**. Wenn du versuchst, ihr oder sonst jemandem, der die Erfahrung der Astralreise gemacht hat, zu erklären, daß es nur eine Illusion oder Halluzination sei, wirst du nie Erfolg haben, ihnen das Evangelium mitzuteilen. Sie **wissen**, was sie erfahren. Weil sie die geistliche Welt erleben, fürchten sie sich nicht vor dem Tod und nehmen auch die Reinkarnationstheorie ohne weiteres als Tatsache an. Es ist jedoch immer sehr wirkungsvoll gewesen, wenn ich mit diesen Leuten die Schriftstelle in Prediger gelesen habe. Du siehst, es ist so wie Salomo sagt, es gibt wirklich nichts Neues unter der Sonne.

> "An dem Tag, wenn die Wächter des Hauses zittern und die starken Männer sich krümmen und die Müllerinnen müßig gehen, ... Denn der Mensch geht hin zu seinem ewigen Haus, und die Klagenden ziehen umher auf der Straße; – bevor die silberne Schnur zerreißt und die goldene Schale zerspringt und der Krug am Quell zerbricht und das Schöpfrad zersprungen in den Brunnen fällt. Und der Staub kehrt zur Erde zurück, so wie er gewesen, und der Geist kehrt zu Gott zurück, der ihn gegeben hat."
>
> Prediger 12:3.5-7

Diese Stelle bezieht sich ganz klar auf den Tod. Ich glaube, daß sich das Zerreißen der Silberschnur auf den endgültigen Bruch der Verbindung zwischen dem Geist und dem natürlichen Leib bezieht. Schauen wir, was Shirley zu dem Reißen dieser Schnur sagt:

> "Ist es dann das, was geschieht, wenn du stirbst: deine Seele steigt aus deinem Körper heraus und fließt hinauf in die astrale Welt?"

> "So ist es, sagte David, nur, daß du erst dann tot bist, wenn deine Silberschnur zerreißt, die Schnur zerreißt und zerbricht, wenn der Körper die Lebenskraft nicht mehr länger erhalten kann. Es ist wirklich sehr einfach." (Shirley McLaine, *Out On A Limb*, S. 329)

Salomo war mit östlichen Religionen und Praktiken vertraut. Er verfiel in seinen späteren Jahren der Götzenanbetung aufgrund seiner Beziehung zu seinen ausländischen Frauen. Ich bezweifle nicht, daß er wahrscheinlich selber Astralreisen erlebte. Im Buch Prediger erwähnt er, daß er alles ausprobiert hatte. Ich denke, daß sich das "Schöpfrad, das zersprungen in den Brunnen fällt", auf das Rad der Reinkarnation bezieht. Die östlichen Religionen glauben, daß dieses

Ich habe hier versucht, die typische Reihenfolge der Vorgänge bei Astralreisen zu veranschaulichen. Shirley beschreibt es so gut und genau, daß ich ihre Beschreibung zur Illustration gebraucht habe.

1. Schritt:

Meditation, um den Verstand zu entleeren.

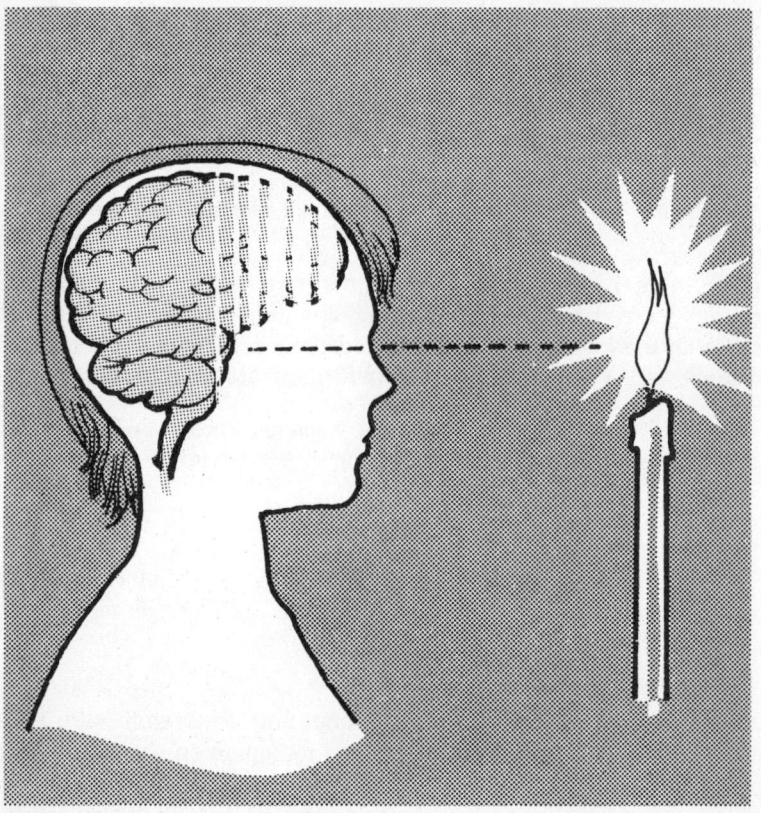

"Ich starrte in die flackernde Kerze ... Ich fühlte, wie ich selbst zur Flamme **wurde**."

2. Schritt:

Der entleerte Verstand öffnet die Tür für dämonische Mächte.

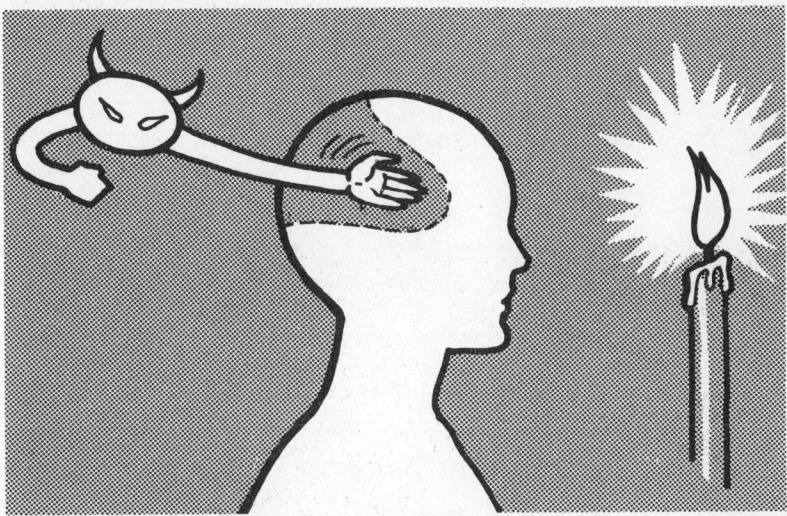

"Ich spürte körperlich, wie sich eine Art Tunnel in meinem Verstand öffnete."

3. Schritt:

Ein Dämon hilft mit, eine Verbindung zwischen Seele und Geist herzustellen.

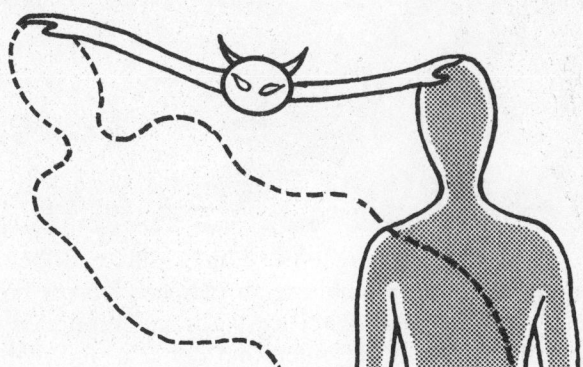

"Ich bemerkte, wie ich selbst hineinfloß und mich aus meinem Körper erhob."

4. Schritt:

Astralreise/Astralprojektion

"An meinem Geist hing eine dünne, dünne Silberschnur, die ausgespannt blieb, obwohl sie an meinem Körper befestigt war ... Ich war mir sicher, zwei Zustände zu empfinden ... meinen körperlichen Zustand da unten und den Zustand meines schwebenden Geistes. Ich war an zwei Orten gleichzeitig, und ich akzeptierte es völlig."

"Bevor die silberne Schnur zerreißt ..." Prediger 12:6

Rad der Reinkarnation nur dann zerbrochen werden kann, wenn der Geist die Einheit mit Gott erlangt, was sie im Hinduismus Brahman nennen. Salomos Schlußfolgerung wird jedoch von den Leuten, die im Okkultismus und in östliche Religionen verstrickt sind, übersehen.

> "Das Endergebnis des Ganzen laßt uns hören: Fürchte Gott und halte Seine Gebote! Denn das soll jeder Mensch tun. Denn Gott wird jedes Werk, es sei gut oder böse, in ein Gericht über alles Verborgene bringen." Prediger 12:13-14

Die Schrift sagt uns deutlich, daß es keine Reinkarnation gibt:

> "Und wie es dem Menschen gesetzt ist, einmal zu sterben, danach aber das Gericht ..." Hebräer 9:27

Wenn wir durch dämonische Kräfte und durch unseren eigenen Willen, und nicht durch die Kraft des Heiligen Geistes und durch SEINEN Willen, in den Kontakt mit der geistlichen Welt treten, wird alles, was wir dann sehen und erleben, von Dämonen gesteuert sein. Das dürfen wir nicht vergessen. Darin ist auch der Grund zu suchen, warum Hexen keine Engel sehen, es sei denn, Gott durchbricht dieses Prinzip und erlaubt es ihnen in speziellen Fällen. Während der 17 Jahre, in denen Elaine Satan diente, sah sie nur bei drei Gelegenheiten Engel.

Ich vergleiche die geistliche Welt mit einer Filmszenerie. So wie die Filmproduzenten die Szene verändern und den Anschein geben können, daß du für einen Augenblick im "Wilden Westen" und im nächsten Moment aber in einer englischen Landschaft bist, so können Dämonen beeinflussen, was diese Leute in der geistlichen Welt sehen und erleben.

Die Kommunikation zwischen menschlichen Geistern untereinander und zwischen Dämonen und Menschen geschieht über diesen Bereich. Shirley bezieht sich in ihrem Buch darauf.

> [David spricht:] "Du kannst in der astralen Welt hingehen, wo du willst und dabei auch alle möglichen anderen Seelen treffen."
> (Shirley McLaine, *Out On A Limb*, S. 329)

Die "astrale Welt" ist die geistliche Welt. Offene Kommunikation mit der geistlichen Welt ist das Ziel **aller** östlichen Religionen und ebenso das Ziel des Satanismus.

Bedeutung des geistlichen Leibes bei der Befreiung

Im Befreiungsdienst ist es von entscheidender Bedeutung, ein klares Verständnis über den geistlichen Leib zu besitzen. Mangelndes Wissen auf diesem Gebiet ist häufig die Ursache für Schwierigkeiten. Wenn die Verbindung zwischen Seele und Geist nicht getrennt wird, ist jeder, der im Okkultismus verstrickt war, offen für andauernde dämonische Quälereien aus Satans Reich. Ich möchte hier nun einige Beispiele schildern, die diesen Aspekt, wie ich hoffe, klar genug machen werden.

1. Kürzlich hatte ich Kontakt zu einem Pastor, der Missionar in Afrika ist. Er erzählte mir die folgende Geschichte, die die Verbindung zwischen der unsichtbaren und der sichtbaren Welt anschaulich darstellt. Pastor R. und seine Frau wurden eines Tages zum Haus eines ortsansässigen Christen gerufen, der im Dienst für den HERRN stand, um für dessen Frau mitzubeten. Die Frau, ich möchte sie Amelia nennen (ihr Name wurde geändert), lag schwerkrank in ihrem Bett und litt offensichtlich unter großen Schmerzen. Stockend erzählte sie Pastor R., was mit ihr geschehen war.

Vor einigen Nächten hatte Amelia, während sie schlief, einen, wie sie es ausdrückte, schrecklichen Alptraum. Sie sei aufgewacht und habe bemerkte, wie sie von einem riesigen Pavian verfolgt durch ein Feld rannte. Sie hätte sich total erschrocken und sei schreiend durch die Nacht gerannt. Die Dunkelheit habe sie daran gehindert, klar zu erkennen, wo sie eigentlich hinrannte, und so sei sie gestolpert und hingefallen. Der Pavian habe sie eingeholt und heimtückisch in den Rücken gebissen. Ihre Schreie weckten ihren Mann. Er schüttelte Amelia, bis sie wieder zu sich kam. Sie erzählte ihrem Mann von dem "Traum", klagte aber, daß der Schmerz des Bisses geblieben sei. Ihr Mann untersuchte sie und war überrascht, eine tiefe Bißwunde an ihrem Rücken zu entdecken, genau dort, wo sie den Biß des Pavians empfand.

Bald darauf wurde sie sehr krank, und ihre Schmerzen wurden immer schlimmer. Die hiesigen Ärzte konnten ihr nicht helfen. Pastor R. erkannte, daß das Problem von Dämonen verursacht worden war und salbte Amelia und die Bißwunde mit Öl. Dann befahl er allen Dämonen, die sie über den Biß mit Krankheit quälten, im Namen Jesu zu verschwinden. Sofort hörte der Schmerz auf, und sie erholte sich innerhalb weniger Tage.

Dies ist eine wahre Geschichte, die erst letztes Jahr geschehen ist. In diesem Fall deutete Amelia eine Erfahrung mit der geistlichen Welt als Traum. Wie ich schon verschiedentlich in diesem Buch erwähnt habe, erscheinen uns Erfahrungen mit der geistlichen Welt bzw. durch unseren Geist oft als Träume. Ich bin sicher, daß die Bibel aus diesem Grund davon spricht, daß der Heilige Geist zu seinem Volk durch Träume und Visionen redet.

Diese Erfahrung war jedoch ganz real, und Gott ließ es zu, daß sich der Biß auch in Amelias natürlichem Körper zeigte. Ich bin sicher, daß es Gottes Absicht war, den Missionaren ein Verständnis von dem zu geben, was sich tatsächlich abgespielt hat. Ich habe keinen Zweifel daran, daß der Pavian, den Amelia gesehen hatte, ein echter Dämon war. Sie, ihr Mann sowie Pastor R. befanden sich zu dieser Zeit unter heftigen Angriffen durch die dortigen Medizinmänner. Ihre Krankheit war eine echte, körperliche Erkrankung, aber die Ursache war dämonisch. Ein Pavian von der Größe, wie sie ihn gesehen hatte, hätte unmöglich in ihr Haus eindringen können, ohne ihren Mann zu wecken, der zur selben Zeit mit ihr im selben Bett lag. Nur die Macht Jesu Christi kann mit einem solchen Problem fertig werden.

2. Nun wollen wir noch einen weiteren authentischen Fall betrachten, der dem ersten ähnlich ist, der aber vor ein paar Jahren hier in den Vereinigten Staaten passierte. Ich erhielt einen Anruf von einem Pastor, der mein erstes Buch gelesen hatte. Er hatte Kontakt zu einem Ehepaar, das aus dem Satanismus herausgekommen war. Sie hatten eine fünfjährige Tochter, die ich Judy nennen möchte (ihr Name wurde geändert).

Kurz nachdem Judys Eltern Jesus als ihren HERRN und Retter angenommen und ihre Verbindung zum Satanismus widerrufen hatten, begann Judy in der Nacht öfters zu schreien und erklärte dann, sie habe "geträumt", irgend jemand habe sie gebissen. Zuerst vermuteten ihre Eltern nur Alpträume dahinter. Nach wenigen Tagen wurde Judy jedoch sehr krank, und diesmal begann sie, in hellwachem Zustand zu schreien, daß sie jemand beißen würde. Wirkliche sichtbare Bißwunden zeichneten sich auf ihrer Haut ab.

Sie wurde ins Krankenhaus gebracht, aber das Beißen hörte nicht auf. Die Ärzte hatten keine Erklärung für das, was geschah. In dieser Situation rief mich der Pastor an. Ich erklärte ihm, daß entweder Dämonen oder Menschengeister das Kind beißen würden. Ich empfahl ihm, ihr Zimmer zu salben und zu versiegeln und den

251

HERRN zu bitten, jede Verbindung zwischen ihrer Seele und ihrem Geist zu durchtrennen und sie von jedem vererbten Dämon zu reinigen. Das war die Lösung des Problems. Diese Familie stand aber noch einige Monate lang unter sehr schweren Angriffen. Jedesmal, wenn sie nicht sorgfältig genug waren und um einen speziellen Schutz für ihre Tochter baten, ihr Haus gesalbt und versiegelt hielten, fing das Beißen von Neuem an.

3. Gerade in der Zeit, als ich mein erstes Buch veröffentlichte, bekam ich Kontakt zu einem jungen Mann, den ich Allen nennen will (sein Name wurde geändert). Folgendes ereignete sich in seinem Leben:

Allen wurde von Eltern großgezogen, die im Satanismus verstrickt waren. Sie besuchten satanische Treffen in einer örtlichen sogenannten "christlichen" Gemeinde. Als Allen drei oder vier Jahre alt war, wurde er gezwungen, bei der Tötung seines Zwillingsbruders, der Satan geopfert wurde, dabei zu sein. Als Resultat dieses traumatischen Erlebnisses wurden viele mächtige Dämonen in Allen hineingelegt. Sein Onkel, der ebenfalls Satanist war, erlangte zudem die Herrschaft über seinen Geist. Seine Mutter und sein Vater distanzierten sich, offensichtlich erschüttert über die Opferung eines ihrer Kinder, von der aktiven Teilnahme an den Hexenzirkeln. Soweit Allen sich erinnern konnte, besuchten weder sie noch eines der Kinder jemals wieder ein offizielles Treffen. Im Gegenteil, sie leugneten jede Verbindung zum Satanismus.

Allen erinnerte sich jedoch seit frühester Kindheit daran, daß sein Onkel jeden Monat bei Vollmond kam und ihn mitnahm, um satanischen Treffen beizuwohnen. Aber Allens Onkel kam nicht, um Allens natürlichen Leib zu nehmen, sondern er kam und nahm seinen geistlichen Leib mit.

Allen erzählte mir: "Ich erinnere mich noch so gut daran. Jedesmal wenn Vollmond war, konnte ich nicht schlafen, weil ich mich vor dem, was kam, fürchtete. Ich sah meinen Onkel durch das Schlafzimmerfenster hereinkommen. Er nahm mich aus meinem Leib heraus und machte, daß ich mit ihm gehen mußte. Ich ging so zu allen möglichen Treffen und Ritualen der Satanisten. Ich wurde wie ein Gefangener gehalten und konnte nicht weggehen. Immer wenn wir endlich zurück nach Hause kamen, brachte mich mein Onkel durch mein Schlafzimmerfenster wieder hinein. Ich konnte meinen Körper dort in meinem Bett liegen sehen und den Körper meines älteren Bruders im anderen Bett. Dann versetzte mich mein Onkel zurück in meinen Körper und verschwand. Ich versuchte, meiner Mutter davon zu erzählen, aber sie sagte mir immer, daß ich nur träume oder mir Dinge einbilden würde. Ich wußte aber, daß sie Wirklichkeit waren."

Als Allen etwa 21 Jahre alt war, starb sein Onkel und Allen nahm Jesus Christus als seinen Retter an. Die nächtlichen Ausflüge hörten für einige Jahre auf. Dann übernahm Allen einen Dienst, bei dem Satan aggressiv angegriffen wurde und Menschen aus satanischen Bindungen befreit wurden. Da begannen seine Schwierigkeiten von neuem.

Kurz nachdem Allen Christus angenommen hatte, war er von den Dämonen in ihm befreit worden. Als die Schwierigkeiten begannen, suchte er wiederum nach Befreiung, aber nichts half. Fast zehn Jahre lang wurde Allen erneut bei jedem Vollmond gequält. Er deutete seine Erlebnisse als Alpträume. Jemand kam und zog ihn bei Nacht aus seinem natürlichen Leib und nahm ihn mit zu den satanischen Hexenzirkeln. Oftmals wurde er gezwungen, Zeuge des Opfers eines kleinen Jungen von der gleichen Hautfarbe und dem gleichen Alter wie sein Bruder zu sein. Diese "Alpträume" waren so real, daß Allen im Anschluß daran regelrecht körperlich krank wurde. Er konnte keine Hilfe finden, und als ich ihn kennenlernte, dachte er an Selbstmord, weil er die Qualen nicht länger ertragen konnte.

Ich erklärte Allen, ich sei der Meinung, daß durch das Trauma seiner Teilnahme an der Opferung seines Bruders mächtige Dämonen in ihn hineingekommen seien, die seinen geistlichen Leib beherrschten und eine Verbindung zwischen seiner Seele und seinem Geist hergestellt hätten. Sein Onkel hatte Gebrauch von diesen Dämonen gemacht, um Allens Geist zu zwingen, den satanischen Treffen beizuwohnen. Die Verbindung zwischen seiner Seele und seinem Geist erlaubte es Allens Seele (oder seinem Verstand), mit den Augen seines geistlichen Leibes zu "sehen", was vor sich ging.

Nach dem Tode seines Onkels war Allen für eine Weile von der Belästigung frei. Aber als Allen begann, entschlossen gegen Satan vorzugehen, kam er unter Beschuß. Die Satanisten hatten die Dämonen, die eine gewisse Kontrolle über Allens Geist besaßen, und die dämonische Verbindung zwischen seiner Seele und seinem

Geist schnell entdeckt. Es war dann für sie ein Leichtes zu kommen, seinen Geist zu nehmen und ihn zu zwingen, die schrecklichsten Dinge mit ansehen zu müssen, die man sich in der geistlichen Welt nur vorstellen kann. Er deutete dann das, was er in der geistlichen Welt sah und erfuhr, als Alpträume.

Zu dieser Zeit stand kein christlicher Bruder zur Verfügung, um Allen beizustehen. So forderte ich ihn auf, die ihm durch Jesus Christus zur Verfügung stehende Vollmacht und Autorität zu ergreifen und den Dämonen, die seinen Geist belästigten, den Befehl zu geben, zu weichen. Er müßte den HERRN auch bitten, die dämonische Verbindung zwischen seiner Seele und seinem Geist wegzunehmen und Seele und Geist gemäß Hebräer 4:12 zu trennen.

Später erzählte mir Allen, daß er, nachdem er mit uns gesprochen hatte, die ganze Nacht auf seinen Knien verbracht und im Gebet um diese Sache gerungen hätte. Er sagte, daß der Kampf, die Dämonen herauszubekommen, sehr heftig gewesen sei, aber er hielt durch, und der HERR schenkte ihm den Sieg. Er bat den HERRN auch, zwischen seiner Seele und seinem Geist zu scheiden und seinen Geist zu reinigen und zu heiligen. Er bat, überhaupt keine Kommunikation aus der geistlichen Welt mehr empfangen zu können, mit Ausnahme der Eindrücke, die der Heilige Geist ihm geben wollte.

Das war die Antwort. Zum ersten Mal seit zehn Jahren war Allen frei von jeglichen Qualen. Er hatte seit dem Zeitpunkt kein einziges Mal mehr solche Alptraum-Erlebnisse aus der geistlichen Welt. Gelobt sei Gott für Sein mächtiges Wirken in Allens Leben!

4. Ein Pastor trat wegen John (sein Name wurde geändert) an mich heran. John war ein junger Mann im Alter von 20 bis 30 Jahren. Fünf Jahre lang war er ein regelmäßiger und begeisterter Besucher der Gemeinde dieses Pastors gewesen. Die Gemeinde praktizierte Befreiung und hatte einen vollmächtigen Dienst auf der Straße. John verbrachte viele Abende damit, den Leuten auf der Straße Jesus Christus zu bezeugen. Er nahm oft Menschen, die Hilfe brauchten, mit zu sich nach Hause. Seine Frau war ebenfalls Christ und arbeitete zusammen mit John im Dienst für den HERRN.

Alles ging gut, bis John eines Tages einen Mann zu sich mit nach Hause nahm, um ihm zu helfen. Er nahm an, er wäre Christ. Wie sich herausstellte, war dieser Mann (ich nenne ihn Mike) aber Satanist. Eines Nachts überwand er John, hypnotisierte ihn und steuerte sowohl John als auch seine Frau mit Hilfe von Dämonen. Innerhalb von zwei Wochen lag ihre Ehe in Trümmern, und John und seine Frau waren so weit, sich zu trennen. Sie suchten beim Pastor Hilfe und konnten schließlich die Quelle ihrer Probleme erkennen. John veranlaßte sofort Mikes Auszug aus seinem Haus. Er und seine Frau wurden von den vielen Dämonen, die durch Mikes Hypnose in sie hineingekommen waren, befreit.

Leider hörten Johns Probleme damit nicht auf. Kurz darauf erwachte er jede Nacht schreiend aus seinem Schlaf. Er erklärte, er wüßte genau, daß Mike im Zimmer wäre, obwohl er ihn nicht sehen könnte. Der unsichtbare Mike hielt John am Bett fest und mißhandelte ihn sexuell. John hatte nie im Leben irgendeine Art von Homosexualität praktiziert, und der Schrecken bei dem, was ihm widerfuhr, brachte ihn in Panik. Obwohl er nichts sehen konnte, fühlte er deutlich, daß sein Rektum durchdrungen wurde, als ob jemand den sexuellen Verkehr tatsächlich durchgeführt hatte.

Dies geschah immer wieder. John war ein Nervenwrack und völlig erschöpft aus Mangel an Schlaf. Er und sein Pastor salbten wiederholt sein Haus. Sie durchsuchten das gesamte Haus nach möglichen Gegenständen, die Mike zurückgelassen haben könnte. Schließlich zogen John und sein Frau um. Nichts half. Dann kamen sie mit mir in Kontakt.

Ich hatte einige lange Gespräche mit John und seinem Pastor, um der Sache auf den Grund zu kommen. Weil es durch das Salben des Hauses nicht gelang, Mikes Astralleib draußen zu halten, wußte ich, daß entweder der HERR diesen Kampf aus irgendeinem Grund zuließ, oder, was wahrscheinlicher war, daß es in Johns Leben irgendein legales Anrecht für Satan gab. Wir verbrachten einige frustrierende Wochen damit, die eigentliche Ursache zu ermitteln. Schließlich, nach viel Gebet, wurde ich vom HERRN bewegt, John mehr über seine Eltern auszufragen. John ist Indianer. Er wußte nicht viel über seine Eltern, weil er in einem Kinderheim aufgewachsen war. Aber er wußte, daß sein Vater ein "Schamane" des Stammes gewesen war und hatte gehört, daß er große Geschicklichkeit im Verändern seiner Gestalt gehabt hätte. Das war der Schlüssel. John hatte eine dämonische Verbindung zwischen seiner Seele und seinem Geist von seinen Eltern vererbt bekommen. Das blieb so lange unbemerkt, bis Mike kam und mit John zusammenlebte. Die Dämonen in Mike setzten ihn von der Verbindung in Kenntnis. Ich habe keinen Zweifel daran, daß Mike dann durch die Hypnose

Dämonen in John hineinsandte, um diese Verbindung steuern zu können. So konnte sich Mike mittels seines geistlichen Leibes in Johns Schlafzimmer begeben und mit ihm homosexuell verkehren. Aufgrund der vererbten Verbindung spürte John alles, als ob es an seinem eigenen Leib geschehen würde. Sobald John sein Erbe widerrief und den HERRN bat, Seele und Geist zu scheiden und seinen Geist völlig zu reinigen, hörten die Angriffe auf.

5. Kerry (ihr Name wurde geändert) ist eine junge Frau, die mit 15 Jahren in den Satanismus verstrickt wurde. Sie hatte mit vielen Dämonen sowie mit dem Hohenpriester sexuellen Kontakt. Als sie 20 Jahre alt war, hielt sie die Leere, die sie empfand, nicht länger aus und nahm Jesus als ihren Heiland und HERRN an. Sie wurde von vielen Dämonen frei, aber die nächsten zwei Jahre waren voller Qualen für sie. Nacht für Nacht kamen sowohl der Hohepriester als auch die Dämonen zu ihr zurück, um sie zu vergewaltigen. Sie versuchte, sie zurückzuweisen, hatte damit jedoch keinen Erfolg. Schließlich bekam sie Kontakt zu mir. Die Leute, die ihr geholfen hatten von den vielen Dämonen frei zu werden, hatten aus Unwissenheit ihren Geist nicht gereinigt, und den HERRN nicht gebeten, zwischen ihrer Seele und ihrem Geist zu scheiden.

Nachdem sie das getan hatte, hörten die meisten Belästigungen auf. Die Dämonen kehrten jedoch immer noch zurück, um sie zu vergewaltigen, indem sie sie plötzlich zu Boden warfen. Nachdem sie aber nun den HERRN gebeten hatte, ihre Seele und ihren Geist zu trennen, konnte sie die Dämonen nicht mehr "sehen". Da diese jetzt auch kein legales Anrecht mehr in ihrem Leben besaßen, mußten sie verschwinden, sobald sie ihnen im Namen Jesu gebot. Es gelang ihnen nicht mehr, Kerry zu vergewaltigen, und nach einer Zeitspanne von mehreren Monaten verringerte sich der Kampf, weil sie fest im HERRN stehen blieb. Nach ungefähr einem Jahr wurde sie mit diesen speziellen Angriffen nicht mehr gequält.

Dieses Gebiet wird von Christen sehr mißverstanden. Ich habe von vielen Leuten, die aus dem Okkultismus herausgekommen sind, gehört, daß sie nach ihrer Bekehrung zu Jesus Christus sexuell gequält wurden. Sie konnten mit niemandem über ihr Problem sprechen, weil die meisten Christen sie für verrückt erklärten. Die Lösung ist immer die Trennung der Verbindung zwischen Seele und Geist und die Bitte an den HERRN, den Geist völlig zu reinigen.

Normalerweise hört der Kampf an dieser Stelle nicht auf. Ihr, die ihr dieses Buch lest und im Okkultismus verstrickt wart, bedenkt, daß ihr erntet, was ihr gesät habt. Seid ihr in allen möglichen sexuellen Beziehungen im Okkultismus verstrickt gewesen, werdet ihr gerade auf diesem Gebiet angegriffen werden. Aber ihr müßt fest entschlossen stehenbleiben und den Dämonen im Namen Jesu immer wieder gebieten. Ihr müßt ihnen laut gebieten, da sie eure Gedanken nicht lesen können. Ihr werdet vermutlich mehr als einmal gebieten müssen. Vergeßt nicht, euer Haus zu salben und zu reinigen. Versichert euch, daß ihr keine okkulten Gegenstände mehr zu Hause aufbewahrt habt. Steht fest in Jesus. Der Kampf wird zwar schwierig sein, doch ihr werdet den Sieg haben, wenn ihr nicht locker laßt.

Haß

Es gibt noch einen weiteren großen Bereich, der mit unserem menschlichen Geist zusammenhängt, und der schreckliche Auswirkungen auf viele Menschen hat. Es handelt sich darum, daß Satan, wann immer sich ihm eine Gelegenheit dazu bietet, den geistlichen Leib einer Person gebrauchen wird, ohne daß sich die Person dessen selbst bewußt ist.

"Wer seinen Bruder haßt, ist ein Menschenmörder..."

1. Johannes 3:15

Mir war dieser Vers lange Zeit unklar, bis ich die Fähigkeiten des geistlichen Leibes kennenlernte. Wie konnte jemand durch ein Gefühl wie Haß zum Mörder werden, wenn er doch keine sichtbare Tat beging, die den Tod der Person, die er haßte, hätte verursachen können?

Haß ist eine bewußte Sünde. Als solche gibt der Haß Satan legale Anrechte in unserem Leben, wenn wir dem Haß erlauben, in unserem Herz zu bleiben. Wenn du jemanden haßt, kann Satan in dein Leben treten und deinen geistlichen Leib dazu benutzen, die Person, die du haßt, anzugreifen. Solch ein Angriff kann alle möglichen Krankheiten zur Folge haben, Unfälle, seelische Probleme und sogar den körperlichen Tod. Die Person, die haßt, ist sich meistens nicht bewußt darüber, daß Satan ihren geistlichen Leib gebraucht. Die Person, die gehaßt wird, weiß meistens gar nicht, wo ihre Probleme in Wirklichkeit herkommen. Deshalb müssen wir sorgfältig darauf achten, Jesus zu bitten, uns zu reinigen und alle drei Teile, Leib, Seele und Geist, rein zu bewahren. Daher hat uns Jesus auch so oft befohlen, einander zu vergeben. Vergebung verhindert Haß. Wir Christen sollten den HERRN regelmäßig darum bitten, unser Herz von jeder Sünde zu reinigen.

> "Erschaffe mir, Gott, ein reines Herz, und **erneuere in mir einen festen Geist**!"   Psalm 51:12

Beachte hier bitte wiederum die Kleinschreibung bei dem Wort "Geist". Ganz offensichtlich hat die Sünde in Davids Herz auch seinen Geist berührt.

Eine hervorragende Beschreibung von persönlichen Erlebnissen einiger Christen, die durch den Haß anderer Christen furchtbar angegriffen worden sind, findet sich in dem Buch *The Latent Power of the Soul* von Watchman Nee. Ich bin der Meinung, daß Watchman Nee viele Fähigkeiten des geistlichen Leibes der Seele zuordnet. Das Buch ist aber ausgezeichnet und war mir eine wirkliche Hilfe, den Bereich des menschlichen Geistes zu verstehen.

In meiner Praxis sind mir etliche Menschen begegnet, die Krankheiten hatten, für die ich keine Erklärung finden konnte. Sie waren ganz augenscheinlich körperlich krank, aber alle medizinischen Untersuchungen brachten keine Klarheit in die Sache. In ihrem Fall kam die Antwort durch viel Gebet. Sie waren zum Gegenstand von heftigem Haß durch eine oder mehrere Personen geworden. Ein einfaches Salben und das Gebet um speziellen Schutz gegen alle Angriffe durch Menschengeister, die durch Haß bedingt waren, genügte, um ihre Heilung zu bewirken.

Wenn du hinter deinen Problemen Haß als Ursache vermutest, so bitte den HERRN einfach, die Verbindung zwischen dir und jeglichen Angriffen aus der geistlichen Welt zu trennen. Du mußt nicht ganz genau wissen, wer dich haßt, der HERR weiß es. Bitte einfach um speziellen Schutz gegen diesen Haß.

Visualisierung

In den letzten paar Jahren habe ich eine Menge Irrlehren unter Gottes Volk gesehen, was den Gebrauch der Visualisierung anbelangt. Ich will anhand von Gottes Wort aufzeigen, wie gefährlich diese Praxis ist.

Zuerst wollen wir einige dieser Lehren beschreiben. Die Leute werden gelehrt, daß sie in Besitz einer enormen Kraft gelangen können, die ihr Leben verändert, Heilung ihres eigenen Körpers, des Körpers von anderen oder seelische Heilungen bewirkt, oder ihnen zu Wohlstand und Erfolg verhilft. All das durch den Gebrauch der Visualisierung. Was versteht man aber nun genau unter Visualisierung?

Visualisierung ist die Schaffung einer Vorstellung oder eines Bildes im Verstand durch Phantasie. Die Leute werden angeleitet, sich von dem, was immer sie sich wünschen, ein Bild oder eine Vorstellung vor Augen zu stellen (d.h. sie zu visualisieren). Wenn sie dasselbe Bild immer wieder von neuem schaffen oder visualisieren, "setze das die Kraft frei", diese Vision in ihrem Leben ins Dasein zu rufen. Zum Beispiel: Wenn sie einen Tumor in ihrer Leber haben, müssen sie sich ihre Leber und den Tumor vorstellen (visualisieren). Als nächstes müssen sie sich vorstellen (visualisieren) wie der Tumor schrumpft, bis er wirklich gänzlich verschwunden ist. Jeden Tag verbringen sie eine bestimmte Zeit damit, sich diesen ganzen Ablauf immer wieder bildlich in ihrem Verstand vorzustellen, bis der Tumor auch tatsächlich weg ist.

Kürzlich wurde in einer Fernsehsendung ein interessanter Fall gebracht, der diese Technik des Visualisierens gut veranschaulichte. In der Show wurde ein Mann vorgestellt, der einen inoperablen Tumor in seinem Gehirn gehabt hatte. Seine Familie forderte ihn auf, jeden Tag Zeit darauf zu verwenden, sich den Tumor vorzustellen. Dann sollte er sich vorstellen, wie "kleine Männlein" kommen würden, um den Tumor zu zerstören, und wie dann der Tumor immer mehr zusammenschrumpfen würde, bis er sich in nichts aufgelöst hätte. Er tat dies viele Tage äußert gewissenhaft. Schließlich kam er an einen Punkt, an dem er nicht den Tumor, sondern nur noch einen "kleinen, weißen Fleck sehen" konnte. Die nächste Kontrolluntersuchung stand bevor. Erneut wurde eine spezielle Röntgenaufnahme von seinem Gehirn gemacht, und zur großen Verwunderung des Arztes war der Tumor verschwunden. An seiner Stelle befand sich eine kleine, verkalkte Stelle, die im Röntgenbild als kleiner, weißer Fleck erschien. Millionen von Menschen gebrauchen diese Techniken und, das muß ich hinzufügen, sind recht erfolgreich dabei. Wie ist so etwas möglich?

Das hängt damit zusammen, daß die Visualisierung oder das Erschaffen von Bildern sich tatsächlich im Geist abzuspielen scheint. Wenn die Leute sich solche Vorstellungen wiederholt in ihrem Bewußtsein schaffen, stellen sie den Kontakt mit ihrem Geist her. Im Grunde genommen lernen sie es, ihren geistlichen Leib zu steuern. Ihr Geist bewirkt dann die Veränderungen, die sie in ihrem natürlichen Körper haben wollen. Denke daran, Menschengeister haben dieselben Fähigkeiten wie Geister von Dämonen und Engeln. Sie können den natürlichen Körper beeinflussen und verändern. Das entspricht auch der heilenden Kraft, die diejenigen gebrauchen, die mit östlichen Religionen und dem Okkultismus in Verbindung stehen. Im Falle des Mannes, der sich kleine Männlein vorstellte, die seinen Gehirntumor zerstörten, war die Heilung, die er erfuhr, nichts anderes als eine dämonische Heilung. Die Verbindung, die er zu seinem Geist herstellte, zeigte sich daran, daß er die weiße, verkalkte Stelle, die nach der Zerstörung des Tumors übrig geblieben war, wirklich "sehen" konnte. Seine natürlichen Augen konnten diese Stelle nicht sehen, aber die Augen seines Geistes konnten es. Die Visualisierungstechnik hat seit unzähligen Jahrhunderten in dämonischen Religionen ihre Anwendung gefunden, um körperliche Heilung herbeizuführen.

Nun, wenn aber etwas so "Gutes" wie eine körperliche Heilung dadurch entstehen kann, daß Christen ihren Geist gebrauchen und steuern, warum sollte diese Technik dann falsch sein? Weil die Anwendung der Visualisierung den Christen mittels seines eigenen Geistes in Kontakt zur geistlichen Welt bringt, **und zwar unter der Kontrolle seines eigenen Willens, nicht aber unter der Kontrolle von Gottes Willen.** Deshalb ist die Verbindung, die zwischen Seele und Geist entsteht, sündig und wird folglich von Dämonen gesteuert. Ich wiederhole, wir können nicht die Scheidung von Seele und Geist, von der in Hebräer 4:12 gesprochen wird, haben und dennoch die Kontrolle über unseren eigenen Geist weiterhin behalten. Gottes Wort setzt diesen Gebrauch der Visualisierung, die durch unseren eigenen Willen hervorgebracht wird, mit Zauberei gleich!

Ein führender, christlicher Pastor, der den Gebrauch der Visualisierung lehrt, macht in einem seiner Bücher folgende Bemerkung: "Die Sprache des Geistes besteht aus Bildern und Visionen." Er hat recht. Die Schrift zeigt das deutlich. Laßt uns dazu Hesekiel aufschlagen. Hesekiel erzählt von einem Vorfall, der die Beziehung zwischen Visionen und der geistlichen Welt aufzeigt.

"Und ich sah: und siehe, eine Gestalt mit dem Aussehen eines Mannes: von seinen Hüften an abwärts Feuer; und von seinen Hüften an aufwärts wie das Aussehen eines Glanzes, wie der Anblick von glänzendem Metall. Und er streckte etwas wie eine Hand aus und nahm mich beim Haarschopf meines Kopfes. Und **der Geist hob mich zwischen Erde und Himmel empor und brachte mich in Gesichten Gottes nach Jerusalem,** ..." Hesekiel 8:2-3

Hier beschreibt Hesekiel die Botschaft, die er durch diesen "Geist" erhalten hat, der, wie wir annehmen dürfen, ein Engel gewesen war. Die Botschaft geschah in Form von Visionen oder Gesichten. Aber beachte bitte, er stellt deutlich heraus, daß diese Gesichte **von Gott** sind. Hesekiel hat diese Bilder nicht eigenwillig selbst gebildet. Er erhielt die Bilder durch eine Quelle **von außerhalb**, d.h. von Gott.

"Und der Geist hob mich empor und brachte mich im Gesicht durch den Geist Gottes zu den Weggeführten nach Chaldäa." Hesekiel 11:24

Wiederum zeigt uns diese Stelle in Hesekiel, daß die Botschaft aus der geistlichen Welt in Form von Visionen geschah, **und** daß die Visionen von Gott waren.

Weil Gott selbst GEist **ist**, teilt er sich uns über unseren Geist mit. Viele Schriftstellen zeigen uns, daß der HERR sich unserem Geist und damit uns selber durch Visionen mitteilt.

"Und der Herr kam in einer Wolkensäule herab und stand im Eingang des Zeltes; und der rief Aaron und Mirjam, und die beiden traten hinaus. Und er sprach: Hört doch meine Worte! Wenn ein Prophet des Herrn unter euch ist, dem will ich mich in einem Gesicht zu erkennen geben, im Traum will ich mit ihm reden." 4. Mose 12:5.6

"Damals redetest du im Gesicht zu deinen Frommen und sagtest: ..." Psalm 89:20

Im ersten Teil vom 22. Kapitel des Propheten Jesaja findet sich der faszinierende Hinweis auf das "Tal der Offenbarung (Vision)". Ich glaube, daß mit dem "Tal der Offenbarung (Vision)" die geistliche Welt gemeint ist.

Es besteht also eine deutliche Verbindung zwischen Visionen oder Bildern und unserem Geist. Gott, Seine Engel, Satan und seine Dämonen können sich alle unserem Geist durch Visionen mitteilen. Das Erschaffen von Bildern oder Visionen in unserem Verstand scheint uns in direkten Kontakt mit unserem Geist zu bringen, genauso wie das auch bei dem Vorgang geschieht, bei dem wir Visionen durch unseren Geist empfangen. Deshalb ist die Anwendung des Visualisierens so gefährlich. Sie kann den Kontakt zu Satans Reich herstellen. Darum wird uns auch in 2. Korinther 10 gesagt, daß wir alle "Vernünfteleien (engl. nichtige Vorstellungen)" zerstören sollen. Da wir nun festgestellt haben, daß Visionen und Visualisieren tatsächlich die Sprache des Geistes sind, wollen wir sehen, was Gott dazu sagt, wenn Menschen sich ihre eigenen Vorstellungen machen oder, in der heutigen Sprache ausgedrückt, visualisieren.

"... Priester und Prophet ... sind verwirrt ... Sie wanken beim Weissagen, torkeln beim Rechtsprechen." Jesaja 28:7

"So spricht der Herr der Heerscharen: Hört nicht auf die Worte der Propheten, die euch weissagen. Sie täuschen euch, **das Gesicht ihres Herzens reden sie, nichts aber aus dem Mund des HERRN**. Sie sagen stets zu denen, die mich verworfen haben: 'Der HERR hat geredet: Ihr werdet Frieden haben', und **zu jedem, der in der Verstocktheit** [engl. Vorstellung] **seines Herzens lebt**, sagen sie: 'Kein Unglück wird über euch kommen.' Denn wer hat im Rat des HERRN gestanden, daß er sein Wort gesehen und gehört hätte? Wer hat auf sein Wort gelauscht und gehört?" Jeremia 23:16-18

"Und ich sprach: Ach, Herr, HERR! Siehe, die Propheten sagen zu ihnen: Ihr werdet kein Schwert sehen, und Hunger wird euch nicht treffen, sondern ich werde euch einen beständigen Frieden geben an diesem Ort. Und der HERR sprach zu mir: Die Propheten weissagen Lüge in meinem Namen. Ich habe sie nicht gesandt und sie nicht beauftragt – auch nicht zu ihnen geredet. **Sie weissagen euch Lügengesicht, Wahrsagerei**, Nichtiges und den Trug ihres Herzens. Darum, so spricht der HERR: Über die Propheten, die in meinem Namen weissagen – und ich habe sie doch nicht gesandt –, die sagen: 'Weder Schwert noch Hunger wird es in diesem Land geben', diese Propheten sollen durch das Schwert und durch den Hunger umkommen." Jeremia 14:13-15

Diese Schriftstellen zeigen eine Steigerung. Zuerst irrten die Propheten in ihren Visionen. Deshalb waren sie unfähig, korrekt zu richten und wandelten nicht nach dem Willen Gottes.

Zweitens sprachen die Propheten von einer Vision, die **sie sich selbst gemacht hatten**. Beachte, die Schrift sagt: "Sie reden ein

Gesicht aus ihrem eigenen Herzen, **nicht** aus dem Mund des HERRN." Das wird von Gott verurteilt. Drittens waren diejenigen, die die Aussagen dieser falschen Visionen akzeptierten, willig, danach zu handeln, weil sie selber ebenfalls nach ihren **eigenen Gesichten (Vorstellungen)** wandelten. Die Schrift sagt: "Jeder, der in der Verstocktheit [engl. Vorstellung] seines eigenen Herzens lebt." Warum waren aber nun die eigenen Gesichte (Visionen) und Vorstellungen der Leute so falsch? Weil sie nur dazu dienten, ihr "Ich" zufrieden zu stellen. Sie sagten, "kein Unglück wird über euch kommen." Ist das nicht genau das, was heute auch geschieht? Den Leuten wird gesagt, sie sollten sich Dinge wie Heilung, Gesundheit, Wohlstand, Erfolg oder **was immer sie wollen, nicht aber was Gott will**, visualisieren (vorstellen).

Schließlich zeigt uns die letzte Bibelstelle auch noch sehr deutlich, daß Menschen, die Visionen aus ihrem eigenen Willen hervorbrachten, mit der unsichtbaren Welt in Verbindung gerieten. Jeremia 14:14 zeigt uns, daß Gott falsche Visionen mit Wahrsagerei gleichsetzt, was nichts anderes als Zauberei ist!

Immer dann, wenn wir Menschen, ohne daß Gott es will, in Kontakt mit der geistlichen Welt stehen, sind wir in Kontakt mit unheiligen Geistern (Dämonen) und **nicht** mit dem Heiligen Geist. Wird eine Verbindung zwischen Seele und Geist durch den Willen eines Menschen erzeugt, ist sie **immer** dämonischer Herkunft, weil sie in Sünde erzeugt wurde! Oh, wie sich dieser Betrug doch ausbreitet! Mehr und mehr Leute bedienen sich des Visualisierens, werden immer geschickter im Gebrauch ihres Geistes und kommen so immer mehr in Kontakt mit Dämonen. Die Schrift sagt uns klipp und klar, daß Satan selbst sich als Engel des Lichts präsentiert und seine Knechte zu uns als Apostel der Gerechtigkeit kommen (2. Korinther 11:14.15). Solche Leute haben dann unzählige Offenbarungen und Auslegungen von "Gottes Wort", die sie einfach als vom Heiligen Geist kommend akzeptieren, nur deshalb weil sie offensichtlich aus dem unsichtbaren Bereich stammen. Sie erkennen jedoch nicht, daß alles, was sie empfangen, von **unheiligen Geistern** herrührt, weil die Verbindung zwischen ihrer Seele und ihrem Geist dämonischer Art ist, und durch die Sünde des Eigenwillens erzeugt wurde!

"Mein Volk kommt um aus Mangel an Erkenntnis. Weil du die Erkenntnis verworfen hast, so verwerfe ich dich, daß du mir nicht mehr als Priester dienst. Du hast das Gesetz deines Gottes vergessen, so vergesse auch ich deine Kinder. Je mehr sie wurden, desto mehr sündigten sie gegen mich. Ihre Ehre vertausche ich gegen Schande." Hosea 4:6.7

Leider denke ich, daß wir viel Schande über die Vertreter dieser Visualisierungslehre kommen sehen werden. Je mehr Wohlstand und Ruhm sie erlangen werden, um so größer wird auch die Verführung, der sie anheim fallen, sein, die wiederum Sünde gegen den HERRN zur Folge hat. Unser HERR wird letztlich alle die richten, die gegen Ihn sündigen, und Er wird "ihre Ehre in Schande vertauschen."

Es gibt noch eine weitere Richtung beim Visualisieren, die ich gerne erwähnen möchte. Es gibt Pastoren, die den Leuten beibringen, Jesus zu visualisieren. Sie sollen sich ein Bild von Jesus machen, so wie sie Ihn sich in ihren Gedanken vorstellen, und sollen diese Vision laut proklamieren und dann immer zu diesem "Jesus" beten. Das soll ihren Glauben aktivieren. Wie soll das aber geschehen? Die Bibel beschreibt den Glauben wie folgt:

"Der Glaube ist eine Verwirklichung dessen, was man hofft, das Überführtsein von Dingen, die man **nicht sieht**." Hebräer 11:1

Es wird auch die klare Aussage gemacht:

"Denn wir wandeln durch Glauben, **nicht durch Schauen**."
2. Korinther 5:7

"Der Gerechte wird durch Glauben leben." Römer 1:17

Warum wird dann aber in unseren Tagen solch eine ungeheure Betonung auf das Schauen oder Visualisieren gelegt? Ich glaube, daß es sich dabei um eine gefährliche Lehre von Dämonen handelt, die in die christlichen Gemeinden infiltriert wird, um Gottes Volk in eine verführerische Beziehung mit Dämonen zu bringen.

Die folgenden Bilder zeigen, wie ich glaube, das Eigentliche der ganzen Visualisierungslehre auf, nämlich Rebellion gegen Gottes Willen, wenn Er uns nicht das gibt, was wir wollen. Sieh dir dazu die Bilder auf den nächsten drei Seiten an.

In den Riß treten

Bist du bereit, für jemanden in den Riß zu treten?

Einfallstor zum Geist

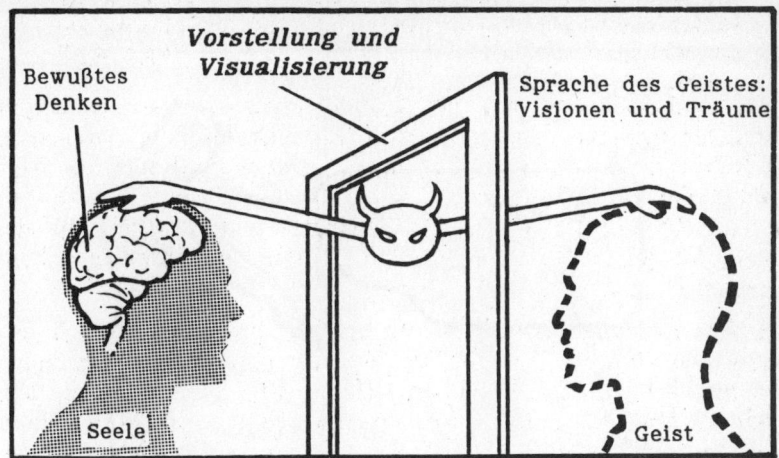

Zwischen der Seele und dem Geist wird durch den Eigenwillen eine Verbindung hergestellt. Deshalb entsteht ein Kontakt zur Welt der Dämonen.

"So zerstören wir Vernünfteleien [engl. Vorstellungen] und jede Höhe, die sich gegen die Erkenntnis Gottes erhebt, und nehmen jeden Gedanken gefangen unter den Gehorsam Christi." 2. Korinther 10:5

"Denn das Wort Gottes ist lebendig und wirksam und schärfer als jedes zweischneidige Schwert und durchdringend bis zur Scheidung von Seele und Geist ..." Hebräer 4:12

265

Der Unterschied zwischen dem biblischen und dem satanischen Gebrauch des menschlichen Geistes.

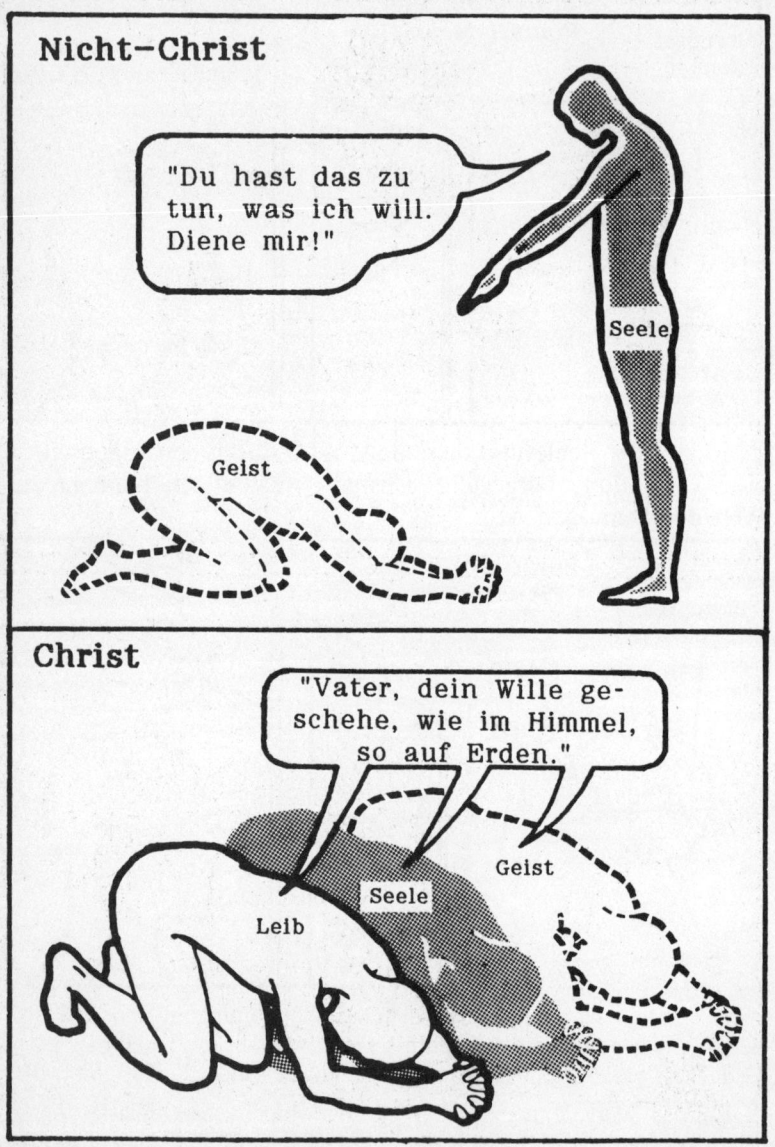

Leib, Seele und Geist, alle drei beugen sich vor dem HERRN.

Der Unterschied zwischen dem biblischen Christentum und dem Christentum, das heute von so vielen gelehrt wird.

"Ich beanspruche das für mich, Gott, deshalb mußt du es mir geben!"

"Vater, dein Wille geschehe!"

"Und ich suchte einen Mann unter ihnen, der die Mauer zumauern und vor mir für das Land in den Riß treten könnte, damit ich es nicht verheeren müßte; aber ich fand keinen. So gieße
ich meinen Zorn über sie aus, im Feuer meines Grimms ver-
nichte ich sie, ihren Weg bringe ich auf ihren Kopf, spricht der
Herr, HERR."   Hesekiel 22:30.31

Der "Riß" hat nicht nur symbolische Bedeutung. Er existiert tatsächlich in der geistlichen Welt, so wie auch viele andere Begriffe, etwa "Das Tal des Todesschattens" (Psalm 23). Die Schrift gibt
uns oft eine Fülle von Einblicken in die geistliche Welt. Viele
Dinge, die wir für symbolisch halten, sind in der geistlichen Welt
Wirklichkeit. Was nun die Stelle im Propheten Hesekiel angeht,
suchte Gott jemanden, der bereit gewesen wäre, in den Riß zu
treten. Warum? Damit Gott nicht das Gericht auf die Köpfe dieser
Menschen bringen müßte.

Das wirft die Frage auf, was denn dieser Riß zu bedeuten hat, und
wodurch das Verschließen dieses Risses oder das "Zumauern der
Mauer" eigentlich bewirkt wird? Ich glaube, daß uns dabei der Korintherbrief Aufschluß geben kann.

"Wenn aber unser Evangelium doch verdeckt ist, so ist es nur
bei denen verdeckt, die verloren gehen, den Ungläubigen, bei denen der Gott dieser Welt den Sinn verblendet hat, damit sie den
Lichtglanz des Evangeliums von der Herrlichkeit des Christus,
der Gottes Bild ist, nicht sehen."   2. Korinther 4:3.4

Wir wissen, daß Gott Gericht über die Menschen bringen muß aufgrund ihrer Sünden. "Ihren Weg bringe ich auf ihren Kopf." Aber
Gott liebt uns so sehr, daß Er Seinen eigenen Sohn, Jesus Christus,
gab, um an unserer Stelle zu sterben (Johannes 3:16). Die Menschen
sollten Gottes Errettung mit Freuden annehmen und so Seinem Zorn
und Gericht entfliehen. Aber sie tun es NICHT. Warum? Weil sie
von Satan und seinen Dämonen verblendet werden, wie uns der
Korintherbrief sagt. Dann müssen die Dämonen der Grund dafür
sein, daß Gott den "Riß" verschlossen haben will. Die Dämonen müssen davon abgehalten werden, die Menschen zu verblenden, damit
diese dann Gottes "Ausweg" aus dem Gericht annehmen können.

Der Epheserbrief zeigt uns auch, daß der Kampf, der im Riß geschieht, gegen Dämonen ist.

"Denn unser Kampf ist nicht gegen Fleisch und Blut, sondern gegen die Gewalten, gegen die Mächte, gegen die Weltbeherrscher dieser Finsternis, gegen die Geister der Bosheit in der Himmelswelt."   Epheser 6:12

Es ist ganz eindeutig, der Kampf wird auf einem Schlachtfeld in der unsichtbaren Welt ausgefochten, nicht in der sichtbaren Welt. An dieser Stelle sei auch das "Tal der Entscheidung" erwähnt. Joel 4 spricht von Scharen über Scharen, die in diesem Tal der Entscheidung stehen. Darum werden wir aufgefordert, uns zum Kampf zu rüsten.

"Ruft dies unter den Nationen aus, rüstet euch zum heiligen Krieg!"   Joel 4:9

Der einzige Weg, damit diese Scharen von Menschen im Tal der Entscheidung die Möglichkeit bekommen, gerettet zu werden, ist der, daß wir Christen bereit werden, in den Riß zu treten und die Dämonen zu bekämpfen, die mit allen Mitteln versuchen, den Sinn all dieser Menschen zu verblenden, so daß sie Jesus Christus nicht als ihren Erretter annehmen können. Das ist das Ziel dieses Buches, die Christen vorzubereiten, in den Kampf zu ziehen! In einen Kampf, der in der geistlichen Welt gegen Satan und seine Dämonen mit der Macht und Autorität Jesu Christi ausgefochten wird.

Es gibt verschiedene Möglichkeiten, "in den Riß zu treten". Oft ist es notwendig, den HERRN zu bitten, dich für eine bestimmte Person in den Riß treten zu lassen, damit sie die Möglichkeit hat, das Evangelium ohne dämonische Beeinflussung zu hören. Wir beten oft in der folgenden Weise:

"HERR, laß mich bitte für _____ in den Riß treten und für ihn kämpfen, so daß seine Augen geöffnet werden und er frei von dämonischen Bindungen wird, so daß er erkennen kann, wie sehr er Jesus braucht."

Der HERR hat uns noch einen anderen Weg gezeigt, wie wir in den Riß treten können. Schau dir einmal die folgenden Schriftstellen an:

"Ist nicht vielmehr das ein Fasten, an dem ich Gefallen habe: Ungerechte Fesseln zu lösen, die Knoten des Joches zu öffnen, gewalttätig Behandelte als Freie zu entlassen und daß ihr jedes Joch zerbrecht?"   Jesaja 58:6

"Einer trage des anderen Lasten, und so werdet ihr das Gesetz des Christus erfüllen."
Galater 6:2

"Größere Liebe hat niemand als die, daß er sein Leben hingibt für seine Freunde."
Johannes 15:13

Obige Schriftstellen zeigen ganz deutlich, daß der HERR von uns erwartet, unseren christlichen Geschwistern sowohl zu helfen, ihre Lasten und Verletzungen zu tragen, als auch für sie zu kämpfen, um sie von Bedrückung zu befreien, wann immer dies nötig wird. In den Riß zu treten, ist eine Möglichkeit das zu tun.

Bist du bereit, für deinen Pastor in den Riß zu treten? **Wenn** er wirklich Jesus verkündigt **und** Satan so darstellt, wie er es sollte, wird er auf viel Widerstand stoßen. Diener Satans, die sich als Christen ausgeben, werden ihn mit ihrem geistlichen Körper und vielen Dämonen angreifen, jedesmal wenn er aufstehen wird, um zu reden, aber auch bei vielen anderen Gelegenheiten. Diese Diener Satans bekleiden oft hohe Ämter in den Gemeinden. Wir brauchen wirklich starke, gesunde, junge Leute, die bereit sind, für ihren Pastor in den Riß zu treten und den HERRN zu bitten, sie für ihn kämpfen zu lassen. Das bedeutet mit anderen Worten, daß jede dämonische Macht, die sich gegen den Pastor richtet, zuerst an dir vorbei muß. Das bedeutet, daß du sowohl körperlich als auch seelisch leiden wirst. Als Folge davon wirst du vielleicht nicht jeden Sonntag in die Gemeinde gehen können, weil du zu krank sein wirst, um hinzugehen. Das kann bedeuten, daß du zu Unrecht von Mitgliedern deiner Gemeinde beschuldigt wirst, die sagen: "Du bist nur deshalb krank, weil du nicht in die Gemeinde kommst." Bist du bereit, solche Anschuldigungen gegen dich zu erdulden und über den wahren Grund, warum du nicht in die Gemeinde gekommen bist, zu schweigen? Für jemanden in den Riß zu treten ist ein Weg, "sein Leben für seine Freunde hinzugeben."

Du kannst dich nicht selbst in den Riß stellen. Das kann nur der HERR tun, weil nur Er deinen geistlichen Leib steuert. Dein Teil ist es, den Vater zu bitten, dich dorthin zu stellen, **falls** das Sein Wille für dich ist. Du mußt bereit sein es zuzulassen, daß der Vater dich in jeder Weise gebraucht, wie Er es zum Wohle einer anderen Person für richtig hält. Du kannst nicht darüber entscheiden, wie **du** gebraucht werden sollst.

Weil sich der Riß in der geistlichen Welt befindet, und unser Kampf **nicht** "gegen Fleisch und Blut" ist, sondern gegen dämonische Geister, ist es unser Geist, der kämpft. Fleisch und Blut können auf dem geistlichen Schlachtfeld nicht kämpfen.

Hast du schon einmal eine Zeit intensivster Fürbitte erlebt, nach der du vollkommen erschöpft warst? Der Grund dafür ist, daß Gott, während du mit deinem natürlichen Körper und deinem Verstand gebetet hast, deinen geistlichen Leib genommen hat und ihn in den Kampf mit den dämonischen Mächten gestellt hat, gegen die du gebetet hast. Der Kampf hat auf dem Schlachtfeld der geistlichen Welt stattgefunden. Die Müdigkeit die du gespürt hast, ergibt sich aus zwei Umständen. Sie ist einerseits ein Spiegel der Belastung, die dein geistlicher Leib im Kampf erfahren hat, und andererseits ist es eine natürliche "Belastung", die dadurch entsteht, daß sich dein Geist während dieser Zeit nicht in deinem natürlichen Körper befunden hat.

Deswegen ist es so wichtig, daß wir Gott jeden Tag bitten, uns gemäß Epheser 6 die ganze Waffenrüstung anzulegen. Diese Waffenrüstung hat nicht nur symbolische Bedeutung. Sie ist eine tatsächlich existierende Waffenrüstung, die unserem geistlichen Leib angelegt wird, um ihn im Kampf zu schützen.

Laß mich einen Punkt klar machen. Es wird dir sehr selten bewußt sein, daß du "im Riß" stehst. Das liegt daran, daß der HERR die vollständige Kontrolle über deinen geistlichen Leib hat. Wir "sehen" die geistliche (unsichtbare) Welt nicht zu jeder Zeit so wie wir die sichtbare Welt sehen. Nur bei speziellen Gelegenheiten erlaubt der HERR einzelnen Personen, die geistliche Welt zu sehen, und dann gewöhnlich auch nur für einen flüchtigen Blick oder kurze Zeitabschnitte. Ob du im Riß stehst oder gestanden bist, weißt du nur, wenn der HERR es dir zeigt oder wenn Er dir bestätigen wird, daß die verschiedensten Probleme in deinem natürlichen Leib dadurch entstanden sind, daß dein geistlicher Leib in den Riß getreten ist. Denke daran, wir stehen in einem **wirklichen Kampf**. Die Dämonen schießen nicht mit "Platzpatronen". Wunden, die deinem geistlichen Leib zugefügt wurden, zeigen sich häufig auch durch verschiedene Symptome an deinem natürlichen Leib.

Ich habe festgestellt, daß unser natürlicher Leib durch die Sünde so verändert worden ist, daß er nur für sehr kurze Zeit mit der bewußten Wahrnehmung der geistlichen Welt fertig wird, ohne übermäßig erschöpft zu werden. Leute, die öfters Astralreisen unternehmen, sind im Anschluß daran sehr müde. Satanisten altern an ihrem natürlichen Leib viel schneller. Sie müssen mit ihrem natürlichen Leib teuer für den häufigen Kontakt mit der geistlichen Welt bezahlen.

Es gibt eine ganze Anzahl von interessanten Bibelstellen, die das bestätigen. Zum Beispiel erzählt uns Daniel im Kapitel 8, daß er eine Vision hatte, in der er die geistliche Welt sah und mit dem Engel Gabriel sprach. Nachdem Daniel die geistliche Welt erlebt hatte, sagte er:

> "Und ich, Daniel, war erschöpft und einige Tage krank. Dann stand ich auf und verrichtete die Geschäfte des Königs. Und ich war entsetzt über das Gesehene, und keiner war da, der es verstand."
>
> Daniel 8:27

Das Kämpfen mit unserem geistlichen Leib kostet unseren natürlichen Leib einen außerordentlich hohen Tribut. Zwar können wir in der geistlichen Welt nicht mit unserem natürlichen Leib kämpfen, doch werden die beiden von Gott miteinander verbunden, so daß alles, was mit unserem geistlichen Leib geschieht, unausweichlich auch Auswirkungen auf unseren natürlichen Leib hat.

Das ganze Verständnis "in den Riß zu treten" und mit unserem Geist in der unsichtbaren Welt zu kämpfen, ist sehr schwer zu begreifen, weil es etwas ist, das sich unserer Kontrolle vollständig entzieht und auch selten von uns wahrgenommen wird. Unser geistlicher Leib kann sich fortbewegen, kann denken und reden wie unser natürlicher Leib auch, doch er nimmt sein Wesen und seine Art zu Denken von unserem natürlichen Leib und unserer Seele. Wenn du z.B. Bibelstellen nicht mit deinem Verstand auswendig gelernt hast, wird sie dein geistlicher Leib auch nicht kennen.

Die Vorstellung, daß unser Geist von unserem natürlichen Leib getrennt ist, auch geographisch gesehen, erscheint uns sonderbar. Es gibt eine interessante Bibelstelle, in der Paulus genau diesen Umstand beschreibt.

> "Überhaupt hört man, daß Unzucht unter euch sei, und zwar eine solche Unzucht, die selbst unter den Nationen nicht stattfindet: daß einer seines Vaters Frau habe. Und ihr seid aufgeblasen und habt nicht vielmehr Leid getragen, damit der, welcher diese Tat begangen hat, aus eurer Mitte hinweggetan würde! **Denn ich, zwar dem Leibe nach abwesend, aber im Geiste anwesend, habe schon als anwesend das Urteil gefällt** über den, der dieses so verübt hat, – **wenn ihr und mein Geist mit der Kraft unseres Herrn Jesus versammelt seid."** 1. Korinther 5:1-4

Beachte, daß Paulus hier wieder die Kleinschreibung verwendet, womit er seinen eigenen Geist und nicht den Heiligen Geist bezeichnet. Ebenfalls von großer Bedeutung ist die Tatsache, daß der Geist von Paulus **nur** mit "der Kraft unseres HERRN Jesus" in Korinth war. Der Geist von Paulus war vollständig unter der Herrschaft des HERRN, **nicht** unter der seiner eigenen Seele.

Christen müssen die Probleme verstehen, die sich in ihrem natürlichen Leib ergeben, während ihr Geist auf dem Schlachtfeld ist. Ich denke, daß sich Paulus zum Teil auch darauf bezog, als er folgende Aussage machte.

> "... des Evangeliums, das ihr gehört habt, das in der ganzen Schöpfung unter dem Himmel gepredigt worden ist, dessen Diener ich, Paulus, geworden bin. **Jetzt freue ich mich in den Leiden für euch und ergänze in meinem Fleisch, was noch aussteht von den Drangsalen des Christus für seinen Leib, das ist die Gemeinde.**"   Kolosser 1:23-24

Das Ringen des Paulus für die Gemeinde geschah vor allem im Bereich der geistlichen Welt. Ich bin sicher, daß viel von dem Leiden, das er "in seinem Fleisch" durchlitt, ein Ergebnis seiner Kämpfe in der geistlichen Welt war. Wir müssen sorgfältig der Führung des HERRN gehorchen, wenn Er uns zum Ausruhen auffordert. Die geistliche Kriegsführung verlangt einen Tribut von unserem Leib, so daß wir oft zusätzlich Ruhe nötig haben werden. Wenn wir übertrieben "männlich" sein wollen und es ablehnen, zusätzlich auszuruhen, wenn der HERR uns dazu auffordert, dann stehen wir in der Gefahr, übermüdet zu werden und folglich auch verwundbarer gegenüber dem Angriff und Betrug Satans und seiner Dämonen zu sein.

Die Bedeutung von Eiweiß im geistlichen Kampf

Während all der Jahre, seit ich in diesem Dienst stehe, hat mir der HERR gezeigt, daß die Belastung unseres natürlichen Körpers, die durch den Kampf unseres Geistes auf dem geistlichen Schlachtfeld entsteht, sehr eigentümlicher Art ist. Das Kämpfen im Geist verursacht einen akuten Eiweißmangel in unsrem natürlichen Leib. Wenn wir nicht sorgfältig darauf bedacht sind, unsere Zufuhr von hochwertigem Eiweiß während intensiver geistlicher Kämpfe zu erhöhen, werden wir schwach werden. Die Bibel hat viel zu diesem Thema zu sagen.

Schon seit dem Bund Gottes mit Noah, in dem Er Noah die Tiere zum Essen gab, haben Satan und seine Dämonen versucht, die Menschen davon abzuhalten, Fleisch zu essen. Es ist interessant festzustellen, daß die modernen Hindus und viele östliche Religionen (die letztlich nur verschiedene Formen der Anbetung von Dämonen sind) glauben, daß der Erfolg eines Mediums oder auch eines Meisters, die ihre Kräfte von Dämonen bekommen, von denen sie besessen sind, von der Anwesenheit einer feinen Flüssigkeit im Körper, "Akasa" genannt, abhängt. Diese Flüssigkeit würde schnell aufgebraucht werden, und ohne sie könnten die Dämonen nicht wirken. Diese Flüssigkeit, sagen die Hindus, könnte nur durch eine vegetarische Ernährung und durch Enthaltsamkeit wieder neu gebildet werden.

Alle Lehren des New Age, besonders die Lehren der Yogis (= Meister des Yogas), betonen den Vegetarismus. Yogis sagen, daß die "Schwingungen" vom Fleisch schädlich seien und das geistliche Empfindungsvermögen vermindern würden. In allen möglichen Medien werden eine Menge von vermeintlich wissenschaftlichen Gründen angegeben, die beweisen sollen, daß das Essen von Fleisch schädlich sei. **Nichts** davon wird durch die Bibel bestätigt. Leider akzeptieren auch viele Christen diese Lehren. Warum legt Satans Reich solch eine Betonung auf den Vegetarismus?

Halten wir kurz inne und überlegen uns, wodurch die Sintflut verursacht wurde. Der Geschlechtsverkehr zwischen Menschen und Dämonen war es, der sozusagen das Faß zum Überlaufen brachte (1. Mose 6). Ich denke, daß es kein Zufall war, daß Gott Noah befahl, gerade nach der Sintflut mit dem Fleischessen zu beginnen. Er wußte sehr wohl um den geistlichen Kampf, den Noah und seine Nachkommen durchzustehen hatten, um die Dämonen daran zu hindern, sie und ihr Leben zu beherrschen.

Wenn wir das Alte Testament und die Gesetze studieren, die Gott Seinem Volk, den Kindern Israels, gegeben hatte, stellen wir fest, daß die geistlichen Krieger jener Tage die Leviten gewesen sind. Ein großer Teil ihrer Ernährung bestand ganz eindeutig aus Rind- und Lammfleisch.

Warum ließ Abraham, als Gott ihn besuchte, Rindfleisch für ihn zubereiten, wenn Rindfleisch so schädlich sein soll? Abraham würde doch sicherlich das Beste zubereiten, was ihm zur Verfügung stand (vgl. 1. Mose 18:1-7).

Wenn wir uns die verschiedenen, namhaften geistlichen Kämpfer des Alten Testaments ansehen, werden wir feststellen, daß Gott sie jedesmal, bevor sie in eine große Schlacht zogen, durch das Essen von Fleisch darauf vorbereitete. Elia zum Beispiel. Bitte beachte das Menü, womit ihn der HERR persönlich während seiner Vorbereitungszeit versorgte, kurz bevor er den Baalspropheten entgegentrat.

> "Und es geschah das Wort des HERRN zu ihm: Geh von hier fort, wende dich nach Osten und verbirg dich am Bach Krit, der vor dem Jordan ist! Und es soll geschehen: aus dem Bach wirst du trinken und ich habe den Raben geboten, dich dort zu versorgen! Da ging er und tat nach dem Wort des HERRN: er ging hin und blieb am Bach Krit, der vor dem Jordan ist. Und die Raben brachten ihm Brot und **Fleisch** am Morgen und Brot und **Fleisch** am Abend, und aus dem Bach trank er."   1. Könige 17:2-6

Der HERR spricht im Neuen Testament durch Paulus sehr direkt über diesen Punkt:

> "Der GEist aber sagt ausdrücklich, daß in späteren Zeiten manche vom Glauben abfallen werden, indem sie auf betrügerische Geister und Lehren von Dämonen achten, durch die Heuchelei von Lügenrednern, die in ihrem eigenen Gewissen gebrandmarkt sind, die verbieten zu heiraten und **gebieten, sich von Speisen** [engl. Fleisch] **zu enthalten**, die Gott geschaffen hat zur Annahme mit Danksagung für die, welche glauben und die Wahrheit erkennen. Denn jedes Geschöpf Gottes ist gut und nichts verwerflich, wenn es mit Danksagung genommen wird; denn es wird geheiligt durch Gottes Wort und durch Gebet."   1. Timotheus 4:1-5

Ich habe die medizinische Literatur sorgfältig durchforscht und habe trotz der Fülle an Veröffentlichungen auf diesem Gebiet **keine einzige** gute Studie gefunden, die wirklich schlüssig aufzeigen konnte, daß Lamm- und Rindfleisch schädlich ist. (Bitte beachte, ich spreche von magerem, nicht von fettem Fleisch, von dem der HERR den Israeliten befohlen hat, es nicht zu essen, als Er ihnen das Gesetz gab). In der Tat wurde viel daran gearbeitet, den Wert, den Eiweißzufuhr bei einer ganzen Reihe von Krankheiten hat, aufzuzeigen. Doch Satan hat die Medizin so stark in seiner Hand, daß es höchst schwierig ist, den Durchschnittsarzt dazu zu bringen, dem

Stellenwert und der Notwendigkeit von Eiweiß nähere Beachtung zu schenken.

Wenn du dir einmal Zeit für eine Beurteilung nimmst, wirst du feststellen, daß bei jeder Lehre und jedem Trend über gesunde Ernährung, der Grundgedanke das Enthalten von Fleisch ist. Das ist kein Zufall. Es ist ein sorgfältig ausgeklügelter Plan Satans, da er nur zu gut um den Eiweißbedarf unseres Körpers und den enormen Eiweißverlust weiß, der durch den geistlichen Kampf verursacht wird. Wenn es Satan gelingt, Gottes Kämpfer vom Fleischessen abzuhalten, kann er durch Eiweißmangel viel Schwäche und Krankheit unter ihnen verursachen. Der natürliche Körper verliert sehr schnell seine Fähigkeit, Infektionen abzuwehren, wenn ihm Eiweiß entzogen wird. In diesen Tagen der "modernen Medizin" sterben viele Leute völlig unnötig, weil die Ärzte ihren Eiweißbedarf nicht auffüllen.

Während Zeiten intensiven Kampfes halten wir es oft für nötig, mindestens zweimal täglich Fleisch zu essen. Wenn wir das nicht tun, verlieren wir sehr schnell unsere Kraft und werden oft sogar körperlich krank. Ich habe mit vielen Leuten zusammengearbeitet, die unter dem Einfluß von intensiven satanischen Angriffen nur deshalb vollkommen schwach und sogar krank wurden, weil sie Gottes einfache Prinzipien über die notwendige Eiweißzufuhr nicht kannten. Alle zeigten eine deutliche Besserung ihres Zustandes, als sie die Fleischration ihrer Kost erhöhten.

Ich habe auch mit Menschen zu tun gehabt, die Dämonen nach einer vollständigen Befreiung nicht draußen halten konnten, weil sie darauf bestanden, weiterhin vegetarisch zu essen. Sie hatten einfach nicht die nötige Kraft, die Dämonen abzuwehren. Wenn du Schwierigkeiten hast, jemanden vollständig frei zu bekommen oder ihm zu helfen, die Dämonen danach draußen zu halten, vergiß nicht, ihn über seine Ernährung zu fragen. Sind sie Vegetarier, werden sie große Schwierigkeiten haben, frei von Dämonen zu bleiben.

Ein längeres Fasten während einer Zeit schwerer geistlicher Kämpfe, es sei denn Gott hat es direkt befohlen, kann sehr gefährlich werden. Wir müssen fasten, wenn der HERR es uns zeigt, aber uns selbst hat der HERR während Zeiten heftigen geistlichen Kampfes nie befohlen zu fasten. Ich habe etliche Leute kennengelernt, die durch ein längeres Fasten während einer Zeit intensiven Kämpfens äußerst schwach und schließlich die Opfer dämonischer Angriffe wurden. Wenn du in einem geistlichen Kampf stehst, dann möchte ich dir den guten Rat geben, dir der Führung des HERRN in Bezug auf ein Fasten wirklich ganz sicher zu sein. Laß nicht zu, daß Satan dich mit Schuldgefühlen bombardiert, um dich so zum Fasten zu bringen, obwohl der HERR es gar nicht von dir will.

Für Leute, die durch eine schwierige Zeit der Befreiung gegangen sind, ist es ratsam, eine sehr hochwertige Ernährung über einige Wochen nach der Befreiung hinweg anzusetzen, d.h. eine Ernährung, die sehr viel hochwertiges Eiweiß enthält. Das Reißen und Zerren der Dämonen bevor sie den Körper verlassen, verursacht einen unsichtbaren, körperlichen Schaden. Eine vermehrte Eiweißzufuhr wird eine schnellere Heilung ermöglichen.

Der ganze Bereich des geistlichen Kampfes ist sehr gefährlich und vieles liegt noch im Dunkeln. Wir **müssen** eng mit unserem kostbaren Feldherrn verbunden bleiben und Seinen Anweisungen tagtäglich Folge leisten. Solange wir Jesus Christus nachfolgen und Ihm gehorchen, wird Er uns sicher in all unseren Kämpfen beistehen.

KAPITEL 17

Befreiung

Die Befreiung von Dämonen ist eine der am heiß diskutiertesten Themen innerhalb christlicher Gemeinden. Ich behaupte nicht, Experte auf diesem Gebiet zu sein, sondern möchte lediglich das weitergeben, was mich der HERR die vergangenen sieben Jahre gelehrt hat. Letztendlich mußt **du** persönlich die Schrift befragen und den HERRN um Führung auf diesem Gebiet bitten. Denk daran, der HERR behandelt jeden ganz individuell. Keine Person ist wie die andere, und so geht der HERR auch bei jedem unterschiedlich vor.

Nach Elaines endgültiger Befreiung, wie in dem Buch *Er kam, um die Gefangenen zu befreien* beschrieben, beendete ich nach 1 1/2 Jahren meine Assistenzzeit im Krankenhaus, um ca. 100 km von der Stadt entfernt, in der Elaine in den Satanismus eingeführt wurde, eine Arztpraxis zu eröffnen. Ich wählte diesen Ort auf Anordnung des HERRN, damit Leute, die den Satanismus verlassen wollten, über meine Praxis mit uns Kontakt aufnehmen konnten.

Es machte in Satans Reich schnell die Runde, daß wir unsere Hilfe zur Verfügung stellten. Über die nächsten drei Jahre hatten wir das Vorrecht, beinahe 1000 Leuten, aus tiefstem Satanismus herauszuhelfen. Was waren das doch für Abenteuer, die wir erlebten! Ich möchte nun die Lektionen weitergeben, die mich der HERR durch jene Erlebnisse sowie durch unsere Zeit, seit der wir hier in Kalifornien wohnen, gelehrt hat. Seit dem schrecklichen Kampf mit den Dämonen in Elaine habe ich viel dazulernen dürfen. Der HERR erlaubte uns, während dieser Zeit durch viele einzigartige Lernerfahrungen zu gehen.

Ich habe dieses Kapitel ganz bewußt hinter die Kapitel über "Die Stimme Gottes hören", "Feuer", und "Der Anfang der Weisheit" gestellt. Wenn du dich nicht mit den Themen, die in diesen Kapiteln erörtert werden, auseinandergesetzt hast, bist du **nicht** qualifiziert, um im Befreiungsdienst **an anderen** zu arbeiten. Du mußt dich zuerst um dein eigenes Leben und um deine Beziehung zum HERRN kümmern. Jeder Christ kann und muß sich jedoch mit den

Dämonen und dem dämonischen Einfluß in seinem Leben befassen. Das führt mich zu dem ersten Bereich, den ich ansprechen möchte. Da ich keinen besseren Ausdruck finde, will ich ihn Selbstbefreiung nennen.

Selbstbefreiung

[Jesus sagt:] "Diese Zeichen aber werden denen folgen, die glauben: In meinem Namen werden sie Dämonen austreiben …"
Markus 16:17

"Da wir nun diese Verheißungen haben, Geliebte, wollen wir **uns von jeder Besudelung** [engl. Schmutz] des Fleisches und auch des Geistes **reinigen** und unsere Heiligkeit in der Furcht Gottes vollenden." 2. Korinther 7:1 (Konkordantes Neues Testament)

Diese Bibelverse stellen zwei Dinge heraus. Erstens, die Grundvoraussetzung, damit ich Dämonen austreiben kann, ist ein wahrer Gläubiger an Jesus Christus zu sein. Vergiß jedoch nicht, daß du dich nur dann als **gläubig** bezeichnen kannst, wenn du auch **gehorsam** bist.

"Wenn ihr mich liebt, so werdet ihr meine Gebote halten … Wer meine Gebote hat und sie hält, der ist es, der mich liebt; wer aber mich liebt, wird von meinem Vater geliebt werden; und ich werde ihn lieben und mich selbst ihm offenbaren." Johannes 14:15.21

"Nicht jeder, der zu mir sagt: Herr, Herr! wird in das Reich der Himmel eingehen, sondern **wer den Willen meines Vaters tut**, der in den Himmeln ist." Matthäus 7:21

Es gibt **keinen Ersatz für Gehorsam**. Wenn du denkst, du glaubst an Jesus und dienst ihm, gehorchst aber nicht Seinen Geboten, wie sie uns in der Bibel gegeben sind, dann belügst du dich selbst. Du bist nicht **gläubig**, wenn du nicht auch **gehorsam** bist.

Zweitens sollen "wir uns selbst reinigen" von aller Besudelung [engl. von allem Schmutz]. Ich kann mir keine bessere Beschreibung für Dämonen vorstellen als Besudelung [bzw. engl. Schmutz]. Wir haben die Verantwortung, die Macht und Autorität, die uns durch Jesus gegeben ist, in Anspruch zu nehmen und die Dämonen aus unserem eigenen Leben hinauszuwerfen.

[Jesus sagt:] "Siehe, ich gebe euch die Macht, auf Schlangen und Skorpione zu treten, und über die ganze Kraft des Feindes, und nichts soll euch irgendwie schaden. Doch darüber freut euch nicht, daß euch die Geister untertan sind; freut euch aber, daß eure Namen in den Himmeln angeschrieben sind." Lukas 10:19-20

Jesus hat uns Macht über Satan und seine Dämonen gegeben, aber es bleibt **uns** überlassen, diese Macht und Autorität zu gebrauchen, um damit den Dämonen zu begegnen.

"Unterwerft euch nun Gott! Widersteht aber dem Teufel, und er wird von euch fliehen." Jakobus 4:7

Leider wird meistens nur die zweite Hälfte dieses Verses zitiert. Ich kann die Notwendigkeit der ersten Hälfte gar nicht genug betonen. Wenn wir uns nicht dem HERRN unterwerfen und Seinen Geboten gehorchen, können wir nicht erwarten, irgendwelche Macht über Dämonen zu haben.

Wenige Leute sind bereit, sich auf einen Befreiungsdienst einzulassen, und viele von denen, die es dann doch sind, sind in allen möglichen Irrtümern und seltsamen Lehren verwickelt. Viele Leute haben niemand außer dem HERRN, der ihnen in ihrer Situation hilft. Verstehe, daß **du** selbst die Macht und Autorität im Namen Jesus in Anspruch nehmen und so die Dämonen aus dir hinauswerfen kannst.

"Naht euch Gott, und er wird sich euch nahen. Säubert die Hände, ihr Sünder, und reinigt die Herzen, ihr Wankelmütigen!" Jakobus 4:8

Durchforsche dein Leben. Welche Einfallstore hast du in der Vergangenheit geöffnet? Hast du diese Einfallstore der Sünde geschlossen und den Dämonen, die damals in dich hineingekommen sind, geboten dich zu verlassen? Wenn nicht, solltest du es besser tun. Ich will dir ein Beispiel geben.

Vor ungefähr einem Jahr erhielt ich einen Brief von einer jungen Frau, die ich Jane nennen möchte (ihr Name wurde geändert). Jane ist verheiratet und hat zwei Kinder im Alter von zwei und vier Jahren. Sie und ihr Mann sind beide Christen. Ich will ihn John nennen.

Sowohl Jane als auch John wurden in einem christlichen Elternhaus groß und nahmen Jesus schon in einem sehr frühen Alter als ihren Heiland an. Während ihrer Verlobungszeit gehorchten Jane und

John Gottes Wort nicht. Sie hatten sexuellen Verkehr und Jane wurde schwanger. Da sie in einer ziemlich großen christlichen Gemeinde engagiert waren, in der auch ihre beiden Familien feste Mitglieder waren, glaubten sie, der Schande einer außerehelichen Schwangerschaft nicht gewachsen zu sein. Sie redeten miteinander darüber und kamen zu dem Schluß, daß der einzige Ausweg, der ihnen blieb, der wäre, daß Jane das Kind abtrieb, was sie auch tat. Mehrere Monate später heirateten sie dann.

Ihre Ehe war eine einzige Katastrophe! Es gelang ihnen nicht, eine befriedigende, sexuelle Beziehung zueinander aufzubauen. Jane wurde von Schuldgefühlen geplagt und hatte zwei Kinder, um dadurch zu versuchen, diese Schuld loszuwerden. Wegen der Kinder hörte sie auf zu arbeiten und blieb zu Hause. Da sie nun mehr Zeit hatte, wurde sie immer depressiver, wenn sie über den schlechten Zustand ihrer Ehe nachdachte. Schließlich ließ sie sich dazu hinreißen, das MTV-Programm (Abk. für Music-Television, ein amerik. Fernsehprogramm, das rund um die Uhr, also 24 Stunden am Stück, Musik sendet, und zwar Rockmusik bzw. Rockvideofilme) anzusehen und begann in einer Phantasiewelt zu leben, die sich um Sex und Stars der Rockmusik drehte. Es ging immer mehr bergab. Ihre Kinder zeigten immer schwerwiegendere Verhaltensstörungen.

Daraufhin schrieben sie mir. Sie hatten das Buch *Er kam, um die Gefangenen zu befreien* gelesen und erkannt, daß sie durch die Abtreibung und die Sünde des vorehelichen Geschlechtsverkehrs dämonischen Mächten Einfallstore geöffnet hatten. Sie hatten das Gefühl, weder den Pastor noch sonst jemand in der Gemeinde um Hilfe bitten zu können, weil die Gemeinde zu dieser Zeit in einen regelrechten "Ratsch und Tratsch Verein" entartet war. Sie kannten auch sonst niemand in ihrer Gegend, der ihnen hätte helfen können.

Ich schrieb ihnen zurück und erklärte ihnen, daß sie durch die Abtreibung den Dämonen ein Einfallstor bei beiden von ihnen geöffnet hatten. Abtreibung ist ihrem Wesen nach ein Menschenopfer an Satan, den **Gott der Selbstsucht**. John trug dabei die gleiche Verantwortung wie Jane. Als Ergebnis dieser Sünde waren Dämonen in sie beide gelangt. Dann hatte sich Jane in ihrem Unglück noch mehr Dämonen geöffnet, indem sie sich das MTV-Programm ansah und mit Rockmusik beschäftigte. Ihre Kinder hatten die Dämonen durch die Eltern geerbt, daher ihre Verhaltensstörungen. Ich erklärte ihnen, sie müßten zuerst einmal gemeinsam vor dem HERRN niederknien und Seine Vergebung für ihre Sünden erbitten. Dann müßte jeder von ihnen den Dämonen, die durch diese Sünden in sie hineingekommen waren, im Namen Jesu Christi gebieten, sie zu verlassen. John, in der Stellung als Haupt der Familie, müßte sich zuerst reinigen. Anschließend müßte er seine Frau unterstützen, sich zu reinigen. Jane müßte sich ebenfalls von ihrer Beschäftigung mit dem MTV-Programm und der Rockmusik lossagen, und sie müßten ihr ganzes Haus von Rockmusik-Schallplatten und -Kassetten säubern.

Dann sollten sie ihre beiden Kinder mit Öl salben und den Dämonen gebieten, sie im Namen Jesu zu verlassen, ferner den HERRN bitten, die Linie der Vererbung zu durchtrennen und ihre Kinder vor diesem Ursprung der Dämonen zu versiegeln.

Jane schrieb zurück, daß sie und John große Angst bei dem Gedanken gehabt hätten, die Dämonen direkt anzusprechen, doch im Gehorsam Gottes Wort gegenüber taten sie es doch. Dann verbrachten sie jeden Tag eine gemeinsame Zeit damit, zu beten und die Bibel zu lesen. Die Veränderung bei ihren Kindern und in ihrem eigenen Leben war dramatisch, aber Jane hatte immer noch Probleme mit ihrer sexuellen Beziehung. Doch als sie über die nächsten drei Monate hinweg ausdauernd den HERRN suchte, zeigte ihr der Heilige Geist noch etliche Gebiete in ihrem Leben, die auch noch gereinigt werden mußten. Während Jane fortfuhr, sich selbst dem HERRN zu unterwerfen und im Gehorsam Seinen Geboten gegenüber zu wandeln, heilte Er sie vollständig, und ihre Ehe ist nun glücklich und normal. Der HERR ist so gnädig, wenn wir Ihn nur suchen und Seinen Geboten gehorchen würden, könnte Er kolossale Heilung und Reinigung in unser Leben bringen.

Im Kapitel 14, wo es um rituelle Kindesmißhandlungen geht, habe ich ziemlich ausführlich beschrieben, wie Eltern mit dem Problem von Dämonen in ihren Kindern umgehen sollten. Dieselbe Vorgehensweise sollte bei jedem Kind angewandt werden, das Dämonen durch die Eltern vererbt bekommen hat. Wenn Eltern dieses Kapitel lesen und erkennen, daß sie ihr Leben reinigen müssen, dann sollten sie nicht vergessen, auch ihre Kinder zu reinigen und das Einfallstor der Vererbung zu schließen.

Wenn du einen christlichen Bruder oder eine christliche Schwester finden kannst, denen du vertraust, so ist es meistens besser, wenn sie mit dir beten, während du den Dämonen gebietest, aus dir herauszukommen. Aber wenn das nicht möglich ist, dann stelle dich einfach im Glauben hin, und der HERR wird dir helfen. Wenn die Dämonen schon über längere Zeit in dir sind, werden sie nicht so leicht herauskommen. Wenn du immer noch aktive Sünde in deinem Leben hast, werden sie überhaupt nicht herauskommen. Du hast wahrscheinlich eine wirkliche Schlacht zu schlagen, doch gib nicht auf. Sei beharrlich. Du kannst nun ihnen das Leben schwer machen, so wie sie es dir zuvor schwer gemacht haben.

Du mußt mit ihnen laut (d.h. hörbar) reden, da sie deine Gedanken nicht lesen können. Fülle dein Leben mit Gottes Wort. Lies laut aus der Bibel vor, lerne Schriftstellen auswendig, und sage sie dir vor, singe dem HERRN, wann immer du kannst, Lobpreislieder. Ich empfehle solchen Leuten, sich einen Kassettenrecorder zu besorgen und Kassetten mit Schriftstellen in den Zeiten abspielen zu lassen, in denen sie sich nicht hinsetzen können, um die Bibel zu lesen. Oft hilft es, die Kassette während der Nacht abspielen zu lassen. Weise die Dämonen beharrlich zurück und gebiete ihnen zu gehen. Reinige dein Heim und dein Leben! **Du mußt aufhören zu sündigen.** Du wirst immer für Sünde anfällig bleiben, aber du mußt mit jeder bewußten Sünde brechen. Wenn du den Heiligen Geist einfach darum bittest, wird er dir deine Sünden zeigen. Wenn du in Ehebruch lebst, kannst du nicht erwarten, irgendeinen Dämon hinauszuwerfen, es sei denn du heiratest oder trennst dich von diesem Partner. Ich bin immer wieder erstaunt über die große Anzahl an bekennenden Christen, die in ehebrecherischen Beziehungen leben, all die konkreten Schriftstellen gegen diese Sünde vollständig ignorieren und ihre Sünde vor ihren eigenen Augen rechtfertigen. Es gelingt dir vielleicht, dich selbst zu täuschen, aber den HERRN oder die Dämonen wirst du damit nicht täuschen. Denke auch daran, daß es dir vielleicht gelingt, deine Sünde vor anderen Leuten zu verbergen, aber du kannst sie weder vor dem HERRN noch vor Satan oder den Dämonen verbergen!

Hast du den HERRN erst mal um Vergebung gebeten, gebiete den Dämonen zu gehen und bitte Jesus, diese Einfallstore für immer zu verschließen. Dann mußt du die Dämonen draußen halten. Wenn du wieder in dieselbe Sünde zurückfällst, kannst du sicher sein, daß dann dieselben Dämonen wieder zurückkommen werden, jeder einzelne mit noch sieben, die stärker sind als er selbst.

Es ist nicht notwendig, die Namen der einzelnen Dämonen zu wissen. Ein einziger Dämon kann tausend verschiedene Namen annehmen. Satan hat so viele Dämonen in seinem Reich, daß es unmöglich ist, sie alle aufzuführen. Wir brauchen ihre Namen nicht wissen. Der HERR kennt alle, und außerdem ist es ja im Grunde genommen der HERR, der sie alle hinauswirft, nicht wir. Ich finde es nützlicher, die Dämonen nach Bereiche (wie weiter unten angegeben) und Einfallstore, die ihnen zuallererst den Zutritt ermöglicht haben, einzuordnen. So sagte Jane, die eine Abtreibung hatte vornehmen lassen, beispielsweise in ihrem Fall:

> "Ihr Dämonen, die ihr durch die Abtreibung, die ich machen ließ, in mich hineingekommen seid, ich habe diese Sünde meinem himmlischen Vater bekannt und Seine Verheißung durch das kostbare Blut Jesu Christi, meines HERRN, dafür empfangen. Sie ist nun für immer von mir abgewaschen. Ihr habt kein Anrecht, nun noch länger in mir zu sein. Ich befehle euch jetzt im Namen Jesu Christi, mich sofort zu verlassen!"

Jane brauchte nicht die einzelnen Namen der Dämonen zu kennen, die durch die Abtreibung in sie gelangt waren, der HERR kannte ihre Namen. Jane mußte ihnen nur befehlen zu gehen. Der HERR tat das übrige.

Es ist meistens auch nicht notwendig, jeden Dämon für sich auszutreiben. Der Dämon Legion kann zum Beispiel bis zu 4000 untergeordnete Dämonen haben. Wenn du versuchen würdest, jeden einzelnen untergeordneten Dämon auszutreiben, würdest du damit ja gar nicht fertig werden. In der Bibel hat Jesus sie alle auf einmal ausgetrieben. Wir folgen einfach Seinem Beispiel.

Seelsorge vor der Befreiung

Wenn du anderen dabei hilfst, Dämonen auszutreiben, mußt du zuerst herausfinden, was für eine Beziehung diese Personen zum HERRN haben. Das ist die allerwichtigste Frage. Wenn sie dem HERRN nicht wirklich hingegeben sind, tust du ihnen keinen Gefallen damit, die Dämonen hinauszuwerfen, weil sie dann nämlich siebenmal stärker zurückkehren werden. Auch wenn sie in bewußter Sünde leben, haben die Dämonen das Recht zu bleiben, und es wird dir nicht gelingen sie auszutreiben.

> [Jesus sagt:] "Wenn ich aber durch den Geist Gottes die Dämonen austreibe, so ist also das Reich Gottes zu euch gekommen.

Oder wie kann jemand in das Haus des Starken eindringen und seinen Hausrat rauben, wenn er nicht zuvor den Starken bindet? Und dann wird er sein Haus berauben." Matthäus 12:28-29

[Jesus sagt:] "Wenn aber der unreine Geist von dem Menschen ausgefahren ist, so durchwandert er dürre Orte, sucht Ruhe und findet sie nicht. Dann spricht er: Ich will in mein Haus zurückkehren, von dem ich ausgegangen bin; und wenn er kommt, findet er es leer, gekehrt und geschmückt. Dann geht er hin und nimmt sieben andere Geister mit sich, schlimmer als er selbst, und sie gehen hinein und wohnen dort; und das Ende jenes Menschen wird schlimmer als der Anfang. So wird es auch diesem bösen Geschlecht ergehen." Matthäus 12:43-45

Aus diesen zwei Schriftstellen sehen wir, daß sich ein Dämon, nachdem er ausgetrieben worden ist, aufmachen und sieben stärkere Dämonen als er selbst holen wird, um wieder zurückzukehren. Wenn das Haus sauber ausgekehrt ist, aber nicht von einem "Starken" bewacht wird, bei einem Christen ist das der Heilige Geist, dann können die Dämonen ohne weiteres zurückkommen. Die erste Bibelstelle zeigt uns, daß die Dämonen zuerst den Starken überwinden müssen, um ins Haus zu gelangen. Wenn wir Dämonen aus einem Nichtchristen oder einem nicht hingegebenen Christen, der in bewußter Sünde lebt, austreiben, dann kommen die Dämonen ungehindert zurück. Es ist die Aufgabe von demjenigen, der die Befreiung vornimmt, ganz sicher zu sein, welche Beziehung die Person, die die Befreiung sucht, zum HERRN hat. Das Beispiel von Chris aus Kapitel 9 zeigt, was mit jemandem nach der Befreiung geschieht, wenn er kein Christ ist. Es wird auch viel Zeit verschwendet bei dem Versuch, eine Person zu befreien, die durch bewußte Sünde den Dämonen legales Anrecht zum Bleiben gibt. Jeder, der in bewußter Sünde lebt, wird die Dämonen nach der Befreiung nicht draußen behalten können. Du mußt sicher sein, daß sie die Notwendigkeit verstanden haben, Sünde aus ihrem Leben zu entfernen. In einigen Fällen, wie z.B. bei Homosexualität, liegt der Schlüssel zur Hilfe für die Person, damit sie aufhört zu sündigen, in der Befreiung. Dämonen, die ein sexuell perverses Verhalten verursachen, sind häufig so stark, daß die Person nicht in der Lage sein wird, sich ihnen entgegenzustellen, solange die Dämonen noch in ihr sind. Doch auch wenn die Dämonen dann ausgetrieben worden sind, wird die Person immer noch eine Schlacht zu schlagen haben. Sie darf sich keine Ausreden suchen. Sie muß fest stehenbleiben.

Mach' dich auf die Suche nach Einfallstoren

Ein weiterer wichtiger Bereich, den es in der Seelsorge vor der Befreiung zu erforschen gilt, ist herauszufinden, wie die Dämonen überhaupt hereingekommen sind. Eine wirklich bußbereite Person wird nicht versuchen, Sünde zu verstecken. Viele Leute tun es dennoch, besonders die, die im Okkultismus verstrickt gewesen waren. Nur sehr selten werden sie bereit sein, zu erzählen, wie tief sie wirklich verstrickt gewesen waren. Gib acht, denn hast du nicht wirklich ein klares Bild von dem, woran sie überall beteiligt waren, wirst du sehr wahrscheinlich nicht alle Dämonen austreiben können. Die Dämonen, die dann noch zurückbleiben, werden all den anderen und noch mehreren Dämonen dazu die Tür offenhalten, wieder zurückzukommen. Das Resultat davon ist Entmutigung und Qualen für den Betroffenen.

Die Einfallstore, durch die die Dämonen hereingekommen sind, sind oft schwer zu finden. Manchmal haben die Einfallstore einen so überraschenden Ursprung, daß die Leute es selbst nicht erkennen. Ich möchte euch das am Beispiel von Lydia (ihr Name wurde geändert) zeigen.

Lydia, eine 60jährige Dame, kam zu mir mit der Überzeugung, sie habe ganz bestimmt Dämonen. Schon als kleines Kind wurde sie Christ und hatte so dem HERRN ihr ganzes Leben lang gedient. Bibellesen und Gebet war die Freude ihres Lebens, bis zu einer Zeit, die bei unserer Begegnung sieben Jahre zurücklag.

Sie erzählte mir, daß sie immer größere Schwierigkeiten bekommen hätte, die Bibel zu lesen, bis sie sie schließlich seit dem letzten Jahr überhaupt nicht mehr lesen könnte. (Das ist ein ziemlich typisches Zeichen für den Befall von Dämonen). Ich fragte sie, was ihr konkret beim Lesen Schwierigkeiten bereiten würde.

"Jedesmal wenn ich meine Bibel öffne, fange ich an, kreisende Lichtzirkel in meinem peripheren Sehvermögen zu sehen. Sobald ich dann meine Augen auf die Worte richte, kommen diese Lichter, um mein Sehvermögen zu stören, so daß ich die Worte nicht sehen kann. Jedes andere Buch kann ich ohne weiteres lesen. Ich habe wiederholt die Dämonen zurückgewiesen, die diese Lichter verursachen und ihnen geboten, im Namen Jesu gebunden zu sein und mich zu verlassen, aber ich hatte keinen Erfolg damit, sie blieben einfach. Ich habe über dem Problem gebetet und gefastet, aber es wird nicht besser, sondern eher schlimmer."

Wenn jemand wiederholt Dämonen im Namen Jesu zurückweist ohne erkennbaren Erfolg, dann haben die Dämonen meistens noch irgendwo in seinem Leben ein legales Anrecht, das sie zum Bleiben berechtigt. Das gab ich auch Lydia zur Antwort, und wir versuchten nun, dieses legale Anrecht herauszufinden.

Schließlich nach fast einstündiger Befragung, wurden wir beide immer frustrierter. Ich unterbrach das Gespräch und bat den HERRN erneut, uns Weisheit in dieser Angelegenheit zu schenken. Als ich gebetet hatte, veranlaßte mich der Heilige Geist, Lydia zu fragen, ob die Lichter sie an etwas erinnern würden, das sie vorher schon einmal gesehen hatte.

"Ja, warum fragst du? Sie sehen genau wie das UFO aus!"

"Welches UFO?"

"Nun, vor ca. sieben Jahren lebte ich an der Ostküste in einem Gebiet, wo eine ganze Anzahl UFOs gesichtet worden waren. Das faszinierte mich, und ich äußerte öfters, wie gerne ich selbst eines sehen würde. Dann eines Abends, als ich die Landstraße heimfuhr, sah ich ein seltsames Licht, ein ganzes Stück oberhalb der Felder. Zuerst dachte ich mir nicht viel dabei, bis es sich immer näher zur Landstraße hin bewegte. Ich erkannte dann, daß es sich um kein Flugzeug oder sonst etwas handelte, das ich schon einmal gesehen hatte. Es schien ungefähr 15 m über dem Boden zu schweben, hatte ein rundes Aussehen, und um es herum bewegten sich ständig kreisende Lichter."

"Dann bemerkte ich, daß es genauso aussah wie nach den Beschreibungen der UFOs, die in dem Gebiet gesehen worden waren. Als es sich der Straße näherte, setzte ich meinen Fuß auf die Bremse, um das Auto anzuhalten, ich war völlig fasziniert davon. Die anderen Autos hielten auch alle an. In dem Moment sprach der Heilige Geist zu mir und sagte, 'Halte nicht an, es wird dir schaden.' Aber ich war zu fasziniert, um wirklich auf Ihn zu hören. Ich hielt trotzdem an."

"Während ich abbremste, erkannte ich, daß ich dem HERRN ungehorsam war und versuchte, mein Auto wieder in Gang zu bringen. Als ich an Geschwindigkeit gewann, bewegte sich das UFO vor mir her über der Landstraße in gleicher Geschwindigkeit wie ich. Ich drückte aufs Gaspedal und versuchte schneller zu fahren, aber der Motor stotterte und hielt mich daher immer auf gleicher Geschwindigkeit. Dann sprach mein dummer Geist mit diesem Ding und sagte, 'Sag mir doch, wer du bist und was du hier tust?'"

"Zu meinem großen Erstaunen antwortete mir das UFO durch Telepathie, ich nehme an, es sprach zu meinem Geist. Es erzählte mir, sie wären Besucher von einem anderen Planeten und wären gekommen, um zu sehen, wie wir lebten. Ich hatte eine richtige Unterhaltung mit ihnen. Schließlich fragte ich sie, ob sie Jesus anbeteten und ihnen auf ihrem Planet dienen würden, so wie wir es hier auf der Erde täten. An diesem Punkt wollten sie sich dann nicht festlegen, sie sagten, 'Nun, wir haben die Wahl, wem wir dienen wollen!'"

"Aber wie könnt ihr die Wahl haben, wenn doch Jesus Gott ist, und das ganze Universum einschließlich euch geschaffen hat?"

"Daraufhin gaben sie mir keine Antwort mehr und hoben ab in den Himmel und verschwanden plötzlich. Seitdem habe ich das UFO noch einmal gesehen, doch als es da dann zu mir sprach, gebot ich ihm im Namen Jesu zu gehen, und es ging augenblicklich."

Das war das Einfallstor. Ich habe UFOs schon immer für dämonische Phänomene gehalten, ganz besonders unter dem Gesichtspunkt, daß die New Age Bewegung und andere heidnische Religionen ihnen so viel Bedeutung beimessen. Das war eine interessante Bestätigung. Außerdem hatte Lydia, ohne es zu dem Zeitpunkt zu erkennen, die Geister geprüft, als sie sie über Jesus ausfragte. Sie fielen bei der Prüfung durch! Lydia war dem HERRN zum einen darin ungehorsam gewesen, daß sie angehalten hatte, zum anderen, daß sie mit diesen Wesen eine Verbindung hergestellt hatte. Das Ergebnis war ein Befall durch Dämonen. Sie bat den HERRN im Gebet um Vergebung. Dann befahl sie jedem Dämon, der durch dieses Einfallstor in sie hineingelangt war, zu gehen. Sie bat den HERRN auch zwischen ihrer Seele und ihrem Geist gemäß Hebräer 4:12 zu scheiden, so daß sie mit der geistlichen Welt nicht länger in Kontakt treten könnte, es sei denn durch den Heiligen Geist. Sofort danach forderte ich sie auf, eine Bibel zur Hand zu nehmen. Lydia war außer sich vor Freude, weil sie plötzlich Gottes Wort wieder ohne Schwierigkeiten lesen konnte. Das war sehr aufschlußreich. Sei beharrlich! Oftmals weiß die Person, die Befreiung sucht, nicht, wie die Dämonen überhaupt hereingekommen sind. Wenn du es schließlich herausgefunden hast, kannst du den Dämonen viel leichter gebieten zu gehen. Oft wirst du Sünde aufdecken, die bekannt und von der Person in Ordnung gebracht werden muß.

Passivität

Ferner ist es wichtig, herauszufinden, wie passiv sich eine Person verhält. Leute, die im Okkultismus verstrickt sind und vor allem Probleme mit Depressionen und Selbstmordgedanken haben, sind normalerweise sehr faul und passiv in ihrem Denken. Die Hauptursache für Depressionen ist ein passiver Sinn. Leute aus okkulten Kreisen (die New Age Bewegung mit eingeschlossen) sind daran gewöhnt, ihren Verstand zu entleeren und haben dadurch Dämonen die Herrschaft über ihren gesamten Verstand und Körper gegeben. Diesen Leuten muß, noch bevor eine Befreiung erfolgreich sein kann, sorgfältig beigebracht werden, wie sie die Herrschaft über ihre Gedanken wieder zurückgewinnen können, um fähig zu sein, die Dämonen auch nach der Befreiung draußen zu halten. Passivität ist ein echtes Hindernis, um Dämonen nach der Befreiung fern zu halten.

Ich habe es auch als sehr hilfreich empfunden, den Personen einfach Fragen zu stellen, um herauszufinden, wieviel Herrschaft die Dämonen bereits über sie haben. Im Laufe der Jahre hat mir der HERR immer wieder gezeigt, je weniger passiv sich eine Person bei ihrer Befreiung verhält, um so wahrscheinlicher bleibt sie auch nach der Befreiung frei von Dämonen.

Oft wollen die Leute passiv bleiben und dich die ganze Arbeit machen lassen. Das ist sehr ermüdend für denjenigen, der den Befreiungsdienst tut und zudem ist die Person, die befreit wird, meistens auch nicht in der Lage, die Dämonen anschließend draußen zu halten. In einem späteren Abschnitt werde ich einige Möglichkeiten, wie man zum Zeitpunkt der Befreiung mit Passivität umzugehen hat, noch genauer besprechen.

Die Kontrolle über den menschlichen Geist

Ein weiterer, oft übersehener Bereich ist der menschliche Geist. Ich denke, dies ist der häufigste Problempunkt, dem ich begegnet bin. Die Bibelstelle, die etwas früher in diesem Kapitel aus 2. Korinther 7:1 zitiert wurde, sagt klar aus, daß unser Geist gereinigt werden muß. Es ist eine sehr große Hilfe, herauszufinden, wie groß das Ausmaß der Kontrolle ist, die eine Person über ihren Geistleib erlangt hat, bzw. wie groß das Ausmaß der Kontrolle ist, die jemand anders über den Geist dieser Person erlangt hat. Die Beispiele aus Kapitel 16 gehören mit hierher.

Lehre und Unterweisung

Ich betrachte die Seelsorge vor der Befreiung als einen sehr wichtigen Teil der Befreiung. Sie sollte auch eine sehr intensive Zeit der Unterweisung sein. Wenn du der Person nicht beibringst, wie sie Autorität über Dämonen nehmen und diese selbst zurückweisen kann, dann wird sie sie auch anschließend nicht abweisen können. Du mußt ihr auch beibringen, dämonische Angriffe zu erkennen. Oft war eine Person mehr als einmal bei mir in Seelsorge, bevor wir den Dämonen dann tatsächlich geboten haben zu gehen. Nichts entmutigt mehr, als wenn alle Dämonen wieder zurückkehren.

Schließlich kann ich die Notwendigkeit gar nicht genug betonen, den HERRN wegen jeder Person speziell zu befragen, bevor du mit der Befreiung beginnst. Wenn wir uns in eine Schlacht hineinbegeben, ohne einen konkreten Befehl von unserem Feldherren, Jesus, zu haben, begeben wir uns nur in Schwierigkeiten.

Die Befreiung

Der HERR geht nie routinemäßig oder nach bestimmten Schemata vor. Jede Person ist ein einzigartiges Individuum, und so behandelt der HERR uns auch dann. Eine Befreiung wird nicht wie die andere sein. Wenn es so wäre, würden wir sehr schnell dahin kommen, uns mehr auf ein Schema zu verlassen, als auf den HERRN. Je mehr ich an Befreiungen mitwirke, um so mehr empfinde ich mich als einen Zuschauer. Ich bin nur ein Knecht. Es ist der HERR und Seine Macht, die mit den Dämonen fertig wird. Ich bin völlig unfähig, irgendetwas selbst zu tun. Ich kann nur das tun, was mir der HERR zeigt.

> "Da antwortete Jesus und sprach zu ihnen: Wahrlich, wahrlich, ich sage euch: Der Sohn kann nichts von sich selbst tun, außer was er den Vater tun sieht; denn was der tut, das tut ebenso auch der Sohn." Johannes 5:19

Jesus hat uns ein Vorbild gegeben. Wir tun **nur** das, was uns unser himmlischer Vater aufträgt. Wir **können** die Macht und Autorität im Namen Jesu **nicht** gebrauchen wie **wir** wollen, sondern nur wie es uns unser Vater zeigt. Wenn wir dieses Prinzip je vergessen sollten, werden wir ganz sicher in die Irre gehen.

Ich will euch ein Beispiel geben. Vor ein paar Jahren wurden Elaine und ich gebeten, einem Freund dabei zu helfen, eine Frau frei zu setzen, die jahrelang eine Hexe gewesen war. Wir beteten und erhielten die Bestätigung, daß wir hingehen sollten, um zu helfen. Als wir ankamen und mit der Frau gesprochen hatten, fing unser Freund als erster an zu beten. Dann sah er mich an und fragte mich, wie wir weitermachen sollten. Ich erklärte ihm, daß ich es nicht wüßte, da ich noch keine Offenbarung vom Heiligen Geist erhalten hätte. Wir mußten eine ganze Stunde warten, bis der HERR uns Offenbarung gab! Die anderen wurden schon ganz unruhig, aber wir konnten ohne die Offenbarung des HERRN nicht weitermachen. Nachher erkannte ich, daß der HERR uns geprüft hatte. Es ist wohl unnötig zu sagen, daß es ganz schön schwierig war, so zu warten, da die anderen von uns erwarteten, ihnen zu offenbaren, wie es weitergehen sollte. Sie hatten nicht erwartet, einfach so dazusitzen, um mit uns auf den HERRN zu warten! Aber als Ergebnis unseres Gehorsams zeigte uns der Heilige Geist die entscheidenden Punkte, die wir brauchten, um all die Dämonen erfolgreich auszutreiben. Unser Freund hatte mit anderen zusammen bereits dreimal versucht, diese Person zu befreien. Jedesmal mißlang es. Wir **müssen** in jedem Fall auf die Offenbarung des HERRN warten!

Deshalb kann ich euch auch nicht eine Menge genauer Angaben geben, sondern nur eine schriftgemäße Richtlinie aufzeigen. Du mußt dich in jedem einzelnen Fall direkt auf den Heiligen Geist verlassen.

Die Wahl des Ortes für die Befreiung

Dies ist ein Punkt, dem häufig zu wenig Bedeutung beigemessen wird. Sei dir erst einmal sicher, daß du auf heiligem Grund kämpfst. Sei dir auch klar darüber, mit wem du kämpfst. Jeder Soldat weiß, daß er in schreckliche Schwierigkeiten gerät, wenn er in den Kampf zieht und dabei den Feind im Rücken hat.

Wenn du einen Dämon austreibst, dann vergewissere dich vorher, daß das Zuhause, die Gemeinde oder die sonstigen Räumlichkeiten sauber und dem HERRN hingegeben sind. Wenn du zu ihnen nach Hause gehst, geh unbedingt zuerst durch das Haus, um dir sicher zu sein, daß du nicht mitten in einem von Dämonen besetzten Haus kämpfst. Ich habe eine ganze Anzahl von Katastrophen erlebt, weil dieser Punkt übersehen wurde.

Wenn du unbedingt zu jemandem nach Hause gehen mußt, halte auch die Haustüre im Auge. Ich kenne einen Pastor, der mit einem anderen Christen ins Haus einer Frau ging, die in Hexerei verstrickt war. Sie war in einen Kampf mit einer anderen Hexe geraten und war dabei, diesen Kampf zu verlieren. Sie war Mitte fünfzig und hatte heftige Brustschmerzen und Atembeschwerden. Der Pastor und sein Begleiter schätzten die Situation als einen Notfall ein und kamen darin überein, zu ihr nach Hause zu gehen.

Als sie ankamen, fanden sie die Frau in einem schlimmen Zustand vor. Als sie anfingen die Dämonen zurückzuweisen und zu binden, griff ihr kleiner Hund sie plötzlich unglaublich aggressiv an und biß sehr heftig zu. Sie hatten vergessen zuvor den Hund zu reinigen bzw. ihn aus dem Zimmer zu entfernen. Fast alle Menschen, die in der Hexerei oder dem Okkultismus verstrickt sind, haben Dämonen in ihre Haustiere gesandt. Diese Dämonen bewegen das Tier, jeden anzugreifen, der versucht, ihren Eigentümer zu verletzen oder Dämonen aus ihm auszutreiben.

Die Befreiung sollte immer in einer möglichst gut kontrollierten Situation abgehalten werden. Vergewissere dich auch über die Beziehung, die derjenige, der dir bei der Befreiung hilft, mit dem HERRN hat. Es kommt immer wieder vor, daß eine Befreiung deshalb fehl schlägt, weil eingeschleuste Satanisten anwesend sind, die sich als Christen ausgeben. Während der Christ versucht, mit den Dämonen in einer Person fertig zu werden, bombardiert sie der Satanist von hinten mit Dämonen und versucht so, die Befreiung zu verhindern. Solche Situationen enden meistens katastrophal.

Allgemeines Vorgehen

Wie ich schon erwähnt habe, kann dir nur der HERR zeigen, wie du im Einzelfall vorgehen sollst. Der Heilige Geist wirkt jedesmal so unterschiedlich, daß du keine Gelegenheit haben wirst, mehr von einem bestimmten Schema abhängig zu werden, als vom HERRN selbst. Das zeigt auch das Beispiel einer erst kürzlich geschehenen Befreiung aus meiner eigenen Erfahrung.

Janice (ihr Name wurde geändert) war mehr als acht Jahre von Dämonen gequält worden. Als Kind war sie sexuell mißbraucht worden, als Teenager kam sie mit dem Okkultismus in Berührung, und später wurde sie von ihrem Mann brutal geschlagen und mißhandelt. Acht Jahre bevor ich sie traf, nahm sie Jesus als ihren HERRN und Erlöser an, woraufhin ihr Mann sie verließ. Sie dachte, nun wären ihre Schwierigkeiten vorbei, aber im Gegenteil, sie fingen erst richtig an.

Sobald sie den HERRN angenommen hatte, begannen die Dämonen, sie zu quälen. Acht Jahre lang suchte sie nach Befreiung. Sie ertrug viele Befreiungssitzungen und viele Schuldgefühle, weil keine von ihnen erfolgreich war. Immer wieder wurde ihr vorgeworfen, daß sie wohl eine unbekannte Sünde in ihrem Leben hätte, so daß die Dämonen sie nicht verlassen müßten. Das ist zwar oft der Fall, aber manchmal liegt das Problem auch mehr an dem Leben der Befreiungshelfer als an dem Leben der Person, die Befreiung sucht. Elaine und ich waren mit Janice viele Monate lang in Kontakt, bevor der HERR uns die Erlaubnis gab, ihr zu helfen. Als es soweit war, luden wir Janice und die ältere christliche Dame, bei der sie wohnte, zu uns ein, um ein Wochenende mit uns zu verbringen. In dieser Woche suchte ich den HERRN ernsthaft im Gebet, um zu erfahren, wie wir vorgehen sollten. Am Tag von Janices Ankunft sprach der HERR schließlich zu mir, daß wir gar nichts tun sollten, außer Gemeinschaft miteinander haben und Seinen Namen erheben. **Er** würde sich still und sanft um die Dämonen kümmern.

Janice kam in einem sehr verängstigten Zustand an. Der Gedanke, ob ihr wohl eine weitere traumatische Sitzung bevorstand, quälte sie. Sie war außer sich vor Freude, als ich ihr erzählte, was der HERR zu mir gesprochen hatte. Wir erfüllten den Befehl des HERRN, und Er hielt Sein Versprechen. Jedesmal wenn Janice in der Früh aufwachte, fühlte sie sich leichter. Am letzten Tag ihres Wochenendaufenthalts war sie völlig frei von allen Dämonen. Der HERR ist so gnädig. Er wußte, Janice hätte eine weitere traumatische Sitzung nicht ausgehalten. Unser HERR ist so liebevoll und freundlich!

Mir liegt sehr viel daran, die Wichtigkeit des intensiven Gebets und der Offenbarung durch den HERRN vor jedem Befreiungsversuch mit allem Nachdruck zu betonen. Eine Sache sollte auf jeden Fall geschehen: Beginne jede Befreiung mit einem Gebet. Laß dann die Person, die die Befreiung wünscht, mit ihren eigenen Worten eine definitive Aussage machen, wem sie dient, sofern sie es nicht schon getan hat. Laß sie den "Jesus", dem sie gemäß der Bibel dient, beschreiben, und laß sie alles, was sie von Satan empfangen hat, widerrufen und ablehnen.

Die natürliche Umgebung des Zimmers sollte behaglich sein. Gewöhnlich bitte ich Frauen, eine bequeme Hose oder einen Hosenrock anzuziehen, um unangenehme Situationen zu vermeiden. Es ist am besten, wenn jeder der Anwesenden auf einem Stuhl sitzt, das hilft nicht nur, wach zu bleiben, sondern ermöglicht auch, sich freier zu bewegen. Ich habe herausgefunden, daß es **nicht** notwendig ist, viel körperlichen Kontakt zu haben, um etwa die Person festzuhalten. Du sollst die Dämonen beherrschen, indem du sie bindest. Fordere auch die Person, die befreit wird, auf, die Dämonen zu beherrschen. Wenn sie dazu nicht in der Lage ist, wird sie sie wahrscheinlich auch anschließend nicht draußen behalten können.

Oft regt der körperliche Kontakt die Dämonen auf und hat zur Folge, daß sie sich unnötigerweise zeigen, und manchmal öffnet auch so ein Kontakt ein Einfallstor für Gedanken der Lust. Es sollte **kein** körperlicher Kontakt zwischen Personen verschiedenen Geschlechts bestehen, außer bei der Salbung mit Öl. Denke daran, die Dämonen werden alles ausnutzen, was sie nur können. Lustgedanken und sogar die Einbildung einer verkehrten Berührung werden ohne weiteres von Dämonen hervorgerufen. Wir müssen alles nur mögliche tun, um diesem Problem vorzubeugen.

Ich rate dringendst, daß sich mit sexuellen Dämonen oder mit solchen, die durch ein sexuelles Einfallstor in die Person gelangt sind, **nur** Personen des gleichen Geschlechts befassen. Diejenigen des anderen Geschlechts sollten während dieser Zeit den Raum verlassen. Das verhütet nicht nur Probleme, sondern schützt auch die Person, die befreit wird, vor großer Verlegenheit. Denk daran, die Bibel sagt uns, daß die Liebe alles zudeckt (engl. schützt, 1. Korinther 13:7).

In Fällen, wo du dich mit einer großen Anzahl Dämonen befassen mußt, und die Reinigung voraussichtlich mehrere Stunden dauert, unterbrich unbedingt für kurze Pausen. Vergiß nicht, daß du es mit einem Menschen zu tun hast. Ihr Körper steht unter einer hohen Belastung, sie brauchen zusätzliche Flüssigkeit und ab und zu Ruhe und Entspannung. Bitte einfach den HERRN, die Dämonen während der Pausen zu binden. Er hat immer Verständnis für unsere menschliche Schwäche. Er verlangt nicht von uns, in diesen Situationen stundenlang ohne eine Pause zu arbeiten. Du mußt dir immer wieder vor Augen stellen, was mit dem **Menschen** geschieht, aus dem du die Dämonen austreibst. Ich habe Leute aufgrund purer Nachlässigkeit bei der Befreiung durch gedankenlose Christen regelrecht ins Krankenhaus einweisen müssen. Vergiß es auf gar keinen Fall, diese Dämonen werden alles unternehmen, was sie können, um den Körper der Person von innen zu zerreißen und zu verletzen, mit dem Ziel, die Person zu töten, bevor sie ausgetrieben werden können. Du mußt den HERRN bitten, dich wachsam zu machen, damit du erkennst, was sich im Inneren der Person abspielt. Bevor ich eine Befreiung beginne, versuche ich immer, einen möglichst genauen Eindruck von dem zu bekommen, was mir bevorsteht. Es ist am besten, genug Zeit anzusetzen, um die Aufgabe vollständig zu Ende zu bringen. Wenn die Dämonen nicht auf einmal entfernt werden, werden die restlichen die anderen zurückholen, und der Person wird es schlechter gehen als zu Beginn. Das ist dann sehr entmutigend.

Manchmal verursachen die Dämonen einen Zustand der Bewußtlosigkeit in der Person, die befreit wird, sogar soweit, daß sich deren Atmung und Herzschlag verlangsamt. Ich habe festgestellt, daß es dann die wirkungsvollste Methode ist, laut aus der Bibel vorzulesen. Bete aber zuerst zum HERRN, daß Er den Dämon jedes Wort hören läßt. Gewöhnlich lese ich aus der Offenbarung und beginne mit Kapitel 18. Die Dämonen hassen diese Schriftstelle! Hat die Person dann das Bewußtsein wieder erlangt, mußt du ihr beibringen, den Dämon zurückzuweisen und sich zu weigern, die Bewußtlosigkeit anzunehmen. Solange ein Dämon eine Person bewußtlos schlagen kann, ist die Person noch viel zu passiv, um nach der Befreiung rein zu bleiben. Du mußt ihr beibringen, den Heiligen Geist zu bitten, sie wachsam zu machen, um rechtzeitig zu erkennen, wann der Dämon versucht, sie bewußtlos zu schlagen und dann sofort zu widerstehen. Es bedeutet harte Arbeit, und häufig will die beteiligte Person diese Anstrengung nicht auf sich nehmen. Sie muß jedoch verstehen, daß sie nicht gereinigt werden oder rein bleiben kann, wenn sie nicht bereit ist, ihre Gedanken zu beherrschen.

Wir müssen in allem dem Beispiel unseres HERRN folgen, auch darin, wie Er mit Dämonen umgegangen ist. Überall in den Evangelien fragen Dämonen Jesus viele Male, ob Er vor der Zeit gekommen sei, sie zu quälen. Seine Antwort war immer "Nein". Wir sollten Seinem Beispiel folgen. Viele Leute befehlen Engeln, die Dämonen zu peinigen und zu quälen, damit sie die Person schneller verlassen. Für diese Praktik kann ich keine schriftgemäße Grundlage finden, und ich setze ein ernsthaftes Fragezeichen dahinter, ob Engel solchen Befehlen überhaupt Folge leisten. Viele Leute gebieten den Dämonen auch, in die "Grube" oder Hölle zu gehen. Im Hebräerbrief heißt es, daß wir in Zukunft Engel richten werden, aber solche Rechtssprechung scheint uns nicht zuzustehen, solange wir noch in unserem sündigen Körper stecken. Bei einer Gelegenheit habe ich einem ganz besonders rebellischen Dämon gesagt, ich würde den HERRN bitten, ihn vor der Zeit in die Hölle zu werfen. Aber letztlich ist es die Entscheidung des HERRN, was mit dem Dämon geschehen wird.

Du mußt dir immer bewußt machen, daß es in Satans Reich **keine** Treue gibt. Es gibt ständig Kämpfe unter den Dämonen, da jeder versucht, eine höhere Machtposition über den anderen zu erreichen. Es gibt keine Liebe unter den Dämonen, sondern nur Haß, Neid und Streit. Manchmal bringt das interessante Probleme mit sich.

Ich arbeitete mit einer Gruppe zusammen, die mit der Befreiung einer jungen Frau, die sehr tief in den Okkultismus verstrickt gewesen war, zu tun hatten. Mehrere Stunden waren sie mit der Befreiung dieser jungen Frau beschäftigt. Schließlich spürten alle, daß sie es mit dem letzten Dämon zu tun hatten, der sich aber über eine Stunde einfach weigerte zu gehen. Er erklärte ihnen immer wieder, er könnte nicht gehen, solange sie ihm nicht die Tür öffnen würden. Sie telefonierten mit mir und baten mich um Rat.

Wie sie spürte ich, daß der Dämon log. Vor allem auch deshalb, weil sie vor Beginn der Befreiung den Raum gesalbt und versiegelt hatten, um jede Unterbrechung von außen zu verhindern. Wir hatten alle den Eindruck, der Dämon wollte uns nur die Tür öffnen lassen, um andere Dämonen in den Raum hereinzulassen. Durch die kurzen Einblicke, die mir Gott in die Gesetzmäßigkeiten von Satans Reich gegeben hatte, zweifelte ich nicht daran, daß es sich um einen schwächeren Dämon handelte, der von den anderen Dämonen mit allerlei Qualen bedroht wurde, falls er das Mädchen verlassen würde. So schlug ich den Leuten vor, laut zu Gott zu beten, damit Er, **wenn** es Sein Wille wäre, dem Dämon ein sicheres Passieren aus dem Gebiet gewährte, so daß die anderen ihn nicht quälen könnten. Bitte beachte, wir haben die Entscheidung in die Hände des HERRN gelegt, weil nur Er letztlich die Lüge des Dämons durchschauen kann. Sie befolgten meinen Vorschlag, worauf der Dämon sofort ging. Häufig mußt du die Entscheidung, was mit den Dämonen geschieht, dem HERRN überlassen, weil Er die ganze Situation sieht, und wir nicht.

Dämonen werden in der Gegenwart von Lobpreis zusehends schwächer. Das Singen von Lobpreisliedern und das Erheben von Lob-

und Dankgebeten ist oft eine große Hilfe, um die Dämonen zu schwächen. Vergiß auch nicht die Macht, die in Gottes Wort steckt. Lese und zitiere laut aus der Bibel. Das 18. Kapitel aus dem Buch der Offenbarung über den Fall Babylons und die letzten zwei Kapitel aus dem Buch der Offenbarung über den neuen Himmel und die neue Erde sind zwei Bibelpassagen, die Dämonen nicht ausstehen können. Oft brauchst du einfach nur Gottes Wort laut vorzulesen, um Kontrolle über die Dämonen zu erhalten. Häufig lasse ich die Leute, die die Befreiung suchen, selbst vorlesen. Das Gebet, der Lobpreis und Gottes Wort sind wunderbare Waffen.

Fasten

Viele Leute möchten wissen, ob man vor einer Befreiung fasten soll und beziehen sich dabei auf folgende Bibelstelle.

"Da traten die Jünger für sich allein zu Jesus und sprachen: Warum haben wir ihn nicht austreiben können? Er aber spricht zu ihnen: Wegen eures Kleinglaubens; denn wahrlich, ich sage euch, wenn ihr Glauben habt wie ein Senfkorn, so werdet ihr zu diesem Berg sagen: Hebe dich weg von hier dorthin! Und er wird sich hinwegheben. Und nichts wird euch unmöglich sein. **Diese Art aber fährt nicht aus außer durch Gebet und Fasten.**"
Matthäus 17:19-21

Die Vorbereitung für eine Befreiung durch Gebet und Fasten ist sowohl für den Befreiungshelfer als auch für den, der befreit wird, sehr wichtig. Dennoch empfehle ich, nicht am Tag vorher oder am Tag der Befreiung zu fasten. Die Befreiungshelfer und die Person, die befreit werden soll, brauchen sowohl körperliche als auch geistliche Kraft. Ich empfehle daher eine erhöhte Eiweißzufuhr 24 bis 48 Stunden vor der Befreiung. Wir müssen für regelmäßiges Gebet und Fasten ständig bereit sein, so wie der HERR uns in unserem täglichen Leben führt, nicht nur vor bestimmten Ereignissen, wie zum Beispiel vor einer Befreiung.

Passivität

Als ich nach Elaines Befreiung mit vielen Menschen zusammenarbeitete, machte mir der HERR klar, wie notwendig es ist, gegen die Passivität der Leute, denen ich helfen sollte, anzugehen. Die meisten haben den natürlichen Wunsch, passiv zu bleiben und **dich** alle ihre Probleme lösen zu lassen. Es ist sehr leicht, in diese Falle zu geraten.

In den vergangenen Jahren habe ich nur sehr selten einem Dämon geboten, aus jemanden herauszukommen. Statt dessen habe ich sie gelehrt, wie sie selbst den Dämonen gebieten können, sie zu verlassen. Ich und diejenigen, mit denen ich zusammenarbeitete, sind eher "Trainer" und Unterstützer als sonst etwas anderes gewesen. Ich habe herausgefunden, daß Leute, denen ich beigebracht habe, die Dämonen selber herauszuwerfen, sich später viel leichter getan haben, sie auch erfolgreich draußen zu halten. Ich will euch ein paar Beispiele geben.

Martha (ihr Name wurde geändert) ist eine gläubige Frau zwischen vierzig und fünfzig Jahren. Sie nahm Jesus Christus etwa sechs Jahre bevor ich sie traf in ihr Leben auf. Davor war sie Buddhistin gewesen. Ihr Vater war ein mächtiger buddhistischer Priester, der viele dämonische Heilungen bewirkt hatte. Als er starb, bekam Martha sämtliche Dämonen von ihm vererbt. Sobald sie Jesus als ihren HERRN annahm, wurden die Dämonen in ihr wild und versuchten, sie zu töten. Von da ab war ihr Leben eine ständige Qual.

Unter dem Einfluß von Dämonen trank sie Laugen, und als sie das nicht umbrachte, unternahm sie mehrere andere Selbstmordversuche. Sie erzählte mir, sie könne die Bibel nicht lesen, denn jedesmal, wenn sie es versuchte, zerrissen ihre Hände unter dem Einfluß von Dämonen die Bibel und warfen sie durchs Zimmer. Sie und ihr Mann (er wurde zur selben Zeit wie Martha gläubig) hatten im Laufe der Jahre schon viele Bibeln gekauft. Martha hatte eine Reihe von Befreiungsversuchen hinter sich, doch bisher ohne Erfolg.

Als ich den HERRN im Gebet suchte, was der "Schlüssel" für die Lösung von Marthas Fall wäre, zeigte Er mir, daß sie es niemals gelernt hatte, die Macht und Autorität, die ihr im Namen Jesus zur Verfügung steht, aufzunehmen und die Dämonen zu überwinden. Martha und ihr Mann kamen eines Sonntags zu uns nach Hause. Wir beteten zusammen, dann sagte sich Martha von allen Dämonen los. Ich erklärte ihr, daß **sie** die Dämonen in der Macht Jesu Christi hinauswerfen müßte.

Ich gab ihr eine Bibel und trug ihr auf, ab dem Kolosserbrief zu lesen. Als sie laut zu lesen begann, zeigten sich die Dämonen, indem sie die Bibel durch den Raum warfen. Das geschah immer wieder, während ich Martha beibrachte, die Dämonen laut im Namen Jesus zurückzuweisen. Es kostete drei Stunden Training sowie wiederholte Gebete um Weisheit und Kraft vom HERRN, bis Martha erkannte, ab wann die Dämonen die Herrschaft über ihren Körper gewannen. Dann lehrte ich sie, die Dämonen wiederholt zurückzuweisen, bis sie die Kontrolle über sie erhalten hatte. Zuerst konnte sie nicht mehr als ein paar Worte aus der Bibel lesen, ohne innehalten und die Dämonen zurückweisen zu müssen. Sie versuchten ihre Arme, Hände und Füße zu beherrschen. Als sie gelernt hatte, sie in diesem Bereich zu stoppen, versuchten sie, ihre Stimme zu beherrschen. Der Kampf war heftig, doch mit geduldigem Training lernte Martha schließlich, daß sie die Dämonen beherrschen **konnte**.

Als Martha endlich siegreich darin war, ihren Körper und ihre Stimme zu beherrschen, ließ ich sie Offenbarung Kapitel 18 aufschlagen. Ich bat sie, von dort laut bis zum Ende des Buches zu lesen. Jedesmal wenn sie bemerkte, wie ein Dämon ihren Körper, ihren Verstand oder ihre Stimme beherrschen wollte, sollte sie aufhören und ihm gebieten, sofort im Namen Jesu zu gehen. Der Kampf war entbrannt!

Immer wieder versuchten die Dämonen, Martha aufzuhalten, doch sie blieb fest. Als sie das 21. Kapitel der Offenbarung erreicht hatte, wurde ihr Lesen fließender und leichter. Als sie das letzte Kapitel erreichte, waren alle Dämonen gegangen. Wir jubelten und priesen alle den HERRN, als Martha das letzte Kapitel der Offenbarung leicht und flüssig las. Endlich befreit von jeder dämonischen Peinigung.

Die Ursache von Marthas Problemen war Passivität. Sie meinte, die Dämonen nicht beherrschen zu können, weil sie von ihnen bewußtlos geschlagen wurde. Doch mit Training und Gebet, indem wir den Heiligen Geist baten, Martha wachsam zu machen, wann die Dämonen anfingen, sie niederzuschlagen, lernte Martha, ihre Taktiken rechtzeitig zu erkennen und ihnen dann im Namen Jesu Einhalt zu gebieten. In dem Moment, in dem sie das gelernt hatte, mußten die Dämonen gehen!

Viele Leute werden dir erklären, sie könnten die Dämonen nicht beherrschen oder aufhalten, weil sie von ihnen bewußtlos geschlagen werden würden. Das liegt daran, daß sie ihrem Verstand erlaubt haben, passiv zu sein. Der Heilige Geist will ihnen helfen, wieder die Herrschaft über ihren Verstand zu erhalten, so daß sie die Aktivitäten der Dämonen gleich zu Beginn erkennen können. Das ist ein wirklicher Schlüssel, und zwar nicht nur, um die Dämonen einmal hinauszuwerfen, sondern um sie auch bleibend abzuwehren.

Rene ist noch so ein Fall. Rene war ein 16jähriges Mädchen, die an einer satanischen Zeremonie teilgenommen hatte, um einem Club am Gymnasium beizutreten. Sechs Monate später, als einige ihrer Freunde versuchten, sie zum HERRN zu bringen, belästigten die Dämonen sie mit starken Bauchschmerzen. Voller Furcht brachten ihre Freunde sie zu einer Gemeinde, die wir besuchten.

Sie trugen Rene, die schrie und um sich schlug, in die Gemeinde. In der ersten Reihe entglitt sie ihnen, überschlug sich und schrie vor Schmerzen. Der Pastor und einige wenige Gemeindemitglieder dienten Rene gemeinsam mit mir. Die Studenten gaben uns einen kurzen Bericht und erzählten, daß Rene bereits seit mehreren Stunden vor Schmerzen schrie. Sie erzählten weiter, daß sie Jesus an diesem Morgen als ihren HERRN angenommen hätte.

Das erste, was es nun zu tun galt, war, die Aufmerksamkeit von Rene zu erhalten. Da sie noch recht jung war, verfiel sie sofort in Panik, sobald der Schmerz nur begann. Bevor ich sie auf dieser Versammlung traf, hatte sie während der vergangenen zwei Wochen ab und an diese Schmerzen und hatte bereits eine Anzahl medizinischer Untersuchungen hinter sich, um die Ursache feststellen zu lassen. Die Ärzte konnten körperlich nichts finden. An diesem Morgen waren die Schmerzen wieder losgegangen, doch wesentlich heftiger als zuvor.

Ich bat um ein kaltes, nasses Stück Stoff, um Renes Gesicht zu kühlen und forderte sie auf, etwas kaltes Wasser zu trinken. Diese Dinge halfen ihr, sich wieder in ihre Gewalt zu bringen. Als sie sich beruhigt hatte, erzählte sie mir selbst ihre Geschichte. Der HERR führte mich dahingehend, genau herauszufinden, ob sie wirklich errettet war. Es kam heraus, daß sie den HERRN doch nicht wirklich angenommen hatte. Die Dämonen hatten durch sie geredet und den anderen Studenten vorgegaukelt, daß sie errettet wäre.

Es dauerte etwa 45 Minuten, um ihr die Errettung zu erklären, weil sich, während ich ganz genau ihre Augen beobachtete, die Dämonen immer wieder aufmachten, ihren Verstand davon abzuhalten, mir zuzuhören. Wiederholt mußte ich die Dämonen bedrohen und ihnen im Namen Jesu gebieten, von Rene abzulassen, so daß ich mit ihr reden konnte. In Renes Fall konzentrierte sich der Kampf auf ihre Errettung. Ich erklärte ihr, daß sie durch einen Willensakt Jesus bitten müßte, sie zu erretten und von all ihren Sünden rein zu waschen. Wir wären da, um ihr zu helfen, doch sie müßte den

HERRN selbst bitten. Der Kampf tobte ca. eine Stunde. Immer wieder fing Rene an, mit Jesus zu reden, worauf die Dämonen durch heftige Schmerzen boshaft angriffen und sie als Folge davon schrie. Vielleicht fragst du dich, warum wir den Dämonen nicht einfach geboten haben zu gehen. Wir taten es deshalb nicht, weil der Heilige Geist uns allen zeigte, daß Rene wirklich für ihre Errettung kämpfen müßte. Andernfalls würde sie die Dämonen hinterher nicht aus sich draußen halten können.

Als die Dämonen keinen Erfolg hatten, sie durch Schmerzen abhalten zu können, probierten sie, Rene am Sprechen zu hindern. Wir beteten, sangen dem HERRN Loblieder und banden die Dämonen im Namen Jesu. Schließlich brach Rene durch und schrie, "Oh, Gott, erbarme dich über mir Sünder. Wie kannst Du mich nur so lieben, wo ich doch Satan, Deinen Feind, angebetet habe? Oh Gott, ich glaube, daß Jesus für mich gestorben ist, bitte vergib mir und wasche mich von meinen Sünden rein!"

Das war der erste Schritt. Nachdem Rene gerettet war, legten wir eine Pause ein. Ich wußte, daß sie von dem zweistündigen Kampf, den wir gerade hinter uns hatten, erschöpft war. Ich wusch wieder ihr Gesicht ab und half ihr beim Trinken. Wir ruhten uns etwa zehn Minuten aus. Dann sagte ich Rene, sie sollte den Dämonen gebieten, sie im Namen Jesu zu verlassen. Wir verbrachten weitere drei Stunden im Kampf, bis die Dämonen alle weg waren. Am Ende dieser Zeit waren auch die Schmerzen vollständig weg. Rene und die übrigen von uns waren total erschöpft. Ich denke, jemandem in der Befreiung beizustehen, ist in etwa damit zu vergleichen, einer Frau bei der Entbindung ihres Babys beizustehen. Es erschöpft beide Teile.

Ich hatte den HERRN während des Kampfes gefragt, ob Er Rene den Schmerz wegnehmen würde (NICHT die Dämonen) und uns den Schmerz dafür tragen lassen würde. Er sagte, "Nein, denn dann wird sie aufgeben und nicht alle Dämonen hinauswerfen." In Renes Fall stand der Schmerz unter der Zulassung des HERRN, um sie anzuspornen, den Kampf solange zu führen, bis alle Dämonen gegangen waren.

Rene mußte anschließend noch sechs Monate kämpfen, um die Dämonen draußen zu halten, doch sie hatte Geschwister in Christus, die ihr dabei halfen. Durch die Erfahrung ihrer Befreiung hatte sie gelernt, die Dämonen zurückzuweisen und ihnen jede Rückkehr unmöglich zu machen. Es erübrigt sich zu erwähnen, daß ihre Bekehrung ein bedeutungsvolles Ereignis gewesen ist, und Rene schätzt ihre Errettung mehr als andere junge Leute, denen ich begegnet bin. Sie ist nun ein Jahr lang frei und rein von Dämonen, und sie wächst im HERRN.

Unser natürliches, menschliches Mitleid führt uns oft dahin, daß wir für eine Person einspringen und ihnen ihre Schmerzen erleichtern wollen, doch dadurch helfen wir ihnen nicht, sich durch eine Situation durchzubeißen. Der HERR weiß, daß wir die Dinge, die uns wirklich etwas gekostet haben, meistens mehr schätzen, als die, die wir umsonst bekommen haben. Rene mußte sich anstrengen, die Dämonen rauszuwerfen. Als Ergebnis davon war sie entschlossen, sie auch nie wieder zurückkehren zu lassen!

Der Gebrauch von Öl

Das Salben mit Öl ist bei Befreiungen sehr hilfreich. Oft salbe ich die Person bei der Austreibung von jedem leitenden Dämon. Es hängt von der Führung durch den Heiligen Geist ab. Aber "übersieh" dieses hilfreiche Werkzeug nicht.

Das Zungengebet

Das Reden in anderen Zungen hat im Befreiungsdienst schon zu großen Schwierigkeiten geführt. Oft sind Leute aus Pfingstgemeinden davon ausgegangen, jemand sei befreit, nur weil er anfängt, in Zungen zu reden. Sie begehen dabei jedoch den folgenschweren Fehler, den Geist, der spricht, nicht zu prüfen. Oft spricht ein Dämon durch die Person, um so die Befreiungshelfer zu täuschen, damit sie annehmen, die Person sei frei. Mir haben schon viele Leute erzählt, für sie sei ein untrügerisches Zeichen dafür, ob jemand frei sei, das, wenn diese Leute 'den Heiligen Geist empfängen und in Zungen sprächen'.

Aufgrund der enormen dämonischen Aktivitäten während einer Befreiung und der Versuche durch die Dämonen, auf jede mögliche Weise zu verführen, bitte ich immer darum, daß niemand in Zungen redet. Ich habe viele Fälle erlebt, bei denen ein oder mehrere Befreiungshelfer in Zungen gesprochen haben, ohne daß diese ausgelegt wurden. Es war nicht der Heilige Geist, der sprach, sondern ein Dämon, der die Befreiung stören wollte.

In dieser Sache mußt du den HERRN suchen. Doch wenn du die Leute, mit denen du zusammenarbeitest, nicht sehr gut **kennst**, und ohne jeden Zweifel weißt, wo sie im HERRN stehen und du ihre "Zungen" geprüft hast, dann empfehle ich dir, nicht an einer Befreiung teilzunehmen, bei der Leute in Zungen sprechen.

Mir wurde die Frage gestellt, ob die Dämonen alle Englisch, oder die jeweilige Muttersprache verstünden. Dämonen sind sehr intelligent. Sie können alle Sprachen verstehen, und wenn sie es nicht können, so kannst du sicher sein, daß der Heilige Geist es ihnen übersetzen würde, denn schließlich ist ja Er in jedem Fall derjenige, der sie hinauswirft.

Befreiung von Leuten, die aus dem Okkultismus kommen

Leider wollen viele Leute, die aus dem Okkultismus kommen, nur "die Rosinen aus dem Kuchen". Mit anderen Worten, sie wollen die Macht Jesu Christi, um sich aus der Patsche helfen zu lassen, aber ihre dämonischen Mächte wollen sie nicht vollständig aufgeben. Wir haben herausgefunden, daß wir uns viel Zeit und Kraft in der Befreiung sparen können, wenn wir der Person, die um Befreiung bittet, klarmachen, daß der erste Dämon, dem wir gebieten werden zu gehen, der "Machtdämon" ist, der ihnen die Fähigkeit gibt, mit der geistlichen Welt in Kontakt zu treten. Wir erklären ihnen, daß sie sofort alle Fähigkeiten auf dem Gebiet der Hexerei verlieren werden, wenn dieser Dämon erst mal gegangen ist.

Wenn jemand die Befreiung nicht wirklich ernsthaft will oder versucht, uns zu täuschen, wird er schnell den Rückzug antreten, wenn er erfährt, daß er mit der Wegnahme dieses Dämons augenblicklich all seine Fähigkeiten verlieren wird, seinen Geistleib zu gebrauchen.

Ich habe auch festgestellt, daß gerade dieser Bereich in der Befreiung häufig übersehen wird, und dieses Einfallstor sehr oft offen bleibt. Die Folge davon bedeutet für die betreffende Person viel Leid, da Satan und seine Dämonen sie ständig belästigen. Sieh dir dazu im Kapitel 16 die konkreten Beispiele zu diesem Thema an.

Leute, die im Okkultismus verstrickt waren, haben meistens sehr viele Dämonen. Ich habe entdeckt, daß es am einfachsten ist, die Person nach Bereichen zu reinigen und jeweils den obersten über jeden Bereich hinauszuwerfen und zwar **mit all** seinen untergeordneten Dämonen. Die Bereiche sind folgende:

1. Bei den meisten Personen, die tief in den Okkultismus verstrickt waren, gibt es ein Einfallstor für Satan selbst. Dieses innerste Einfallstor wird von einem sehr hohen Dämon offengehalten, der sich selbst meistens als "Sohn Satans" bezeichnet. (Beachte: Diese Anrede wird sich je nach geographischem Gebiet unterscheiden, und die konkreten Namen der Dämonen ändern sich auch. Sie sind zu zahlreich, als daß man sie aufzählen könnte. Es ist ausreichend, den Dämon nach seiner Funktion zu benennen, um Autorität über ihn zu bekommen.) Dieses Einfallstor erlaubt es Satan selbst, in die Person hineinzugehen und durch ihren Körper nach seinem Belieben zu sprechen und zu handeln. Dieser Dämon wird am häufigsten durch sexuelle Beziehungen mit Dämonen, mit einem Hohenpriester oder einer Hohenpriesterin des Hexenzirkels auf eine Person übertragen.

2. Der nächste Bereich ist der **menschliche Geist**. Es gibt einen hohen Dämon über den gesamten Geist. Dieser Dämon wird häufig als "Führergeist" oder "Ratgeber" bezeichnet, doch kann er, je nach den verschiedenen Gebieten, unterschiedliche Namen annehmen. Dann gibt es noch die drei Bereiche innerhalb des Geistes selbst. Jeder Bereich hat einen Hauptdämon mit vielen geringeren Dämonen unter seiner Befehlsgewalt. Die drei Bereiche innerhalb des Geistes sind:

Gewissen — Die Fähigkeit zwischen richtig und falsch zu unterscheiden.

Intuition (Unmittelbare Erkenntnis) — Die Fähigkeit den HERRN zu erkennen und Seine Gegenwart wahrzunehmen.

Anbetung — Der Bereich mittels dem wir den HERRN "im Geist" anbeten wie in Johannes 4:23 erwähnt.

3. Die **Seele** hat mehrere Bereiche. Der Hauptdämon über den Gesamtbereich der Seele bezeichnet sich oft selbst als "Machtdämon". Machtdämonen habe ich in Kapitel 16 ausführlich beschrieben, in dem ich mich mit dem Zustand der Seele, die den Geist beherrscht, auseinandergesetzt habe. Es gibt sechs Bereiche der Seele. Die ersten drei können den Geist beherrschen:

Bewußtsein

Unterbewußtsein

Unbewußtsein

Dann gibt es noch drei weitere Bereiche:

Wille

Verstand

Gefühl

Jeder von ihnen hat einen Hauptdämon mit untergeordneten Dämonen.

4. Als letztes bleibt uns noch der **natürliche Leib**. Der Hauptdämon über den Leib ist meistens ein "Todesdämon" wie beispielsweise Yaagog. Er ist mächtig und sehr wohl in der Lage, innerhalb kürzester Zeit den körperlichen Tod der Person, die er behaust, durch Krankheit herbeizuführen, falls er nicht vom HERRN zurückgehalten wird. Die Bereiche im Leib sind:

Gehirn — gemeint ist das Organ

der Rest des **natürlichen Körper**s

Sexualität — der Hauptdämon in diesem Bereich hält Satan und auch anderen Dämonen die Tür offen, die ihnen das legale Anrecht gibt, mit der Person sexuelle Beziehungen zu haben. Oft werden diese Dämonen durch das Teilnehmen an sexuell perversen Handlungen weitergegeben.

Es gibt viele Bibelstellen, die sich auf die oben genannten Bereiche beziehen und sie bestätigen. Eine Stelle ist uns besonders wichtig geworden:

> "Er selbst aber, der Gott des Friedens, heilige euch völlig; und vollständig möge euer Geist und Seele und Leib untadelig bewahrt werden bei der Ankunft unseres Herrn Jesus Christus."
>
> 1. Thessalonicher 5:23

Wenn du weitere Fragen zu diesem Bereich hast, würde ich dir sehr empfehlen, Watchman Nees Buch *Der geistliche Christ* zu lesen, das hervorragende, schriftgemäße Belege und eine Erklärung für diese Bereiche liefert.

Sollen sich Dämonen zu erkennen geben?

Ich halte dies für ein Thema, das in der Befreiung überaus häufig mißverstanden und mißbraucht wird.* Die meisten Befreiungshelfer gebieten den Dämonen, sich zu "zeigen", bevor sie sie austreiben. Ich finde dafür **keine** schriftgemäße Grundlage. Ganz im Gegenteil. Nur bei einem einzigen Vorfall, und zwar als ein Mann durch den Dämon Legion besessen war, fragte Jesus den Dämon konkret nach seinem Namen, und in diesem Fall hatte der Dämon auch zuerst zu Ihm gesprochen. In all den anderen Fällen hat Jesus den Dämonen übereinstimmend geboten, still zu sein, und sich geweigert, mit ihnen zu reden. Wir befinden uns auf gefährlichem Boden, wenn wir Seinem Beispiel nicht folgen.

Zu viele Christen, die im Befreiungsdienst tätig sind, werden durch ihren Kontakt zur geistlichen Welt gefesselt. Wenn jemand Gefallen daran findet, mit Dämonen zu reden, sündigt er und unterscheidet sich nicht von Menschen, die Totengeister o.ä. befragen. Gott will (im allgemeinen; der Herausgeber) nicht, daß sich sein Volk mit Dämonen unterhält. Sie sind **alle** Lügner und sehr intelligent. Sie sind sehr schnell bei der Hand, dem "Ego" einer Person zu schmeicheln, um ihren Stolz zu nähren. Stolz ist der gefährlichste Fallstrick im Befreiungsdienst. Es passiert ja so leicht, einen "Machtkitzel" zu empfinden, wenn die Dämonen aufgrund deines Befehls gehen müssen. Vor kurzem sprach ich mit einem jungen Pastor, der gerade seine erste Erfahrung in einer Dämonenaustreibung hinter sich hatte. Er erzählte mir, "noch nie habe ich solche Macht gespürt! Nichts hätte mich aufhalten, nichts mir Angst einjagen können. Ich hatte die totale Macht über diese Dämonen!"

---

* An diesem Punkt können wir die Auffassung der Autorin nicht uneingeschränkt teilen. Wir halten es hier für besonders wichtig, keinem starren Schema zu folgen, sondern sich vom Heiligen Geist führen zu lassen. Wie Dr. Brown am Anfang des Kapitels selbst schreibt, behandelt der HERR jede Person ganz individuell. Er geht bei jeder Befreiung anders vor. Somit können andere Befreiungen durch andere Befreiungsarbeiter unter Umständen ganz anders ablaufen. Es darf niemand die hier gemachten Ausführungen einfach eins zu eins übernehmen und als seine "Befreiungsmethode" anwenden. Im Befreiungsdienst gibt es keine absoluten Methoden, sondern nur eine absolute Abhängigkeit vom HERRN. So kann der HERR es im Einzelfall durchaus auch führen, daß man die Dämonen auffordert, sich zu offenbaren, oder daß eine Befreiung während eines öffentlichen Gottesdienstes stattfindet. Dies verbietet uns das Wort Gottes nicht. (Anmerkung des Herausgebers)

Diese Aussage zeigte mir, daß er seinen Fuß bereits geradewegs in Satans Falle gesetzt hatte. Er war dabei, **stolz** zu werden. Es war nicht seine Macht, sondern die Macht des HERRN. Jesus mahnte seine Jünger in derselben Sache zur Vorsicht:

> "Doch darüber freut euch nicht, daß euch die Geister untertan sind; freut euch aber, daß eure Namen in den Himmeln angeschrieben sind." Lukas 10:20

Das Reden mit Dämonen führt nicht nur zu Stolz, sondern kann auch in viele schwerwiegende Irrtümer führen. Sehr oft gebieten Befreiungshelfer den Dämonen, ihnen zu sagen, wie sie in die Person hineingelangt sind. Wozu soll das gut sein? Die Dämonen werden immer lügen. Sie werden sich die größte Mühe geben, Befreiungshelfer davon abzuhalten, herauszufinden, wie sie wirklich hineingekommen sind.

Einige Pastoren haben mir erzählt, sie können den Dämonen ja gebieten, vor den Thron Gottes zu kommen. Sie tun dies, weil sie meinen, Dämonen könnten vor dem Thron Gottes nicht lügen. Doch auch diesen Glauben können sie nicht mit der Bibel belegen. In Offenbarung Kapitel 12 steht, daß Satan selbst vor dem Thron Gottes steht und fälschlicherweise Gottes Volk verklagt. Wenn Satan selbst vor Gottes Thron steht und lügt, warum sollten wir dann annehmen, daß es bei den Dämonen anders ist?

Wenn wir Informationen über die Herkunft oder den Namen der Dämonen haben wollen, dann müssen wir sie vom Heiligen Geist erfragen. Ich wiederhole, **alle Dämonen sind Lügner!**

Als nächstes die Frage, ob sich Dämonen zu erkennen geben sollten? Ich kann wiederum keinen biblischen Beleg finden, der zeigt, daß Jesus einem Dämon geboten hat, sich zu erkennen zu geben. Er hat ihnen immer geboten, still zu sein und zu weichen. Wie ich herausgefunden habe, gebieten die meisten Befreiungshelfer den Dämonen deshalb, sich zu erkennen zu geben, weil sie das für den einzigen Weg halten, sicher zu gehen, daß die Dämonen gegangen sind. Das ist ein Irrtum. Hast du dem Dämon erst mal geboten, sich zu erkennen zu geben, erlaubst du ihm damit, zu tun was er will. Glaube nicht, sie könnten dich nicht hinters Licht führen und, indem sie eine Person husten lassen usw., dir so den Anschein geben, sie seien herausgekommen. Das können sie sehr wohl tun! Nur der Heilige Geist weiß, wann sie gegangen sind. Nur Er kann dir sagen, ob ein Dämon herausgekommen ist oder nicht. Wenn du dich auf körperliche Symptome verläßt, wirst du schnell einem Irrtum erliegen.

Wenn du einem Dämon befiehlst, sich zu erkennen zu geben, erlaubst du ihm damit auch, an der Person, in der er sich befindet, zu reißen und zu zerren. Ich habe einen Mann, der im Befreiungsdienst tätig ist, auf Video gesehen, wie er einen jungen Mann, der Befreiung suchte, aufforderte, er sollte sich einfach entspannen und den Dämonen freie Hand lassen. Was für ein Irrtum ist das doch! Wann hat Jesus den Dämonen je "freie Hand" gelassen? Auch dafür gibt es keine biblische Grundlage. Ich habe Leute aufgrund solcher Befreiungspraktiken regelrecht ins Krankenhaus einweisen müssen. Laß einen Dämon in einer Befreiungssituation los, so wird er alles unternehmen, um die Person körperlich umzubringen, bevor er herauskommen muß. Du als Befreiungshelfer solltest immer darauf bedacht sein, den Schaden, der durch die Dämonen angerichtet wird, möglichst klein zu halten.

Ich fordere jeden, der im Befreiungsdienst tätig ist, heraus: Mußt du dich auf äußere Zeichen und körperliche Symptome verlassen, um zu erkennen, ob ein Dämon in einer Person ist, was und wer die Dämonen sind, und ob sie gegangen sind oder nicht? Wenn dem so ist, dann hast du **nicht** die Beziehung zum HERRN, die du für diesen Dienst brauchst!

Massenbefreiungen

Das ist eine weitere, gängige Praktik im Befreiungsdienst. Wiederum kann ich keine einzige Bibelstelle finden, die "Massenbefreiungen" rechtfertigen würde. Jesus behandelte jede Person als Individuum. Er hat in vielen Fällen einen Dämon ausgetrieben, bevor eine Menschenmenge zusammengelaufen war.

> "Als aber Jesus sah, daß eine Volksmenge zusammenläuft, bedrohte er den unreinen Geist und sprach zu ihm: Du stummer und tauber Geist, ich gebiete dir: fahre von ihm aus, und fahre nicht mehr in ihn hinein!" Markus 9:25

Jesus beeilte sich, den Dämon auszutreiben, bevor die Menge zusammenlaufen konnte. Jesus kam nicht, um eine Show abzuziehen. Dämonen ziehen mit Vorliebe eine Show ab! Das großartige Kapitel über Liebe in 1. Korinther 13 sagt uns, daß Liebe immer schützt (dt. alles zudeckt). Warum sollten wir eine Person, die Befreiung sucht, nicht vor öffentlicher Bloßstellung schützen?

Ich stelle auch fest, daß diejenigen, die Massenbefreiungen praktizieren, meistens eine Prozedur beginnen, beispielsweise daß sie auf die Bühne gehen und einer langen Liste konkreter Dämonen befehlen, sich zu zeigen und herauszukommen! Ich habe sogar gehört, wie Pastoren den Dämonen von Werwölfen befahlen, sich zu zeigen und herauszukommen! Ich frage mich, was würden sie tun, wenn eine Person aus dem Publikum sich wirklich in einen Werwolf verwandeln würde und anfinge, Leute umzubringen! Sie haben ihnen die Erlaubnis gegeben, indem sie ihnen befahlen, sich zu zeigen!

Wie viele solcher Befreiungen sind große Show oder Massenhysterie? Was passiert mit unerretteten, ungeschützten Menschen und Kindern, die vielleicht anwesend sind? Was sollte die Dämonen abhalten, eine Person zu verlassen und in einen von ihnen hineinzugehen? Nichts!

Alles in Gottes Reich geschieht in Liebe und Ordnung. Gott ist nicht der Urheber von Verwirrung. Jesus behandelte jede Person als Individuum. Wir sind nicht wirklich Seine Diener, wenn wir Seinem Beispiel nicht folgen.

Kameras und Kassettenrecorder

Die Praktik, Befreiungen aufzunehmen, erschüttert mich ganz besonders. Erstens, wo bleibt da die Liebe und der Schutz für die Person, die befreit wird? Zweitens, wenn es die Absicht haben soll, aufzunehmen, wie sich die Dämonen zu erkennen geben, dann verletzt du erneut biblische Prinzipien, indem du den Dämonen gebietest, sich zu zeigen. Du wirst große Schwierigkeiten haben, die Dämonen zu beherrschen, weil sie gerne eine Show abziehen. Dämonen lieben Kameras und Kassettenrecorder! All die Jahre hindurch gelang es Jesus, Seinen Jüngern und den Heiligen Gottes durch die Macht des Heiligen Geistes mit den Dämonen fertig zu werden, ohne den Gebrauch solcher Vorrichtungen. Ich sehe überhaupt keinen Nutzen in ihnen und bin nicht bereit, die Person, die befreit wird, der Neugierde von irgend jemand preiszugeben.

Wir wollen danach trachten, daß wir uns in allem, was wir tun, unserem wundervollen HERRN, Heiland und Hauptmann, Jesus Christus, unterordnen.

Nachsorge

Die Schlacht, die Dämonen draußen zu halten, wird siebenmal schwieriger sein, als sie beim ersten Mal herauszubringen. Das liegt daran, daß jeder Dämon, der ausgetrieben worden ist, hingeht und sieben weitere Dämonen, die stärker sind als er selbst, holt und versucht, mit ihnen zurückzukehren. Viele Leute meinen, die Schlacht sei vorbei, wenn sie erst einmal befreit worden sind. Wenn sie bemerken, daß sie jedoch erst beginnt, sind sie sehr schnell entmutigt und, was noch schlimmer ist, sie leiden unter Schuldgefühlen. Weil sie so einen Kampf erleben, meinen sie, etwas falsch zu machen, oder daß bei der Befreiung nicht alle Dämonen ausgetrieben worden sind. Je besser du die Person auf den Kampf nach der Befreiung vorbereitest, um so erfolgreicher wird sie darin sein, die Dämonen von der Rückkehr abzuhalten.

Das Hauptproblem, um nach der Befreiung die Dämonen erfolgreich draußen zu halten, ist eine mangelnde Kontrolle der Gedanken. Kapitel 15 befaßt sich damit ausführlich. Du mußt den Leuten, die Befreiung empfangen, erklären, daß die Dämonen, wenn sie schon draußen sind, versuchen werden, sie mit denselben körperlichen Symptomen oder Gefühlen zu belästigen, wie zu der Zeit, als sie noch drin waren. Jedesmal wenn sie nun solche Gefühle oder Symptome erleben, müssen sie augenblicklich die Dämonen zurückweisen. Die Dämonen werden **immer lügen** und der Person erzählen, daß sie wieder in ihr seien, obwohl sie es in Wirklichkeit gar nicht sind. Wenn die Person diese Gedanken von den Dämonen als wahr akzeptiert, hat sie sie in der Tat wieder hereingebeten. Alles in unserem christlichen Wandel muß auf Glauben beruhen. Ist eine Person befreit worden, und jeder der Beteiligten empfindet darüber eine Einheit und einen Frieden, daß sie wirklich vollständig frei ist, dann muß diese Person sich im Glauben darauf stellen, daß das so **ist**.

Die Leute, die einen Führergeist hatten, werden es regelrecht lernen müssen, ihren Verstand wieder zu gebrauchen. Wer in Meditation oder anderen Techniken, die das Entleeren des Denkens beinhalten, verstrickt war, muß unter allen Umständen verhindern, daß sein Verstand leer wird. Erlauben sie es dennoch, werden die Dämonen ein offenes Einfallstor haben und wieder in sie zurückkehren.

Der Verstand ist mit einem Muskel zu vergleichen. Er wird um so "schlapper" je weniger man ihn betätigt. Den Verstand wieder zu trainieren ist **schmerzhaft**, genauso wie das Trainieren eines schlaff gewordenen Muskels mit Schmerzen verbunden ist. Menschen, die einen Führergeist gehabt haben, erkennen oft gar nicht, wie sehr sie schon von diesem Führergeist abhängig gewesen sind. Ich habe oft Beschwerden von Leuten gehört, die sich "dumm vorkommen" oder "Schwierigkeiten haben, über Dinge nachzudenken oder sie zu behalten" nachdem ihr Führergeist ausgetrieben worden ist. Dämonen sind viel intelligenter als Menschen. Personen, die einen Führergeist verlieren, werden auch Intelligenz verlieren, weil sie nun keinen Zugang mehr zu der Information des Führergeistes haben. Aber kein Dämon kommt auch nur annähernd an die unvorstellbare Intelligenz des Heiligen Geistes heran. Nun steht Er ihnen zur Verfügung! Doch der Heilige Geist wird uns keine Information geben, um **uns** intelligenter erscheinen zu lassen.

Die beste Möglichkeit, den Verstand wieder zu trainieren, ist das Auswendiglernen der Heiligen Schrift. Nach der Befreiung ist das Auswendiglernen von Bibelversen für jeden wirklich wesentlich; doch auch vor der Befreiung ist es gut als Hilfestellung, um Passivität zu überwinden. Beim Auswendiglernen der Bibel hat fast jeder Schwierigkeiten. Ich möchte dir eine Technik weitergeben, die ich gelernt habe und die mir sehr geholfen hat.

Nimm dir jeden Tag eine bestimmte Zeit zum Auswendiglernen der Bibel. Für mich sind es die ca. 20 Minuten, die ich jeden Morgen zum Fönen meiner Haare verwende. Schreibe die Schriftstelle bzw. -stellen, die du auswendig lernen willst, auf eine Karte (beispielsweise in der Größe einer halbierten Postkarte). Ich habe meine Karten an meinen Spiegel geklebt. Schreibe jeweils die Stellenangaben vor und hinter den oder die Verse. Normalerweise ist es am besten, die Anzahl auf zwei bis drei Verse zu begrenzen. Sage dir dann die Verse mit der Stellenangabe **laut vor**, bis du sie ein- oder zweimal perfekt mit geschlossenen Augen aufsagen kannst. Zum Beispiel:

> "Johannes 3:16 – Denn so hat Gott die Welt geliebt, daß er seinen eingeborenen Sohn gab, damit jeder, der an ihn glaubt, nicht verloren gehe, sondern ewiges Leben habe. –   Johannes 3:16"

Tu dies einmal am Tag. Füge einmal pro Woche einen neuen Bibelabschnitt hinzu. Wenn du das über drei Monate hinweg treu tust, wirst du diese Schriftstellen für immer in deinem Gedächtnis verankert haben. Wenn du ein Mann bist, rasierst du dich vielleicht. Verwende diese Zeit zum Auswendiglernen der Bibel. Überlege dir eine Tätigkeit, die du jeden Tag tust und die nicht viel Konzentration erfordert. Verwende diese Zeit zum Auswendiglernen. Vielleicht kann das beim Geschirrspülen sein. Bitte den HERRN, ob Er dir nicht eine Zeit zeigt, die du dafür hernehmen kannst.

Du wirst bald bemerken, daß der Heilige Geist diese Verse öfters am Tag in deine Gedanken zurückbringen wird. Wenn du Meditationstechniken praktiziert hast, wie sie in der New Age Bewegung zu finden sind, wirst du feststellen, daß es eine sehr schmerzhafte Anstrengung ist. Aber es ist der Mühe wert. Wenn du das tust, erfüllst du den Befehl, der uns in Römer 12 gegeben ist:

> "Ich ermahne euch nun, Brüder, durch die Erbarmungen Gottes, eure Leiber darzustellen als ein lebendiges, heiliges, Gott wohlgefälliges Opfer, was euer vernünftiger Gottesdienst ist. Und seid nicht gleichförmig dieser Welt, sondern werdet verwandelt durch die Erneuerung des Sinnes, daß ihr prüfen mögt, was der Wille Gottes ist: Das Gute und Wohlgefällige und Vollkommene."
>
> Römer 12:1-2

In Psalm 119 steht ein weiser Rat.

> "Wodurch hält ein Jüngling seinen Pfad rein? Indem er sich bewahrt nach deinem Wort. ... In meinem Herzen habe ich dein Wort verwahrt, damit ich nicht gegen dich sündige." Psalm 119:9.11

Der Weg, Gottes Wort in deinem Herzen zu verwahren, besteht darin, es **auswendigzulernen**.

Die tatsächliche Zeit, in der sich die Befreiung abspielt, das Durchkämpfen bis alle Dämonen gezwungen sind zu gehen, ist für jeden Beteiligten außerordentlich anstrengend. Die Person, die eine Befreiung empfängt, wie auch der Befreiungshelfer werden beide im Anschluß Erschöpfung und die verschiedensten körperlichen Symptome verspüren. Schmerzen in den Muskeln und Gelenken sind sehr häufig.

Wenn die Befreiung sehr lang und schwierig gewesen ist, kann es sein, daß die Person, die eine Befreiung empfangen hat, ein oder zwei Tage im Anschluß daran im Bett verbringen muß, um auszuruhen. Die Notwendigkeit, Eiweiß zu sich zu nehmen, kann ich gar nicht genug betonen. Sie sollte ein hochwertiges Rind- oder Lammfleisch zweimal täglich über mehrere Tage hinweg essen. Auch sollte sie Vitamintabletten einnehmen, besonders wenn sie normalerweise eine nährstoffarme, unausgewogene Kost (engl. "junk food") bevorzugt hat.

Christen, die im Befreiungsdienst tätig sind, sollten sich nicht durch eigene Schuld dazu hinreißen lassen, zu wenig zu schlafen. Befreiung ist sehr selten ein Notfall. Plane die Befreiungen so, daß du im Anschluß an sie noch Zeit zum Ausruhen hast. Es ist nicht weise, bis zum späten Sonntagabend an einer Befreiung mitzuwirken und dann zu erwarten, am Montagmorgen frisch zu sein, um zur Arbeit zu gehen! Ich habe viele unglückliche Vorfälle erlebt, weil sich Befreiungshelfer in diesem Punkt nicht an die Führung des HERRN hielten.

Einige Leute, die von Geburt oder früher Kindheit an von Dämonen besessen gewesen sind, sollten für einige Zeit nach der Befreiung bei jemand im Haus aufgenommen werden, der sich um sie kümmert. Ich möchte Elaine als Beispiel nehmen. Elaine war, seit sie ein paar Tage alt war, von Dämonen besessen. Wenn du *Er kam, um die Gefangenen zu befreien* schon gelesen hast, weißt du, daß sie kurz nach ihrer Geburt durch einen Blutvertrag an Satan verkauft wurde. Viele Dämonen wurden schon zu der Zeit in sie hineingesetzt. Diese Geister verhinderten Elaines normale Entwicklung ganz enorm. Häufig schalteten sie ihren Verstand völlig aus und gebrauchten ihren Körper nach ihrem Belieben. Ich habe mit einer Anzahl Leuten zusammengearbeitet, die ähnlich besessen waren. Ihnen fehlte manchmal sogar die Erinnerung an ein oder mehrere Jahre ihres Lebens.

Auf dem Heimweg nach Elaines endgültiger Befreiung, drehte sie sich zu mir um und sagte, "Weißt du, ich fühle mich so seltsam. Ich habe das Empfinden, gar nicht zu wissen, wer ich bin." Als sie am nächsten Morgen aufwachte, hatte sie sich auf die Stufe eines kleinen Kindes zurückentwickelt. Der HERR ließ das zu, um Elaine die Möglichkeit zu geben, zu wachsen und sich zu entwickeln, da die Dämonen ihr dies nicht gestattet hatten. Ihre Entwicklung wurde natürlich enorm beschleunigt, aber der Prozeß dauerte etwa drei Monate. Ich weiß nicht, was ich in dieser Zeit ohne die Führung des HERRN getan hätte. Ich hatte plötzlich ein "erwachsenes Kind" vor mir. Aber der HERR zeigte mir, daß Er Elaine die Chance gegeben hatte, sich in einer Atmosphäre beständiger Liebe und Ermahnung im HERRN zu entwickeln. So etwas hatte sie während ihrer ganzen Kindheit nicht gehabt.

Seit dieser Zeit habe ich dies auch mit einer Anzahl anderer Leute erlebt, die ebenfalls in frühester Kindheit in den Okkultismus hineingeraten waren. Jede Person ist anders, aber jeder, der von klein auf mit Dämonen besessen war, wird Bereiche in seiner Persönlichkeit und in seinem Leben haben, die sich nicht normal entwickelt haben. Dies ist eine sehr schwierige Zeitspanne, die von Gottes Volk viel Liebe und Fürsorge erfordert. Es ist dann die Verantwortung derjenigen, die diesen Leuten helfen, täglich für ihren Schutz zu beten und für sie in den Riß zu treten. Häufig scheint der HERR die Angriffe der Dämonen zurückzuhalten, bis sie die Möglichkeit gehabt haben, "heranzuwachsen" und mit dem HERRN Boden unter ihre Füße zu bekommen. Es ist jedoch eine Zeitspanne großer Verwundbarkeit, und diejenigen von uns, die im Befreiungsdienst tätig sind, haben die große Verantwortung, diesen Menschen durch diese schwierige Zeit zu helfen.

Die Leute sprechen nicht gerne von den Narben, die zurückbleiben, und doch sind sie eine Tatsache. Jeder, der jahrelang tief im Okkultismus verstrickt gewesen war, wird Narben zurückbehalten. Oft äußern sie sich in Charakterzügen, in Bereichen mit Schwächen usw. Diese Art Narben gibt es nun einmal. Diejenigen, die mit solchen Leuten zusammenarbeiten und sie lieben, müssen sie annehmen, ohne die Person für ihre Schwachpunkte zu verdammen.

In jedem Fall wird eine Person, die so stark dämonisch besessen war, eine längere Zeit der Heilung benötigen. Jeder Bereich von Leib, Seele und Geist muß geheilt werden und wieder in Ordnung gebracht werden, wenn die Dämonen erstmal draußen sind. Das ist oft ein sehr schmerzhafter Prozeß, der nicht über Nacht geschieht. Diejenigen von uns, die diesen Leuten helfen, müssen oft um ein zusätzliches Maß an Gnade bitten, um sie während dieser Zeit anhaltend zu lieben. Wir müssen uns immer wieder auf den HERRN verlassen und Ihn um Weisheit und Führung bitten.

> "Einer trage des anderen Lasten, und so werdet ihr das Gesetz des Christus erfüllen." Galater 6:2

Lieben, sorgen und tragen. Darum geht es letztendlich im Befreiungsdienst.

Schlußwort

Ich habe über einige sehr umstrittene Themen in diesem Buch geschrieben, und zweifellos werden sich viele fragen, was sie nun mit all dieser Information anfangen sollen. Zuallererst müssen wir das folgende Wort berücksichtigen:

> "Er sprach aber zu ihnen: Die Ernte zwar ist groß, der Arbeiter aber sind wenige. Bittet nun den HERRN der Ernte, daß er Arbeiter aussende in seine Ernte."   Lukas 10:2-3

Wir leben tatsächlich in den "letzten Tagen". Das Wiederkommen unseres HERRN steht kurz bevor. Eine Menge Seelen befindet sich in diesem "Tal der Entscheidung". Wenn wir Satan und seinen Dämonen nicht den Kampf ansagen, werden all diese kostbaren Seelen auf ewig in der Hölle verloren gehen.

Bist **du** bereit, ein Arbeiter in dieser Ernte zu werden? Wie sollen diese verlorenen und gefangenen Menschen **erkennen**, daß sie den Namen des HERRN anrufen können, um errettet und befreit zu werden, wenn **du** es ihnen nicht sagst? Willst du wirklich daneben stehen und dich für all die Leute in der Hölle verantworten müssen, die dort hineingekommen sind, weil du nicht bereit warst, ein Arbeiter in Seiner Ernte zu sein?

> "Denn jeder, der den Namen des Herrn anrufen wird, wird errettet werden. Wie werden sie nun den anrufen, an den sie nicht geglaubt haben? Wie aber werden sie an den glauben, von dem sie nicht gehört haben? Wie aber werden sie hören ohne einen Prediger? Wie aber werden sie predigen, wenn sie nicht gesandt sind?"
> Römer 10:13-15

Wenn du bereit bist, ein Arbeiter zu sein, mußt du dich auch rufen lassen.

> "Wie aber werden sie predigen, wenn sie nicht gesandt sind?"
> Römer 10:15

Die seelische, körperliche und geistliche Belastung, in dieser Ernte zu arbeiten, ist so groß, daß wir nicht erwarten können, ihr standzuhalten, wenn wir dazu nicht konkret von Gott berufen sind. Wir müssen dem HERRN sagen, daß wir Ihm dienen wollen, aber wir müssen Ihn auch bitten, den Ruf ganz klar an uns ergehen zu lassen. Wir brauchen das **sichere Wissen**: der HERR hat uns in die Ernte gesandt. Wir können mit Gott aber auch nicht spielen. Wenn wir einmal gerufen sind, **müssen** wir dem Ruf gehorchen.

> "Jesus aber sprach zu ihm: Niemand, der seine Hand an den Pflug gelegt hat und zurückblickt, ist tauglich für das Reich Gottes."
>
> Lukas 9:62

Es ist eine sehr ernste Angelegenheit, wenn wir uns gegen den Ruf Gottes in unserem Leben stellen. Tun wir das, so sind wir nach den Worten Jesu nicht geeignet, ein Mitglied im Reich Gottes zu sein. Ich bin überzeugt, daß **Gehorsam** der Schlüssel zu folgender Aussage unseres HERRN ist:

> "Denn viele sind Berufene, wenige aber Auserwählte."
>
> Matthäus 22:14

Es sind deshalb "wenige auserwählt", weil nur wenige **gehorsam** sind. Die "Auserwählten" sind die Gehorsamen.

> "Siehe, Gehorsam ist besser als Schlachtopfer ..."
>
> 1. Samuel 15:22

Bitte den HERRN, einen Bund mit dir zu schließen, wenn das *Sein* Wille ist. Aber laß dich nicht leichtfertig auf einen Bund mit dem HERRN ein. Wir stehen in einem Kampf auf Leben und Tod, ihr Lieben, unser eigenes Leben und das Leben und die Seele vieler anderer stehen auf dem Spiel. Aber wie viel ist uns eine Seele wert? Bist du bereit, die Privatsphäre deines Zuhauses zu opfern? Bist du bereit, deinen guten Ruf zu verlieren? Ja bist du sogar bereit, dein Leben für die Errettung von nur einer Seele hinzulegen? Können wir uns mit weniger zufrieden geben als damit, dem Beispiel unseres kostbaren Heilandes zu folgen?

Dunkle Tage stehen uns bevor. Ich glaube mit meinem ganzen Herzen, der HERR wird Seine Gemeinde hier in Amerika und dem restlichen Teil der sogenannten freien Welt durch Verfolgung reinigen, bevor Er wiederkommt. Sehr schnell wird Finsternis die Welt bedecken. Alles in der politischen Szene deutet darauf hin, daß Satan die letzten Vorbereitungen trifft, um seine Weltregierung zu errichten, so wie es in der Bibel vorhergesagt ist. Jedesmal, wenn wir jemandem das Evangelium erzählen, oder ein Traktat oder ein Stück Evangeliumsliteratur austeilen, legen wir eine "Mine" in feindliches Territorium. Wir wollen Satan die letzten Züge so schwer wie möglich machen. Darum legt "Minen" in das restliche Territorium, das es für ihn noch einzunehmen gilt.

Satan wird dich mit Angst quälen. Laß ihn nicht gewähren. Ich weiß, daß mir noch sehr schwierige Zeiten bevorstehen, aber immer dann, wenn ein ängstlicher Gedanke in meinen Verstand kommt, weise ich augenblicklich den Dämon der Angst im Namen Jesu Christi zurück. Ich stelle mich fest auf zwei Bibelstellen.

> "… denn ich weiß, wem ich geglaubt habe, und bin überzeugt, daß er mächtig ist, mein anvertrautes Gut bis auf jenen Tag zu bewahren."   2. Timotheus 1:12

> "Der HERR **wird** es für mich vollenden [oder, Seinen Plan mit mir erfüllen] …"   Psalm 138:8

Das wichtigste Gut, das ich dem HERRN anvertraut habe, bin *ich*. Ich vertraue Ihm einfach, daß Er es für mich vollenden **wird**, und daß Er mich beständig, bis zum Ende, in Seinem Willen bewahren **wird**. Ich darf Satan nicht die Erlaubnis geben, Zweifel und Angst in meine Gedanken zu legen. Ich **weiß**, mein Gott ist mächtig genug, mir die Kraft zu geben, fest zu stehen, um den Namen meines wunderbaren HERRN und Heilandes Jesu Christi nicht zu verleugnen, egal welcher Folter ich noch ausgesetzt werde.

Laßt uns nun mit dieser Zuversicht Gottes Ruf gehorsam sein:

> "Ruft dies unter den Nationen aus, heiligt einen Krieg, erweckt die Helden! Herankommen und heraufziehen sollen alle Kriegsleute! Schmiedet eure Pflugscharen zu Schwertern und eure Winzermesser zu Lanzen! Der Schwache sage: Ich bin ein Held! Scharen über Scharen im Tal der Entscheidung, denn **nahe ist** der Tag des HERRN im Tal der Entscheidung." Joel 4:9-10.14

> [Jesus sagt:] "Geht hin! Siehe, ich sende euch wie Lämmer mitten unter Wölfe."   Lukas 10:3

Möge Gott, unser Vater, dich segnen und jeden einzelnen deiner Schritte durch Seinen Einen und einzigen Sohn, Jesus Christus, unseren HERRN, führen.

Komme bald, HERR Jesus!

Er kam, um die Gefangenen zu befreien enthält das vollständige Zeugnis der ehemaligen Satanistin Elaine, ihrer Begegnung mit Dr. Rebecca Brown und dem sich daran anschließenden Kampf auf Leben und Tod. Elaine wurde von klein auf dazu erzogen, Satan zu dienen und wurde eine der obersten Hexen in den Vereinigten Staaten. Sie fand eine Macht und Liebe, die viel größer war als alles, was Satan ihr geben konnte. So verließ sie Satan und gab ihr Leben vollständig Jesus Christus hin. Nach langem, hartem Kampf wurde sie völlig frei von Dämonen.

Dieses Buch möchte helfen, die Vorgänge in der geistlichen Welt ganz neu zu verstehen, und uns unterweisen, Satans Angriffe gegen Christen und Gemeinden wirkungsvoll zurückzuschlagen.

"Denn unser Kampf ist nicht gegen Fleisch und Blut, sondern gegen die Gewalten, gegen die Mächte, gegen die Weltbeherrscher dieser Finsternis ..." Epheser 6:12

Vertrieb Christlicher Literatur
ISBN: 3-9802219-0-3